AF836915

Kohlhammer

BWL Bachelor Basics

Herausgegeben von Horst Peters

Jens Mörchel/ Matthias Beenken/ Lukas Linnenbrink

Einführung in die Versicherungsbetriebslehre

Verlag W. Kohlhammer

1. Auflage 2023

Gesamtherstellung: W. Kohlhammer GmbH, Stuttgart

Print:
ISBN 978-3-17-037078-4

E-Book-Formate:
pdf: ISBN 978-3-17-037079-1
epub: ISBN 978-3-17-037080-7

Inhaltsverzeichnis

Geleitwort des Herausgebers

Das vorliegende Lehrbuch ist Teil der Lehrbuchreihe BWL Bachelor Basics. Dieses Buch sowie alle anderen Werke der Reihe folgen einem Konzept, das auf die Leserschaft – nämlich Studierende der Wirtschaftswissenschaften – passgenau zugeschnitten ist.

Ziel der Lehrbuchreihe BWL Bachelor Basics ist es, die zu erwerbenden Kompetenzen in einem wirtschaftswissenschaftlichen Bachelor-Studiengang wissenschaftlich anspruchsvoll, jedoch zugleich anwendungsorientiert und kompakt abzubilden. Dies bedeutet:

- Ein hoher wissenschaftlicher Anspruch geht einher mit einem gehobenen Qualitätsanspruch an die Werke. Präzise Begriffsbildungen, klare Definitionen, Orientierung an dem aktuellen Stand der Wissenschaft seien hier nur beispielhaft erwähnt. Die Autoren sind ausgewiesene Wissenschaftler und Experten auf ihrem Gebiet. Die Reihe will sich damit bewusst abgrenzen von einschlägigen »Praktikerhandbüchern« zweifelhafter Qualität, die dem Leser vorgaukeln, Betriebswirtschaftslehre könnte man durch Abarbeiten von Checklisten erlernen.
- Zu einer guten Theorie gehört auch die Anwendung der wissenschaftlichen Erkenntnisse, denn Wissenschaft sollte kein intellektueller Selbstzweck sein. Deshalb steht stets auch die Anwendungsorientierung im Fokus. Schließlich verfolgt der Studierende das Ziel, einen berufsqualifizierenden Abschluss zu erwerben. Die Bücher haben diese Maxime im Blick, weshalb jedes Buch neben dem Lehrtext u. a. auch Praxisbeispiele, Übungsaufgaben mit Lösungen sowie weiterführende Literaturhinweise enthält.
- Zugleich tragen die Werke dem Wunsch des Studierenden Rechnung, die Lehr- und Lerninhalte kompakt darzustellen, Wichtiges zu betonen, weniger Wichtiges wegzulassen und sich dabei auch einer verständlichen Sprache zu bedienen. Der Seitenumfang und das Lesepensum werden dadurch überschaubar. So eignen sich die Bücher der Lehrbuchreihe Bachelor Basics auch hervorragend zum Selbststudium und werden ein wertvoller Begleiter der Lehrmodule sein.

Die Reihe umfasst die curricularen Inhalte eines wirtschaftswissenschaftlichen Bachelor-Studiums. Sie enthält zum einen die traditionellen volks- und betriebswirtschaftlichen Kernfächer, darüber hinaus jedoch auch Bücher aus angrenzenden Fächern sowie zu überfachlichen Kompetenzen. Um auf neue Themen und Entwicklungen reagieren zu können, wurde die Edition bewusst als offene Reihe konzipiert und die Zahl möglicher Bände nicht nach oben begrenzt.

Die Lehrbuchreihe Bachelor Basics richtet sich im Wesentlichen an Studierende der Wirtschaftswissenschaften an Hochschulen für angewandte Wissenschaften, an dualen Hochschulen, Verwaltungs- und Wirtschaftsakademien und anderen Einrichtungen, die den Anspruch haben, Wirtschaftswissenschaften anwendungsorientiert und zugleich wissenschaftlich anspruchsvoll zu vermitteln. Angesprochen werden aber auch Fach- und Führungskräfte, die im Sinne der beruflichen und wissenschaftlichen Weiterbildung ihr Wissen erweitern oder auffrischen wollen. Als Herausgeber der Lehrbuchreihe möchte ich mich bei allen Autorinnen und Autoren bedanken, die sich für diese Reihe engagieren und einen Beitrag hierzu geleistet haben.

Ich würde mich sehr freuen, wenn das ambitionierte Vorhaben, wissenschaftliche Qualität mit Anwendungsorientierung und einer kompakten, lesefreundlichen und didaktisch an die Bachelor-Studierenschaft abgestimmten Gestaltung zu kombinieren, dem Leser bei der Bewältigung des Bachelor-Lernstoffes hilfreich sein wird und es die Anerkennung und Beachtung erhält, die es meines Erachtens verdient.

Düsseldorf, im Juli 2023 — Horst Peters

Vorwort der Autoren

Das vorliegende Buch bietet eine kompakte und praxisorientierte Einführung in die Versicherungsbetriebslehre. Zielgruppe sind Studierende und Lehrende an Universitäten und Hochschulen in wirtschaftswissenschaftlichen Studiengängen mit Schwerpunkt Versicherungswirtschaft. Die Versicherungsbetriebslehre stellt einen Schwerpunkt unserer Lehrtätigkeit in einem versicherungswirtschaftlich geprägten, dualen Bachelorstudiengang sowie in den wirtschaftswissenschaftlichen Masterstudiengängen der Fachhochschule Dortmund dar. Die Erfahrungen aus der Lehre sind in diese Einführung ebenso eingeflossen wie zahlreiche aktuellere Entwicklungen, die sich in den traditionellen Lehrbüchern so noch nicht wiederfinden. Wichtig ist uns dabei, das Lernen in Zusammenhängen zu fördern und eine hohe Anschaulichkeit zu erreichen. Die Einführung kann nicht das Studium vertiefender Literatur ersetzen, aber einen ersten Überblick verschaffen.

Versicherungsunternehmen sehen sich fundamentalen Veränderungen ihrer wirtschaftlichen Rahmenbedingungen ausgesetzt, die sie bewältigen müssen. Teilweise sind diese Herausforderungen so dramatisch, dass sie für viele Versicherer existentielle Fragen aufwerfen und seit Jahrzehnten bewährte Geschäftsmodelle in Frage gestellt werden. Zu den wichtigsten Trends gehören:

- Eine striktere Regulierung – z. B. durch Solvency II – führt zu erhöhtem Risikokapitalbedarf und strengeren Anforderungen an die Risikomanagement-Systeme der Unternehmen.
- Kapitalmarktkrisen sowie nachhaltig sinkende bzw. sogar negative Zinsen für Staatsanleihen führen dazu, dass Erträge im Asset Management geringer und gleichzeitig volatiler werden. Dadurch können Versicherungsunternehmen ihre versicherungstechnischen Verluste nicht mehr – wie in der Vergangenheit oft geschehen – über hohe Kapitalerträge subventionieren.
- Die Digitalisierung eröffnet neue Möglichkeiten und bringt Wettbewerber (InsurTechs) auf den Plan, die bestehende Strukturen und Geschäftsmodelle in Frage stellen. Etablierte Versicherungsunternehmen sind zunehmend gezwungen, sich mit Themen wie Prozessoptimierung, digitalen Vertriebskanäle sowie grundlegenden Veränderungen der Wertschöpfungskette auseinanderzusetzen.
- Um ihre Leistungen entwickeln und anbieten zu können, sind Versicherungsunternehmen ständig auf hochqualifiziertes und motiviertes Personal angewiesen. In Deutschland ist allerdings seit Jahren ein Fachkräftemangel festzustellen, der sich für Versicherungsunternehmen durch das negative Branchenimage noch

verstärkt. Das Gewinnen und die langfristige Bindung qualifizierter Arbeitskräfte wird für die Versicherungsbranche zu einer immer größeren Herausforderung.
- Die europäische Nachhaltigkeitsregulatorik führt zu strategischen Fragen der Positionierung als nachhaltiger Versicherer, insb. der aktiven Förderung von ökologischer, sozialer und ökonomischer Nachhaltigkeit sowie der Vermeidung von nachteiligen Auswirkungen auf Nachhaltigkeitsfaktoren. Die operative Umsetzung betrifft auf der Aktivseite einer Versicherungsbilanz Kapitalanlagen und Betriebsmittel, auf der Passivseite Art und Umfang der versicherten Risiken sowie sonstige Verbindlichkeiten. Dazu kommen ein umfangreiches Reporting, eine Offenlegungspflicht im Internet, Pflichten bei der Produktentwicklung aller Versicherungssparten sowie spezifische Informations- und Beratungspflichten beim Vertrieb von Versicherungsanlageprodukten.

In ihrer Gesamtheit führen die dargestellten Entwicklungen zu einer Intensivierung des Wettbewerbs auf Versicherungsmärkten, der sich für Versicherungsunternehmen vielfach in geringer werdenden Margen widerspiegelt. Daraus resultierende ergibt sich die unbedingte Notwendigkeit einer zielorientierten und durchgehenden Steuerung des Geschäfts.

Das Buch ist in fünf Kapitel gegliedert. Das erste und einführende Kapitel konzentriert sich auf die Grundlagen der Versicherungswirtschaft. Darin werden das Geschäftsmodell von Versicherungsunternehmen sowie die Märkte beschrieben, auf denen die Unternehmen agieren. Weiterhin wird auf die Grundlagen des Risikomanagements sowie Steuerung von Versicherungsunternehmen eingegangen, wobei hier die Balanced Scorecard als Instrument zur Unternehmenssteuerung im Mittelpunkt steht. Die folgenden Kapitel orientieren sich dann an den verschiedenen Perspektiven der Balanced Scorecard.

Das zweite Kapitel beschäftigt sich mit der finanziellen Steuerung von Versicherungsunternehmen. Dabei geht es um die finanziellen Ziele, die ein Unternehmen erreichen muss, um sich gegenüber seinen Kapitalgebern erfolgreich zu positionieren. Im Einzelnen wird auf die externe Rechnungslegung, die interne Rechnungslegung (Kosten- und Leistungsrechnung) sowie auf die Bedeutung der Kapitalanlagen im Versicherungsunternehmen eingegangen.

Kapitel 3 setzt sich mit der Kundenperspektive auseinander, wobei die Frage im Mittelpunkt steht, wie ein Unternehmen die Erwartungen und Wünschen seiner Kunden identifizieren und in seine Leistungsgestaltung einbeziehen kann. Die Schwerpunkte des Kapitels liegen auf der Marktsegmentierung, der Risikosteuerung der einzelnen Kundengruppen sowie der erfolgreichen Gestaltung der Kundenbeziehung.

Im vierten Kapitel geht es um die Prozessperspektive und damit um die Bedeutung interner Prozesse und Leistungen für die Erreichung der Unternehmensziele. Dabei wird ein besonderes Augenmerk auf die erfolgskritischen Prozesse gerichtet, zu denen die durchgehende Digitalisierung der Versicherungsdienstleistung sowie die Produkt- und Preisgestaltung gehört.

Kapitel 5 legt schließlich den Schwerpunkt auf die Lern- und Entwicklungsperspektive, wobei die Bedeutung eines qualifizierten Personalmanagements im Vordergrund steht. Im Einzelnen wird dabei auf die besondere Bedeutung der Kundenintegration sowie regulatorische Anforderungen an das Personalmanagement eingegangen. Weiterhin werden Aspekte der Personalrekrutierung sowie -führung behandelt.

In diesem Buch wird eine durchgehende Fallstudie verwendet, die dazu dient, die dargestellten Inhalte beispielhaft zu erläutern. Am Ende jeden Kapitels wird dabei beschrieben, wie in der Sidekick VVaG die beschriebenen Konzepte jeweils umgesetzt werden. Die Sidekick VVaG ist ein fiktiver Versicherungsverein aus Westfalen mit einer über 100-jährigen Geschichte. Die Gesellschaft wurde ursprünglich zum Schutz von Landwirten gegen Haftpflichtschäden gegründet und hat seitdem ihre Geschäftstätigkeit ständig ausgeweitet. Heute gehört die Sidekick VVaG zu einer Versicherungsgruppe, die neben fast allen Sparten der Schaden- und Unfallversicherungen auch Lebens- und Krankenversicherungsgeschäft betreibt. Mit einem Bruttoprämienvolumen in Schaden/Unfall von ca. 400 Mio. Euro im Jahr 2020 gehört die Sidekick VVaG zu den mittelgroßen Versicherungsgesellschaften in Deutschland.

Das Buchprojekt haben wir gemeinsam mit unserem geschätzten Kollegen Prof. Dr. Michael Radtke begonnen, der die versicherungswirtschaftliche Lehre an der Fachhochschule Dortmund etabliert hat. Er steuerte erste Texte bei und hätte das Projekt sehr gerne mit uns zum Abschluss gebracht. Doch leider war ihm das nicht vergönnt, denn er verstarb am 27.9.2022 nach langer, schwerer Krankheit. Dieses Buch widmen wir daher auch seinem ehrenden Gedenken.

Dortmund, im Juli 2023

Jens Mörchel
Matthias Beenken
Lukas Linnenbrink

1 Grundlagen der Versicherungswirtschaft

Versicherungsunternehmen agieren in einem Markt, der sich u. a. in Abgrenzung zur Sozialversicherung bestimmen lässt und in besonderem Maß durch nationales und europäisches Recht reguliert ist. Das Geschäftsmodell basiert auf der Risikotheorie. Das Management von Risiken im Versicherungsunternehmen spielt deshalb eine besondere Rolle. Die Steuerung ist anspruchsvoller als in anderen Branchen.

1.1 Das Versicherungsunternehmen in seiner Umwelt

1.1.1 Versicherungsmärkte in Deutschland und Europa

Bedeutende, personenbezogene Lebensrisiken wie Krankheit, Pflegebedürftigkeit, Unfall, Arbeitslosigkeit und Einkommensersatz im Alter (Rente) werden in Deutschland überwiegend durch die **gesetzliche Sozialversicherung** abgedeckt. Sie verbucht knapp 811 Mrd. Euro an Einnahmen, von denen der Großteil aus Beiträgen von Arbeitgebern und Arbeitnehmern, aber auch über 178 Mrd. Euro als Zuschüsse aus Steuermitteln stammen (Statistisches Bundesamt, Stand 2022). Abgesichert werden hierüber im Wesentlichen sozialversicherungspflichtig und damit abhängig Beschäftigte sowie bestimmte Selbstständige, nicht jedoch Beamte, deren Dienstgeber ähnliche Leistungen zu gewähren haben. Wer in keinem System ausreichend gegen Lebensrisiken abgesichert ist, kann **Sozialhilfeleistungen** wie die Grundsicherung im Alter oder bei Erwerbsminderung beanspruchen, für die weitere rund 15 Mrd. Euro vom Steuerzahler aufgebracht werden.

Die Sozialversicherung wird grundsätzlich als öffentliche Versicherung organisiert, bei der die Mitgliedschaft gesetzlich verpflichtend geregelt ist, aber auch Mitgliedschaftsrechte geltend gemacht werden können. Arbeitgeber sind ihrerseits verpflichtet, die Aufnahme Beschäftigter in die Sozialversicherung anzumelden und die Beiträge abzuführen, die überwiegend, aber nicht durchgängig, paritätisch von Arbeitgebern und Arbeitnehmern getragen werden, bei Letzteren werden sie vom Lohn abgezogen und abgeführt. Grundprinzipien sind eine Leistung nach Bedürftigkeit (allerdings nicht in der Rentenversicherung, dort bestimmt sich die Leistung grundsätzlich nach den erzielten, versicherungspflichtigen Einkommen) und eine Finanzierung nach Leistungsfähigkeit. So zahlen z. B. Krankenversicherte unterschiedlich hohe Beiträge je nach individuellem Einkommen, erhalten aber alle denselben gesetzlichen Leistungsanspruch. Das wird auch als **Solidaritätsprinzip** bezeichnet, wenn auch einige Ausnahmen davon bestehen. Beispielsweise können Versicherte in der Gesetzlichen Krankenversicherung Wahltarife vereinbaren, mit denen sie abweichende Leistungsvereinbarungen mit Ärzten oder anderen Leistungserbringern treffen können.

Die gesetzliche Sozialversicherung finanziert sich im Wesentlichen über das sog. **Umlageverfahren**. Die abgeführten Beiträge werden mit Ausnahme einer kleinen Liquiditätsreserve von ein bis zwei Monatsbeiträgen unmittelbar verwendet, um Leistungen zu erbringen.

Die privatwirtschaftliche **Individualversicherung** grenzt sich in Deutschland von der gesetzlichen Sozialversicherung ab und ergänzt diese, manchmal kann sie diese auch ersetzen (Beispiel substitutive Krankenversicherung, die bestimmten Personengruppen offensteht). Lebensrisiken, die sich auf das Vermögen (z. B. Haftung) und Sachen im Eigentum oder Besitz einer Person (z. B. Hausrat, Kraftfahrzeuge) oder eines Betriebs befinden, werden praktisch nur auf diesem Weg versichert. Allerdings gibt es bestimmten Fällen gesetzliche Versicherungspflichten, z. B. in der Kraftfahrzeug-Haftpflichtversicherung. Die Anschaffung und Nutzung eines Kraftfahrzeugs sind freiwillig, aber dann muss eine solche Versicherung abgeschlossen werden.

Die rund 520 deutschen Versicherungsunternehmen verbuchen rund 226 Mrd. Euro Beitragseinnahmen (GDV, Stand 2021) und über 256 Mrd. Euro Versicherungsleistungen. Das scheinbare »Kunststück«, mehr auszahlen zu können als eingenommen wird, liegt an Zinserträgen auf die rund 1,8 Billionen Euro Kapitalanlagen. Die Beitragseinnahmen teilen sich zu rund 46 % auf die Lebens-, 20 % die private Kranken- und 34 % die Schaden-/ Unfallversicherung auf.

Außerdem ist Deutschland ein bedeutender Standort für die Rückversicherung, die rund 55 Mrd. Euro jährliche Beitragseinnahmen verbucht. Sie ermöglicht den sog. Erstversicherern, sowohl einzelne Spitzenrisiken (z. B. Wiederaufbauwert eines Industriegebäudes in dreistelligem Millionenbetrag) als auch Breitenrisiken im Versicherungsbestand (z. B. ungewöhnliche Schwankungen im Schadenanfall oder sog. Kumulschäden, bei denen ein Schadenereignis wie eine Naturkatastrophe zahlreiche versicherte Einzelrisiken betrifft) decken zu können.

Private Versicherungsunternehmen stehen im Wettbewerb zueinander, sowohl mit anderen deutschen als auch mit ausländischen Versicherungsunternehmen. Wettbewerb passt zu einem freiwilligen System und hilft dem Kunden, faire Bedingungen für eine Versicherung am Markt vorzufinden.

Individualversicherungen werden grundsätzlich nach dem **Äquivalenzprinzip** kalkuliert. Danach soll der Erwartungswert der Risikoprämien im Versichertenkollektiv gleich dem Erwartungswert der Schäden im Versichertenkollektiv sein. So gleichen Versicherungen individuell auftretende Schäden bzw. Leistungen im Kollektiv und in der Zeit aus. Auch vom Äquivalenzprinzip gibt es Ausnahmen. So sind z. B. private Krankenversicherer, die die substitutive (»Voll-«)Versicherung anbieten, gezwungen, bestimmten bedürftigen Personen einen Basistarif oder einen Notlagentarif anzubieten, die nach dem Solidaritätsprinzip kalkuliert sind.

Die Individualversicherung finanziert sich prinzipiell nach dem **Kapitaldeckungsverfahren.** Dabei werden insb. in der Lebens- und in der Art der Lebensversicherung kalkulierten Krankenversicherung, in geringerem Umfang auch in der Kompositversicherung Prämien (typischer Ausdruck bei Aktiengesellschaften) bzw. Beiträge (typischer Ausdruck bei Versicherungsvereinen) erhoben, die für künftige Leistungserbringung angespart werden. Beispielsweise zahlen Kunden in der Schadenversicherung den vollen Jahresbeitrag zum Beginn eines jeden Vertragsjahres, obwohl Schäden erst verteilt über das Jahr anfallen und bezahlt werden müssen. In der Lebens- und Krankenversicherung werden oft sogar erst nach Jahrzehnten die je Alterskohorte aufgebauten Kapitalanlagen benötigt, die vereinbarten (Alters-)Leistungen zu erbringen.

In Europa ist Deutschland mit 4,1 % Weltmarktanteil der zweitgrößte, europäische Versicherungsmarkt hinter Großbritannien (5,4 %) und vor Frankreich (3,7 %) und Italien (2,6 %) (GDV, Stand 2020). In der »Weltrangliste« liegen allerdings die USA (40,3 %), China (10,4 %) und Japan (6,6 %) vor den Europäern. In der Rückversicherung erreicht Deutschland mit 19,3 % Weltmarktanteil hinter den USA (26,9 %) und vor der Schweiz (11,7 %) den zweiten Rang.

1.1.2 Rahmenbedingungen für Versicherungsunternehmen (Rechtsformen, Solvency II, Pflichtversicherungen, Versicherungsaufsicht usw.)

Versicherungsunternehmen bedürfen einer **Erlaubnis** durch die Bundesanstalt für Finanzdienstleistungsaufsicht (BaFin). Sie wird ausschließlich bestimmten privatrechtlich organisierten (Aktiengesellschaft – AG, Europäische Aktiengesellschaft – SE, Versicherungsverein auf Gegenseitigkeit – VVaG) oder öffentlich-rechtlichen (Körperschaften und Anstalten des öffentlichen Rechts) Versicherungsunternehmen erteilt (§ 8 Abs. 1, 2 VAG). Versicherungsunternehmen mit Sitz in einem anderen Mitgliedsstaat der Europäischen Union bzw. des Europäischen Wirtschaftsraums dürfen im Dienstleistungsverkehr in Deutschland tätig werden oder eine Niederlassung errichten, wenn sie dies der BaFin angezeigt haben (**Notifizierungsverfahren**).

Es gibt unterschiedliche Arten von **Anteilseignern** eines Versicherungsunternehmens:

- Aktionäre (mit Stimmrecht, ggf. gibt es weitere Aktionäre ohne Stimmrecht) bei einer Versicherungsaktiengesellschaft,
- Mitglieder bei einem Versicherungsverein auf Gegenseitigkeit. Satzungsmäßig ist meist geregelt, dass Versicherungsnehmer automatisch auch Mitglieder des VVaG werden.

Aufgrund der sog. **Spartentrennung** können Rückversicherungsunternehmen nur für den Betrieb der Rückversicherung zugelassen werden, ein gleichzeitiger Betrieb von Erstversicherern und damit der unmittelbare Vertrieb von Versicherungen an Versicherungsnehmer ist nicht möglich. Außerdem können Erstversicherer die Lebens- sowie die Krankenversicherung jeweils nur für sich betreiben und nicht in einer Mischung mit anderen Sparten (§ 8 Abs. 4 VAG). Die Rechtsschutzversicherung darf zwar zusammen mit der Schaden-/Unfallversicherung betrieben werden, dann aber muss die Schadenbearbeitung auf ein externes Schadenabwicklungsunternehmen auslagern (§ 164 Abs. 1 VAG). Das ist der Grund dafür, dass es mehrere reine Rechtsschutzversicherer am Markt gibt. De Spartentrennung führt auch häufig zu **Konzern- oder Gruppenbildungen**, um den Kunden ein umfassendes Versicherungsangebot mehrerer oder aller Sparten machen zu können. Hintergrund für die Spartentrennung ist, dass die Ansprüche der Versicherten geschützt werden sollen. Insbesondere die langjährig anzulegenden Mittel der Lebens- und Krankenversicherten könnten sonst unter Umständen herangezogen werden, um kurzfristige Schadenspitzen in der Schaden-/Unfallversicherung auszugleichen oder systematische Untertarifierung für die Generierung von Wettbewerbsvorteilen zu betreiben.

Dem **Erlaubnisantrag** als Versicherungsunternehmen ist ein Geschäftsplan inklusive Satzung, Angabe zu den betriebenen Sparten und der Art der zu deckenden Risiken, Grundzügen der Rückversicherung, Angaben zu den Eigenmitteln zur Bedeckung der Mindestkapitalanforderung sowie zu einem Organisationsfonds zur Finanzierung des Anlaufs des Geschäftsbetriebs beizufügen. Weiter müssen für die ersten drei Geschäftsjahre Plan-Bilanzen und Plan-Gewinn- und Verlustrechnungen, Schätzungen zum benötigten Solvabilitätskapital u. a. vorgelegt werden. Auch muss die Geschäftsorganisation erläutert werden, insb., wer die Geschäfte leiten und wer die sog. Schlüsselfunktionen ausüben wird (§ 9 VAG).

Versicherungsunternehmen dürfen keine **versicherungsfremden Geschäfte** betreiben (§ 15 VAG). Damit werden Versicherer in ihren Marktbearbeitungsstrategien beschränkt, insb. eine Diversifizierung in andere Branchen kommt für sie nicht in Frage. Das schließt allerdings nicht Beteiligungen an anderen Unternehmen aus, wenn diese beispielsweise zu Kapitalanlagezwecken erworben und gehalten werden.

Die Aufbauorganisation eines Versicherungsunternehmens bestimmt zunächst nach den allgemeinen gesellschaftsrechtlichen Vorgaben, ergänzt um spezifische regulatorische Anforderungen. Geleitet wird ein Versicherungsunternehmen vom **Vorstand.** Dieser sollte schon allein aus Gründen der Risikostreuung aus deutlich mehr als nur einer Person bestehen. Die Vorstandsbestellung erfolgt durch den **Aufsichtsrat** im Rahmen eines auf drei bis maximal fünf Jahre befristeten Arbeitsvertrags, ist aber zusätzlich von einer Zustimmung der BaFin abhängig. Der Aufsichtsrat wird von der **Hauptversammlung** (AG) oder der **Mitgliederversammlung** bei kleinen VVaG bzw. der **Mitgliedervertreterversammlung** (MVV) bei größeren VVaG gewählt und muss ebenfalls von der BaFin bestätigt werden. Der Aufsichtsrat hat die Geschäftsführung des Vorstands zu überwachen und in einer Satzung festgelegte Entscheidungen zu treffen, z. B. bei Grundstücksgeschäften, Beteiligungs- oder Anlagegeschäften ab bestimmten Größenordnungen.

Während Aktionäre in der Hauptversammlung einer AG Rechte als Anteilseigner wahrnehmen und letztlich über die Geschäftsstrategie und das Personal in den Organen entscheiden, können Mitglieder bei größeren VVaG keinen direkten Einfluss geltend machen. Dies obliegt der MVV, die zwar aus Mitgliedern (Versicherten) besteht und diese repräsentieren soll, aber ihre eigenen Mitglieder oft auf Vorschlag der Organe (Vorstand und Aufsichtsrat) nachwählt (Kooptationsverfahren).

Sowohl Vorstände als auch Aufsichtsräte müssen zuverlässig (insb. frei von einschlägigen Verurteilungen) und fachlich geeignet sein. In der Regel werden dafür neben entsprechender Ausbildung eine einschlägige Berufs- und Führungserfahrung in der Versicherungsbranche verlangt § 24 Abs. 1 VAG). Die BaFin hat eigene Leitlinien zur Qualifikation und zur laufenden Qualifizierung im Rahmen sog. **Fit & Proper**-Anforderungen herausgegeben, also einer laufenden Anpassung der Qualifikation der Personen in den Leitungs- und Aufsichtsorganen.

Eine Besonderheit der **Governance** (Unternehmensführung) von Versicherungsunternehmen sind die aufsichtsrechtlich vorgeschriebenen **Schlüsselfunktionen.** Auch an deren Inhaber werden hohe fachliche Anforderungen gestellt, sie sind unmittelbar der BaFin gegenüber rechenschaftspflichtig. Vorgesehen sind mindestens folgende Schlüsselfunktionen:

- Risikomanagement mit der Verantwortung für Identifikation, Bewertung, Überwachung, Steuerung und Berichterstattung über die Risiken des Geschäftsbetriebs (§ 26 VAG),
- Compliance mit der Verantwortung für ein wirksames, internes Kontrollsystem und die Überwachung der Einhaltung von externen und internen Normen (§ 29 VAG),
- Interne Revision (§ 30 VAG) mit der Verantwortung zur Überprüfung des internen Kontrollsystems auf Angemessenheit und Wirksamkeit,
- Versicherungsmathematische Funktion (§ 31 VAG) mit der Verantwortung für die Berechnung der versicherungstechnischen Rückstellungen und einer Kontrolle der allgemeinen Zeichnungs- und Annahmepolitik und der Rückversicherungspolitik des Versicherers.

Daneben kann der Versicherer weitere Schlüsselfunktionen einrichten, beispielsweise eine Funktion zur ordnungsgemäßen Umsetzung der Qualifizierungsanforderungen an alle im Versicherungsvertrieb unmittelbar oder maßgeblich tätigen Personen (§ 48 Abs. 2a VAG).

Eine weitere Besonderheit ist, dass Versicherungsunternehmen anders als Unternehmen anderer Branchen nur unter einschränkenden Bedingungen eine **Ausgliederung** interner Funktionen (Outsourcing) vornehmen darf (§ 32 VAG). Beispiele sind Ausgliederung von Vertrieb, Schadenregulierung oder Kapitalanlage (Asset Management). Selbst Schlüsselfunktionen können im Einzelfall ausgelagert werden, z. B., wenn ein kleiner Versicherer kein geeignetes Fachpersonal beschäftigen kann. Auch hier steht der Schutz der Versichertenbelange im Vordergrund.

Deshalb muss bei Ausgliederungen sichergestellt werden, dass alle für den Versicherer geltenden Anforderungen auch vom Ausgliederungsdienstleister erfüllt werden. Dazu müssen Auskunfts- und Weisungsrechte sowohl gegenüber dem Versicherer als auch der Versicherungsaufsicht vertraglich vereinbart werden.

Bei der Rechnungslegung und Berichterstattung gibt es weitere Besonderheiten. Versicherungsunternehmen müssen einen **Abschlussprüfer** bestellen, der nicht nur den **Jahresabschluss** des Versicherungsunternehmens prüft und testiert, sondern dazu direkt mit der Aufsichtsbehörde BaFin kommuniziert und den Aufsichtsrat bei der Beurteilung der Finanzlage des Unternehmens berät (§ 35 f. VAG). Neben der allgemeinen Publizitätspflicht im Bundesanzeiger haben Versicherer ihren Jahresabschluss und Lagebericht bei der BaFin einzureichen. Versicherungsunternehmen müssen einen jährlichen **Solvabilitäts- und Finanzbericht (SFCR)** mit kurzer Frist nach Ende des Geschäftsjahres veröffentlichen (§ 40 VAG). Auch bei außerordentlichen Veränderungen, die die Finanzstärke des Versicherers betreffen, können Ad-hoc-Berichte erforderlich werden (§ 42 VAG).

Ein Versicherer muss regelmäßig intern eine Beurteilung der Risiko- und Solvabilitätssituation vornehmen, den **ORSA** (Own Risk and Solvency Assessment, § 27 VAG). Der Begriff entstammt der Säule II der Europäischen Richtlinie Solvency II und zählt als Baustein zum Governance-System. Im ORSA ermittelt der Versicherer seinen Gesamtsolvabilitätsbedarf (GSB), also welches Kapital er benötigt, um dauerhaft seine Verpflichtungen zu erfüllen. Dabei wird das spezifische Risikoprofil des Versicherers berücksichtigt. Weiter werden sog. Wesentlichkeitsgrenzen festgestellt, d. h. ab wann Abweichungen von den Annahmen zum Risikoprofil des Unternehmens beachtlich sind und Auswirkungen auf den Solvabiltätsbedarf haben. Für die Berechnung des Solvabilitätsbedarfs wird entweder (meist) die sog. **Standardformel** angewendet oder aber ein vollständiges oder partielles internes Modell. Mithilfe sog. **Stresstests** wird aufgezeigt, wie stark die Solvabilität des Versicherers leidet, wenn außergewöhnliche Ereignisse wie Naturkatastrophen und andere Großschadensereignisse, Börsencrashs mit Auswirkungen auf die Kapitalanlage, Cyberattacken mit Auswirkungen auf die Aufrechterhaltung des Geschäftsbetriebs u. a. eintreten. Im Rahmen der noch umzusetzenden Corporate Social Responsibility-Richtlinie **(CSRD)** müssen Versicherer beginnend ab 2024 für das Berichtsjahr 2023 zusätzliche Analysen und Stresstests hinsichtlich von **Nachhaltigkeitsrisiken** durchführen. Das dürfte allerdings nicht immer überschneidungsfrei zum bisherigen ORSA sein, wie das Beispiel von Naturkatastrophen zeigt, die eine Realisierung eines ökologischen Nachhaltigkeitsrisikos darstellen können.

1.1.3 Digitalisierung als zentraler Treiber der Umwelt

Das Geschäftsmodell Versicherungsunternehmen ist in hohem Maß datengetrieben, weil zahlreiche, aber gleichförmige und damit leicht digitalisierbare – also in Nullen und Einsen darstellbare – Informationen anfallen (z. B. Vertrags- und Schadennummern, personengebundene Daten der Kunden, Vertrags- und Schadendetails). Selbst kleinere Versicherungsunternehmen erreichen leicht siebenstellige Zahlen an abgeschlossenen Verträgen, die zu verwalten und abzurechnen sind.

Die Versicherungsbranche gehört zu den ersten Branchen überhaupt, die vor rund 100 Jahren eine automatisierte Datenverarbeitung mithilfe zunächst von Lochkartenmaschinen eingeführt hat (Koch 2012, 256). Etwa ab den 1960er Jahren wurden Großrechneranlagen und ab den 1980er/1990er Jahren zusätzlich Personalcomputer eingesetzt, letztere auch in Versicherungsagenturen. Seit den 2000er Jahren setzen sich Internet- sowie Mobilanbindungen durch, mit denen zunächst dezentrale Versicherungsvermittler und zunehmend auch Kunden an Daten des Versicherers angebunden und Datenaustausch ermöglicht werden.

Der Begriff Digitalisierung wird unterschiedlich verwendet. In der Versicherungsbranche steht er für mehr als nur die oben geschilderte, historisch weit fortgeschrittene Automatisierung und Standardisierung von Geschäftsvorfällen und die dabei anfallenden Daten. Eine Ausdrucksform ist beispielsweise die sog. Dunkelverarbeitung, bei der Software die Anträge und Schadenmeldungen anhand von programmierten Routinen und Plausibilitätskontrollen eigenständig prüft und fallabschließend durch Policierung eines Vertrags und Anstoßen einer Beitragsrechnung oder durch Anstoßen einer Regulierungsmitteilung und Schadenauszahlung erledigt. Darüber hinaus bedeutet die Digitalisierung von Dienstleistungen, dass der Kunde befähigt und angereizt wird, Teile der Dienstleistung selbst zu erbringen und dadurch personalintensive Geschäftsvorfälle zu vermeiden, gleichzeitig aber ein Nutzenerlebnis in Gestalt einer sehr schnellen Echtzeitkommunikation und Vorgangserledigung und einer Eigensteuerung hat, die angenehmer als eine Fremdsteuerung durch Versicherungsangestellte und Vermittler ist. Typische Ausdrucksformen dafür sind:

- Selbstinformation: Der Kunde informiert sich selbst über Versicherungs- und Vorsorgebedarfe, ggf. angestoßen durch Versicherer, Vermittler und Vergleichsportale oder in sog. Ökosystemen durch andere Anbieter und Dienstleister. Dazu nutzt er Bewertungen und Frage- und Antwort-Portale anderer Nutzer als Entscheidungshilfe.
- Selbstberatung: Der Kunde erstellt sich selbst Angebote durch Beantworten automatisierter Antragsfragen, ggf. nutzt er Dialogformate wie den automatisierten Chatbot oder den Live-Chat mit nicht körperlich anwesenden Personen für weitergehende Fragen. Automatisierte Anwendungen unterbreiten Änderungs- oder Ergänzungsvorschläge zu bestehenden Verträgen.
- Selbstmanagement: Der Kunde schließt Versicherungen eigenständig online oder mobil ab, informiert sich über den Stand der Antragsprüfung, verwaltet die Verträge in virtuellen Versicherungsordnern (z. B. Versicherungsordner-App oder Extranetanwendung) oder erstellt Änderungsmitteilungen (z. B. Adress- und Bankverbindungsänderungen. Er teilt seine Erfahrungen mit anderen Nutzern durch mobile bzw. Online-Bewertungen und Einträge in Frage- und Antwort-Portalen.

- Selbstregulierung: Der Kunde meldet eigenständig mobil oder im Internet einen Schaden, beantwortet im automatisierten Dialog Fragen zum Schaden oder informiert sich über den Stand der Regulierungsbearbeitung. Auch diese Erfahrungen werden im Netz bewertet und geteilt.

Das Versicherungsunternehmen kann auf diesem Weg seinen Geschäftsbetrieb kosteneffizienter organisieren und auch neue Geschäftsmodelle (Business Cases) entwickeln und bei Erfolg skalieren, das heißt Skaleneffekte durch massenhafte Verbreitung erreichen. Dabei hilft, dass Internet- und Mobilanwendungen typischerweise zwar eine hohe Entwicklungs- und gewisse laufende Pflegeaufwendungen und damit Fixkosten verursachen, die Grenzkosten für jeden zusätzlichen Nutzer (also Kunden oder Interessenten des Versicherers) dieser Anwendungen fast gleich null sind. Das ist völlig anders als bei personalintensiven Geschäftsvorfällen, die von Versicherungsangestellten und Vermittlern erledigt werden.

Die zunehmende Digitalisierung vieler Lebens- und Geschäftsbereiche weckt entsprechende Erwartungen bei den Kunden, denen Versicherer gerecht werden müssen. Wenn beispielsweise Onlinehändler seit Jahren erfolgreich papierlose Kaufprozesse organisieren, erscheinen die papierintensiven Abschluss- und Abwicklungsprozesse bei Versicherern (z. B. Policen, Beitragsrechnungen, Schadenkorrespondenz) anachronistisch. Gleichzeitig steigt der Kostendruck im Wettbewerb durch digitale Pioniere unter den Versicherern.

1.2 Das Versicherungsunternehmen und sein Geschäftsmodell

1.2.1 Risikotheoretisches Grundmodell der Versicherung (Grundbegriffe)

Versicherung ist nicht denkbar ohne den Begriff **Risiko**. Risiko meint die Unsicherheit über einen künftigen Zustand. Es besteht ein Informationsdefizit, das sich erst in Zukunft auflösen wird, denn dann weiß man über den dann erreichten Zustand Bescheid.

Dazu ein Beispiel: Ein in einem Flusstal gelegenes Gebäude kann bei einem Hochwasser überschwemmt und zerstört werden. Ob ein derart hohes Hochwasser in Zukunft auftreten wird, ist unsicher. Hat ein solches Hochwasser stattgefunden und ist das Gebäude zerstört, weiß der Gebäudebesitzer Bescheid, dass es dieses Risiko tatsächlich gegeben hat.

Das Risiko realisiert sich im **Schadenereignis**. Im zuvor genannten Beispiel also durch das Auftreten eines zerstörerischen Hochwassers. Das Schadenereignis kann zum einen zu wirtschaftlich **quantifizierbaren Schäden** führen, beispielsweise den Wiederaufbaukosten für das beim Hochwasser zerstörte Gebäude. Solche Schäden sind grundsätzlich **versicherbar**, wobei grundsätzlich bedeutet, dass es Ausnahmen geben kann. Im Beispiel könnte ein zu dicht am Fluss gebautes Gebäude nicht versicherbar sein, weil die **Wahrscheinlichkeit des Schadeneintritts** sowie das **Ausmaß des Schadens** zu groß sind. Damit sind die beiden entscheidenden Bestimmungsgrößen für eine Versicherbarkeit quantifizierbarer Schäden benannt.

Darüber hinaus gibt es **nicht quantifizierbare Schäden** wie beispielsweise das psychische Leiden des Gebäudebesitzers, dessen Haus beim Hochwasser zerstört wurde. Diese gelten grundsätzlich als **nicht versicherbar.**

Risiken sind allerdings nicht per se schlecht. Sie haben eine Kehrseite, die **Chance.** Der Gebäudebesitzer im obigen Beispiel könnte das Hochwasserrisiko für sein Gebäude nur dadurch vollständig vermeiden, indem er kein Haus baut, und schon gar nicht eines mit schönem Ausblick auf einen Fluss. Risiken sind untrennbar mit den Chancen des Lebens und des Wohlstands verbunden. Sowohl privates Eigentum als auch berufliche und unternehmerische Betätigung wären nicht möglich, würde man die Risiken scheuen.

Nach der Art des Risikos kann man das subjektive und das objektive Risiko unterscheiden. Das **subjektive Risiko** ist unmittelbar von der Einstellung und dem Verhalten einer Person abhängig. Es ist schwer einschätzbar und hat daher Folgen für eine Versicherbarkeit. Die beiden typischen Ausprägungsformen sind:

- **Antiselektion:** Personen mit besonders hoher **Risikoneigung** fühlen sich von der Idee, ihr Risiko auf eine Versicherung zu übertragen, besonders angesprochen, **risikoaverse** (risikoscheue) Kunden dagegen weniger. Wenn im obigen Beispiel nur die direkt am Fluss stehenden Gebäudebesitzer ihre Häuser versichern, alle anderen aber nicht, wird die Deckung der häufigen Schadeneintritte von diesen Häuserbesitzern kaum finanzierbar sein.
- **Moral Hazard** (moralisches Risiko): Hier tritt nach Abschluss einer Versicherung eine Verhaltensveränderung ein, der Versicherte ändert sein Verhalten von risikoavers auf risikofreudig. Beispielsweise könnte der Gebäudebesitzer nach Abschluss der Versicherung auf empfohlene Hochwasserschutzmaßnahmen verzichten, weil er diese angesichts des Versicherungsversprechens als nicht mehr nötig ansieht.

Das **objektive Risiko** dagegen ist bestimmbar, messbar und handhabbar. Es stellt die Grundlage der Kalkulation einer Versicherung dar. Im obigen Beispiel wäre das der Wiederaufbauwert des Gebäudes als ebenso messbarer Wert wie die statische Wahrscheinlichkeit, dass ein in Flussnähe stehendes, aber angemessen gegen Hochwasser geschütztes Gebäude bei einem solchen Hochwasser zerstört wird.

Damit Risiken grundsätzlich versicherbar sind, verwenden Versicherungsunternehmen ein Set an (positiv und proaktiv wirkenden) Anreizen wie an (nachträglich bestrafenden) Sanktionen, um den beiden subjektiven Risiken Antiselektion und Moral Hazard entgegenzuwirken. Auch hierzu jeweils Beispiele:

- Vermeidung von Antiselektion
  - Anreize: Risikogerecht differenzierte Tarife, Rabatte bei Vorschadenfreiheit oder bei Selbstbeteiligung

  - Sanktionen: Wartezeiten, Beitragsneufestsetzung und ggf. Leistungsverweigerung bei falschen vorvertraglichen Angaben zum Risiko
- Vermeidung von Moral Hazard
  - Anreize: Schadenfreiheitsrabatt, Beitragsrückerstattung bei Leistungsfreiheit
  - Sanktionen: Leistungsminderung bei Verletzung vertraglicher Obliegenheiten und von Obliegenheiten im Schadensfall

Versicherungen bedeuten aber nicht nur, dass Individuen ihr Risiko auf ein Versicherungsunternehmen übertragen, um eine finanzielle Überforderung bei Schadeneintritt zu vermeiden und in einen gleichmäßigen, kalkulierbaren Versicherungsbeitrag umzuwandeln. Zusätzlich leisten Versicherungen einen Risikoausgleich durch die Bündelung vieler gleichartiger Einzelrisiken. Dabei gilt das sog. **»Gesetz der großen Zahl«**, das heißt, der Risikoausgleich funktioniert umso besser, je mehr Risiken in einem Risikokollektiv vereint werden. Denn die einzelnen Schadeneintrittswahrscheinlichkeiten gleichen sich untereinander zunehmend aus. Neben der reinen Anzahl ist die zeitliche Verteilung von Schadeneintritten entscheidend. Deshalb spricht die wohl bekannteste Definition der Versicherung beide Aspekte des Risikoausgleichs an, das Kollektiv und die Zeit: »Versicherung ist die Deckung eines im Einzelnen ungewissen, insgesamt geschätzten Mittelbedarfs auf der Grundlage des Risikoausgleichs im Kollektiv und in der Zeit« (Farny 2011, 8).

1.2.2 Das Versicherungsgeschäft/ die Wertschöpfung des Versicherungsunternehmens

Versicherungsunternehmen organisieren den im vorhergehenden Kapitel beschriebenen Risikoausgleich im Kollektiv und in der Zeit, das **Risikogeschäft**. Ziel ist dabei eine Rendite auf das eingesetzte Eigenkapital des Versicherers zu erwirtschaften, um je nach Rechtsform entweder den Aktionären eine Dividende zahlen oder beim VVaG eine Stärkung des Eigenkapitals und damit künftig verbesserte Leistungen für die Mitglieder zu erreichen.

In der Lebens- und in der nach Art der Lebensversicherung kalkulierten Krankenversicherung (Verträge mit Alterungsrückstellungen, zwingend in der substitutiven, wahlweise in der ergänzenden Krankenversicherung) wird auch ein **Spar- und Entspargeschäft** betrieben. Der Kunde leistet über die Risikoprämie hinaus einen Sparbeitrag, der vom Versicherer kollektiv, also für alle Versicherten (eines Tarifs, einer Alterskohorte) gemeinsam, angelegt wird. Der Kunde erwirbt einen individuellen Leistungsanspruch, der aus der kollektiven Anlage befriedigt wird (z. B. eine Kapitalauszahlung oder Rente in der Lebensversicherung oder eine Beitragsminderung im Alter in der Krankenversicherung).

Ziel ist, eine angemessene Rendite für die Versicherten zu erzielen, aber auch einen Anteil der Rendite für die Anteilseigner Aktionäre oder Mitglieder zu erreichen. Diese Anteile sind in der Lebensversicherung gesetzlich begrenzt. Mindestens 90 Prozent des Kapitalanlageergebnisses (»Zinsgewinn«) stehen den Versicherten zu. Der Versicherer erzielt außerdem sog. »Sterblichkeitsgewinne«, wenn er weniger todesfallbedingte Leistungen erbringen muss als kalkuliert, z. B., weil die Lebenserwartung der Versicherten gestiegen ist. Auch diese Gewinne fließen zu mindestens 90 Prozent an die Versicherten zurück. Schließlich stehen den Versicherten mindestens 50 Prozent vom übrigen Ergebnis zu, beispielsweise, wenn der Versicherer weniger Verwaltungskosten verbucht als zuvor in den Versicherungsbeitrag einkalkuliert (§§ 6-8 MindZV).

Schließlich betreibt der Versicherer ein **Dienstleistungsgeschäft**. Dabei handelt es sich zunächst ganz grundlegend um die Organisation des Kernprodukts Versicherungsschutz durch entsprechende Prozessgestaltungen (z. B. Produktentwicklung, Antrags-, Verwaltungs-; Schadenprozesse), Personal- und Informationstechnikeinsatz, wodurch das **generische Produkt** Versicherung entsteht, das am Markt angeboten werden kann. Der Kunde erwartet allerdings i. d. R. mehr, nämlich einen auf das Kernprodukt bezogenen Service wie die Beratung zum Versicherungsbedarf und der Versicherungsgestaltung oder im Schadenfall (**erwartetes Produkt**). Darüber hinaus kann ein Versicherer vom Kernprodukt unabhängige Services (z. B. Wetterinformationen für die landwirtschaftliche Kundschaft, Risikomanagementberatung für Gewerbebetriebe, Bonitätsprüfungen für Kreditversicherte, Assistanceleistungen in der Lebens-, Kranken-, Pflege- und Unfallversicherung, Smart Home-Vermittlungsleistungen für Gebäudebesitzer, aber auch Marken für die Versicherungsprodukte) anbieten, die Versicherung wird dann zum **augmentierten Produkt** (Görgen 2007, 141).

Versicherungen werden in **Versicherungssparten** (Lebens-, Kranken-, Schaden-/ Unfall- und Rechtsschutzversicherungen), in der nächsten Ebene in **Versicherungszweige** und darunter in **Versicherungsprodukte** unterteilt. Eine detaillierte Darstellung der Versicherungszweige und den darin versicherten Risiken ergibt sich aus Anlage 1 VAG.

Versicherungsverträge basieren üblicherweise auf

- dem Versicherungsvertragsgesetz (VVG),
- den Allgemeinen Versicherungsbedingungen (AVB),
- den besonderen Versicherungsbedingungen und Risikobeschreibungen,
- einzelvertraglichen Regelungen im Versicherungsschein (Police).

Auf diese Art und Weise können Versicherungen modular aufgebaut und in hohem Maß standardisiert werden. Beispielsweise basiert eine typische Privathaftpflichtversicherung (PHV) auf

- §§ 100 ff. VVG und weiteren, allgemeinen Regeln zu allen Versicherungen des VVG,
- den allgemeine Versicherungsbedingungen für die Haftpflichtversicherung (AHB),
- den besonderen Bedingungen und Risikobeschreibungen für die PHV sowie

- einzelvertraglichen Regeln in der Police (z. B. Name des Versicherten, Adresse, Vertragsbeginn, Versicherungssummen, Beitrag, Zahlungsweise und Zahlungsverfahren).

Die wichtigsten **Rechte der Versicherten** aus einem Versicherungsvertrag sind:

- Erbringung einer **Versicherungsleistung**. Dabei kann es sich je nach Versicherungsart um folgende Leistungen handeln:
  - Auszahlung einer **Versicherungssumme** (z. B. Erlebensfallsumme in der Kapitallebensversicherung oder Krankentagegeld) oder einer zeitbefristeten oder lebenslänglichen **Rente** (z. B. Renten-, Unfallrenten-, Pflegerentenversicherungen). Diese Versicherungen nennt man auch **Summenversicherungen**, weil sie einen abstrakten Bedarf des Kunden decken und keine konkrete Verwendung vorgeschrieben wird.
  - **Ersatz des entstandenen Schadens** (z. B. Finanzierung des Wiederaufbaus des zerstörten Gebäudes, Reparaturkosten für ein verunfalltes Fahrzeug, Schadenersatz gegenüber Dritten). Dieser wird zumeist als **Geldleistung**, selten auch als **Sachleistung** (z. B. Glasversicherung, Assistanceleistungen) erbracht. Diese Versicherungen nennt man auch zusammenfassend **Schadenversicherungen**, weil sie einen konkreten, messbaren und bezifferbaren Bedarf des Kunden decken und die Ersatzleistung i. d. R. für den angegebenen Zweck verwendet werden muss (z. B. kann der Versicherte nicht anstelle des Wiederaufbaus seines zerstörten Gebäudes vom Gebäudeversicherer verlangen, die Bausumme zu überweisen, damit er sich eine Jacht kaufen kann). Der Kunde soll finanziell in die Lage versetzt werden, wieder in denselben Vermögensstand vor Eintritt des **Versicherungsfalls** versetzt zu werden. Er soll nicht weniger, allerdings auch nicht mehr besitzen als vorher (**Bereicherungsverbot**). Eine entscheidende Größe in der Schadenversicherung ist deshalb der **Versicherungswert**, der in einer korrekten **Versicherungssumme** gedeckt werden soll. Es besteht sonst die Gefahr der **Unterversicherung**, bei der der Kunde im Schadenfall nicht in die Lage versetzt wird, die zerstörte, beschädigte oder abhandengekommene Sache zu ersetzen, oder auch der **Überversicherung**, bei der ein Kunde für ein nicht vorhandenes Risiko (zu viel) Beitrag bezahlt. Als Versicherungswert werden der **Neuwert** oder der **Zeitwert** vereinbart, je nachdem, ob es einen funktionierenden Markt für Ersatzbeschaffungen gibt (z. B. Markt der gebrauchten Kraftfahrzeuge, daher ist hier ein Zeitwertersatz ausreichend für die Wiederbeschaffung eines vergleichbaren Fahrzeugs) oder nicht (z. B. gibt es keinen vergleichbaren Markt für gebrauchten Hausrat, weshalb hier Neuanschaffungen vergleichbarer Gegenstände ermöglicht werden), sowie ob es um eigenes oder um fremdes Vermögen (Haftpflichtansprüche bestehen nur zum Zeitwert) geht. Der Neuwert kann in einer dauerhaften Versicherungssumme festgesetzt oder als **gleitender Neuwert** an die Entwicklung des Geldwertes (z. B. allgemeine Inflation oder bei Gebäuden die Baupreisent-

wicklung) angepasst werden. Beim Gleitenden Neuwert wird üblicherweise eine Versicherungssumme eines Basisjahres (z. B. 1914 bei privaten Wohngebäuden, 1970/1980 bei gewerblichen Gebäuden) durch Umrechnung vorliegender Bau- oder Kaufpreise vereinbart und durch Multiplikation mit einem veränderlichen Faktor je Jahr wieder auf die aktuelle Summe hochgerechnet. So wird sichergestellt, dass z. B. ein Gebäude jederzeit zu den dann üblichen Baupreisen nach Eintritt eines Versicherungsfalls repariert oder wiederaufgebaut werden kann.

- **Beratung** des Kunden: Der Versicherer bzw. der Versicherungsvermittler hat den Kunden abhängig vom Anlass nach seinen Wünschen und Bedürfnissen zu befragen (**Fragepflicht**), ihn darauf basierend zu beraten (**Beratungspflicht** im engeren Sinn), Vorschläge zu unterbreiten und diese zu begründen (**Begründungspflicht**). Das Ganze ist außerdem in Textform festzuhalten und vor Abschluss des Vertrags an den Kunden zu übermitteln (**Dokumentationspflicht**). Es gibt zwar ein **Verzichtsrecht** des Kunden, dieses steht aber unter erschwerten Form- und inhaltlichen Anforderungen, damit der Verzicht nicht leichtfertig ausgesprochen oder vom Beratenden aufgedrängt, sondern nur in begründeten Einzelfällen gewählt wird (§§ 6, 61 VVG). Bei sog. **Versicherungsanlageprodukten** (Lebens- und Rentenversicherungen, soweit sie nicht staatlich gefördert werden) gibt es eine erweiterte Frage- und Beratungspflicht. Hier haben Versicherer bzw. Vermittler eine **Geeignetheitsprüfung** und eine **Angemessenheitsprüfung** zu leisten, ob also ein empfohlenes Versicherungsanlageprodukt geeignet und angemessen erscheint. Zu berücksichtigen sind u. a. Kenntnisse und Erfahrungen des Kunden mit Anlagen, seine Risikobereitschaft und Verlusttragfähigkeit sowie seine Nachhaltigkeitspräferenzen bei Anlagen (§ 7c VVG, Delegierte Verordnung der EU 2017/2359 in der ab 2.8.2022 gültigen Fassung).
- **Information** des Kunden: Der Kunde hat Anspruch darauf, rechtzeitig vor Antragstellung seine Vertragsbestimmungen einschließlich der Versicherungsbedingungen sowie ein **Produktinformationsblatt** zu erhalten. Letzteres ist durch die Europäische Versicherungsaufsichtsbehörde EIOPA standardisiert und enthält strukturierte, übersichtliche Informationen zu den wichtigsten Merkmalen des angebotenen Versicherungsschutzes. Damit wird der Kunde befähigt, eine wohlinformierte Entscheidung zu treffen, selbst wenn er nicht im Detail die Versicherungsbedingungen liest (§ 7 VVG). Bei Versicherungsanlageprodukten ist abweichend ein **Basisinformationsblatt** zu übermitteln, das in der Europäischen PRIIP-Verordnung geregelt ist.
- **Widerrufs- und Widerspruchsrecht**. Der Kunde kann Versicherungsanträge grundsätzlich innerhalb von zwei Wochen (Lebensversicherung: 30 Tage) widerrufen (§§ 8, 152 VVG). Über dieses Recht muss der Kunde eine Belehrung zusammen mit den vorstehend genannten Informationen erhalten. Sollte der Versicherungsschein vom Antrag abweichen, z. B., weil der Versicherer das Risiko nicht zu den beantragten Bedingungen annehmen möchte, hat er den Kunden auf diese Abweichungen besonders hinzuweisen und auf das Recht, Widerspruch einzulegen (§ 5 VVG).

- **Beschwerderecht.** Wenn der Kunde sich nicht fair behandelt sieht, stehen ihm verschiedene Möglichkeiten offen, eine Beschwerde vorzubringen. Dies kann er direkt gegenüber dem Beschwerdeverursacher, dem Versicherer oder seinem Vermittler, vortragen. Diese sind verpflichtet, die Beschwerden zu beantworten. Weiter kann sich der Kunde an den Versicherungsombudsmann bzw. an den Ombudsmann Private Kranken- und Pflegeversicherung wenden. Diese bieten eine außergerichtliche Streitschlichtung an (§ 214 VVG). Speziell der Versicherungsombudsmann kann bis zu Streitwerten von 100.000 Euro tätig werden und bis zu 10.000 Euro verbindliche Entscheidungen gegen ein Versicherungsunternehmen treffen, das Mitglied im Trägerverein ist. Schließlich kann sich ein Kunde an die Bundesanstalt für Finanzdienstleistungsaufsicht (BaFin) als Beschwerdeinstanz wenden, bei Beschwerden speziell gegen einen von der örtlichen Industrie- und Handelskammer (IHK) beaufsichtigten Vermittler auch an die jeweilige IHK.

Kunden haben auch **Pflichten** im Rahmen des Versicherungsvertrags:

- **Beitragszahlung**: Der Kunde hat die Beiträge rechtzeitig zu zahlen. Bei Beitragsverzug gibt es im VVG geregelte Rechtsfolgen, insb. ein Rücktrittsrecht und Leistungsfreiheit bei Nichtzahlung des Erstbeitrags (§ 37 VVG) bzw. ein Kündigungsrecht und Leistungsfreiheit nach Ablauf bestimmter Fristen bei Nichtzahlung des Folgebeitrags (§ 38 VVG).
- **Vorvertragliche Anzeigepflicht**: Der Versicherer muss das Risiko einschätzen können, um über die Annahme und über den adäquaten Beitrag entscheiden zu können. Auf entsprechende Fragen zum Risiko (z. B. Gesundheitsfragen bei Personenversicherungen, Fragen zur Gebäudebeschaffenheit, -nutzung und Vorschäden in der Gebäudeversicherung) muss der Kunde wahrheitsgemäß und vollständig antworten. Verletzt der Kunde die Pflicht, hat das gravierende Rechtsfolgen wie insb. ein Rücktrittsrecht des Versicherers (§ 19 VVG).
- **Obliegenheiten während der Vertragslaufzeit**: Der Kunde muss mitwirken, damit der Versicherungsvertrag auf Dauer durchführbar ist. Dazu dienen zum einen gesetzliche Obliegenheiten wie insb. die **Gefahrstandspflicht**. Der Kunde darf nach Vertragsschluss keine Veränderungen an der Risikosituation ohne Einwilligung des Versicherers vornehmen (z. B. ein versichertes Gebäude wegen mangelnder Instandsetzung baufällig werden lassen) oder muss unfreiwillig erfolgende Gefahrerhöhungen anzeigen (z. B. Einzug eines besonders feuergefährlichen Betriebs in unmittelbarer Nachbarschaft zum versicherten Gebäude). Auch hier sind Rechtsfolgen bei Verletzung vorgesehen. Zum anderen kann der Versicherer vertragliche Obliegenheiten vorsehen (z. B. Entleerung von Wasserleitungen im Winter bei längerem Unbewohntsein eines Gebäudes). Auch hier können Verletzungen Rechtsfolgen nach sich ziehen, insb. eine Leistungsfreiheit unter bestimmten Voraussetzungen (§ 28 VVG).
- **Obliegenheiten im Versicherungsfall**: Auch im Versicherungsfall muss der Kunde mitwirken, damit eine kalkulierbare, vertragsgemäße Leistung möglich

wird. Dazu zählt die **Anzeigepflicht**, die nach Kenntnis des Versicherungsfalls unverzüglich (ohne schuldhaftes Zögern) zu erfüllen ist (§ 30 VVG). So wird der Versicherer in die Lage versetzt, Maßnahmen zur Feststellung und zur Beweissicherung zu ergreifen (z. B. einen Sachverständigen mit der Schadenbesichtigung zu beauftragen). Weiter hat der Kunde speziell in der Schadenversicherung eine **Schadenminderungspflicht** (§ 82 VVG). Er muss zumutbare Maßnahmen ergreifen und Weisungen des Versicherers befolgen, um den Schaden so gering wie möglich zu halten (z. B. bei einem Brand die Feuerwehr zu rufen, anstatt abzuwarten, bis das versicherte Objekt vollständig zerstört ist). Eine grob fahrlässige Verletzung dieser Pflicht berechtigt den Versicherer zu einer anteiligen Kürzung der Leistung nach Schweregrad des Verschuldens.

Folgende Parteien können an einem Versicherungsvertragsverhältnis beteiligt sein:

- Das oder die **Versicherungsunternehmen**: Üblicherweise ist ein Versicherer alleiniger Vertragspartner. In der Industrieversicherung können große Risiken durch eine sog. **Mitversicherung** leichter tragbar gemacht werden. Dabei beteiligen sich zwei oder mehr Versicherer an einem Vertrag in einem festgelegten Anteilsverhältnis, wobei üblicherweise der Versicherer mit dem größten Anteil als **führender Versicherer** die Vertragsverhandlung führt, den Vertrag schließt, verwaltet, abrechnet sowie Schäden reguliert. Dafür erhält er eine Führungsprovision von den beteiligten Versicherern.
- **Versicherungsnehmer**: Diese natürliche oder juristische Person schließt den Versicherungsvertrag (»Kunde«) und ist meistens, aber nicht immer, auch der Nutznießer der vertraglichen Leistungen.
- **Versicherte Person**: In der Personenversicherung ist die oder sind die natürlichen Personen zu benennen, die über den Versicherungsvertrag als versichert gelten. Das können der Versicherungsnehmer selbst, aber auch mitversicherte Personen (z. B. Familienangehörige) sein. Im betrieblichen Bereich übernimmt oft der Arbeitgeber ausschließlich die Rolle des Versicherungsnehmers, seine Beschäftigten aber diejenige der versicherten Personen (**Gruppen- oder Kollektivversicherungen**, z. B. betriebliche Altersvorsorge, betriebliche Krankenversicherung, Gruppenunfallversicherung).
- **Beitragszahler**: Diese natürliche oder juristische Person zahlt den Versicherungsbeitrag. Sie ist meist, aber nicht immer, personenidentisch mit dem Versicherungsnehmer. Beispiel: Die Eltern übernehmen als Beitragszahler den Beitrag für ihr erwachsenes Kind, das als Versicherungsnehmer einen Versicherungsvertrag abschließt.
- **Bezugsberechtigter**: Speziell in der Lebensversicherung kann eine natürliche Person widerruflich oder unwiderruflich zum Bezug der Versicherungsleistung berechtigt werden, Zumeist bestimmt damit die versicherte Person denjenigen Hinterbliebenen, der in seinem Todesfall die Versicherungsleistung erhalten soll (z. B. Witwe, Witwer). In der betrieblichen Altersvorsorge muss der Arbeit-

geber seinen Arbeitnehmer zum unwiderruflichen Bezugsberechtigten erklären, wenn der den Vertrag durch **Entgeltumwandlung** bespart, also auf Gehalt verzichtet, das als Beitrag in die Versicherung fließt.

Dem Versicherungsvertrag geht der **Versicherungsantrag** voraus. Dabei handelt es sich um eine Willenserklärung des Kunden, die vom Versicherer angenommen oder abgelehnt werden kann (Vertragsfreiheit). Die **Annahme** kann entweder durch ein förmliches Geschäftsschreiben oder durch Zusendung der **Police** (Versicherungsschein) erklärt werden (**Antragsmodell**). Der Versicherungsvertrag kommt erst durch zwei übereinstimmende Willenserklärungen (Antrag und Annahme) zustande. Manchmal wird der Ablauf umgekehrt und der Versicherer vom Kunden unverbindlich zur Abgabe eines Angebots aufgefordert (invitatio ad offerendum – **Invitatiomodell**). Der Versicherer prüft dies und sendet dem Kunden im positiven Fall eine als Angebot gekennzeichnete Police, der Kunde muss dann seine Annahme des Angebots förmlich erklären. Dieses Verfahren hat einen prozessualen Vorteil für Versicherungsvermittler, wenn sie während der Beratung und Angebotsstellung nicht »rechtzeitig« alle notwendigen Vertragsinformationen übermitteln können, sondern dies dem Versicherer überlassen. Auch der Versicherer hat einen Vorteil, weil er sicherstellen kann, dass die »richtigen« Bedingungen übermittelt werden und er nicht ungewollt in eine höhere Leistungsverpflichtung gerät als vermeintlich vereinbart. Nachteil des Invitatiomodells ist das Zustimmungserfordernis des Kunden, was zu Zeitverzögerungen und zum Risiko führt, bis dahin unversichert zu sein.

Wenn Kunden unmittelbaren Versicherungsschutz benötigen, der Versicherungsvertrag aber nicht in der benötigten Schnelligkeit zustande kommen kann, ist eine **vorläufige Deckungszusage** möglich (§§ 49 ff. VVG). Üblich und verbreitet ist zudem die sog. **Erweiterte Einlösungsklausel** – der Versicherer sagt vertraglich zu, Versicherungsschutz bereits ab dem vertraglichen Beginn zu gewähren, wenn der Erstbeitrag rechtzeitig nach Aufforderung gezahlt wird. Dadurch wird das Risiko des Kunden ausgeschlossen, wegen Verzögerungen im Antragsprozess leistungsfrei zu bleiben, wenn der Versicherungsfall vor Vertragsschluss eintritt.

Versicherungsverträge können auf verschiedene Weise enden:

- **Ablauf** des Vertrags: Kapitallebensversicherungen werden zu einem bestimmten, vertraglich vereinbarten Termin fällig. Davon zu unterscheiden ist die Zweiteilung der Vertragslaufzeit bei Rentenversicherungen in eine **Aufschubzeit**, in der der Kunde Beiträge leistet, aber noch keine (Renten-)Leistung erhält, und die **Rentenzeit**, in der er keine Beiträge mehr zahlt, sondern – i. d. R. lebenslänglich – Renten erhält.
- **Ordentliche Kündigung**: Die meisten Versicherungsverträge können von jeder Vertragspartei fristgerecht gekündigt werden. Die Kündigungsfrist beträgt üblicherweise drei Monate zum Ende des Versicherungsjahres, bei Kraftfahrtversicherungen einen Monat. Das Recht zur ordentlichen Kündigung wird beim Ver-

sicherer allerdings in der Lebens- und in der nach Art der Lebensversicherung kalkulierten Krankenversicherung ausgeschlossen. Sonst könnte sich der Versicherer auf einfache Weise von seinen teuer werdenden, älteren Kunden trennen, obwohl diese in jungen Jahren entsprechend höhere Beiträge gezahlt haben.

- **Außerordentliche Kündigung**: Entsprechende Rechte bestehen vor allem bei Vertragsstörungen für den Versicherer, z. B., wenn der Kunde Obliegenheiten verletzt, seine Folgebeiträge nicht rechtzeitig leistet oder in Insolvenz geht. Der Kunde kann im Schadenfall außerordentlich kündigen, beispielsweise, wenn er mit der Schadenregulierung unzufrieden ist (§§ 92, 111 VVG). Bei Veräußerung einer versicherten Sache haben sowohl der Versicherer als auch der Erwerber ein Sonderkündigungsrecht (§ 96 VVG).
- **Risikofortfall**: Fällt das versicherte Interesse weg, muss der Kunde auch keine Versicherung mehr dafür aufrechterhalten und bezahlen (§ 80 VVG). Beispielsweise wird nach Verschrottung eines Kraftfahrzeugs die Versicherung dafür nicht mehr benötigt.
- **Todesfall**: Verstirbt eine versicherte Person, endet auch die entsprechende Personenversicherung.
- **Vertragsaufhebung**: Versicherungsverträge können im gegenseitigen Einvernehmen aufgehoben werden.

Nachfolgend werden exemplarisch die wichtigsten Versicherungen, deren grundsätzliche Funktionsweise und der **Kundennutzen** vorgestellt, den diese erfüllen. Die Zusammenstellung erhebt keinen Anspruch auf Vollständigkeit und ersetzt auch nicht das Studium weiterer Informationen, vor allem der Versicherungsbedingungen.

Dar. 1: Sparte – Lebensversicherung (LV)

Produkt	Funktionsweise	Typischer Kundennutzen
Risiko-LV	Verstirbt die versicherte Person während der Vertragsdauer, wird eine Versicherungssumme fällig. Es können zwei Personen versichert werden, beim Tod der ersten Person wird die Summe fällig (»verbundene Risiko-LV). Die Überschüsse können den Kunden als Beitragsreduzierung oder Leistungserhöhung zugutekommen.	• Hinterbliebenenvorsorge als Ersatz wegfallender Einkünfte und fällig werdender Verpflichtungen des Verstorbenen. • Absicherung von Krediten. • Umtauschmöglichkeit in eine Kapital-LV meist innerhalb der ersten zehn Jahre ohne Risikoprüfung.
Kapital-LV	Sie wird auch als »gemischte LV« bezeichnet, weil sie das Todesfallrisiko mit einer Erlebensfallleistung kombiniert: Erreicht der Kunde das	• Sicherung der Altersvorsorge durch Einmalkapital zum Rentenalter. • Umsetzung sonstiger Sparziele.

Dar. 1: Sparte – Lebensversicherung (LV) – Fortsetzung

Produkt	Funktionsweise	Typischer Kundennutzen
	vereinbarte Vertragsende, erhält er eine Einmal-Ablaufleistung, verstirbt er vorher, erhalten die Hinterbliebenen eine Todesfallsumme.	• (Um-)Finanzierungen von Immobilien. • Kombiniert mit Hinterbliebenenvorsorge oder Kreditabsicherung.
Rentenversicherung (RV)	Sie kann als aufgeschobene (mit einer längeren Ansparphase) oder als sofort beginnende RV gegen Einmalbeitrag abgeschlossen werden und leistet eine Rentenzahlung, optional auch eine Einmalkapitalleistung zum Rentenbeginn (Kapitaloption). Verstirbt der Versicherte vor Rentenbeginn, haben die Hinterbliebenen keinen Anspruch auf Zahlungen, es sei denn, es wird eine Todesfallleistung ergänzt. Verstirbt der Versicherte nach Rentenbeginn, endet die Rentenzahlung, es sei denn, es wird vertraglich eine Rentengarantiezeit vereinbart, also eine Mindestanzahl von Rentenzahlungsjahren. Die RV kann klassisch mittels einer kollektiven Anlage im Deckungsstock und einer Garantie, maximal dem Höchstrechnungszins (2022: 0,25 %) dargestellt werden. Sie kann fonds- oder indexgebunden dargestellt werden, teilweise mit der Option, die erworbenen Fondsanteile bei Rentenbeginn alternativ zur Rentenzahlung zu übernehmen. Die RV kann staatlich gefördert werden. Sie wird dann steuerlich bevorzugt behandelt, die Verwendung der Leistungen allerdings ganz (z. B. Basisrente) oder überwiegend (z. B. Riesterrente) auf Rentenzahlungen beschränkt.	• Altersvorsorge. • Bei Kapitaloption auch andere Zwecke wie Hinterbliebenenvorsorge und sonstige Sparziele.
Berufsunfähigkeit (BU)	Die BU kann als selbstständige (SBU) oder BU-Zusatzversicherung (BUZ) zu einer anderen Hauptversicherung (Kapital-LV oder RV) abgeschlossen werden. Die BUZ leistet	• Sicherung des Einkommens der versicherten Person. • Grundsätzlich Beachtung des beruflichen und Ausbildungssta-

Dar. 1: Sparte – Lebensversicherung (LV) – Fortsetzung

Produkt	Funktionsweise	Typischer Kundennutzen
	mindestens die Beitragsbefreiung der Hauptversicherung, optional auch (und die SBU nur) eine Rente im Fall, dass der Versicherte seinen bisher ausgeübten Beruf wegen Krankheit oder Unfall nicht mehr zu einem vertraglichen Mindestprozentsatz (meist 50 %) ausüben kann. Die BU endet zu einem vertraglich vereinbarten Zeitpunkt, spätestens mit Rentenbeginn.	tus der versicherten Person bei der Beurteilung der BU.
Erwerbsunfähigkeit (EU)	Die EU funktioniert grundsätzlich wie die BU, Leistungsauslöser ist aber die (schwerer zu erreichende) Erwerbsunfähigkeit. Der Versicherte kann dann keiner Erwerbstätigkeit gleich welcher Art zu mehr als einem vertraglichen Mindestprozentsatz nachgehen.	• Sicherung des Einkommens der versicherten Person. • Ähnlich wie in der Gesetzlichen Rentenversicherung Grundsicherung unabhängig vom beruflichen und Ausbildungsstatus der versicherten Person. • Leichter abschließbar als eine BU, vor allem für Personen mit körperlicher Tätigkeit oder Vorerkrankungen.
Funktionsinvaliditätsdeckung	Unter Begriffen wie Grundfähigkeiten-, Dread Disease- und Schwere-Krankheiten-Versicherungen bekannte Deckungen, die teils der LV, teils der Unfallversicherung zuzurechnen sind. Geleistet wird meist eine vereinbarte Einmalsumme, wenn eine bestimmte, definierte Krankheit eingetreten oder bestimmte, definierte körperliche Fähigkeiten der versicherten Person verlorengegangen sind.	• Sicherung des Einkommens der versicherten Person zumindest bei ausgesuchten Erkrankungen. • Finanzierung von Behandlungen bei bestimmten Erkrankungen. • Leichter abschließbar als eine BU.
Pflegerentenversicherung	Sie ähnelt der Rentenversicherung, Leistungsauslöser ist aber eine anerkannte Pflegebedürftigkeit. Dafür müssen entweder eine Pflegebedürftigkeit nach dem System der Gesetzlichen Pflegeversicherung (Pflegegrad) oder fehlende Fähigkeiten zu Aktivitäten des täglichen Lebens festgestellt werden. Die Rente kann frei verwendet werden.	• Einkommenssicherung bei Eintritt einer Pflegedürftigkeit. • Finanzierung der erhöhten Kosten einer ambulanten oder stationären Pflege.

Dar. 2: Sparte – Krankenversicherung (KV)

Produkt	Funktionsweise	Typischer Kundennutzen
Vollversicherung (Voll-KV)	Sie wird auch als substitutive KV bezeichnet, weil sie den gesetzlichen KV-Schutz bei denjenigen Personen ersetzt, die freiwillig (z. B. höherverdienende Angestellte, Beamte und bestimmte Selbstständige mit Wahloption bei vorheriger GKV-Mitgliedschaft) oder unfreiwillig (kein vorheriger Versicherungsstatus, Beamte und Selbstständige ohne Wahloption durch vorhergehende GKV-Mitgliedschaft) nicht in der Gesetzlichen Krankenversicherung (GKV) versichert sind. Der Versicherte schließt privatrechtliche Behandlungs- oder Kaufverträge mit den Leistungserbringern (z. B. Ärzte, Apotheken, Heil- und Hilfsmittel-Lieferanten, Krankenhäuser) ab und erhält diese in einem vertraglich definierten Umfang erstattet.	Vollständige Finanzierung von ambulanten, stationären und Zahnbehandlungsleistungen.
Beihilfe-Ergänzungsversicherung	Analog der Voll-KV, aber begrenzt auf den Prozentsatz der Leistungen, die nicht von der Beihilfe des Dienstgebers übernommen wird (z. B. 50 %).	Finanzierung von ambulanten, stationären und Zahnbehandlungsleistungen in Ergänzung zur Beihilfe.
Zusatzversicherung (Zusatz-KV)	Die Zusatz-KV wird gesetzlich Versicherten angeboten, um über die GKV-Leistungen hinaus bessere Leistungen als Privatversicherter in Anspruch nehmen zu können, beispielsweise • Wahlleistungen im Krankenhaus wie Chefarztbehandlung und verbesserte Unterbringung • Höherwertiger Zahnersatz • Privatärztliche ambulante Versorgung • Übernahme von Behandlungskosten bei Auslandsaufenthalten	• Teilweise Finanzierung von ambulanten, stationären und Zahnbehandlungs-Leistungen über gesetzliche Leistungen hinaus. • Finanzierung von akuten Behandlungen im Ausland (z. B. Urlaub).

Dar. 2: Sparte – Krankenversicherung (KV) – Fortsetzung

Produkt	Funktionsweise	Typischer Kundennutzen
Krankentagegeld (KT)	Das KT ersetzt bei Arbeitsunfähigkeit das wegfallende Einkommen, und zwar: • Bei gesetzlich Krankenversicherten die Differenz zwischen dem (nach Ablauf einer Lohnfortzahlung) einsetzenden Krankengeld der GKV und dem letzten Nettoeinkommen. • Bei privat krankenversicherten Arbeitnehmern nach Ablauf einer Lohnfortzahlung das vollständige Einkommen. • Bei privat versicherten Selbstständigen das vollständige Einkommen, wobei der Zeitpunkt des Beginns der Zahlung vertraglich festgelegt und oft mit der Dauer der Arbeitsunfähigkeit gestaffelt. angehoben wirdBei Beamten besteht hierfür kein Bedarf.	Einkommenssicherung im Krankheitsfall.
Krankenhaustagegeld (KHT)	Das KHT soll Zusatzkosten während eines Krankenhaustagegeldes decken. So müssen gesetzlich Versicherte eine tägliche Zuzahlung leisten, auch sonst können Kosten im Krankenhaus selbst oder für häusliche Umorganisation (z. B. Versorgung von Haustieren) entstehen.	Finanzierung von Zuzahlungen bei Krankenhausaufenthalten.
Pflege-KV	Die Pflege-KV unterteilt sich in die Pflegekosten- und die Pflegetagegeldversicherung. Erstere übernimmt die nachgewiesenen Kosten einer ambulanten oder stationären Pflege, abhängig vom Pflegegrad. Zweitgenannte zahlt ein Tagegeld, mit dem Pflegekosten übernommen werden können.	• Beratung bei Auftritt einer Pflegebedürftigkeit über die Umorganisation für die betroffene Person. • Sicherstellung einer angemessenen Pflege. • Finanzierung der erhöhten Kosten einer ambulanten oder stationären Pflege.

Dar. 3: Sparte – Schaden-/ Unfallversicherung (UV)

Produkt	Funktionsweise	Typischer Kundennutzen
Sachversicherung	Versichert wird eine vertraglich bezeichnete Sache gegen bestimmte Gefahren (z. B. Feuer, Einbruchdiebstahl, Leitungswasser, Sturm/ Hagel, Fehlbedienung von Maschinen und elektronischen Geräten) und bis zu einer vereinbarten Versicherungssumme, die dem Versicherungswert entsprechen soll. Versichert gilt diese Sache an einem vertraglich festgelegten Versicherungsort (postalische Adresse), in bestimmten Fällen aber auch außerhalb (Außenversicherung). Typische Versicherungsprodukte für private Haushalte sind: • Hausratversicherung für den beweglichen Hausrat. • Wohngebäudeversicherung für privat genutzte Wohngebäude. • Glasversicherung für Glasbruch an privaten Wohnhäusern und/ oder an Verglasungen in einer Wohnung. Typische Versicherungsprodukte für beruflich genutzte Sachen und für Gewerbebetriebe sind: • Geschäftsinhaltsversicherung für das Inventar eines Betriebs, üblicherweise differenziert in Einrichtung, Vorräte und eine frei verfügbare Vorsorgesumme. • Geschäftsgebäudeversicherung für vollständig oder teilweise betrieblich genutzte Gebäude. • Industrie-Feuer- und Extended Coverage- (EC) Versicherung für Gebäude und Inventar von Industrieunternehmen ab bestimmten Versicherungssummen. • Geschäftsglasversicherung für Verglasungen im und am Betrieb und Leuchtreklamen. • Betriebsunterbrechungs-Versicherungen (BU), die die fortlaufenden	• Finanzierung der Reparatur beschädigter Sachen. • Finanzierung der Wiederbeschaffung zerstörter oder abhanden gekommener Sachen. • Finanzierung eines Wiederaufbaus von Gebäuden. • Finanzierung fortlaufender Kosten eines Betriebs nach Eintritt eines Sachschadens.

Dar. 3: Sparte – Schaden-/ Unfallversicherung (UV) – Fortsetzung

Produkt	Funktionsweise	Typischer Kundennutzen
	Kosten eines Betriebs nach einem Versicherungsfall bis zu dessen Wiederinbetriebnahme und für eine vertraglich vereinbarte maximale Dauer übernehmen. Diese werden als Klein-BU mit derselben Versicherungssumme wie die Inventarsumme an die Inventarversicherung angebündelt, als mittlere BU mit einer frei festlegbaren Versicherungssumme angebündelt oder als Groß-BU als eigenständige Deckung vereinbart.	
Haftpflichtversicherung (HV)	Versichert werden die Abwehr unberechtigter und die Befriedigung berechtigter Schadenersatzansprüche, die ein Dritter gegen den Versicherten nach gesetzlichen Bestimmungen geltend macht, wobei u. a. Vorsatz üblicherweise ausgeschlossen wird. Vertraglich definiert werden die Tätigkeiten oder Eigenschaften, die als versichert gelten. Daraus entstehen folgende, typischen Deckungen im privaten Bereich: • Privathaftpflichtversicherung für Gefahren des täglichen Lebens als Privatperson und Inhaber eines Haushalts. • Tierhalter-HV für die Gefahren aus der Haltung bestimmter Tiere (z. B. Hunde, Pferde). • Haus- und Grundbesitzer-HV für Gefahren aus dem Besitz von Immobilien und Grundstücken. • Bauherren-HV für Risiken aus Bauvorhaben für Dritte. • Öltank-HV für die Umweltgefahren eines privat betriebenen Öltanks. Im beruflichen und gewerblichen Bereich sind folgende typischen Produkte verbreitet:	• Übernahme von Vermögensschäden durch die Befriedigung von Ansprüchen Dritter. • Finanzierung von Kosten der Rechtsverfolgung und Rechtsdurchsetzung zur Abwehr unberechtigter oder zur Klärung berechtigter Schadenersatzansprüche. • Vermeidung von Reputationsschäden, Erhaltung des nachbarlichen Friedens etc. gegenüber Geschädigten.

Dar. 3: Sparte – Schaden-/ Unfallversicherung (UV) – Fortsetzung

Produkt	Funktionsweise	Typischer Kundennutzen
	• Berufshaftpflichtversicherung für Gefahren aus einer beruflichen Tätigkeit (z. B. eines Freiberuflers wie Rechtsanwalt, Arzt, Steuerberater, Gutachter). • Betriebshaftpflichtversicherung für Gefahren aus einem Gewerbebetrieb. • Vermögensschadenhaftpflicht-versicherung für Vermögensschäden, die Dritten aus der beruflichen oder gewerblichen Tätigkeit entstehen (z. B. Hausverwalter, Softwarehersteller). • Umwelthaftpflichtversicherung für Umweltgefahren aus einem Betrieb. • Produkthaftpflichtversicherung für Gefahren, die von hergestellten und vertriebenen Produkten ausgehen.	
Unfallversicherung (UV)	Die UV leistet eine vertraglich vereinbarte Leistung, wenn die versicherte Person eine dauerhafte körperliche Beeinträchtigung durch einen Unfall erleidet. Diese kann entweder pauschal im Rahmen einer Gliedertaxe (z. B. verlorenes Körperglied mit festem Prozentsatz) oder innerhalb eines Jahres nach dem Unfall ärztlich festgestellt werden. Vorschäden werden dabei angerechnet. Typische Leistungen, die entweder frei kombiniert oder in Paketen angeboten werden, sind: • Unfallinvaliditätsleistung: Geleistet wird eine Geldsumme, gestaffelt nach dem Grad der Schwere der unfallbedingten Behinderung. Die Leistung wird oft im Rahmen von Mehrleistungs- oder Progressionsregeln bei besonders schweren Behinderungsgraden überproportional erhöht. • Unfalltodesfallleistung: Vereinbart wird eine bestimmte Summe, die	• Einkommenssicherung bei unfallbedingter Berufs- oder Erwerbsunfähigkeit. • Finanzierung von unfallbedingten Zusatzkosten im Krankenhaus. • Finanzierung von Heil- und Hilfsmitteln, soweit diese nicht schon der jeweiligen Krankenversicherung übernommen werden. • Finanzierung von Umbaumaßnahmen für behindertengerechtes Wohnen und Arbeiten. • Finanzierung von Fahrzeugumrüstungen für eine behindertengerechte Nutzung. • Finanzierung einer Beerdigung bei Unfalltod.

Dar. 3: Sparte – Schaden-/ Unfallversicherung (UV) – Fortsetzung

Produkt	Funktionsweise	Typischer Kundennutzen
	bei Unfalltod der versicherten Person fällig wird. Zusätzlich garantiert der Unfallversicherer eine Vorauszahlung auf eine Unfallinvaliditätsleistung bis zur Höhe der Todesfallleistung, wenn die Unfallinvalidität noch nicht abschließend festgestellt werden kann. • Unfallrentenversicherung: Sie leistet eine vertraglich vereinbarte, lebenslängliche Rentenzahlung. • Unfallkranken- oder -krankenhaustagegeld: Diese Tagegelder gibt es ähnlich wie in der Krankenversicherung, nur eingeschränkt auf unfallbedingte Arbeitsunfähigkeit oder Krankenhausaufenthalte. • Kosmetische Operationen: Übernommen werden Mehrkosten für eine kosmetische Korrektur nach einem Unfall. • Bergungskosten: Übernommen werden Kosten der Bergung eines Unfallopfers und ggf. der Heimführung.	
Kraftfahrtversicherung	Die Kfz-Versicherung umfasst die Kfz-Haftpflichtversicherung, die als Pflichtversicherung für jedes zulassungspflichtige Kfz abzuschließen ist, sowie die Kfz-Kaskoversicherung. Die Kfz-Haftpflichtversicherung deckt die Abwehr unberechtigter und die Befriedigung berechtigter Ansprüche von Dritten, die durch die Benutzung des versicherten Kfz zu Schaden gekommen sind. Die Kaskoversicherung ist freiwillig und unterteilt sich in die Teilkasko für bestimmte Gefahren (insb. Diebstahl, Brand, Elementarschäden wie Überschwemmung, Zusammenstoß mit Haarwild, Marderbisse, Kurzschluss oder Glasbruch) sowie die Vollkasko, die für alle anderen, selbst verschuldeten Unfälle und für Vandalismusschäden aufkommt. Kfz-Haftpflicht-	Kfz-Haftpflicht: • Übernahme von Vermögensschäden durch die Befriedigung von Ansprüchen Dritter. • Finanzierung von Kosten der Rechtsverfolgung und Rechtsdurchsetzung zur Abwehr unberechtigter oder zur Klärung berechtigter Schadenersatzansprüche. Kfz-Kasko: • Finanzierung von Reparatur oder Ersatzbeschaffung des Kfz bei bestimmten Gefahren (Teilkasko).

Dar. 3: Sparte – Schaden-/ Unfallversicherung (UV) – Fortsetzung

Produkt	Funktionsweise	Typischer Kundennutzen
	und Kfz-Vollkasko-Versicherung sehen üblicherweise ein Schadenfreiheitsrabatt-System vor. Voll- und Teilkasko-Versicherung werden zudem meist nur mit Selbstbeteiligung angeboten. Neben der Einzel-Kfz-Versicherung (vor allem für privat genutzte Kfz) gibt es die Flotten-Kfz-Versicherung für Firmen, die mehrere oder viele Kfz betreiben, für die pauschale Versicherungsdeckungen und Stückbeiträge vereinbart werden sollen.	• Finanzierung von Reparatur oder Ersatzbeschaffung des Kfz bei selbst verschuldeten Unfällen (Vollkasko).
Rechtsschutzversicherung (RS)	Die RS deckt bis zu einer maximalen Versicherungssumme Kosten der Durchsetzung rechtlicher Ansprüche wie Rechtsanwalts-, Gerichts-, Sachverständigenkosten, Kautionsleistung. Dabei werden die Tätigkeiten und Eigenschaften definiert, in denen der Versicherte Rechtsschutz beanspruchen kann, z. B. als Privatperson, aus Beruf oder Gewerbe, als Vermieter, als Manager oder als Organmitglied einer juristischen Person u. a.	Finanzierung von Rechtsverfolgungskosten und damit Durchsetzung des eigenen Rechts notfalls vor Gericht.
Transportversicherung	Die Transportversicherung deckt die Gefahren, denen Güter und Waren auf Transportwegen ausgesetzt sind wie u. a. Transportmittelunfall oder Diebstahl. Die Deckungen können unterschiedliche Interessen betreffen wie die Speditions- oder die Hakenlastversicherung das Interesse der Beauftragten eines Transports oder sonst der Eigentümer der transportierten Güter wie vor allem in der Warentransportversicherung. Spezielle Aufbewahrungsorte können versichert werden (Autoinhalts- oder Werkverkehrsversicherung) sowie Spezialdeckungen für bestimmte transportierte Güter (z. B. Schmuck und Pelzwaren in der Valorenversicherung, Musikinstrumente, Musterkollektionen, Textilien in der Einheitsversicherung)	• Finanzierung von Reparatur oder Wiederbeschaffung von Waren, die bei einem Transport beschädigt, zerstört werden oder abhandenkommen. • Vermeidung von Reputationsschäden und Auftragsverlusten wegen Schäden, die weder durch eine Haftpflichtversicherung abzudecken sind (z. B. bei einem zufälligen Hakenbruch, der keine schuldrechtliche Verantwortung auslöst) noch durch eine eigene Kaskodeckung des Spediteurs bzw. des Kranbetreibers oder Abschleppunternehmers.

Dar. 3: Sparte – Schaden-/ Unfallversicherung (UV) – Fortsetzung

Produkt	Funktionsweise	Typischer Kundennutzen
Technische Versicherungen	Hierbei handelt es sich um spezielle Sachversicherungen, die nicht gesamthaft das Inventar eines Betriebs, sondern bestimmte Teile davon versichern: • Maschinenbruchversicherung für stationäre oder mobile Maschinen. • Elektronikversicherung für einzelne oder pauschal für alle elektronischen Geräte eines Betriebs. Über die typischen Sachgefahren hinaus, die in einer Geschäftsinhaltsversicherung gedeckt wären, werden typische Risiken wie fehlerhafte Bedienung, Sabotage, mehr als nur normaler Verschleiß etc. versichert. • Maschinen- oder Elektronik-Betriebsunterbrechungs-Versicherungen, die die fortlaufenden Kosten eines Betriebs nach Ausfall der Anlagen für eine vertraglich vereinbarte maximale Dauer übernehmen • Montageversicherung für Gefahren eines Bauwerks bzw. eines Montageprojekts.	• Finanzierung der Reparatur beschädigter Sachen. • Finanzierung der Wiederbeschaffung zerstörter oder abhanden gekommener Sachen. • Finanzierung der fortlaufenden Kosten bei Ausfall des Betriebs nach einem Ausfall der versicherten Technik.
Kredit- und Kautionsversicherung	Die Kreditversicherung deckt Zahlungsausfälle von Kunden ab, i. d. R. nach erfolglosem Ablauf des gerichtlichen Mahnverfahrens, bei Exportgeschäften in Länder mit wenig gefestigtem Rechtssystem auch schon vorher. Kautionsversicherungen dienen als Sicherung alternativ zur Sicherungsübergabe anderer liquider Mittel oder Werte eines Unternehmens.	• Sicherung der Liquidität eines Betriebs bei Zahlungsausfällen von Kunden. • Sicherung der Liquidität bei Kautionsforderungen.

Daneben kennt die Versicherungsbranche eine Reihe weiterer, spezieller Versicherungsprodukte und Deckungen wie u. a. Arbeitslosigkeits-, Lösegeld- und Entführungs-, Mietverlust-, Terror-, Vertrauensschadenversicherungen. Diese folgen stets einem spezifischen Versicherungsbedarf von Kunden.

1.2.3 Die strategische Ausrichtung des Versicherungsunternehmens

Die Wertschöpfung im Versicherungsunternehmen entsteht durch den Vertrieb oder anders ausgedrückt das **In-Vertrieb-Bringen von Versicherungsprodukten.** Sind deren Beiträge höher als die Kosten, ist das Versicherungsunternehmen wirtschaftlich. Die wichtigsten Kosten sind dabei in absteigender Reihenfolge ihrer üblichen, wirtschaftlichen Bedeutung:

- **Schadenkosten** (Schadenversicherer) bzw. Leistungen und Zuwachs an Leistungsverpflichtungen (Lebensversicherer), bei Krankenversicherern ist es eine Mischung aus beidem. Zu den Schadenkosten gehören auch die Kosten der Schadenregulierung bzw. der Leistungsbearbeitung.
- **Abschluss- und Vertriebskosten** entstehen durch den Vertrieb der Versicherungsprodukte und umfassen interne Kosten (z. B. Marketing, Vertriebsorganisation, Underwriting und Policierung) und externe Kosten (i.W. Vermittlervergütungen).
- **Kapitalanlagekosten** in Zusammenhang mit der Anlage und Verwaltung des Kapitals des Versicherers.
- **Verwaltungskosten** sind eine Restkostengröße für Betriebskosten des Versicherers, die weder der Schaden-/ Leistungsregulierung noch dem Abschluss und Vertrieb zuzurechnen sind, z. B. Kosten der internen Verwaltung und Führung des Unternehmens.

Die Idee der Wertkette oder Wertschöpfungskette nach *Porter* (1985/2004, 48 ff.) ist, unmittelbar wertschöpfende (primäre) und nicht wertschöpfende, aber notwendige (sekundäre) Aktivitäten so zu gliedern, dass eine Isolierung des jeweiligen Wertschöpfungsbeitrags möglich und zur Optimierung nutzbar gemacht wird. Es gibt verschiedene Adaptionen der Wertschöpfungskette für Versicherungsunternehmen (z. B. von *Farny* 2011, 446, 472; *Helten/Hartung* 2001, 54 f.; *Müller-Stewens/Lechner* 2005, 378 f.), die i. d. R. von einem traditionellen Verständnis der Versicherung als einem Produkt geprägt sind, das intern im Unternehmen hergestellt und erst anschließend vom »Vertrieb«, verstanden als reiner Verkaufsfunktion, an Kunden vertrieben wird. Auch impliziert die übliche Darstellungsform als Kette einen sequenziell determinierten Ablauf der Entstehung der Wertschöpfung, der nicht immer mit der Praxis übereinstimmt.

Die nachstehende, modifizierte Wertschöpfungskette (▶ Dar. 4) isoliert unter den primären Aktivitäten diejenigen, die dem »Vertrieb im regulatorischen Sinn« zuzuordnen sind. Das entspricht dem weiten Verständnis von Vertrieb nach der Europäischen Versicherungsvertriebsrichtlinie (im deutschen Recht adaptiert in §§ 7 Nr. 34a VAG, 1a Abs. 1, 2 VVG). Dort werden folgende Aktivitäten zum **Vertrieb** gerechnet:

- Beratung,
- Vorbereitung von Versicherungsverträgen einschließlich Vertragsvorschlägen,

- Abschluss von Versicherungsverträgen,
- Mitwirken bei Verwaltung und Erfüllung von Versicherungsverträgen, insb. im Schadenfall,
- Bereitstellung von Informationen und Preisvergleichen im Internet, wenn eine direkt oder indirekte Abschlussmöglichkeit gegeben ist.

Außerdem wird die Produktentwicklung einbezogen, für die es spezielle Anforderungen wie ein **Produktfreigabeverfahren** gibt, in dem eine systematische Passung der Produkte mit den Kundenbedürfnissen, die Vertriebsstrategie und die Informationsversorgung der Vertriebseinrichtungen sichergestellt werden sollen (§ 23 Abs. 1a-1d VAG).

Die Abfolge der wertschöpfenden Aktivitäten ist daher:

- **Rückversicherung**: Diese ermöglicht überhaupt erst die Aufnahme des Versicherungsbetriebs und des Angebots an marktgängigen Versicherungsprodukten. Rückversicherer übernehmen dabei nicht nur wesentliche Teile des Risikos (z. B. Spitzen-, Schwankungs-, Kumulrisiken, die der Erstversicherer allein nicht tragen könnte), sondern beraten den Erstversicherer oft auch bei der Produktgestaltung und liefern statistische Daten zur Beitragskalkulation. Der Wertschöpfungsbeitrag liegt darin, dass eine geschickte Rückversicherungspolitik marktgerechte Leistungen und Beiträge des Erstversicherers ermöglicht. Zudem beteiligen sich Rückversicherer an den Betriebskosten des Erstversicherers (bei sog. proportionalen Rückversicherungsverträgen über die sog. Rückversicherungsprovision) und erleichtern den Geschäftsbetrieb.
- **Vertrieb im regulatorischen Sinn** bestehend aus Produktentwicklung und Marketing, dem Vertrieb im engeren, funktionalen Sinn als Beratung, Verkauf und Betreuung der Kunden, das Underwriting (Antragsprüfung und Policierung), die Vertragsverwaltung und situative Vertragsanpassung sowie die Schaden- oder Leistungsregulierung. Die Wertschöpfungsbeiträge dieser Aktivitäten liegen auf der Hand: Marktgerechte Produkte steigern den Absatzerfolg, ebenso eine gelungene Beratung und Verkaufsgestaltung. Ein hoher Absatzerfolg führt zu einem verbesserten Risikoausgleich im Kollektiv. Das Underwriting kann Zahlungsbereitschaften des Kunden ausschöpfen und eine günstige Schaden-/Kostenquote ermöglichen. Die Vertragsverwaltung und -anpassung verursachen ebenfalls Kosten, können aber Marktpotenziale erschließen und die Kundenbindung steigern.
- **Kapitalanlage**: In allen Sparten entstehen hohe Kapitalanlagen, die auf der einen Seite Kosten des Kapitalanlagemanagements, auf der anderen Seite eine Rendite und damit einen wichtigen Ergebnisbeitrag liefern.

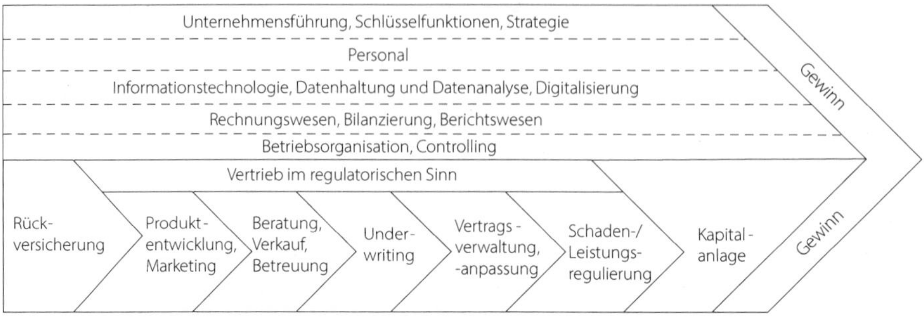

Dar. 4: Wertschöpfungskette Versicherungsunternehmen

Als sekundäre Aktivitäten, die zwar keinen Wertschöpfungsbeitrag erbringen, aber die notwendige Infrastruktur des Unternehmens bereitstellen, sind zu nennen:

- **Unternehmensführung, Schlüsselfunktionen, Strategie**: Wie weiter oben dargestellt, gibt es weitgehende regulatorische Vorgaben für die Governance eines Versicherungsunternehmens.
- **Personal**: Als Dienstleistungsunternehmen ist ein Versicherer in besonderem Maß abhängig von der Verfügbarkeit an quantitativ und qualitativ hinreichenden Personalressourcen.
- **Informationstechnologie, Datenhaltung und Datenanalyse, Digitalisierung**: Versicherungsunternehmen sind in besonderem Maß datengetriebene Unternehmen, die zudem viele wertvolle Informationen über ihre Kunden und deren versicherte Risiken sammeln. Eine leistungsfähige IT ist daher ebenso notwendig wie eine zentrale Datenhaltung, um die Daten gezielt analysieren und bessere Erkenntnisse über die Qualität des Versicherungsbestands und die Marktpotenziale zu gewinnen. Die Digitalisierung ist zwar eine übergreifende, strategische Dimension, wird aber nur durch eine leistungsfähige IT umsetzbar.
- **Rechnungswesen, Bilanzierung, Berichtswesen**: Neben den normalen Verpflichtungen eines Unternehmens zur Organisation eines ordentlichen Rechnungswesens und zur Erstellung des Jahresabschlusses gibt es eine Reihe zusätzlicher Aufgaben und Berichtsverpflichtungen gegenüber internen Stellen (Vorstand, Aufsichtsrat, Schlüsselfunktionen) und externen Stellen (Versicherungsaufsicht, Öffentlichkeit), in denen die Zahlenwerke des Rechnungswesens die Grundlage bilden.
- **Betriebsorganisation, Controlling**: Die Betriebsorganisation hat die Aufgabe, ein leistungsfähiges, modernes Versicherungsunternehmen zu ermöglichen und die entsprechende Aufbau- und Ablauforganisation (Geschäftsprozesse) zu schaffen. Das Controlling unterstützt die Unternehmensleitung mit der zielgerichteten Aufbereitung interner wie externer Zahlen und Analysen der Auswirkungen von Steuerungsmaßnahmen.

Eine Kenntnis der Wertschöpfungszusammenhänge ist elementar für die Umsetzung von **Wettbewerbsstrategien.** Das Ziel ist es, einen dauerhaft zu verteidigenden **Wettbewerbsvorteil** aufzubauen, auch Unique Selling Proposition (**USP**) genannt. Der USP besteht in einem besonderen **Kundennutzen**, der den Kunden mehr wert ist, als seine Erstellung kostet (Porter 1985/2004, 3). Die besondere Schwierigkeit beim Aufbau eines USP ist, dass es **keinen Patentschutz** o. Ä. für Versicherungsprodukte gibt. Versicherungsbedingungen und die Kalkulation der Versicherungsprodukte (**Tarife**) können leicht nachgeahmt werden. Versicherer können nur ihre **Marken** schützen lassen, deren Bedeutung für den Markterfolg gelten jedoch als eher gering.

Versicherer geraten nach dem »Five Forces-Modell« der Wettbewerbskräfte nach *Porter* (1980/2004, 4) von fünf Seiten her unter Wettbewerbsdruck (▸ Dar. 5).

Dar. 5: Five-Forces-Modell der Versicherungsbranche

- **Rivalität innerhalb der Branche:** Bei über 500 unter Bundesaufsicht stehenden Versicherungsunternehmen zuzüglich zahlreichen weiteren unter Landesaufsicht oder einer ausländischen Aufsicht gibt es eine große Wettbewerbsintensität. In den **Massensparten** (standardisierte Versicherungsprodukte für eine hohe Zahl von Privathaushalten sowie kleine und mittelständische Unternehmen) konkurrieren oft je Sparte bis zu mehreren hundert Versicherern miteinander um den Kunden.
- Verhandlungsmacht der **Lieferanten:** Eine besondere Rolle spielt die Rückversicherung als Enabler (Ermöglicher) des Geschäfts des Erstversicherers. Dadurch haben Rückversicherer jedoch auch einen enormen Einfluss auf deren Geschäftspolitik. Von ihrer Verhandlungsbereitschaft hängt ab, welche Produk-

te ein Erstversicherer überhaupt anbieten kann, bis zu welchen Zeichnungsgrenzen (maximale Versicherungssummen), zu welchen Beiträgen und zu welchen sonstigen Bedingungen.
- Verhandlungsmacht der **Kunden**: Die Versicherer buhlen um die Gunst von mehr als 40 Millionen Haushalten und drei Millionen Unternehmen allein in Deutschland. Kunden sind vor allem durch die **Vergleichsportale**, aber auch durch niedergelassene Versicherungsmakler in der Lage, Vergleich durchzuführen und so Nachfragemacht auszuspielen.
- Bedrohung durch Markteintritte **neuer Wettbewerber**: Immer wieder werden neue Versicherungsunternehmen gegründet, seit den 2000er Jahren auch verstärkt sog. Insurtechs. Diese bieten Kunden als USP einen besonders hohen Digitalisierungsgrad und profitieren gleichzeitig davon, dass sie als Start-ups keinen Ballast jahrzehntealter IT-Systeme aufweisen.
- Bedrohung durch **Ersatzprodukte**: Diese Wettbewerbskraft spielt vor allem in der Altersvorsorge eine große Rolle, in der Lebensversicherer sich damit auseinandersetzen müssen, dass beispielsweise Banken und Fondsgesellschaften, Bausparkassen oder Immobilienanbieter mit demselben Kaufmotiv Altersvorsorge Kunden ansprechen.

Generell gibt es auch einen begrenzenden Faktor für die Wettbewerbsintensität: die **Regulierung**. Da ein Versicherungsunternehmen nur mit Erlaubnis der BaFin tätig werden darf, ist ein Wettbewerb durch branchenfremde Unternehmen im Kerngeschäft des Versicherers ausgeschlossen. Allerdings sind beispielsweise die großen Technologie- und Handelskonzerne sowohl kapitalmäßig als auch personell in der Lage, selbst Versicherungsgesellschaften zu gründen.

Nach *Porter* (1985/2004, S. 159) kann man drei generische Wettbewerbsstrategien differenzieren: Kostenführerschaft, Differenzierung sowie Fokussierung. Im Rahmen der **Kostenführerschaftsstrategie** baut ein Versicherer den USP dadurch auf, dass er marktübliche, standardisierte Massenversicherungsprodukte kosteneffizienter anbieten kann als die Wettbewerber. Typische Ansatzpunkte dafür sind:

- Unterdurchschnittliche Abschluss- und Vertriebskosten durch bevorzugten Einsatz von Direktvertrieb und (preisgünstigen) Ausschließlichkeitsvertrieb, wobei auch Elemente der Preis-Mengen-Strategie zum Einsatz kommen. Durch die höhere Kosteneffizienz können die Versicherungsprodukte günstiger angeboten werden als durch Wettbewerber, was wiederum eine höhere Kundenkontakt- und Abschlussfrequenz nach sich zieht. Niedrigere Provisionssätze beispielsweise können dadurch im Ergebnis zu gleichen oder höheren Einnahmen führen.
- Unterdurchschnittliche Schadenkosten durch standardisierte, automatisierte/digitalisierte Schadenbearbeitung und den Aufbau von kosteneffizienten Partnernetzwerken zu Betrieben, die Reparatur oder Ersatzbeschaffung sowie weitere Schadendienstleistungen erbringen (z. B. Kfz-Werkstätten, Autoverleiher, Gutachter, Rechtsanwälte). Kooperationsverträge basieren auf dem gegenseiti-

gen Vorteil günstigerer Preise für den Versicherer und höherer Auslastung für den Partnerbetrieb.

- Unterdurchschnittliche sonstige Betriebskosten durch einen hohen Standardisierungs- und Digitalisierungsgrad im Unternehmen, z. B. »**Dunkelverarbeitung**« von Anträgen und Vertragsänderungen, d. h. eine vollständig automatisierte Softwareprüfung und -verarbeitung ohne menschlichen Eingriff in den Geschäftsvorfall.

Die **Differenzierungsstrategie** beim Versicherer verfolgt die Idee, in einem bestimmten Bereich des Marktes – gegenüber bestimmten Zielgruppen, Sparten, Produkten, oder durch Serviceleistungen – ein überlegenes Angebot machen zu können. Der Versicherer baut sich eine Kompetenzanmutung auf und setzt dadurch höhere Beiträge für individualisierte Angebote durch.

Bei der **Fokussierungsstrategie** verfolgt der Versicherer zwar auch den Ansatz einer Kostenführerschaft oder einer Differenzierung, aber nicht im Gesamtmarkt, sondern lediglich in einer Marktnische. Diese Strategie ist vor allem für kleinere Versicherungsunternehmen relevant, denen die Ressourcen für die Bearbeitung des gesamten Marktes fehlen.

Die Annahme ist, dass der Erfolg des Versicherers dann besonders groß ist, wenn er eine der beiden Ausprägungen Kostenführerschaft oder Differenzierung erreicht, ansonsten aber »stuck in the middle« ist, also gefangen im eher renditeschwachen Mittelmaß (»Bauchladen«). Allerdings funktioniert diese strategische Positionierung in anderen Branchen überzeugender, in denen deutlich höhere **Skaleneffekte** erreicht werden. Skaleneffekte bedeuten, dass sich die relativen Produktionskosten mit steigender Produktionsmenge degressiv verhalten. Diesen Effekt kann man ansatzweise bei Versicherungen beobachten, soweit es um die IT-seitige Verwaltung von Versicherungsverträgen geht – bei einer modernen IT und den Speichersystemen sind die Grenzkosten zusätzlich zu verwaltender Verträge nahezu null. Dasselbe gilt für Internet- und Mobilprozesse, mit denen Insurtechs ihre Geschäftsidee skalieren wollen. Was allerdings häufig unterschätzt wird ist, dass die Kundengewinnung und die Kundenbetreuung nur sehr schlecht skalierbar sind, weil hier persönliche Bindungen und Vertrauensaufbau in Personen und damit eine endliche Ressource mit hohen Grenzkosten – Personal (eigenes wie externe Vermittler) – beansprucht wird. Vereinfacht gesagt könnten Versicherungen ganz erheblich günstiger kalkuliert werden, wenn Kunden durchgängig eigene Initiative für die Suche nach Versicherungen und deren Abschluss sowie die Bereitschaft zur Selbstberatung und Selbstmanagement der Verträge bis hin zum Schaden- und Leistungsfall zeigen würden. Solange das jedoch nicht der Fall ist, bleiben Skalierungseffekte von Versicherungsgeschäftsmodellen begrenzt. Sie beschränken sich derzeit auf volumenschwache kleinere Versicherungsdeckungen, wie sie als sog. **situative Versicherungen** in bestimmten, online oder mobil gut erschließbaren Bedarfssituationen dem Kunden einleuchten, oder als Annexdeckungen in sog. **Ökosystemen** vertrieben werden. Das sind produktive Netzwerke von Unternehmen verschiedener Branchen, die Kunden ein umfassendes Produkt-

und Dienstleistungsangebot machen, erschlossen meist über mobile und internetgestützte Plattformen, die bestimmte Lebensthemen ansprechen.

1.3 Risikomanagement im Versicherungsunternehmen

1.3.1 Begriff des Risikos

1.3.1.1 Risikobegriff im Risikomanagement

In Kapitel 1.2.1 wurde der Begriff **Risiko** als Unsicherheit über einen künftigen Zustand charakterisiert. Im Zusammenhang mit dem Risikomanagement ist zunächst eine Präzisierung dieses Begriffsverständnisses erforderlich. In einem betriebswirtschaftlichen Verständnis bezeichnet **Risiko** die Möglichkeit einer (positiven oder negativen) Abweichung von einem Planwert oder dem erwarteten Wert einer Zielgröße (vgl. Kriele/Wolf, 2016, S.1; Romeike/Müller-Reichart, 2020, S. 57).

Eine insb. für Versicherungsunternehmen zielführende Abgrenzung ist die Unterscheidung zwischen reinen und spekulativen Risiken. Ein **reines Risiko** zeichnet sich durch die Möglichkeit von ausschließlich negativen Abweichungen aus. Anschaulich handelt es sich hierbei um den Eintritt eines Schadens, der einen Verlust, eine Verletzung oder eine Beschädigung zur Folge hat (vgl. Funke/Rohlfs, 2022, S. 6). So ist beispielsweise das Brandrisiko ein reines Risiko. Ein **spekulatives Risiko** lässt hingegen neben negativen auch positive Abweichungen vom Zielwert zu. Spekulative Risiken treten in jedem Unternehmen in Folge der unternehmerischen Tätigkeit auf. Klassische Beispiele hierfür sind Investitions-, Wechselkurs- oder Personalrisiken. Betrachtet man ausschließlich die Möglichkeit einer negativen Abweichung, so spricht man vom Risiko im engeren Sinne, werden auch positive Abweichungen (»Chancen«) berücksichtigt, vom Risiko im weiteren Sinne (vgl. Vanini/Rieg, 2021, S. 24) (▶ Dar. 6).

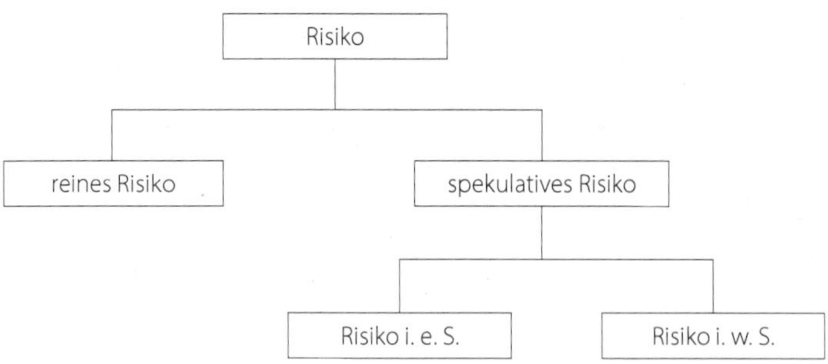

Dar. 6: Abgrenzung Risikobegriff (in Anlehnung an Funke/Rohlfs, 2022, S.6)

In einem entscheidungs- und wahrscheinlichkeitstheoretischen Verständnis des Begriffs ist Risiko definiert durch eine Wahrscheinlichkeitsverteilung von möglichen Ergebnissen einer Handlung (vgl. Romeike/Müller-Reichart, 2020, S. 60). Der »erwartete Zielwert« lässt sich damit durch den Erwartungswert der Verteilung quantifizieren. Dieses Verständnis bietet die Grundlage für die quantitative Erfassung von Risiken mit Hilfe von Verteilungen, die in der Versicherungswirtschaft speziell bei der Tarifkalkulation von elementarer Bedeutung ist.

Gegenstand des Risikogeschäfts eines Versicherungsunternehmens sind i. d. R. die reinen Risiken, die vom Versicherungsnehmer auf das Versicherungsunternehmen transferiert werden. Allerdings müssen sich Versicherungsunternehmen als unmittelbare Folge ihrer eigenen Geschäftstätigkeit auch mit spekulativen Risiken auseinandersetzen.

1.3.1.2 Versicherungstechnisches Risiko

Für ein Versicherungsunternehmen lassen sich vier zentrale Risikofelder identifizieren (vgl. Schulenburg/Lohse, 2014, S. 62):

- Unternehmerische Risiken,
- Kapitalanlagerisiken,
- versicherungstechnische Risiken,
- sonstige Risiken.

Unter den unternehmerischen Risiken sind diejenigen Risiken zu verstehen, die durch den Geschäftsbetrieb eines jeden Unternehmens entstehen. Hierzu zählen die Risiken aus den einzelnen betriebswirtschaftlichen Funktionen wie Beschaffung, Leistungserstellung und Absatz (vgl. Nguyen/Romeike, 2013, S. 19). Auch Reputationsrisiken sind hier zu nennen.

Kapitalanlagerisiken sind spartenspezifisch unterschiedlich stark ausgeprägt. Insbesondere in der Lebensversicherung sind sie aufgrund der hohen Kapitalbestände, die aus den Spar- und Entsparkomponenten der Produkte entstehen, signifikant. Aber auch in anderen Sparten spielt die Kapitalanlage eine wichtige Rolle, da Ein- und Auszahlungen zeitlich auseinanderfallen. So erfolgen Einzahlungen in Form von gezahlten Prämien i. d. R. zu Beginn des Versicherungsjahres, während Auszahlungen als regulierte Schäden anschließend im Laufe des Versicherungsjahres anfallen. In der Zwischenzeit müssen die Prämien vorübergehend angelegt werden. Die im Zusammenhang mit der Kapitalanlage auftretenden Risiken werden im Kapitel 2.5.4 näher beleuchtet.

Die sonstigen Risiken umfassen insb. operationelle Risiken. Diese ergeben sich intern aus Unzulänglichkeiten oder dem Versagen von Menschen, internen Prozessen oder Systemen sowie aufgrund externer Ereignisse (vgl. Möbius/Pallenberg, 2016, S. 190), wie dem Betrug durch Dritte oder durch Kunden. Darüber hinaus zählen zu den sonstigen Risiken auch Rechtsrisiken sowie das Systemrisiko.

Letzteres beschreibt den Zusammenbruch eines Marktes oder sogar des gesamten Finanzsystems in Folge des Ausfalls eines Marktteilnehmers, eines Teilmarktes oder eines Abwicklungssystems (vgl. Schulenburg/Lohse, 2014, S. 71).

Eine herausgehobene Stellung in Bezug auf die Aufteilung des Gesamtrisikos nimmt das **versicherungstechnische Risiko** ein. Es handelt sich um ein spezifisches Risiko eines Versicherungsunternehmens, das durch den zentralen Gegenstand des Geschäftsmodells eines Versicherers, nämlich die Übernahme der Risiken vom Versicherungsnehmer, entsteht. Insofern kann es bei Unternehmen aus anderen Branchen nicht auftreten.

Der Versicherer produziert durch den Risikotransfer, also die Übernahme von Schadenverteilungen (Wahrscheinlichkeitsverteilungen der Einzelschäden), ein Risiko für sich. Hieraus resultiert eine Wahrscheinlichkeitsverteilung des Gesamtschadens, dessen Erwartungswert die Basis der Prämienkalkulation nach dem Äquivalenzprinzip bildet (▶ Kap. 2.1.1). Zwar wird durch den Ausgleich im Kollektiv und in der Zeit (▶ Kap. 2.1.1) die Streuung um den Erwartungswert reduziert, dennoch wird der tatsächliche Gesamtschaden dem Erwartungswert in den seltensten Fällen entsprechen. Das versicherungstechnische Risiko (im weiteren Sinne) ist also das »Restrisiko« einer Abweichung vom Erwartungswert, nachdem der Versicherer die Ausgleichsprozesse durchgeführt hat (vgl. Nguyen/Romeike, 2013, S. 21). Hier wird deutlich, dass es sich beim versicherungstechnischen Risiko im Grunde um ein spekulatives Risiko handelt, denn eine Abweichung vom erwarteten Gesamtschaden ist in beide Richtungen möglich: der tatsächliche Gesamtschaden kann höher oder niedriger als der Erwartungswert sein. In der Praxis bezeichnet man mit dem versicherungstechnischen Risiko allerdings häufig das Risiko im engeren Sinne, also die für das Unternehmen ungünstige Abweichung nach oben. Vereinfacht ausgedrückt besteht das versicherungstechnische Risiko somit darin, dass die vereinnahmten Prämien nicht zur Deckung der Schäden reichen.

Die Abweichung des tatsächlichen Gesamtschadens vom Erwartungswert hat verschiedene Ursachen, so dass sich das versicherungstechnische Risiko in drei Arten zerlegen lässt (vgl. Rohlfs, 2018, S. 172):

- das Zufallsrisiko,
- das Änderungsrisiko und
- das Irrtumsrisiko.

Das **Zufallsrisiko** beschreibt die Abweichung aufgrund einer zufälligen Schwankung des Schadenverlaufs, wobei das Versicherungsunternehmen die Gesamtschadenverteilung und ihren Erwartungswert kennt und korrekt ermittelt hat. Dabei kann zum einen die Anzahl der Schäden höher oder niedriger als erwartet ausfallen. Zum anderen kann auch die Höhe der Einzelschäden von den erwarteten Schadenhöhen nach oben oder unten abweichen. Unter das Zufallsrisiko fallen insb. das Kumulrisiko, also das massenhafte, untereinander abhängige Auftreten von Schäden, das Ansteckungsrisiko, bei dem durch dasselbe Ereignis zeitversetzt

Schäden bei mehreren versicherten Risiken ausgelöst werden, sowie das Großschadenrisiko und das Naturkatastrophenrisiko.

Das **Änderungsrisiko** entsteht aus der Tatsache, dass die Voraussetzung einer konstanten (und bekannten) Schadenverteilung für die versicherten Einzelrisiken und damit für den Gesamtbestand in der Realität regelmäßig nicht erfüllt ist. Die Risikosituation kann sich aus vielfältigen Gründen in unvorhergesehener Weise ändern. Diese Änderungen sind klar abzugrenzen von vorhersehbaren Veränderungen des Schadenverhaltens (beispielsweise Inflationseffekte oder Veränderungen der Sterblichkeit im Alter), die bei der Prämienkalkulation bereits berücksichtigt werden sollten. Die Änderung der Schadenverteilung ist im Sinne des Änderungsrisikos häufig auf Veränderungen des zugrundeliegenden Risikoursachensystems zurückzuführen. So können sich Risikofaktoren aus wirtschaftlichen (z. B. steigende Inflation), technischen (z. B. Fortschritte in der Gentechnik), gesellschaftlichen (z. B. Anstieg von Einbruchdiebstählen) oder rechtlichen Gründen (z. B. Änderungen des Haftungsrechts) ändern (vgl. Nguyen/Romeike, 2013, S. 22 f.). Ebenso sind hier auch Änderungen im Bereich der Natur (z. B. Auswirkungen des Klimawandels) zu nennen.

Das **Irrtumsrisiko** resultiert daraus, dass Versicherungsunternehmen nicht die objektiv richtige Schadenverteilung kennen, sondern mit unvollständigen Informationen arbeiten. Bei der Prämienkalkulation wird daher eine geeignete und zutreffende Approximation der wahren Schadenverteilung unterstellt. Um diese zu schätzen, verwendet der Versicherer die vorhandenen Informationen und nutzt statistische Schätzverfahren und Modelle. Dabei können relevante Informationen fehlen oder unberücksichtigt bleiben. Ebenso sind Fehler oder systematische Mängel bei der Anwendung der Verfahren möglich. Im Ergebnis weist die Schätzung der Schadenverteilung Fehler auf, so dass es zu Abweichungen des tatsächlichen Gesamtschadens von dem auf einer unzutreffenden Schätzung seiner Verteilung beruhenden Erwartungswert kommt.

Zusätzlich zu den genannten drei Risikoarten können versicherungstechnische Risiken auch aus einer asymmetrischen Informationsverteilung zwischen Versicherungsunternehmen und Versicherungsnehmer entstehen. Hier sind die Phänomene Moral Hazard und Antiselektion (▶ Kap. 1.3.1.2) zu nennen, die dazu führen, dass die Schadenverteilung bzw. die Zusammensetzung des Kollektivs anders sind, als der Versicherer es vorausgesehen und berechnet hat.

Im ungünstigsten Fall kann das versicherungstechnische Risiko zum Ruin des Unternehmens führen. Der Versicherer verhält sich in Bezug auf dieses Risiko daher stets risikoavers und versucht es zu minimieren. Im Rahmen des Risikomanagements wird ein Versicherungsunternehmen hierzu sein versicherungstechnisches Risiko durch eine Reihe von Maßnahmen steuern, es betreibt ein aktives Risikomanagement auf seinen Versicherungsportfolios.

1.3.2 Ziele und Nutzen des Risikomanagements

Mit dem Begriffsverständnis des vorangegangenen Kapitels wird deutlich, dass Versicherungsunternehmen sich aus zwei Perspektiven mit Risiken auseinandersetzen müssen. Zum einen geht es darum, die von den Versicherungsnehmern übernommenen Risiken und den Risikoausgleich im Kollektiv und in der Zeit möglichst effizient zu gestalten. Zum anderen sieht man sich, wie jedes erwerbswirtschaftliche Unternehmen, unternehmerischen Risiken gegenüber, die es in einer Art und Weise zu bewältigen gilt, dass der Fortbestand des Unternehmens gesichert ist und unternehmerische Ziele erreicht werden. Im versicherungstechnischen Risiko zeigt sich der enge und untrennbare Zusammenhang zwischen diesen beiden Perspektiven, der eine direkte Folge des Geschäftsmodells eines Versicherungsunternehmens ist. Unsichere Zahlungsströme, die aus Prämienzahlungen und der Regulierung von Schäden resultieren, müssen vom Versicherungsunternehmen so bewältigt werden können, dass der versprochene Schutz gegenüber den Versicherungsnehmern jederzeit gewährleistet ist.

Es sind dazu geeignete Regelungen, Strategien und Prozesse erforderlich, die einen systematischen Umgang mit den vorhandenen Risiken, ihre Bewältigung und Beherrschung sicherstellen. Dies ist als eine zentrale Managementaufgabe im Unternehmen zu begreifen. Das **Risikomanagement** befasst sich genau mit dieser Aufgabe, nämlich durch gezielte Maßnahmen eine proaktive Steuerung der Risikosituation im Unternehmen zu etablieren, die mögliche Störereignisse und deren Auswirkungen in den Managementprozess einbezieht. Zentrales Ziel ist dabei die Absicherung gegen alle Risiken, die das Unternehmen gefährden können. Der Fortbestand ist notwendige Voraussetzung dafür, weitere Unternehmensziele überhaupt erreichen zu können.

In den unternehmerischen Planungsprozess fließen Erwartungen und Einschätzungen zukünftiger Zustände ein. Die Planwerte stellen somit i. d. R. Erwartungswerte bestimmter Zielgrößen dar, deren Erreichen durch unvorhergesehene externe oder interne Ereignisse gefährdet werden kann. Abweichungen vom Plan sind wahrscheinlich. Die Gegenstände der Unternehmensplanung (beispielsweise Umsatz, Wachstum oder auch Erfolgsgrößen wie Ertrag oder Gewinn) stehen daher aufgrund der Unvorhersagbarkeit der Zukunft unter Risiko im Sinne der Definition (▶ Kap. 1.3.1.1).

Vor diesem Hintergrund lässt sich die Absicherung des Unternehmens als zentrale Aufgabe des Risikomanagements in drei Teilziele herunterbrechen, die wie folgt klassifiziert und gleichzeitig auch priorisiert werden können (vgl. Vanini/Rieg, 2021, S. 36 f.):

- **Sicherung der Existenz** des Unternehmens: Maßnahmen zur Existenzsicherung haben den höchsten Stellenwert. Existenzgefährdende Risiken können vom Unternehmen meist nicht allein bewältigt werden. Eine mögliche Lösung ist oft der Risikotransfer durch Versicherung – im Falle eines Versicherungsunternehmens durch Rückversicherung.

- **Sicherung des Unternehmenserfolgs** in der Zukunft: Einige Risiken bedrohen nicht direkt die gegenwärtigen Wirtschaftsgüter eines Unternehmens, sondern dessen zukünftigen Erfolg. Ein Beispiel sind Risiken in der Produktentwicklung. Auch der Verlust qualifizierter Mitarbeiter macht sich insb. durch ein mögliches Nichterreichen von Zielen in der Zukunft bemerkbar. Durch ein prospektives Risikomanagement kann die Risikosituation in Bezug auf diese Risiken verbessert werden.
- **Senkung der Risikokosten**: Neben einer möglichst effizienten und kostengünstigen Ausgestaltung der Organisation des Risikomanagements sowie der Maßnahmen zur Risikosteuerung, wie z. B. (Rück-)Versicherungsprämien, ergeben sich Vorteile durch geringere Kapitalkosten. Diese resultieren beispielsweise aus einer Reduzierung der Insolvenzwahrscheinlichkeit, was zu einer erhöhten Kreditwürdigkeit mit entsprechend günstigeren Konditionen führt. Aufgrund der besser planbaren und weniger stark risikobedingt schwankenden Zahlungsströme ist zudem ein Rückgriff auf teure externe Finanzierungsquellen nicht nötig (vgl. Romeike/Müller-Reichart, 2020, S. 63).

Analog hierzu lassen sich Risiken bzgl. ihrer Auswirkungen auf das Unternehmen bewerten und klassifizieren:

- **Groß-/Größtrisiko:** Der Eintritt eines solchen Risikos bedroht die Existenz des Unternehmens.
- **Mittleres Risiko:** Der Eintritt verursacht Schäden, die das Erreichen der Unternehmensziele verhindern bzw. eine Veränderung der Ziele erforderlich machen.
- **Kleinrisiko:** Der Eintritt verursacht Schäden, die ausgeglichen werden können und keinen relevanten Einfluss auf den Erfolg des Unternehmens bzw. das Erreichen der Unternehmensziele haben.

Zusammenfassend lässt sich das folgende Verständnis des Begriffs Risikomanagement formulieren (vgl. Vanini/Rieg, 2021, S. 37): **Risikomanagement** bezeichnet die Gesamtheit der organisatorischen Regelungen zur systematischen, regelmäßigen und unternehmensweiten Umsetzung des Risikomanagementprozesses (▶ Kap. 1.3.4) sowie dessen Unterstützung durch geeignete Instrumente und Methoden mit den Zielen der Existenzsicherung, der Erreichung der geplanten Unternehmensziele und der Senkung der Risikokosten.

1.3.3 Unternehmens- und Risikostrategie

Schon aus der Begriffsdefinition geht hervor, dass Risiken immer nur im Zusammenhang mit einem definierten Ziel sinnvoll zu interpretieren sind (vgl. Romeike/Müller-Reichart, 2020, S. 69). Auch das Begriffsverständnis des Risikomanagements, das die Erreichung dieser Ziele absichert, verdeutlicht dies. Insofern ist ein enger Zusammenhang zwischen dem Zielsystem eines Unternehmens und dem Risikomanagement zwingend gegeben, da die konkreten Ziele des Risikomanagements kongruent zu den Unternehmenszielen festzulegen sind.

Da sich die Unternehmensziele aus der Unternehmensstrategie ergeben, muss aus dieser ebenso die **Risikostrategie** abgeleitet werden. Diese setzt sich mit den Auswirkungen der Unternehmensstrategie auf die Risikosituation des Unternehmens auseinander und enthält grundlegende Leitlinien für den Umgang mit den Risiken, die aus der Geschäftstätigkeit resultieren (vgl. Funke/Rohlfs, 2022, S. 52 f.). Sie hat im gesamten Unternehmen eine übergeordnete Bedeutung, d. h. sie ist bei allen Detailstrategien zur Erreichung von Unternehmenszielen zu berücksichtigen. Aus der Risikostrategie werden auf operativer Ebene die Risikoziele abgeleitet, sie bildet die Grundlage für die operative Steuerung der Risiken im Rahmen des Risikomanagementprozesses und für ein einheitliches Handeln aller Beteiligten.

Auch das Aufsichtsrecht schreibt die Ableitung einer Risikostrategie für Versicherungsunternehmen verbindlich vor. Nach dem VAG ist »eine auf die Steuerung des Unternehmens abgestimmte Risikostrategie, die Art, Umfang und Komplexität des betriebenen Geschäfts und der mit ihm verbundenen Risiken berücksichtigt« zu entwickeln (§ 26 Abs. 2 VAG).

Inhaltlich muss die Risikostrategie zunächst Aussagen zu Art und Herkunft der möglichen, aus der Unternehmensstrategie resultierenden Risiken treffen. Die Art des Risikos kann beispielsweise durch eine Zuordnung zu den Risikofeldern des Unternehmens (▶ Kap. 1.3.1.2) beschrieben werden, die Herkunft etwa durch eine Zuordnung zu Unternehmensfunktionen (z. B. Vertrieb, Produktentwicklung, Personal, etc.).

Im nächsten Schritt sind dann grundsätzliche Leitlinien zum Umgang mit diesen Risiken (Risikogrundsätze) festzulegen. Grundlage für die Entscheidung, wie Risiken behandelt werden sollen, ist die Risikotragfähigkeit des Unternehmens. Die **Risikotragfähigkeit** gibt an, welches Ausmaß an Risiken das Unternehmen insgesamt maximal tragen kann, ohne dass der Fortbestand des Unternehmens gefährdet wird. Sie zeigt, inwieweit eingegangene Risiken mit den vorhandenen Eigenmitteln gedeckt werden können, ergibt sich also aus dem Quotienten aus (ökonomischem) Eigenkapital und dem Gesamtrisikokapitalbedarf (vgl. Funke/Rohlfs, 2022, S. 58 f.).

Risikokapital meint in diesem Zusammenhang den erforderlichen Geldbetrag, um eine negative Planabweichung gerade noch ausgleichen zu können. Im Soll-Zustand ist dieser Quotient, also die Risikotragfähigkeit, größer oder gleich eins, womit die Gesamtrisikosituation des Unternehmens im Hinblick auf sein Fortbestehen beherrschbar ist. Zu erreichen ist dieser Soll-Zustand (Soll-Risikosituation) im Rahmen des Risikomanagements durch eine entsprechende Behandlung der Risiken durch geeignete Maßnahmen, die den Risikokapitalbedarf auf einen durch das Unternehmen leistbaren Umfang begrenzt. Insofern wird im Zusammenhang mit der Eigenmittelausstattung des Unternehmens ein grundlegender Rahmen für den Umgang mit Risiken in der Risikostrategie gesetzt.

Zu diesem Umgang gehört auch die Frage, in welcher Höhe Risiken vom Unternehmen eingegangen werden dürfen (Risikotoleranz). Dabei kann es aus verschiedenen Gründen sinnvoll sein, die Risikotoleranz unterhalb der Risikotragfähigkeit anzusetzen. Beschränkungen können hier einerseits aufgrund von externen Vorgaben erfolgen, z. B., um ein bestimmtes Mindest-Rating zu erzielen oder aufsichtsrechtliche Solvenzquoten (z. B. im Rahmen von Solvency II, ▶ Kap. 1.3.5) zu erfüllen. Andererseits kann das Unternehmen sich derartige Beschränkungen auch aus eigenem Antrieb auferlegen (Risikoappetit), um im Einklang mit der Unternehmensstrategie die individuelle Risikobereitschaft des Vorstands abzubilden (vgl. Funke/Rohlfs, 2022, S. 64). Diese für das Handeln des Unternehmens grundsätzlichen Entscheidungen sind im Rahmen der Risikostrategie festzulegen.

In der Risikostrategie ist ebenso der Zeithorizont zu betrachten, d. h. es ist festzulegen, welche Risiken in welcher Zeitperiode bewältigt werden sollen. Dabei muss insb. auch die erwartete Wirkungsdauer der Risiken einbezogen werden (vgl. Romeike/Müller-Reichart, 2020, S. 74 f.).

Entscheidend für die erfolgreiche Umsetzung sind eine konsequente Dokumentation und Kommunikation der Risikostrategie. Dazu gehört auch, die Aktualität der Risikostrategie kontinuierlich sicherzustellen. Wenn sich wesentliche Änderungen im Risikoprofil des Unternehmens ergeben, muss die Risikostrategie überprüft und entsprechend angepasst werden. Die Risikostrategie und abgeleitete Prozesse, Risikoziele und Richtlinien sollten in jedem Fall schriftlich dokumentiert und allen am Umgang mit Risiken beteiligten Personen im Unternehmen nachvollziehbar kommuniziert werden.

1.3.4 Risikomanagementprozess

Basierend auf der Risikostrategie erfolgt die operative Umsetzung des Risikomanagements im Rahmen des Risikomanagementprozesses als strukturierter und systematischer Ablauf aller Aktivitäten.

1.3.4.1 Phasen des Risikomanagementprozesses

Der Risikomanagementprozess gliedert sich in die vier Phasen Risikoidentifikation, Risikobewertung, Risikosteuerung und Risikokontrolle (▶ Dar. 7).

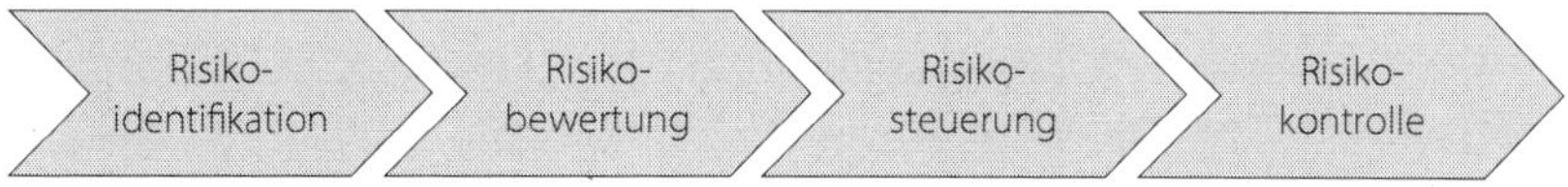

Dar. 7: Risikomanagementprozess

Die **Risikoidentifikation** hat das Ziel, alle für das Unternehmen relevanten Risiken strukturiert, systematisch und zeitnah zu erfassen. Dabei sind sämtliche Gefahrenquellen und Störpotenziale zu betrachten, Risiken mit ihren Ursachen und Treibern zu identifizieren und bestenfalls auch grundsätzliche Abhängigkeiten zwischen den Risiken zu beschreiben. Diese Aktivitäten sollten sich nicht nur auf die gegenwärtigen, schon existierenden Risiken des Unternehmens beschränken, sondern auch zukünftige Entwicklungen einbeziehen. An diese Prozessphase sind folgende Anforderungen zu stellen (vgl. Vanini/Rieg, 2021, S.200; Funke/Rohlfs, 2022, S. 106):

- Vollständigkeit und Richtigkeit: Alle aktuellen und potenziellen Risiken sollen inhaltlich und formal korrekt aufgedeckt und erfasst werden. Diese Anforderung muss allerdings im Zusammenhang mit der Anforderung der Wirtschaftlichkeit betrachtet werden.
- Konsistenz: Die identifizierten Risiken müssen eindeutig und überschneidungsfrei definiert sein. Dies ist ebenso zu beachten, wenn gleichartige Risiken in Risikokategorien zusammengefasst werden.
- Aktualität: Die Identifikation soll schnell und frühzeitig erfolgen. Sie muss laufend aktualisiert werden und somit zumindest in Teilbereichen permanent durchgeführt werden.
- Systematik und Flexibilität: Die Identifikation soll systematisch erfolgen. Gleichzeitig muss eine ausreichend große Flexibilität gegeben sein, um auf dynamische Entwicklungen und neuartige Risiken reagieren zu können.
- Wesentlichkeit und Wirtschaftlichkeit: Es sollen die für das Unternehmen wesentlichen Risiken identifiziert werden. Kriterium für die Beurteilung der Wesentlichkeit ist die Relevanz für die Erreichung der Unternehmensziele. Gleichzeitig soll der Nutzen der Identifikation größer sein als die Kosten, übermäßiger Aufwand zur Identifikation einer Vielzahl von (materiell) irrelevanter Risiken ist also zu vermeiden. Dies stellt eine Einschränkung der Anforderung der Vollständigkeit dar.
- Akzeptanz: Die zur Identifikation angewandten Methoden und Prozesse müssen von den beteiligten Mitarbeitern akzeptiert und aktiv unterstützt werden.

Zur Risikoidentifikation existieren zahlreiche Methoden, so dass an dieser Stelle nur ein grober Überblick gegeben werden kann (▶ Dar. 8). Grundsätzlich können Kollektionsmethoden (z. B. Checklisten, Befragungen) für offensichtliche bzw. bereits bekannte Risiken zum Einsatz kommen. Für bisher unbekannte Risiken stehen Suchmethoden zur Verfügung, die sich wiederum in analytische Methoden (z. B. Fehlerbaumanalyse, Abweichungsanalyse, Markov-Analyse) und Kreativitätsmethoden (z. B. Brainstorming, Delphi-Methode, Szenarioanalyse) gliedern lassen (vgl. Romeike/Müller-Reichart, 2020, S. 91 f.).

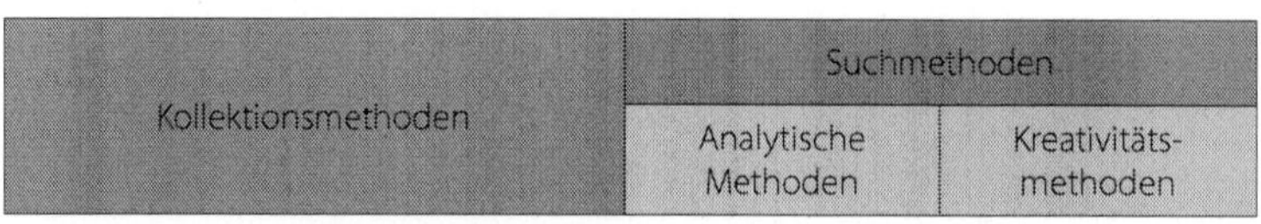

Dar. 8: Methoden zur Risikoidentifikation (in Anlehnung an Romeike/Müller-Reichart, 2020, S. 92)

Das Ergebnis der Risikoidentifikation ist das Risikoinventar, d. h. eine strukturierte Darstellung aller wesentlichen gegenwärtigen und potenziellen künftigen Risiken und ihrer Auswirkungen (vgl. Funke/Rohlfs, 2022, S. 109). Die Qualität dieses Ergebnisses ist ganz entscheidend für den weiteren Risikomanagementprozess. Nur identifizierte Risiken können im weiteren Verlauf bearbeitet werden. Das Übersehen von wesentlichen Risiken kann hingegen erhebliche negative Folgen für das Unternehmen haben. Insofern kommt der Anforderung der Vollständigkeit eine besondere Bedeutung zu.

In der **Risikobewertung** findet eine qualitative und quantitative Bewertung der identifizierten Risiken statt. Ziel ist eine zutreffende Einschätzung der Eintrittswahrscheinlichkeit und des Schadenausmaßes. Bei letzterem kann einerseits auf finanzielle Größen, d. h. insb. die Schadenhöhe, abgestellt werden. Darüber hinaus sollte aber der Einfluss des Risikos auf die Erreichung der Unternehmensziele berücksichtigt werden. So kann ein Risiko mit nennenswerter Schadenhöhe zwar die Erreichung finanzieller Ziele stark gefährden, aber einen weitaus geringeren Einfluss auf die Erreichung nicht-finanzieller Ziele besitzen. Genauso ist der umgekehrte Fall möglich.

Im Zuge einer im ersten Schritt durchzuführenden qualitativen Bewertung können neben subjektiven Einschätzungen beispielsweise Scoring-Modelle oder ABC-Analysen zum Einsatz kommen. Das Ergebnis ist i. d. R. relativ wenig detailliert und mit Unsicherheiten, insb. durch mögliche subjektive Einflüsse, behaftet. Es bildet allerdings die Grundlage für eine Sortierung der Risiken in Form einer Rangfolge, aus der sich Priorisierungen für die weitere Betrachtung von Risiken ableiten lassen. Ebenso ermöglicht es eine grobe Relevanzeinschätzung, die es erlaubt, unwesentliche Risiken herauszufiltern. Der Aufwand für eine vertiefende quantitative Beurteilung wird dann meist nur für Risiken oberhalb einer festzulegenden Relevanzschwelle durchgeführt (vgl. Funke/Rohlfs, 2022, S. 145). Allerdings gibt es auch Arten von Risiken, für die eine quantitative Bewertung gar nicht oder nicht sinnvoll möglich ist. Zu nennen sind hier z. B. Risiken im Zusammenhang mit der Erreichung bestimmter nicht-finanzieller Nachhaltigkeitsziele.

Die quantitative Risikobewertung hat das Ziel, ein absolutes Risikoausmaß zu bestimmen, wie es z. B. bei der Bestimmung eines Risikokapitalbedarfs benötigt wird. Die Bewertung erfolgt hier häufig mit Hilfe von Wahrscheinlichkeitsverteilungen und Risikomaßen, aber z. B. auch mit Stresstests oder (stochastischen) Szenariorechnungen.

Das Ergebnis der Risikobewertung kann zur Orientierung in grafischer Form, z. B. durch eine Risikomatrix (auch Risikoportfolio oder Risk Map), dargestellt werden. Es handelt sich um eine zweidimensionale Matrix, meist mit den Achsen Eintrittswahrscheinlichkeit und Schadenausmaß, in die alle bewerteten Risiken eingetragen werden (► Dar. 9).

In Abhängigkeit von der Position der Risiken in der Matrix lassen sich Normstrategien für ihre Behandlung ableiten (vgl. Vanini/Rieg, 2021, S. 242). Risiken im rechten oberen Bereich der Matrix stellen eine große Gefahr für die Zielerrei-

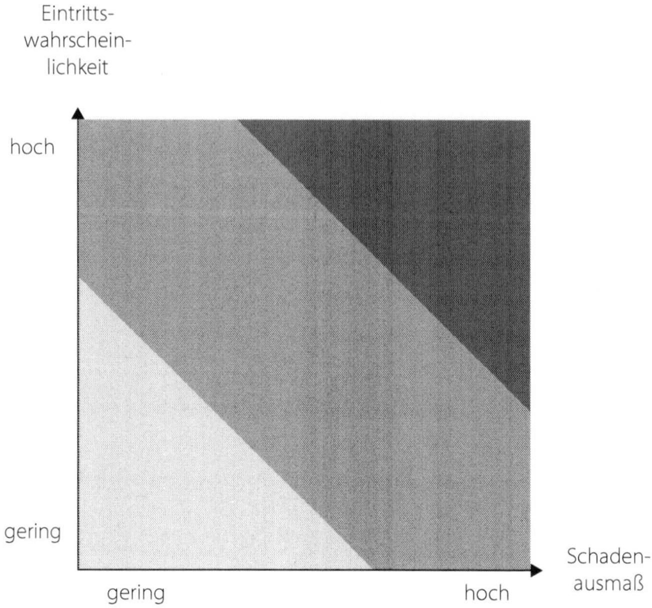

Dar. 9: Risikomatrix

chung des Unternehmens dar und erfordern wirksame Steuerungsmaßnahmen. Wo genau die Eingriffsschwelle des Unternehmens verläuft, ist abhängig von seiner Risikotoleranz (▶ Kap. 1.3.3). Spätere Maßnahmen zur Risikosteuerung wirken sich dann durch eine Verschiebung der Position der jeweiligen Risiken aus. In diesem Zusammenhang ist zwischen der Bruttobewertung (ohne Berücksichtigung der Auswirkungen von Steuerungsmaßnahmen) und der Nettobewertung (Restrisiko nach Maßnahmen) zu unterscheiden.

Wichtiger Bestandteil der Risikobewertung ist ebenfalls die Aggregation der Einzelrisiken zum Gesamtrisiko des Unternehmens. Dabei sind insb. positive wie negative Abhängigkeiten zwischen den Risiken zu bestimmen und zu berücksichtigen.

Die Qualität der Ergebnisse in den Prozessphasen der Risikoidentifikation und der Risikobewertung legt fest, wie erfolgreich die Steuerung der Risiken in der nächsten Phase der **Risikosteuerung** sein kann. Die Risikosteuerung hat das Ziel, die identifizierten und bewerteten Risiken durch geeignete Maßnahmen so zu beeinflussen, dass die erreichte Ist-Risikosituation des Unternehmens mit der Soll-Risikosituation übereinstimmt. Grundlage hierfür bilden die in der Risikostrategie festgelegten Leitlinien und insb. die Entscheidung, welches Maß an Risiko das Unternehmen tragen kann und möchte (Risikotragfähigkeit und Risikoappetit).

Zur Steuerung der Risiken stehen unterschiedliche Strategien zur Verfügung. Diese lassen sich in aktive und passive Steuerungsstrategien unterteilen (vgl. Vanini/Rieg, 2021, S. 317 ff.; vgl. Funke/Rohlfs, 2022, S. 272 f.). Im Rahmen von aktiven Strategien wird darauf abgezielt, die Eintrittswahrscheinlichkeit und/ oder das Schadenausmaß eines Risikos günstig zu beeinflussen, also die Risikostruktur zu verändern. Passive Strategien tun dies dagegen nicht. Sie haben das Ziel, die finanziellen Folgen der Risikorealisation zu bewältigen. Innerhalb der Strategien können ursachen- und wirkungsbezogene Maßnahmen unterschieden werden. Ursachenbezogene Maßnahmen reduzieren die Eintrittswahrscheinlichkeit, während das Schadenausmaß unverändert bleibt. Dagegen wird durch wirkungsbezogene Maßnahmen das Schadenausmaß vermindert, bei gleichbleibender Eintrittswahrscheinlichkeit. Am Beispiel des Brandrisikos sind Mitarbeiterschulungen, die das menschliche Verhalten so beeinflussen sollen, dass Brände gar nicht erst entstehen, eine ursachenorientierte Maßnahme. Brandschutztüren, die nach Ausbruch eines Brandes dessen Ausbreitung erschweren, sind dagegen eine wirkungsorientierte Maßnahme. Die grundlegenden Risikosteuerungsstrategien sind in Darstellung 10 abgebildet.

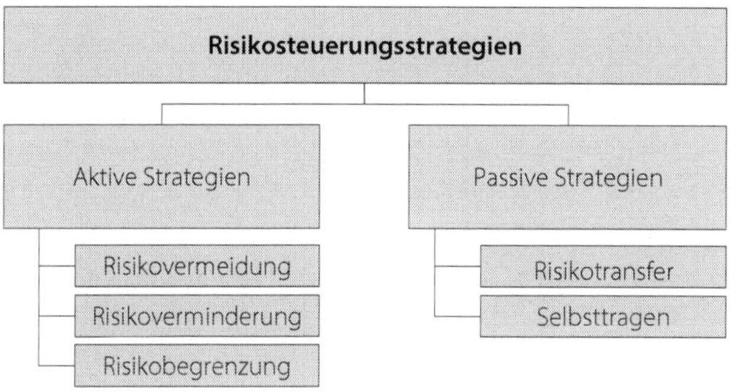

Dar. 10: Risikosteuerungsstrategien

Zu den aktiven Risikosteuerungsstrategien zählen die Risikovermeidung, die Risikoverminderung sowie die Risikobegrenzung.

- Bei der **Risikovermeidung** werden Risiken vollständig beseitigt bzw. gar nicht erst eingegangen.
- Bei der **Risikoverminderung** werden durch gezielte Maßnahmen die Eintrittswahrscheinlichkeit und/ oder das Schadenausmaß eines Risikos reduziert, aber nicht vollständig beseitigt. Das Instrument der Risikostreuung nutzt den Effekt des Risikoausgleichs bei voneinander unabhängigen Risiken oder im günstigen Fall sogar der negativen Korrelation von Risiken.
- Bei der **Risikobegrenzung** wird die Höhe des eingegangenen Risikos begrenzt. Zentrales Instrument sind Limite, die in Versicherungsunternehmen insb. in Form von Zeichnungslimiten (Risiken können nur bis zu einer bestimmten Höchstversicherungssumme gezeichnet werden) oder in der Kapitalanlage vorkommen (► Kap. 2.5.2).

Passive Steuerungsstrategien sind der Risikotransfer und das Selbsttragen von Risiken.

- **Risikotransfer** bezeichnet die vollständige oder teilweise Übertragung von Risiken auf Dritte. Das Risiko selbst bleibt dabei im Hinblick auf Eintrittswahrscheinlichkeit und Schadenausmaß unverändert. Synonym werden auch die Begriffe Risikoübertragung oder -überwälzung verwendet. Wesentliches Instrument für Versicherungsunternehmen ist hier die Rückversicherung.
- Beim **Selbsttragen** werden Risiken und Folgen des Schadeneintritts akzeptiert. Die finanziellen Folgen aus selbst getragenen Risiken müssen durch geeignete Instrumente (z. B. Vorsorge, Rücklagenbildung) finanziert werden. Diese Strategie kommt bei Restrisiken zum Einsatz, die bereits durch andere Strategien bearbeitet und auf ein akzeptables Maß reduziert wurden. Ebenso kann sie für nicht transferierbare (Rest-)Risiken alternativlos sein. Als bewusste Entscheidung können auch Risiken selbst getragen werden, bei denen andere Strategien wirtschaftlich nicht sinnvoll wären.

Im Rahmen des operativen Risikomanagements kommt eine Mischung der Strategien und Methoden (Instrumentenmix) zur Anwendung, die auf die individuelle Risikosituation des Unternehmens abgestimmt ist und die Leitlinien aus der Risikostrategie berücksichtigt. Alle Maßnahmen müssen aufeinander abgestimmt sein und dabei wirksam und effizient die Risikosituation des Unternehmens verbessern.

Grundsätzlich kann die Risikosituation durch eine aufeinanderfolgende Anwendung der Strategien sukzessive gesteuert werden. Ausgehend vom Brutto-Risiko werden zunächst untragbare Risiken vermieden, die verbleibenden Risiken vermindert und begrenzt, danach findet ein Transfer von Risiken statt. Beim Unternehmen verbleibt schließlich das Netto-Risiko, das selbst getragen werden muss (vgl. Vanini/Rieg, 2021, S. 322 f.).

Deutlich wird, dass die Anforderung an das Risikomanagement nicht die grundsätzliche Vermeidung von Risiken sein kann. Diese ist nur dann möglich, wenn Risiken gar nicht erst eingegangen werden. Ganz allgemein ist es kaum möglich, Chancen (im Sinne einer positiven Planabweichung) zu realisieren, ohne auch ein Risiko (im Sinne der Gefahr einer negativen Planabweichung) in Kauf zu nehmen. Für Versicherungsunternehmen, deren Geschäftsmodell ja gerade in der Übernahme von Risiken besteht, wird ein solches Vorgehen über den Verzicht auf die Zeichnung bestimmter Einzelrisiken hinaus in aller Regel nicht sinnvoll sein. Die Vermeidung von Risiken ist hier mit dem Unterlassen der eigentlichen Geschäftstätigkeit, beispielsweise durch die Schließung ganzer Sparten oder sogar des Unternehmens, verbunden. Dies kann in speziellen Situationen bei untragbaren Risiken als Ultima ratio geboten sein, widerspricht aber dem grundsätzlichen Ziel des Risikomanagements, den Fortbestand und Erfolg des Unternehmens zu sichern.

In der letzten Prozessphase, der **Risikokontrolle**, werden Wirksamkeit und Effizienz des Risikomanagements regelmäßig durch ein zielgerichtetes Controlling

(▶ Kap. 1.4.2) überprüft und auf Basis der aufgezeigten Verbesserungspotenziale bei Bedarf weiterentwickelt.

1.3.4.2 Risikomanagementprozess als Regelkreis

In einem erweiterten Verständnis kann der Risikomanagementprozess in einem Regelkreis-Modell dargestellt werden. Diese Darstellung trägt der Tatsache Rechnung, dass der Risikomanagementprozess kontinuierlich durchlaufen werden muss, da die Risikosituation des Unternehmens nicht stabil, sondern ständigen Veränderungen unterworfen ist. Daher müssen immer wieder Maßnahmen ergriffen werden, um die Ist-Risikosituation der Soll-Risikosituation anzugleichen. Gleichzeitig bewirkt die Risikosteuerung eine Veränderung der Risiken, so dass ein erneutes Durchlaufen der Prozessphase der Risikoidentifikation auf einer Brutto-Sicht (Risiken nach dem Ergreifen von Steuerungsmaßnahmen) aufsetzt. Es handelt sich somit um einen rückgekoppelten Kreislauf (▶ Dar. 11).

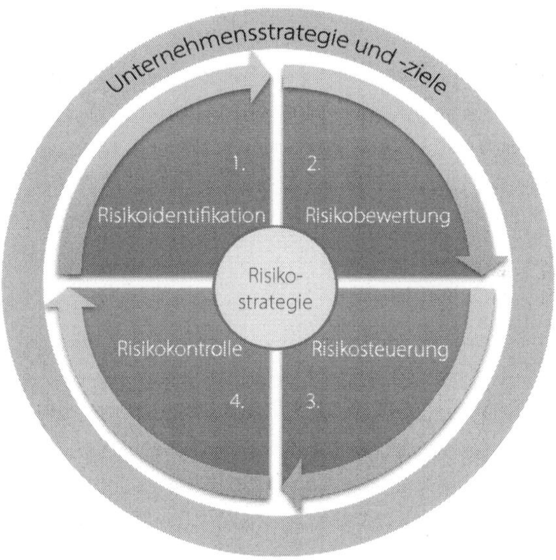

Dar. 11: Risikomanagement-Regelkreis (in Anlehnung an Romeike/Müller-Reichart, 2020, S. 82)

Im Mittelpunkt des Regelkreises steht die Risikostrategie, an deren Leitlinien sich der gesamte Prozess und jede Prozessphase orientiert. Den äußeren Rahmen des Risikomanagementprozesses setzen die Unternehmensstrategie und die daraus resultierenden Unternehmensziele, deren Erreichung durch das Risikomanagement abgesichert werden soll.

1.3.5 Solvency II als Rahmenbedingung des Risikomanagements

1.3.5.1 Ziele und Aufbau von Solvency II

Mit der zehnten Novellierung des VAG ist das europäische Aufsichtsregime Solvency II zu Beginn des Jahres 2016 in nationales deutsches Aufsichtsrecht umgesetzt worden. Wichtige Ziele sind die Sicherung der Finanzmarktstabilität und die Harmonisierung der Versicherungsaufsicht im europäischen Binnenmarkt. Als Hauptziel der Beaufsichtigung verfolgt Solvency II aber nach Artikel 27 der Solvency II-Richtlinie (EU-Richtlinie 2009/138/EG vom 25. November 2009, abgekürzt SII-RL) explizit den Schutz der Versicherungsnehmer und anderer Begünstigter, also Personen, die einen vertraglichen Anspruch auf die Versicherungsleistungen haben (Art. 27 SII-RL). Dies schlägt sich auch im VAG nieder: »*Hauptziel der Beaufsichtigung ist der Schutz der Versicherungsnehmer und der Begünstigten von Versicherungsleistungen.*« (§ 294 Abs. 1 VAG)

Im Zentrum des Schutzes der Versicherungsnehmer steht dabei das Konzept der Solvabilität. Dieses beruht grundsätzlich auf der Vorstellung, für das freie, unbelastete Vermögen (Eigenmittel) eines Versicherungsunternehmens (Ist-Kapital) eine Mindesthöhe (Soll-Kapital) zu ermitteln und festzulegen, die das spezifische Unternehmensrisiko widerspiegelt. Gilt für den Quotienten aus Ist- und Soll-Kapital

$$\text{Solvabilität} = \frac{\text{Ist-Kapital}}{\text{Soll-Kapital}} > 1$$

so verfügt das Unternehmen über Eigenmittel in ausreichender Höhe, um auch bei besonders ungünstigen Entwicklungen die aus den Risiken des Unternehmens resultierenden Verluste tragen zu können, so dass die Verpflichtungen gegenüber den Versicherungsnehmern (und Begünstigten) erfüllt werden können.

Neben diesem quantitativen Ansatz stellt Solvency II umfangreiche qualitative Anforderungen, insb. an die Ausgestaltung des Risikomanagementsystems und die Unternehmensführung (Governance) von Versicherungsunternehmen. Damit soll sichergestellt werden, dass ein Versicherungsunternehmen sich der eigenen Risiko- und Solvenzsituation jederzeit bewusst ist und die Unternehmenssteuerung daran ausrichtet (vgl. Heukamp, 2016, S. 57).

Schließlich verankert Solvency II umfassende Berichterstattungs- und Offenlegungspflichten gegenüber der Aufsicht und auch gegenüber der Öffentlichkeit. Mit Hilfe von hohen Anforderungen an die Transparenz soll nicht nur eine effektive Aufsicht, sondern ebenso eine Förderung der Marktdisziplin erreicht werden (vgl. Heukamp, 2016, S. 199; vgl. Funke/Rohlfs, 2022, S. 103).

Die genannten drei Bereiche der Anforderungen von Solvency II führen zu dem **Drei-Säulen-Modell**, wobei die erste Säule die qualitativen Anforderungen, die zweite die quantitativen Anforderungen und die dritte Säule die Anforderungen an die Berichtspflichten enthält (▶ Dar. 12).

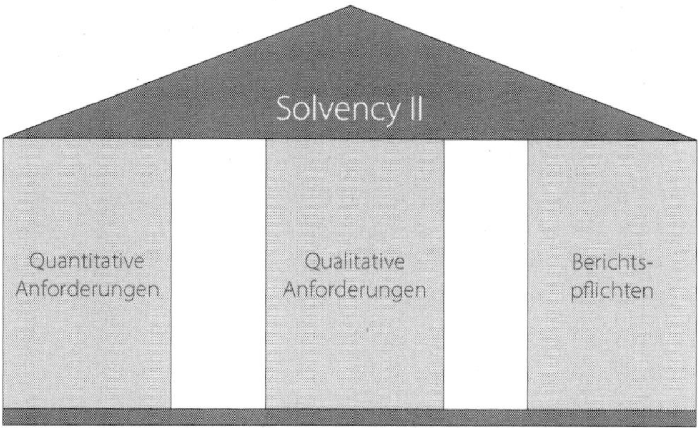

Dar. 12: Drei-Säulen-Modell von Solvency II

Im Unterschied zum vorherigen Aufsichtsregime Solvency I verfolgt Solvency II keinen regelbasierten, sondern einen prinzipienbasierten Ansatz. Das bedeutet, dass oftmals lediglich ein abstraktes, aufsichtsrechtliches Ziel vorgegeben ist, und die Versicherungsunternehmen selbst entscheiden können, wie sie dieses konkret erreichen möchten (vgl. Heukamp, 2016, S. 4). Im Einklang mit dieser Handlungsfreiheit steht das **Proportionalitätsprinzip**, nach dem bei der Erfüllung der Anforderungen die Verhältnismäßigkeit in Bezug auf das Risikoprofil des Unternehmens gewahrt werden muss. Demnach erfolgt die Anwendung der Vorschriften durch die Aufsicht in einer Art und Weise, »die der Art, dem Umfang und der Komplexität der Risiken angemessen ist, die mit der Tätigkeit des jeweiligen Versicherungsunternehmens einhergehen.« (§ 276 Abs. 1 VAG, Art. 29 Abs. 3 SII-RL).

1.3.5.2 Quantitative Anforderungen

Ein quantitativer Ansatz in Form des Konzeptes der Solvabilität hat nicht erst mit Solvency II Einzug in die Beaufsichtigung von Versicherungsunternehmen gehalten, sondern war bereits zentraler Bestandteil vorhergehender Regelungen unter Solvency I. Eine wesentliche Weiterentwicklung sind allerdings die ökonomische Bewertung der Vermögenswerte und Verpflichtungen zur Ermittlung der Eigenmittel sowie die risikobasierte Bestimmung der Eigenkapitalanforderungen. Während vorher pauschale volumenbasierte Ansätze zur Anwendung kamen, sind die Kapitalanforderungen nach Solvency II auf Basis von Risikomodellen zu berechnen.

Kongruent zum Konzept der Risikotragfähigkeit (► Kap. 1.3.3) lassen sich Eigenmittel (Ist-Kapital im Zähler) und die als SCR (Solvency Capital Requirement) bezeichnete Solvenzkapitalanforderung (Soll-Kapital im Nenner) ins Verhältnis setzen, wodurch sich die Bedeckungsquote ergibt, die auch in der öffentlichen Kommunikation eine prominente Rolle spielt. Eine Bedeckungsquote von 100 Prozent oder mehr bedeutet dabei, dass das Unternehmen seine Verpflichtungen auch unter extrem ungünstigen Entwicklungen mit ausreichender Sicherheit innerhalb eines Jahres erfüllen kann. Nach Solvency II ist diese ausreichende Sicherheit gegeben, wenn ein Versicherungsunternehmen über solche Eigenmittel verfügt, dass es auch ein Extremereignis überstehen kann, dass nur einmal in 200 Jahren eintritt.

Zur **Ermittlung der Eigenmittel** (Ist-Kapital) muss ein Versicherungsunternehmen gemäß § 74 VAG eine sog. Solvabilitätsübersicht (auch Solvenzbilanz genannt) erstellen, die auf einer ökonomischen Bilanz basiert (▶ Dar. 13). In dieser werden Aktiva und Passiva im Unterschied zur HGB-Bilanz, in der bei der Bewertung das Vorsichtsprinzip gilt, marktkonsistent bewertet (»Fair Value«). Die Bewertung erfolgt möglichst zu Marktpreisen (Mark-to-Market), wenn diese nicht verfügbar sind zu modellhaft angenäherten Marktpreisen (Mark-to-Model) (vgl. Romeike/Müller-Reichart, 2020, S. 245). Auf der Aktivseite bedeutet dies beispielsweise, dass Aktien und festverzinsliche Wertpapiere zu aktuellen Kursen bewertet werden. Auf der Passivseite sind insb. die versicherungstechnischen Rückstellungen meist nicht zu Marktpreisen, sondern auf Basis eines besten Schätzwerts (best estimate) und einer Risikomarge bewertbar (vgl. Gründl/Kraft, 2019, S. 34; VAG § 76).

Dar. 13: Vereinfachte Solvabilitätsübersicht

Die Eigenmittel ergeben sich anschließend als Differenz der Vermögenswerte und Verpflichtungen. Genauer handelt es sich hierbei um die »Basiseigenmittel«, zu denen ggf. noch »ergänzende Eigenmittel« (z. B. Nachschussverpflichtungen, Nachrangdarlehen, verbindliche Ansprüche gegenüber Dritten) hinzukommen, die mit Genehmigung der Aufsicht ebenfalls zur Bedeckung der Solvenzkapitalanforderung herangezogen werden können.

Solvency II stellt nicht nur Anforderungen an den Umfang der Eigenmittel, sondern auch an deren Qualität. Hintergrund ist, dass Eigenmittel unterschiedlich gut dazu geeignet sind, zum Ausgleich von Verlusten herangezogen zu werden. Es erfolgt eine Einordnung der Eigenmittel in drei Qualitätsklassen (Tier 1 bis Tier 3), die sich an der Erfüllung verschiedener Kriterien im Hinblick auf Verfügbarkeit und Belastungsfreiheit bemisst (§ 91 VAG). Je nach Qualitätsklasse gelten quantitative Beschränkungen bei der Anrechnung der Eigenmittel zur Deckung des SCR.

So sind Tier 2- und Tier 3-Eigenmittel nur bedingt anrechenbar und es gelten Mindestbedeckungsquoten durch die einzelnen Qualitätsklassen.

Bei der **Ermittlung der Kapitalanforderung** (Soll-Kapital) kommt ein risikobasierter Ansatz zum Tragen, der die unternehmensindividuelle Risikosituation berücksichtigt. Zentrale Größen sind das SCR und das MCR (Minimum Capital Requirement). Während das SCR die Solvenzkapitalanforderung angibt, also den Risikokapitalbedarf, um die Verpflichtungen mit der geforderten Sicherheit erfüllen zu können, ist das MCR eine Mindestkapitalanforderung, unterhalb derer ein unannehmbares Risiko bei der Fortführung der Geschäftstätigkeit besteht (§ 122 Abs. 1 VAG). Entsprechend stellen SCR und MCR Schwellenwerte dar, bei deren Unterschreitung die Aufsicht mit unterschiedlich starken Instrumenten eingreift. So ist bei einer Unterschreitung des SCR ein Sanierungsplan vorzulegen, bei einer Bedeckung des SCR von weniger als 85 Prozent muss die Öffentlichkeit informiert werden. Kann das Unternehmen das MCR nicht bedecken, fällt der Eingriff der Aufsicht schärfer aus, bis hin zum Entzug der Geschäftserlaubnis.

Passend zu der Grundidee eines prinzipienbasierten Ansatzes hat ein Versicherungsunternehmen Handlungsfreiheiten bei der Abbildung seiner Risikosituation. Daher kann es bei der Berechnung des SCR entweder eine einheitlich vorgegebene **Standardformel** oder ein vom Unternehmen selbst erstelltes **internes Modell** anwenden (§ 96 Abs. 1 VAG). Ebenfalls möglich ist eine Mischform (**Partialmodell**), bei der einzelne Bestandteile der Standardformel (Parameter und/ oder Module) durch unternehmensindividuelle Modellierungen ersetzt werden.

Nach der Standardformel setzt sich das SCR als Summe aus dem Basis-SCR (BSCR), der Kapitalanforderung für das operationelle Risiko (SCR_{op}) und den Anpassungen für die Verlustausgleichsfähigkeit der versicherungstechnischen Rückstellungen und latenten Steuern (Adj) zusammen (§ 99 VAG):

$$SCR = BSCR + SCR_{op} + Adj$$

Das SCR_{op} deckt operationelle Risiken ab, die im BSCR nicht berücksichtigt sind (§ 107 Abs. 1 VAG). Bei den Anpassungen Adj handelt es sich insb. um die risikomindernde Wirkung der zukünftigen Überschussbeteiligung, die sich daraus ergibt, dass das Unternehmen ggf. auf die nicht gebundene RfB (► Kap. 4.4.1.2) zurückgreifen kann, um Verluste zu decken.

Den Kern der Berechnung stellt dabei das BSCR dar, dessen modularer Aufbau im VAG (§§ 100 – 106) festgelegt ist. Hier sind fünf Risikomodule (versicherungstechnische Risiken für Nichtleben, Leben und Kranken sowie Gegenparteiausfallrisiko und Marktrisiko) vorgegeben, die jeweils noch in mehrere Untermodule gegliedert werden. Hinzu kommen Risiken aus immateriellen Vermögenswerten. Der Aufbau der Standardformel mit den einzelnen Modulen und Untermodulen ist Darstellung 14 zu entnehmen.

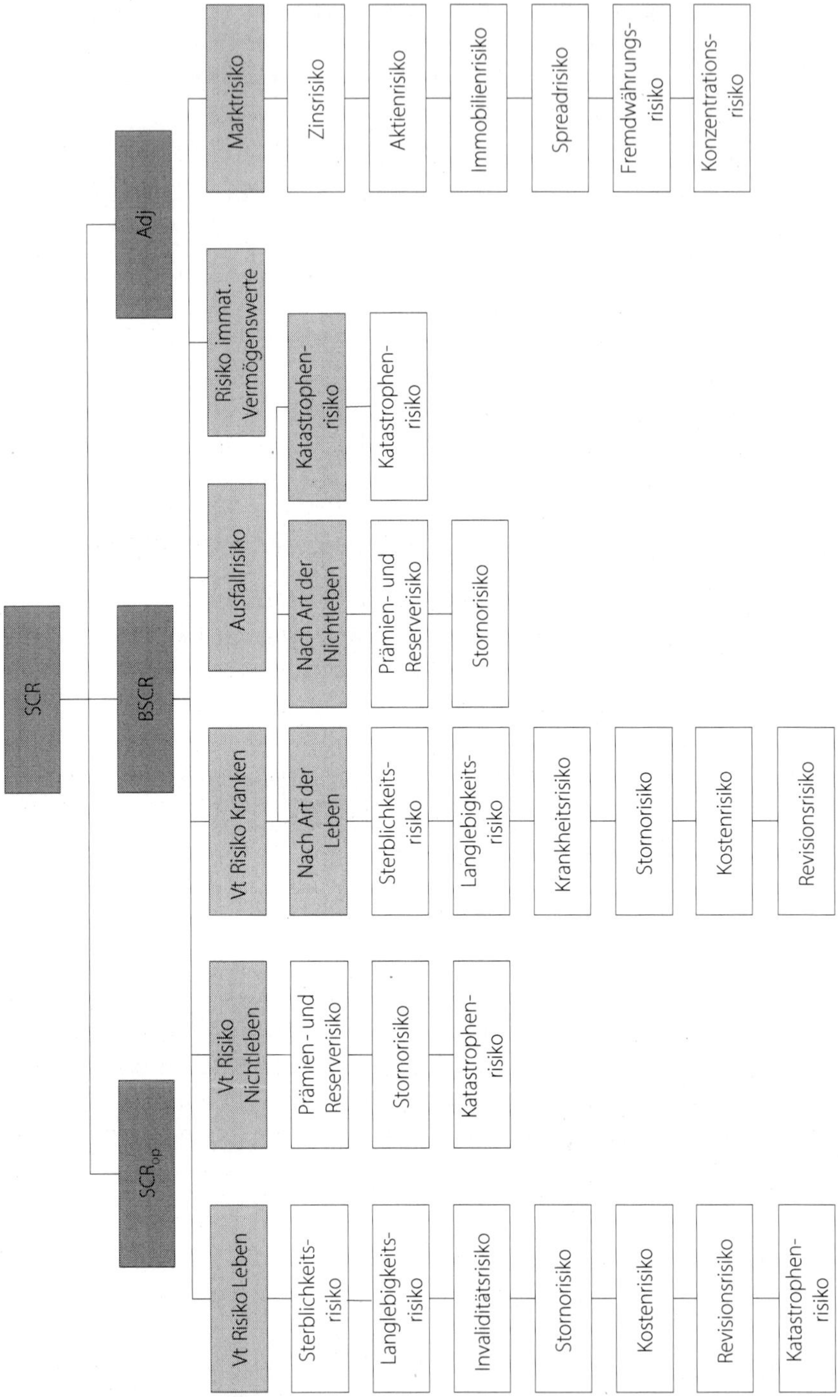

Dar. 14: Modularer Aufbau der Standardformel

Für jedes Modul wird sein Kapitalbedarf (Teil-SCR) ermittelt, anschließend werden die Teil-SCR unter Berücksichtigung einer vorgegebenen Korrelationsmatrix zum BSCR aggregiert. Auch die Teil-SCR ergeben sich aus der korrelationsbasierten Aggregation der Kapitalbedarfe der Untermodule.

Die Ermittlung der Teil-SCR erfolgt vereinzelt mit Hilfe von Faktormodellen, bei denen ein Satz vorgegebener Risikofaktoren mit unternehmensindividuellen Volumengrößen multipliziert wird. Überwiegend sind aber szenariobasierte Modelle anzuwenden. Für jedes Modul wird dabei eine ökonomische Bilanz aufgestellt, die die Auswirkungen eines vorgegebenen Stressszenarios abbildet. Die Differenz der Eigenmittel vor und nach dem Stress ergibt das Teil-SCR. Die Vorgaben sind so kalibriert, dass das vorgegebene Sicherheitsniveau erreicht wird. Gemäß der bereits beschriebenen Anforderung, ein 200-Jahres-Ereignis zu überstehen, basiert die Standardformel auf einem Value-at-Risk-Ansatz zu einem Konfidenzniveau von 99,5 Prozent über einen Zeitraum von einem Jahr (§ 97 Abs. 2 VAG).

Alternativ zur Standardformel kann ein Versicherungsunternehmen ein individuelles internes Modell erstellen und den Kapitalbedarf auf dessen Basis errechnen. Ein internes Modell muss allerdings von der Aufsicht genehmigt werden (§ 111 Abs. 3 VAG).

Grundsätzlich kann der Kapitalbedarf in einem internen Modell passgenauer ermittelt werden als mit der pauschaleren Herangehensweise des Standardmodells (vgl. Romeike/Müller-Reichart, 2020, S. 178). Dadurch kann sich tendenziell ein geringerer Betrag des SCR ergeben. Somit gibt es einen Anreiz, den meist erheblichen Mehraufwand der Erstellung eines (partiell) internen Modells auf sich zu nehmen.

Die Berechnung des MCR ist weniger komplex als die des SCR, sie beruht auf einer linearen Formel mit bilanziellen Größen. Das Ergebnis bewegt sich in einem Korridor von 25 bis 45 Prozent des SCR.

1.3.5.3 Qualitative Anforderungen

Neben der Sicherstellung einer ausreichenden Kapitalausstattung verfolgt Solvency II auch den Ansatz, die Unternehmenssteuerung stark an der Risiko- und Solvenzsituation des Unternehmens auszurichten. Daher flankieren und ergänzen die qualitativen Anforderungen in Säule 2 die quantitativen Anforderungen aus Säule 1 (vgl. Romeike/Müller-Reichart, 2020, S. 253 f.). Im Wesentlichen werden Anforderungen an das Risikomanagement und an das Governance System gestellt. Darüber hinaus wird auch der aufsichtsrechtliche Überprüfungsprozess (Supervisory Review Process) geregelt.

Ein umfassendes und wirksames **Risikomanagementsystem** wird in § 26 VAG vorgeschrieben. Demnach muss das dieses »die Strategien, Prozesse und internen Meldeverfahren umfassen, die erforderlich sind, um Risiken, denen das Unternehmen tatsächlich oder möglicherweise ausgesetzt ist, zu identifizieren, zu bewerten, zu überwachen und zu steuern sowie aussagefähig über diese Risiken zu berichten.« (§ 26 Abs. 1 VAG). Es werden die Prozessphasen des Risikomanagements und eine kontinuierliche Risikosteuerung explizit gefordert, was dem Verständnis des Risikomanagements als Regelkreis entspricht (▶ Kap. 1.3.4.2). Explizit vorgeschrieben ist auch die Erstellung einer Risikostrategie (▶ Kap. 1.3.3). Gerade vor dem Hintergrund des risikobasierten Ansatzes bei der Ermittlung des Solvenzkapitals in Säule 1 wird die elementare Bedeutung eines geeignet gestalteten Risikomanagements deutlich, da die Kenntnis und das Verständnis der eigenen Risiken unverzichtbar für die Quantifizierung der Kapitalanforderung sind (vgl. Heukamp, 2016, S. 72).

Zentraler Bestandteil der Säule 2 ist der ORSA (Own Risk and Solvency Assessment), übersetzt die unternehmenseigene Risiko- und Solvabilitätsbeurteilung (§27 VAG). Grundgedanke des ORSA ist, dass Versicherungsunternehmen ihren Risikokapitalbedarf auf Basis der eigenen Risikosituation unabhängig von den in Säule 1 formulierten Anforderungen bewerten (vgl. Funke/Rohlfs, 2022, S. 102). Nach § 27 VAG müssen dazu mindestens

- eine eigenständige Bewertung des Solvenzkapitalbedarfs auf Basis des unternehmensspezifischen Risikoprofils, der Risikotoleranz und der Geschäftsstrategie durchgeführt werden,
- die kontinuierliche Erfüllbarkeit der Eigenmittelanforderungen und der Anforderungen an die versicherungstechnischen Rückstellungen in der Solvabilitätsübersicht beurteilt werden,
- Abweichungen der tatsächlichen Risikosituation von den Annahmen bei der Berechnung des SCR im Hinblick auf ihre Wesentlichkeit beurteilt werden.

Somit muss das Unternehmen in jedem Fall über eine schematische Anwendung der Standardformel hinaus eine individuelle Betrachtung der Risikosituation vornehmen. Ebenso wird durch die Projektion der Kapitalanforderungen und der Bedeckung in die Zukunft der zeitliche Horizont der Risikobetrachtung über den Einjahreszeitraum der Säule 1 ausgeweitet. Dies gilt insb. für Unternehmen, die langfristige Garantien geben (z. B. in der Lebensversicherung), da diese explizit auch die langfristige Risikotragfähigkeit berücksichtigen müssen (§ 27 Abs. 6 VAG). Die Beurteilung der Abweichungen zwischen der eigenen Berechnung und der des SCR kann bei Vorliegen von wesentlichen Abweichungen eine Verbesserung der Risikosituation erforderlich machen, oder auch grundsätzlich auf die Ungeeignetheit der Standardformel für das spezifische Unternehmen hindeuten. In diesem Fall muss ein internes oder ein Partialmodell entwickelt werden. Insgesamt wird deutlich, dass ORSA eine Verbindung zwischen Säule 1 und Säule 2 herstellt (vgl. Gründl/Kraft, 2019, S. 12). Die Ergebnisse des ORSA sind im ORSA-Bericht gegenüber der Aufsicht darzustellen.

Eine wesentliche Anforderung im Rahmen der **Governance** von Versicherungsunternehmen sind die aufsichtsrechtlich vorgeschriebenen **Schlüsselfunktionen**, die als Kontrollinstanzen innerhalb der Geschäftsorganisation zu verstehen sind. Vorgesehen sind mindestens folgende vier Schlüsselfunktionen:

- **Risikomanagementfunktion** bzw. unabhängige Risikocontrollingfunktion mit der Aufgabe, die Umsetzung des Risikomanagementsystems »maßgeblich zu befördern« (§ 26 Abs. 8 VAG). Sie hat die Verantwortung für Identifikation, Bewertung, Überwachung, Steuerung und Berichterstattung über die Risiken des Geschäftsbetriebs (§ 26 VAG). Kommt ein internes Modell zur Anwendung, hat die Risikomanagementfunktion in diesem Zusammenhang weitere Aufgaben.
- **Compliance-Funktion** mit der Verantwortung für ein wirksames, internes Kontrollsystem und der Überwachung der Einhaltung von externen und internen Normen (§ 29 VAG).
- **Funktion der internen Revision** (§ 30 VAG) mit der Verantwortung zur Überprüfung des internen Kontrollsystems auf Angemessenheit und Wirksamkeit.
- **Versicherungsmathematische Funktion** (§ 31 VAG) mit der Verantwortung für die Berechnung der versicherungstechnischen Rückstellungen und einer Kontrolle der allgemeinen Zeichnungs- und Annahmepolitik und der Rückversicherungspolitik des Versicherers.

An die Inhaber der Schlüsselfunktionen werden hohe fachliche Anforderungen gestellt, für sie gelten die **Fit & Proper**-Anforderungen (▶ Kap. 1.1.3).

1.3.5.4 Berichts- und Offenlegungspflichten

Säule 3 enthält Anforderungen an Berichts- und Offenlegungspflichten des Unternehmens gegenüber der Aufsicht und gegenüber der Öffentlichkeit. Die Berichterstattung erleichtert es einerseits der Aufsicht, eine effektive Beaufsichtigung der Unternehmen durchzuführen. Gleichzeitig sorgt insb. die Berichterstattung an die Öffentlichkeit für ein hohes Maß an Transparenz und reduziert Informationsasymmetrien hinsichtlich der Solvenzsituation erheblich. Zum Adressatenkreis der Öffentlichkeit gehören neben den Versicherungsnehmern insb. auch Investoren, Mitbewerber oder Ratingagenturen. Das Ziel dabei ist, durch Transparenz eine verstärkte Marktdisziplin zu erreichen, so dass Unternehmen einen Anreiz haben, gegenüber (potenziellen) Kunden und Kapitalmärkten eine gute Solvenzsituation darstellen zu können.

Die **Quantitative Reporting Templates (QRT)** enthalten quantitative Informationen insb. zur Bilanz und zur Solvabilität (SCR, MCR und Eigenmittel). Die QRT werden sowohl an die Aufsicht gegeben als auch der Öffentlichkeit zugänglich gemacht. Sie sind jährlich zusammen mit dem SFCR zu erstellen, einige sogar vierteljährig.

Der **Solvency and Financial Condition Report (SFCR)** ist jährlich zu veröffentlichen und richtet sich ebenfalls an Aufsicht und Öffentlichkeit. Die Struktur des Berichts ist vorgegeben und hat das Ziel, einen umfassenden Überblick über das Unternehmen, seine Organisation und Risikosituation zu geben. Die Angabe von Zahlen, insb. aus den QRT, wird mit allgemeinen Erläuterungen versehen, so dass die Informationen von der Öffentlichkeit auch ohne spezifische Fachkenntnis verstanden werden können.

Mit dem **Regular Supervisory Reporting (RSR)**, dem regulären Aufsichtsbericht, werden der Aufsicht in vorwiegend narrativer Form grundlegende Informationen für das aufsichtsrechtliche Überprüfungsverfahren gegeben. Der RSR ist regelmäßig, mindestens aber alle drei Jahre, zu erstellen, wobei die Aufsicht in Abhängigkeit von Umfang und Komplexität des Risikogeschäfts (Proportionalitätsprinzip) auch eine jährliche Vorlage fordern kann. Auch die Struktur des RSR ist vorgegeben und entspricht derjenigen des SFCR, so dass Aufsicht und Öffentlichkeit grundsätzlich über dieselben Sachverhalte informiert werden. Die Informationen im RSR sind allerdings detaillierter und setzen zum Verständnis die Fachkenntnis der Aufsicht voraus.

Die genannten Berichte lassen sich in qualitative und quantitative Berichte unterscheiden. Die einzigen quantitativen Berichte sind die QRT, der RSR und der SFCR decken zusammen mit dem ORSA-Bericht aus Säule 2 (▶ Kap. 1.3.5.3) die qualitativen Berichtspflichten ab.

1.4 Die Steuerung des Versicherungsunternehmens

1.4.1 Controllingkonzeption und Führungssystem

Die Notwendigkeit einer zielgerichteten Steuerung von Unternehmen ist heute unbestritten. Dies gilt umso mehr für Versicherungsunternehmen, die sich mit teilweise disruptiven Veränderungen ihrer geschäftlichen Rahmenbedingungen auseinandersetzen müssen (▶ Kap. 1.1.2). Eine zielgerichtete Steuerung ist ohne den systematischen Einsatz von Controlling jedoch nicht denkbar. Die Aufgabe des Controllings besteht darin, dem Management eines Unternehmens steuerungsrelevante Informationen zur Verfügung zu stellen und dieses bei seinen Managemententscheidungen zu unterstützen.

Ein modernes Verständnis von Controlling geht auf den koordinationsorientierten Controllingansatz von Horváth zurück (vgl. Horváth, 2011, S. 92 ff.). Danach wird ein Unternehmen als ein System betrachtet, das in mehrere Teilsysteme gegliedert wird (▶ Dar. 15). Ein Unternehmen wird zunächst in die Teilsysteme Führungs- und Ausführungssystem unterteilt. Weiterhin wird das Führungssystem in ein Planungs- und Kontrollsystem sowie in ein Informationsversorgungssystem gegliedert. Aus der Differenzierung des Führungssytems leitet sich ein Koordinationsbedarf ab, der vom Controlling zu decken ist. In diesem Verständnis ist Controlling ein System zur ergebniszielorientierten Planung und Kontrolle sowie Informationsversorgung.

Die Führung eines Unternehmens vollzieht sich in einem Prozess, der sich in verschiedene Phasen unterteilen lässt. Innerhalb dieses Führungsprozesses spielt das Controlling eine zentrale Rolle. Die verschiedenen Prozessphasen sowie Aufgabenverteilung zwischen Management und Controlling zeigt Darstellung 16.

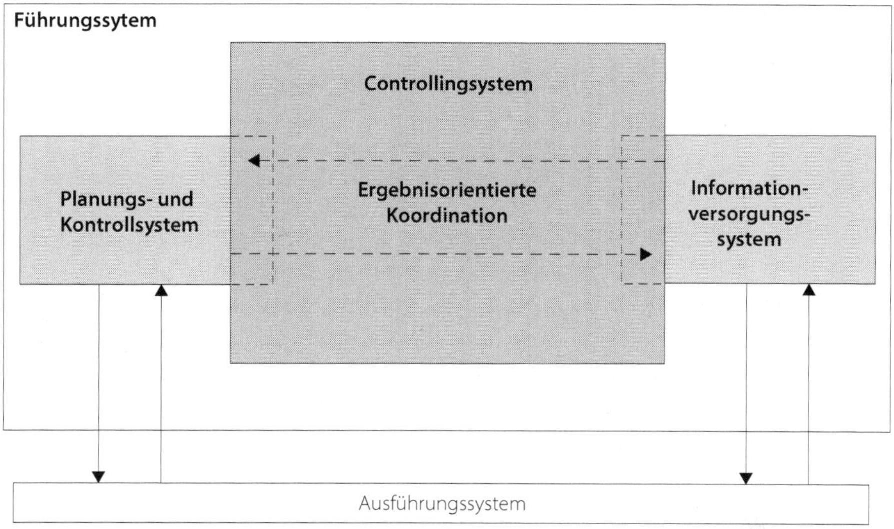

Dar. 15: Controllingsystem (in Anlehnung an Horváth, 2011, S. 96)

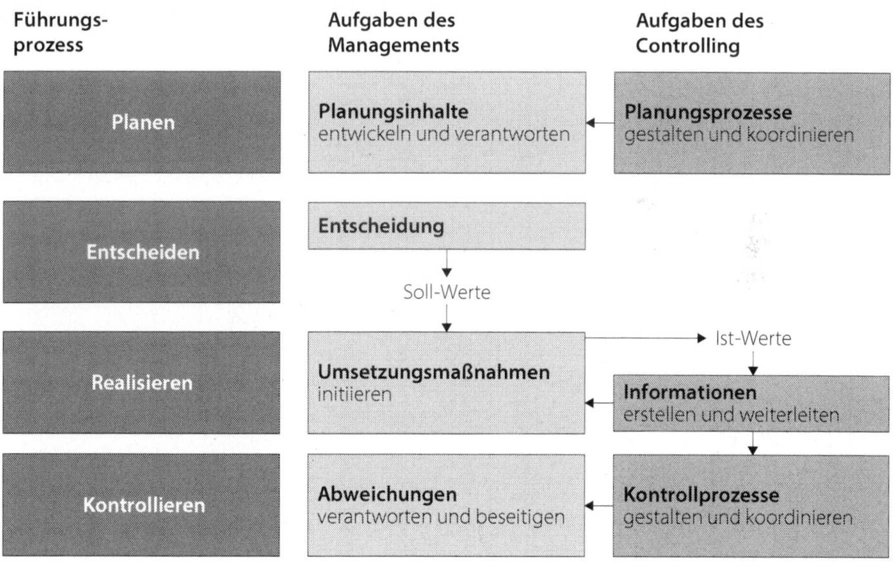

Dar. 16: Management und Controlling im Führungsprozess (in Anlehnung an Vahs/Schäfer-Kunz, 2021, S. 339)

Den Ausgangspunkt des Führungsprozesses bildet die Planung, d. h. die systematische Formulierung von Erwartungen zur zukünftigen Unternehmensentwicklung. Innerhalb der Planung werden Ziele als anzustrebende Soll-Zustände festgelegt. Dadurch wird die Grundlage geschaffen, um später erzielte Ergebnisse hinsichtlich ihrer Vorteilhaftigkeit beurteilen zu können. Mit der Zielbildung werden demnach Maßstäbe aufgestellt, an denen zukünftige Handlungen zu messen sind. In dieser Phase gestaltet und koordiniert das Controlling die verschiedenen Planungsprozesse im Unternehmen

Im Anschluss an die Planungsphase erfolgt die Entscheidungs- und Umsetzungsphase. Hier ist es die Aufgabe des Managements, vorteilhafte Entscheidungen für das Unternehmen zu treffen und diese zu realisieren. Dem Controlling fällt hierbei die Aufgabe zu, das Management durch die zeitnahe Versorgung mit zielgerichteten und passgenauen Informationen zu unterstützen.

Die letzte Phase im Führungsprozesses bildet die Kontrolle. Dabei werden kontinuierlich die sich aus der Planung ergebenden Soll-Werte mit den realisierten Ist-Werten verglichen. Durch die Kontrolle werden Aussagen über den Grad der Planerfüllung ermöglicht. Dem Controlling obliegt wiederum die Koordination dieser Aufgaben. Zusätzlich analysiert das Controlling im Fall der Planverfehlung die Abweichungsursachen und macht Vorschläge für Gegenmaßnahmen.

Zwischen dem Management und dem Controlling eines Unternehmens lässt sich eine klare Unterscheidung treffen. Die zentrale Aufgabe des Managements liegt in der Steuerung des Unternehmens. Manager verantworten dementsprechend die von ihnen erzielten Ergebnisse. Demgegenüber erbringen Controller eine interne Dienstleistung für das Management. Sie moderieren und unterstützen die Führungsprozesse Planung, Zielfindung, Steuerung und Kontrolle. Controller übernehmen damit eine Verantwortung für die Transparenz der Ergebnisse (vgl. Wiegard, 2021, S. 34). Controlling entsteht durch Manager und Controller im Team und bildet deren Schnittmenge (▶ Dar. 17).

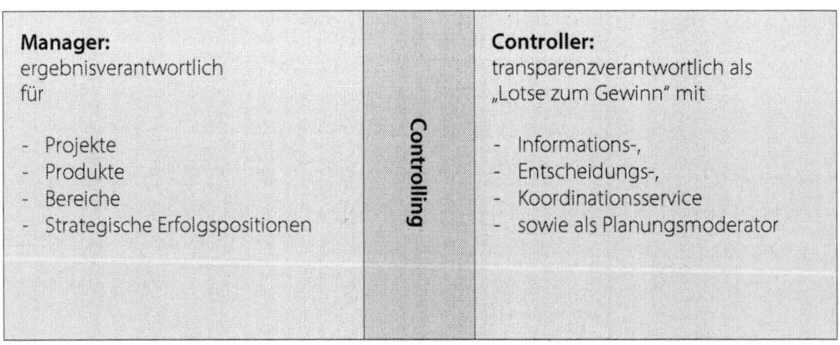

Dar. 17: Controlling als Schnittmenge zwischen Manager und Controller (in Anlehnung an Horváth, 2012, S. 17)

Das Controllingsystem eines Unternehmens lässt sich anhand der Inhalte und Fragestellungen, die typischerweise dort zu beantworten sind, weiter unterteilen. Anknüpfend an die in der Unternehmensplanung übliche Unterscheidung zwischen einer strategischen und operativen Planung wird zwischen einem strategischen und operativen Controlling unterschieden, wobei die Übergänge fließend sind.

Das **strategische Controlling** unterstützt die Unternehmensführung bei der langfristig orientierten strategischen Planung und Kontrolle. Es orientiert sich an den Stärken und Schwächen des Unternehmens im Vergleich zu den Wettbewerbern und an seinen Chancen und Risiken im Hinblick auf Veränderungen in der Unternehmensumwelt (zur strategischen Ausrichtung von Versicherungsunternehmen ▶ Kap. 1.1.2). Das strategische Controlling ist somit auf die Märkte und sonstige Umwelt des Unternehmens ausgerichtet und dient der Schaffung und Erhaltung gegenwärtiger und zukünftiger Erfolgspotenziale. Konkret kann es in einem Versicherungsunternehmen dabei um die Ausrichtung des Geschäftsmodells in der Zukunft gehen, wobei etwa folgende Fragen zu beantworten sind:

- Auf welchen Märkten wollen wir tätig sein (nur regional, deutschlandweit, international)?
- Welche Produkte bieten wir an (traditionelle Sparten, neue Produkte z. B. Cyber-Versicherungen)?
- Welche Kundengruppen erreichen wir mit welcher Vertriebsstruktur (Privatkunden, gewerbliche Kunden, Ausschließlichkeitsvertrieb, Direktvertrieb)?
- Wie organisieren wir unsere Prozesse (Standortfragen, digitale Workflows, digitale Services)?

Demgegenüber hat das **operative Controlling** die Aufgabe, die Unternehmensführung bei der Lösung der Probleme der kurz- und mittelfristigen Planung und Kontrolle zu unterstützen. Das operative Controlling beschäftigt sich mit Zuständen, die sich bereits in der Gegenwart mit Kennzahlen aus dem Rechnungswesen quantifizieren lassen. Operatives Controlling ist primär intern ausgerichtet und soll die Wirtschaftlichkeit der betrieblichen Dinge gewährleisten. Insbesondere werden dort klassische Soll-Ist-Vergleiche und Abweichungsanalysen bzgl. ausgewählter Kennzahlen aus Bilanz und GuV durchgeführt. Typische Fragestellungen im operativen Controlling lauten:

- Welche Produkte, Kundengruppen, Vertriebswege bzw. sonstigen Leistungen erwirtschaften positive Deckungsbeiträge?
- Welche Prozesse (z. B. Schadenbearbeitung, Angebotserstellung) verursachen welche Kosten?
- Wie viele Einheiten eines neuen Produkts müssen wir verkaufen, damit es Gewinn erzielt (Break-Even-Analyse)?
- Wieviel Budget erhalten bestimmte Abteilungen und Bereiche des Unternehmens?

Die Zielrichtung des strategischen Controllings lässt sich plakativ mit der Frage auf den Punkt bringen: »Machen wir die richtigen Dinge«, während das operative Controlling fragt: »Machen wir die Dinge richtig«. Es ist wichtig, dass strategisches und operatives Controlling miteinander verknüpft sind. Die strategischen Führungsentscheidungen setzen den Rahmen für die Entscheidungen auf der operativen Unternehmensebene, d. h. strategische Vorgaben sind in operative Ziele und Maßnahmen umzusetzen. Umgekehrt haben operative Entscheidungen Konsequenzen für strategische Entscheidungen und müssen in die strategische Planung einbezogen werden. Insgesamt sind sowohl strategisches als auch operatives Controlling an den übergeordneten Unternehmenszielen auszurichten. Die wesentlichen Unterschiede zwischen dem strategischen und operativen Controlling können der Darstellung 18 entnommen werden.

Dar. 18: Strategisches und operatives Controlling

	Strategisches Controlling	Operatives Controlling
Zielsetzung	Nachhaltige Existenzsicherung durch Schaffung von Erfolgspotenzialen, Anpassung an Umweltveränderungen	Gewinnsteuerung bzw. -optimierung, Sicherstellung der Wirtschaftlichkeit, Liquiditätssicherung
Zeithorizont	Langfristig, über mehrere Jahre reichend	Kurz- bis mittelfristig, auf bestimmte Perioden ausgerichtet
Orientierung	Genaue Auseinandersetzung mit Trends und Entwicklungen der Umwelt	Vorwiegend unternehmensinterne Sichtweise
Dimensionen	Chancen/ Risiken, Stärken/ Schwächen, Wettbewerbsvorteile/ -nachteile	Aufwand/ Ertrag, Kosten/ Leistungen, Ein-/ Auszahlungen, Vermögen/ Kapital
Instrumente	Umfeldanalyse, Portfolioanalyse, Szenarioanalyse, Erfahrungskurve	Soll-Ist-Vergleich, Kennzahlenanalyse, ABC-Analyse, Break-Even-Analyse

1.4.2 Controlling in Versicherungsunternehmen

Controlling ist als integraler Bestandteil der Unternehmenssteuerung auch innerhalb der Versicherungsbranche seit längerer Zeit etabliert. Aufgrund verschiedener Besonderheiten von Versicherungsunternehmen werden an Controlling besonders hohe Anforderungen gestellt (vgl. Brenner/Zeyher, 2021, S. 75, Rohlfs et al., 2019, S. 32):

- Das Versicherungsgeschäft ist stark von der Zufallsabhängigkeit der Schadenkosten geprägt, die regelmäßig den größten Anteil der Kosten im Versicherungsunternehmen darstellen.
- Vor allem in der Leben- und Krankenversicherung ist der Planungshorizont sehr lang, da sich die Laufzeiten der dort verkauften Produkte über mehrere Jahrzehnte erstrecken können. Da hier einerseits während der Laufzeit kaum Anpassungen der Vertragsbedingungen möglich sind, andererseits die Produkte

dynamischen Änderungsrisiken unterliegen (z. B. Zinsentwicklungen), ist eine intensive Planung, z. B. durch Embedded Value-Konzepte erforderlich.

- Versicherungsunternehmen zeichnen sich durch einen hohen Variantenreichtum der angebotenen Leistungen aus. So werden für verschiedene Kundensegmente verschiedene Tarife konzipiert, denen verursachungsgerecht Kosten zuzuordnen sind, was zu einer erheblichen Komplexität führen kann.
- Zwischen den Geschäftsfeldern eines Versicherungsunternehmens existieren eine Reihe von Verbundeffekten. So gibt es eine enge Verbindung zwischen dem Kapitalanlagegeschäft und dem Versicherungsgeschäft (Kuppelproduktion) sowie Cross-Selling Effekte zwischen einzelnen Sparten. Diese Effekte sind bei der Steuerung zu berücksichtigen.
- Es existieren eine Vielzahl von Vertriebskanälen nebeneinander. Vor allem im Direkt- und Partnervertrieb (Vertrieb über Dritte, z. B. Einzelhändler, Automobilclubs, o. Ä.) sind Kosten zu einem entscheidenden Wettbewerbsinstrument geworden, worauf sich das Versicherungsunternehmen durch verstärktes Kostendenken einstellen muss.

Das Controlling in Versicherungsunternehmen hat seit der Deregulierung im Jahr 1994 eine rasante Entwicklung durchlaufen. In grober Näherung lassen sich dabei verschiedene Phasen unterscheiden:

- In der Phase **bis 1994** war der Versicherungsmarkt in Deutschland reguliert, die Tarife mussten von der Aufsichtsbehörde genehmigt werden und waren auskömmlich kalkuliert. Dies führte zu einer Umsatzorientierung im Controlling, d. h. der Fokus lag auf einem möglichst hohen Prämienwachstum.
- Mit dem Ende der Regulierung **ab 1994** verschärfte sich der Wettbewerb zwischen den Versicherungsunternehmen, es kam zu differenzierten Tarifen und sinkenden Preisen. Dies führte zu einer stärkeren Gewinnorientierung im Controlling, d. h. auf Erträge aus dem versicherungstechnischen Geschäft und den Kapitalanlagen.
- Die Situation auf dem Versicherungsmarkt verschärfte sich **ab 2002** mit dem Einbruch der Aktienmärkte nach dem New-Economy-Boom. Wurden bisher die Erträge aus dem Kapitalanlagegeschäft zur Subventionierung von Verlusten in der Versicherungstechnik genommen, war dies nun nicht mehr möglich. Verluste auf der Kapitalanlagenseite sowie ein unverminderter Preiswettbewerb im Versicherungsgeschäft zwangen die Versicherungsunternehmen zu wertorientierten Steuerungsansätzen sowie einem verbesserten Risiko- und Kapitalanlagenmanagement (vgl. Utecht, 2009, S. 92).

In Versicherungsunternehmen lassen sich einzelne Controlling-Bereiche identifizieren, die allerdings eng miteinander verbunden sind (► Dar. 19). Die dargestellten Controlling-Bereiche sind seit längerem in Versicherungsunternehmen etabliert, wobei hinsichtlich der konkreten Gestaltung zahlreiche Unterschiede bestehen. So spielt die Größe eines Unternehmens eine wichtige Rolle. Große Unternehmen verfügen i. d. R. über ausreichende fachliche und methodische Kompetenzen, um spezielle Fachabteilungen für Controlling, Risikomanagement usw. zu unterhalten und eine differenzierte, systematische Unternehmenssteuerung zu implementieren. Kleinere Unternehmen haben hingegen oft den Vorteil kurzer Entscheidungswege, müssen bei der Steuerung jedoch gewisse Abstriche machen und methodisches Wissen extern beziehen, um fehlende Kapazität zu ergänzen (vgl. Wiegard, 2021, S. 36 f.).

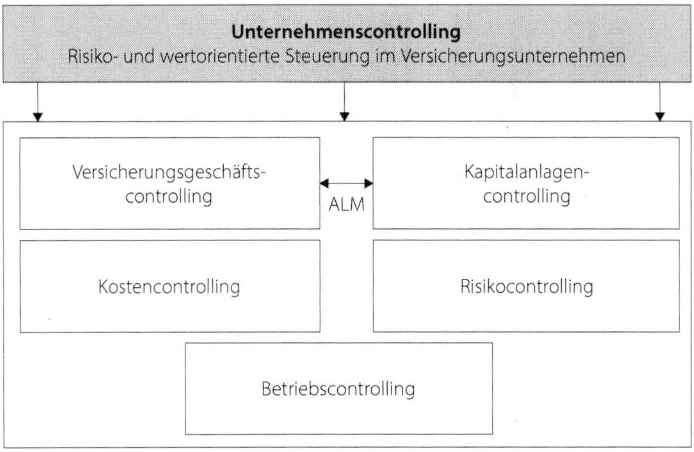

Dar. 19: Controlling-Bereiche im Versicherungsunternehmen (in Anlehnung an Rohlfs et al., 2019, S. 32)

Die im Abschnitt 1.1.2 beschriebenen Rahmenbedingungen (striktere Regulierung, Kapitalmarktsituation, Digitalisierung) führen für Versicherungsunternehmen zu steigenden Anforderungen in Bezug auf die nachhaltige Steuerung der Ertrags- und Risikosituation. Aus diesem Grund orientiert sich das Controlling in Versicherungsunternehmen verstärkt an einer risiko- und wertorientierten Unternehmenssteuerung.

Im Mittelpunkt der **wertorientierten Unternehmenssteuerung** steht die Frage, ob der Unternehmenswert durch unternehmerische Maßnahmen tatsächlich erhöht wird (vgl. Romeike/Müller-Reichart, 2020, S. 111). Eine wertorientierte Unternehmenssteuerung orientiert sich an den Interessen der Unternehmenseigentümer, die sowohl Aktionäre (in einer Aktiengesellschaft) als auch Mitglieder (in einem Versicherungsverein auf Gegenseitigkeit) sein können. Unternehmenseigner fordern für die Überlassung ihres Kapitals eine Rendite, deren Höhe abhängig von den Risiken abhängig ist, denen ihr Kapital ausgesetzt ist. Erst wenn die erzielte Rendite höher ist als in dieser Weise definierten Kapitalkosten, wird Wert geschaffen. Wertorientierung wird dementsprechend am eingesetzten Kapital gemessen, das adäquat zu verzinsen ist. Je riskanter die Projekte bzw. Versicherungsgeschäfte, desto höher sind die Renditen, die von den Kapitalgebern auf das überlassene Kapital gefordert werden (▶ Dar. 20).

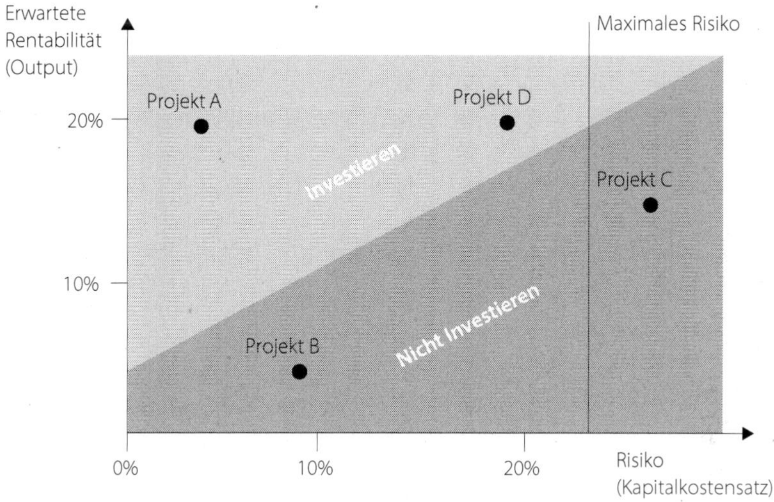

Dar. 20: Höhere Rentabilität bedingt höhere Risiken (in Anlehnung an Romeike/Müller-Reichart, 2020, S. 112)

Die wertorientierte Unternehmenssteuerung ist dementsprechend eng mit einer risikoorientierten Unternehmensführung verknüpft, die über klassisches Risikomanagement hinausgeht und einen ganzheitlichen Ansatz darstellt, der sämtliche Bereiche und Prozesse eines Versicherungsunternehmens umfasst. Risikoorientierte Unternehmensführung stellt ein Führungskonzept dar, bei dem allen wesentlichen Entscheidungen ein Abwägen von Risiken (im Sinne von Chancen) und Gefahren zugrunde liegt (vgl. Romeike/Müller-Reichart, 2020, S. 111). Die Basis der risikoorientierten Unternehmensführung bilden deterministische und stochastische Risikomodelle, mit denen die individuelle Risikosituation eines Versicherungsunternehmens und die sich daraus ergebende Risikokapitalbindung quantifiziert wird. In der Versicherungswirtschaft werden solche Risikomodelle in Übereinstimmung mit den Vorgaben von Solvency II gebildet (▶ Kap. 1.3.5). Der Erfolg eines Versicherungsunternehmens wird wesentlich dadurch bestimmt, dass die »richtigen« Risiken (im Sinne von Chancen) eingegangen werden, dabei aber insgesamt die Risikotragfähigkeit des Unternehmens nicht überschritten wird.

Eine wert- und risikoorientierte Unternehmenssteuerung hat konkrete Konsequenzen für sämtliche Unternehmensbereiche, die sich in drei Kategorien gliedern lassen (vgl. Utecht, 2009, S. 93):

- **Sicherheit:** Die Solvenz des Unternehmens ist jederzeit sicherzustellen. Dies bedeutet auch, dass etwa die Konsequenzen geschäftspolitischer Maßnahmen auf den Bedarf an Risikokapital frühzeitig berücksichtigt werden müssen. Beispielsweise kann die wertorientierte Sichtweise zu der Entscheidung führen, klassische Lebensversicherungsprodukte mit hohen Garantiezusagen nicht mehr weiterzuführen. Weiterhin kann ein erhöhter Effizienzdruck in Servicebereichen (z. B. Schaden- und Kostenmanagement) entstehen.

- **Rendite**: Die von den Unternehmenseignern geforderten Kapitalkosten sind zu erwirtschaften. Dies hat zur Folge, dass im Controlling wertorientierte Steuerungskennzahlen wie RoRAC (Return on Risk Adjusted Capital) oder EVA (Economic Value Added) verwendet werden.
- **Transparenz**: Von Seiten verschiedener externer Stakeholder (insb. Aufsicht, Rating-Agenturen) werden umfangreiche Informationen zur Risiko- und Performancesituation des Unternehmens gefordert, die weit über die gesetzlichen Anforderungen an die externe Berichterstattung hinausgehen.

Die Grundlagen und Prinzipien der wert- und risikoorientierten Unternehmenssteuerung haben somit auch Konsequenzen für die »traditionellen« Controllingbereiche des Versicherungsunternehmens und müssen dort – zumindest bei richtungsweisenden, strategischen Entscheidungen – immer mitgedacht werden.

Versicherungsgeschäftscontrolling

Im Mittelpunkt des Versicherungsgeschäftscontrollings steht das versicherungstechnische Geschäft. Hierbei wird der Erfolg einzelner Geschäftsbereiche/ Sparten sowie Versicherungsprodukte untersucht, wobei etwa Deckungsbeitragsrechnungen sowie Kennzahlenanalysen verwendet werden (▶ Kap. 2.2.5.2 und 2.3.6). Auf dieser Basis können Treiber für den Verlauf der versicherungstechnischen Ergebnisse identifiziert und ggf. Maßnahmen zur Verbesserung eingeleitet werden. Das Versicherungsgeschäftscontrolling lässt sich nach Geschäften und Betriebsfunktionen noch weiter untergliedern:

- Die Aufgabe des **Produktcontrolling** besteht darin, die Wirtschaftlichkeit einzelner Produkte zu messen und zu steuern. Für jedes Produkt sind einerseits die Erlöse, andererseits die dem Produkt zurechenbaren Kosten sowie die Höhe des benötigten Risikokapitals zu berücksichtigen.
- Das **Schadencontrolling** hat eine hohe Bedeutung insb. für das Schaden-/ Unfall- sowie Krankengeschäft, da hier die Leistungen regelmäßig einen großen Teil der Prämien ausmachen (Schadenquoten zwischen 60 und 90 %). Das Schadencontrolling analysiert Schadenverläufe sowie Schadenaufwendungen der einzelnen Sparten. Dem Schadencontrolling kommt eine hohe Bedeutung für die Tarifierung zu, indem Informationen über Schadenhäufigkeiten und durchschnittliche Schadenhöhen zur Verfügung gestellt werden. Das Schadencontrolling unterliegt weiterhin einem besonderen Spannungsfeld. Maßnahmen in diesem Bereich können einerseits zur Reduzierung der Schadenbearbeitungskosten sowie des Schadenaufwands führen (z. B. durch die geeignete Optimierung und

Digitalisierung von Geschäftsprozessen, umfangreiche Schadenprüfungen, Einbeziehung externer Experten usw.). Andererseits ist bei jeder Maßnahme im Schadenbereich auch die Kundenzufriedenheit im Blick zu behalten, da Aspekte wie die Schnelligkeit und Vollständigkeit der Regulierung sowie das Erleben der Interaktion mit dem Versicherer zu einer Erhöhung der Kundenbindung führen können.

- Eine wichtige Rolle spielt ebenfalls das **Vertriebscontrolling**, bei dem die Erfolgsmessung der verschiedenen Vertriebskanäle (Ausschließlichkeitsorganisation, Direktvertrieb, Makler, Banken usw.) im Mittelpunkt steht. Durch die verwendeten Steuerungsgrößen lässt sich der Erfolg einzelner Vertriebskanäle bewerten und analysieren. Wichtige Kennzahlen für den Vertrieb sind z. B. Abschlusskostenquote, Stornoquote, Provisionen sowie verdiente Prämien pro Jahr. Damit unterstützt das Vertriebscontrolling die Vertriebssteuerung durch die Bereitstellung von Informationen zur Neugeschäfts- und Bestandsentwicklung, zur verfügbaren Kapazität in einzelnen Vertriebskanälen, zur Produktivität der Vermittler sowie den Vertriebskosten. Weiterhin trägt das Vertriebscontrolling zur (Weiter-)Entwicklung geeigneter Vertriebsanreizsysteme bei, anhand derer die Vermittler im Vertrieb motiviert und die Absätze einzelner Vertriebskanäle bzw. Produkte in eine gewünschte Richtung gelenkt werden.

Kapitalanlagecontrolling

Aufgrund der Struktur des Versicherungsgeschäfts verfügen Versicherungsunternehmen über außerordentlich hohe Kapitalanlagevolumina, wodurch das Management dieser Kapitalanlagen zu einer zentralen Unternehmensaufgabe wird. Aufgabe des Kapitalanlagemanagement ist es, Kapitalanlagetransaktionen so zu planen und durchzuführen, dass dabei eine angemessene Performance unter der strengen Nebenbedingung eines akzeptablen Risikos erzielt wird (▶ Kap. 2.5).

Das Kapitalanlagecontrolling ist verantwortlich für die Messung und Steuerung von Kapitalanlagen sowie der eingegangenen Risiken. Dazu gehört die lang- und mittelfristige Planung der Kapitalanlagen, insb. die Formulierung eines strategischen Anlageportfolios (Aufteilung in Assetklassen) sowie geeigneter Absicherungsstrategien. Bezüglich der Risiken ist zu analysieren, welche Verluste sich das Unternehmen auf der Kapitalanlagenseite leisten kann bzw. welche Risiken bewusst eingegangen werden sollen und welche Chancen damit verbunden sind. Die Überwachung eines geplanten Rendite-Risiko-Profils geschieht üblicherweise durch ein Limitsystem, bei dem die realisierten Kapitalerträge sowie die Einhaltung der formulierten Risikostrategie überwacht wird. Bei Abweichungen sind geeignete Gegenmaßnahmen (z. B. Verkauf von Kapitalanlagen) einzuleiten.

Zur Steuerung werden einerseits bilanzwertorientierte Kennzahlen wie die Nettoverzinsung bzw. laufende Durchschnittsverzinsung der Kapitalanlagen eingesetzt. Zur Messung der risikoorientierten Performance der Kapitalanlagen bieten sich jedoch auch solche Kennzahlen an, die die Rendite mit dem eingegangenen

Risiko bzw. mit dem durch das Risiko gebundenen Eigenkapital verknüpfen (z. B. RoRAC).

Sowohl Kapitalanlagenmanagement als auch Kapitalanlagencontrolling sind eng in aufsichtsrechtliche Regelungen eingebettet. Hierzu gehört insb. der §124 VAG, wonach Versicherungsunternehmen ihre Vermögenswerte nach dem Grundsatz der unternehmerischen Vorsicht anlegen müssen (▶ Kap. 2.5.5). Weiterhin besteht eine strikte Verbindung des Kapitalanlagecontrolling mit dem Versicherungsgeschäftscontrolling. Ein Versicherungsunternehmen muss jederzeit über genügend liquide Mittel verfügen, um fällige Zahlungen, insb. Schäden, sofort begleichen zu können. Aus diesem Grund sind Versicherungsbereich und Kapitalanlagebereich durch ein Asset Liability Management sowie eine Liquiditätsplanung miteinander zu verzahnen. Weiterhin können Entwicklungen im Kapitalanlagebereich (z. B. Zinssenkungen) auch Auswirkungen auf das Produktprogramm eines Versicherungsunternehmen haben (z. B. Aufgabe von Lebensversicherungen mit Zinsgarantien).

Kostencontrolling

Das Kostencontrolling im Versicherungsunternehmen geschieht mit den etablierten Methoden der Kostenrechnung, insb. der Kostenarten-, Kostenstellen- und Kostenträgerrechnung (▶ Kap. 2.3). Mit Hilfe der dort angewendeten Methoden werden die im Unternehmen anfallenden Kosten den einzelnen Kostenträgern (z. B. Produkte/Produktgruppen) zugeordnet. Eine besondere Rolle in Versicherungsunternehmen spielen Personal- und Vertriebskosten, auf die deshalb im Rahmen des Controllings besonderer Wert zu legen ist. Das Kostencontrolling ist im Versicherungsunternehmen mit spezifischen Problemen konfrontiert (z. B. Langfristigkeit von Versicherungsverträgen, Mischkalkulationen aus Kapitalanlage und Versicherungstechnik, Cross-Selling-Argumente) die eine verursachungsgerechte Umlage der Kosten auf die Kostenträger erschweren. Zur Lösung dieser Probleme und zur Entscheidungsunterstützung des Managements können beispielsweise Deckungsbeitragsrechnungen beitragen.

Das Kostencontrolling hat weiterhin die Aufgabe der Budgetplanung. Hierbei werden auf Grundlage der Kostenrechnung dann Kostenbudgets für einzelne Bereiche, Abteilungen und Projekte für eine bestimmte Planungsperiode erstellt, in ihrer Einhaltung überwacht und ggf. angepasst. Die Planung der Kostenbudgets dient dazu, in der Gegenwart vorhandene Ressourcen so zu verteilen, dass damit die zukünftige Entwicklung in eine gewünschte Richtung gelenkt wird.

Risikocontrolling

Das Risikocontrolling unterstützt das Unternehmen bei der Erreichung der Risikomanagementziele und trägt zur Umsetzung des Risikomanagementsystems bei. Die Rolle des Risikocontrolling ist aufsichtsrechtlich in § 26 Abs. 8 festgelegt. Demnach ist eine unabhängige Risikocontrollingfunktion einzurichten, die die Umsetzung des Risikomanagementsystems maßgeblich befördert. Dies führt zu einer klaren Trennung zwischen operativer Risikosteuerung und Risikocontrolling. Geschäftsbereiche, die für den Aufbau von Risikopositionen verantwortlich sind (z. B. Haftpflicht-Underwriting), dürfen nicht gleichzeitig für das Controlling in ihrem Bereich verantwortlich sein. Konkret hat die Risikocontrollingfunktion folgende Aufgaben:

- Methodische Unterstützung des Risikomanagements bei der Risikosteuerung und Risikoüberwachung.
- Überwachung des Risikomanagementsystems sowie des allgemeinen Risikoprofils des Unternehmens.
- Schaffung von Transparenz über Risiken durch den Aufbau einer Risikoberichterstattung.
- Bereitstellung von Instrumenten zur Erkennung, Beurteilung und Steuerung von Risiken (z. B. Aufbau eines Limitsystems, das klare Begrenzungen der Risikoexponierung vorgibt).

Betriebscontrolling

Unter den Begriff Betriebscontrolling werden eine Reihe weiterer funktionaler Controllingbereiche gefasst, die im Versicherungsunternehmen von Bedeutung sein können. Dazu gehören:

- Personalcontrolling: Planung, Steuerung und Kontrolle der der personalwirtschaftlichen Aktivitäten innerhalb des Unternehmens. Beim Personalcontrolling geht es beispielsweise um die Frage, ob das Unternehmen über eine ausreichende Zahl qualifizierter Mitarbeiter verfügt, welche Kosten diese verursachen und welchen Beitrag sie zum Unternehmenserfolg leisten. Dazu werden primär quantitative Kennzahlen wie Personalkosten, Personalbestand und Personalbedarf erhoben und analysiert. Weiterhin werden auch qualitative, soziale und psychologische Aspekte untersucht. Hierzu werden qualitative Kennzahlen wie Arbeitszufriedenheit, Motivation sowie Betriebsklima verwendet.
- Prozesscontrolling: Planung, Steuerung und Kontrolle der betrieblichen Abläufe in den einzelnen Geschäftsfeldern. Das Ziel des Prozesscontrollings liegt darin, eine Verbesserung von Geschäftsprozessen zu erreichen, worunter sowohl eine Verbesserung der Effektivität (z. B. erhöhte Kundenzufriedenheit mit der Schadenbearbeitung) als auch eine Verbesserung der Effizienz (z. B. geringere Prozesszeit, geringere Prozesskosten) zu verstehen ist. In Versicherungsunternehmen lassen sich typischerweise Managementprozesse (z. B. Risikomanagement, Controlling, Unternehmensentwicklung), Kerngeschäftsprozesse (z. B. Produktentwicklung, Vertrieb, Schadenregulierung, Rückversicherung, Kapitalanlage) sowie unterstützende Prozesse (z. B. IT, Einkauf, Rechnungswesen, Personal) unterscheiden.

- IT-Controlling: Planung, Steuerung und Kontrolle des IT-Einsatzes in einem Unternehmen. Die Aufgabe des IT-Controlling besteht darin, eine effektive und effiziente Informationsversorgung durch den Einsatz von IT sicherzustellen.

1.4.3 Performance Management Systeme

Ein Problem in der Steuerung stellt in vielen Unternehmen die fehlende Verbindung zwischen den langfristig ausgerichteten strategischen Zielen sowie dem eher kurzfristig ausgelegten operativen Geschäft dar. Insbesondere die schnelle Umsetzung strategischer Ziele in konkrete Maßnahmen wird dadurch beeinträchtigt, was auf dynamischen Märkten zu Fehlsteuerungen und Nachteilen im Wettbewerb führen kann. Aus den Mängeln der traditionellen Steuerungsinstrumente heraus wurden deshalb **Performance Management Systeme** entwickelt (vgl. Fischer/Möller/Schultze, 2015, S. 406). Als Performance Management System wird ein ganzheitliches System bezeichnet, das verschiedene Kennzahlen und Informationen im Unternehmen bündelt und damit einen Rahmen für die Leistungsmessung und Steuerung bildet. Ein Performance Management System umfasst ein breites Spektrum von Aufgaben und soll damit gleichzeitig verschiedene Schwächen der traditionellen Unternehmenssteuerung lösen.

- **Verknüpfung von strategischem und operativem Management**
  In vielen Unternehmen werden einerseits Visionen und langfristige strategische Ziele definiert, es besteht jedoch Unklarheit darüber, wie diese Ziele schnell und effektiv umgesetzt werden können. Durch ein Performance Management System werden langfristige strategische Ziele mit den kurzfristigeren operativen Zielen verbunden.
- **Transparente Kommunikation der Vision und strategischer Ziele**
  Die deutliche Kommunikation der Strategie stellt ein wesentliches Problem der traditionellen Steuerung dar. Durch ein Performance Management System werden zentrale Erfolgsfaktoren, die für den zukünftigen Erfolg des Unternehmens entscheidend sind, klar benannt und in verständlicher Weise dargestellt.
- **Ausgewogenes Verhältnis von finanziellen und nicht-finanziellen Zielen**
  Traditionell fokussieren sich Controller auf finanzielle (quantitative) Informationen und Kennzahlen zur Unternehmenssteuerung (z. B. Eigenkapitalrendite, Schadenquote). Diese Kennzahlen haben jedoch den Nachteil, dass sie einerseits vergangenheitsorientiert sind und sich andererseits nicht das gesamte Potenzial eines Unternehmens ausdrücken. Bei der Gestaltung von Performance Management Systemen wird daher den qualitativen Indikatoren eine größere Bedeutung zugemessen. Diese Messgrößen tragen wesentlich zum Erfolg des Unternehmens bei. Sie sind zudem zukunftsorientiert und wirken sich zeitversetzt auf finanzielle Messgrößen aus.
- **Messbarkeit der Zielerreichung**
  Die Messung der Zielerreichung stellt eine weitere, wesentliche Hürde der Stra-

tegieumsetzung dar. In einem Performance Measurement System werden sämtliche Ziele mit Kennzahlen sowie klaren Ergebnisvorgaben belegt. Dies gilt auch für die qualitativen Ziele, die auf diesem Weg ebenfalls einer Messung zugänglich gemacht werden.

- **Verknüpfung von Zielen über alle Hierarchiestufen des Unternehmens**
  Ein Hindernis der Strategieumsetzung besteht oft darin, dass Mitarbeiter nicht verstehen, welchen Beitrag sie zur Umsetzung der Strategien leisten. Im Rahmen eines Performance Management Systems werden Ziele über alle Hierarchiestufen hinweg heruntergebrochen und miteinander verknüpft. Dadurch wird der Einfluss einzelner Unternehmensbereiche und Mitarbeiter auf die Erreichung strategischer Ziele deutlich.
- **Einbindung in die Planungs- und Anreizsysteme des Unternehmens**
  Die in einem Performance Measurement System festgelegten Ziele haben unmittelbare Wirkungsrelevanz für das Unternehmen. Insbesondere sollte die Budgetierung mit den Zielen verknüpft sein, wodurch solche Unternehmensbereiche, die einen wesentlichen Beitrag zur Strategieerreichung leisten, auch bei der Budgetvergabe bevorzugt werden. Weiterhin sollten die Anreizsysteme von Managern (z. B. erfolgsorientierte Vergütung) unmittelbar mit den festgelegten und Kennzahlen verknüpft sein, so dass eine Zielerreichung unmittelbar belohnt werden kann.

1.4.4 Balanced Scorecard

Die Balanced Scorecard wurde zu Beginn der 90er Jahre des letzten Jahrhunderts von Kaplan und Norton entwickelt und ist das am weitesten verbreitete Instrument im Bereich des Performance Management (vgl. Kaplan/Norton, 1997 sowie Fischer/Möller/Schultze, 2015, S. 407). Sie entstand aus der Kritik an der einseitigen Ausrichtung klassischer Kennzahlensysteme auf quantitative Steuerungsgrößen und unterstützt das Unternehmen bei der Umsetzung seiner internen Strategie und Vision in konkrete, operative Maßnahmen. Die Balanced Scorecard ist ein Instrument, das eingesetzt wird, um die Vision und Strategie eines Unternehmens in ein zusammenhängendes Kennzahlensystem zu übersetzen. Das entscheidende Merkmal der Balanced Scorecard besteht darin, dass die Leistung des Unternehmens in einer ausgewogenen Weise betrachtet wird. Neben der finanziellen Perspektive besteht die Balanced Scorecard noch aus drei weiteren Perspektiven (Kundenperspektive, Prozessperspektive, Lern- und Entwicklungsperspektive), wodurch eine gleichmäßige Betrachtung der finanziellen und nichtfinanziellen Performance sichergestellt werden soll (▶ Dar. 21).

Die eigentliche Entwicklung einer Balanced Scorecard erfolgt immer für einen abgeschlossenen Verantwortungsbereich innerhalb eines Unternehmens. Dies kann das gesamte Versicherungsunternehmen, eine einzelne Sparte oder eine Direktion sein. Vielfach beginnt die Implementierung der Balanced Scorecard auf der Gesamtunternehmensebene, im Anschluss daran erfolgt ein Rollout in nachge-

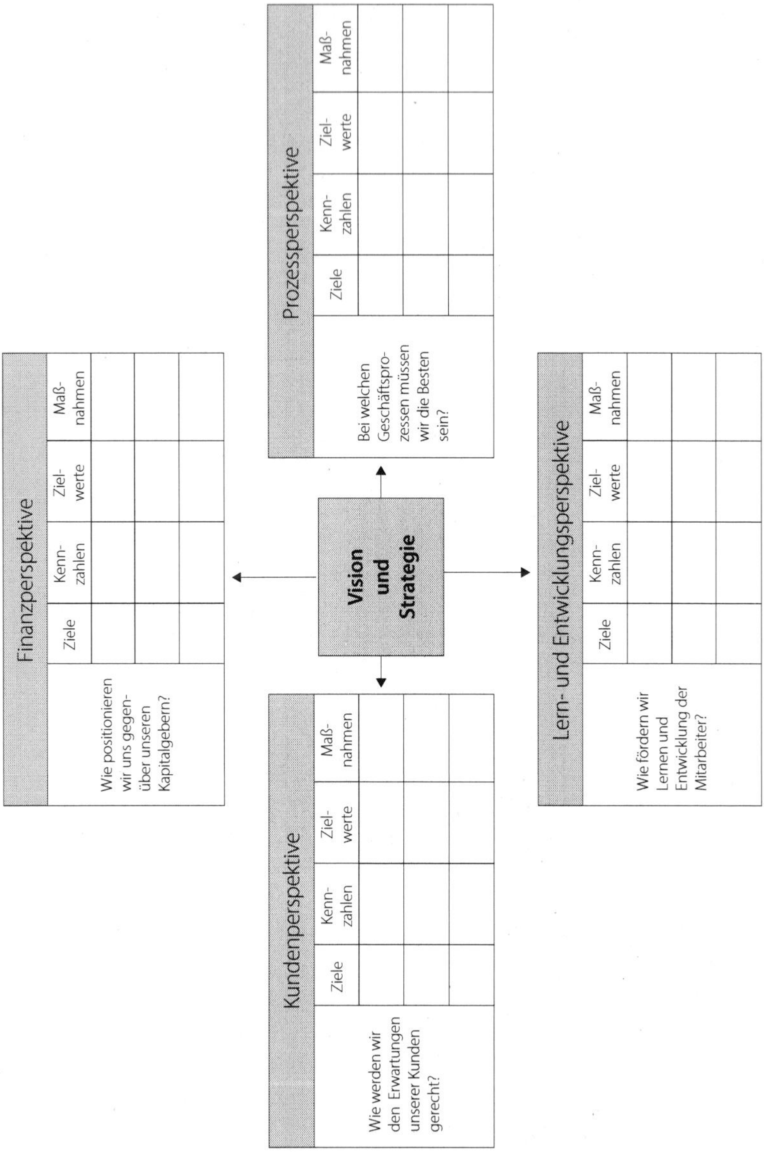

Dar. 21: Die vier Perspektiven der Balanced Scorecard

lagerte Unternehmensbereiche. Obwohl die Balanced Scorecard ursprünglich als reines Controllinginstrument entwickelt wurde, dass die Defizite traditioneller Steuerungssysteme beheben soll, hat sie sich zu einer Grundlage für die Unternehmensführung entwickelt, die einen umfassenden Rahmen für den gesamten strategischen Managementprozess bildet (vgl. Mayer/Ahr, 2000, S. 678). Innerhalb dieses Prozesses werden die Strategie und Vision eines Unternehmens systematisch in konkret messbare Ziele und Maßnahmen überführt (▶ Dar. 22).

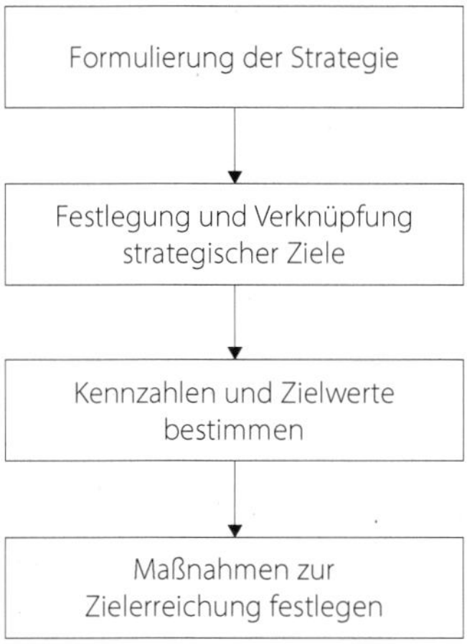

Dar. 22: Überführung der Strategie in die Balanced Scorecard

Die Balanced Scorecard ist grundsätzlich kein Instrument zur Strategieentwicklung, sondern dient dazu, eine bereits vorhandene Strategie zu implementieren. Die Formulierung der Strategie erfolgt deshalb vor dem eigentlichen Einsatz der Balanced Scorecard. Am Ende dieses Schrittes sollte das Management ein einheitliches Verständnis von der Strategie des Unternehmens haben. Danach können die strategischen Ziele – getrennt nach den verschiedenen Perspektiven – abgeleitet werden. Dabei stehen die folgenden Fragen im Vordergrund:

- **Finanzperspektive:** Welche finanziellen Ziele müssen erreicht werden, um eine erfolgreiche Positionierung gegenüber Kapitalgebern zu erreichen?
- **Kundenperspektive:** Welche Ziele sind in Bezug auf die angestrebten Kunden- und Marktsegmente von Bedeutung? Wie lässt sich den Erwartungen und Wünschen der Kunden gerecht werden?
- **Prozessperspektive:** Welche internen Prozesse und Leistungen sind von Bedeutung, um die Ziele der Finanz- und der Kundenperspektive zu erreichen? Was muss getan werden, um diese erfolgskritischen Prozesse hervorragend zu gestalten?
- **Lern- und Entwicklungsperspektive:** Wie kann die Fähigkeit des Unternehmens erhöht werden, innovativ bzw. wandlungsfähig zu sein? Wie können dazu die Mitarbeiter qualifiziert, motiviert und auf die Unternehmensziele ausgerichtet werden?

Die identifizierten strategischen Ziele sollen nicht alleinstehen, sondern in ihrer Gesamtheit wirken und die Umsetzung der Unternehmensstrategie ermöglichen.

Deshalb sind in einem nächsten Schritt Ursache-Wirkungsbeziehungen zwischen den strategischen Zielen abzuleiten. Erst durch die Ursache-Wirkungsbeziehungen wird aus einer Sammlung strategischer Ziele ein Gesamtkonzept, das zu den gewünschten Änderungen des Unternehmens führt. Hiermit wird gleichzeitig die Basis für die »Story of Strategy« (Mayer/Ahr, 2000, S. 682) geschaffen, die zu einer Grundlage für die Kommunikation der Strategie werden kann. Ursache-Wirkungsbeziehungen werden in einer Strategy Map abgebildet.

Zur Umsetzung der Strategie müssen für alle strategischen Ziele geeignete Kennzahlen, Zielwerte und Maßnahmen definiert werden. Dabei können für jedes Ziel grundsätzlich mehrere Kennzahlen in Frage kommen. So kann etwa das Ziel »Steigerung der Kundenzufriedenheit« durch verschiedene Kennzahlen gemessen werden, z. B. Ergebnis einer Kundenumfrage, Weiterempfehlungsrate, Anzahl der Kundenbeschwerden usw. Bei der Auswahl der Kennzahlen ist darauf zu achten, ob das Verhalten der Mitarbeiter in die strategisch gewünschte Richtung gelenkt wird und die Erreichung des strategischen Ziels aus der Kennzahl abgelesen werden kann. Für die einzelnen Kennzahlen sind in einem weiteren Schritt geeignete Zielwerte festzulegen, die einerseits anspruchsvoll, andererseits aber auch realistisch sein sollen. So könnte als Ziel festgelegt werden, die Anzahl der Beschwerden gegenüber dem Vorjahr um 20 % zu verringern.

Schließlich sind jedes strategische Ziel Maßnahmen und Projekte zu definieren, die dazu dienen, die entsprechenden Zielwerte zu erreichen. So könnte zur Erreichung des Ziels »Steigerung der Kundenzufriedenheit« eine Umfrage an Versicherungskunden gerichtet werden, in der diese gezielt nach Gründen für Unzufriedenheit gefragt werden. Insgesamt sollten die in der Balanced Scorecard definierten Maßnahmen im Unternehmen eine hohe Priorität eingeräumt bekommen, damit sie ihre Wirkung zeitnah entfalten können und eine strategiekonforme Verteilung der betrieblichen Ressourcen erfolgt.

1.4.5 Die Balanced Scorecard der Sidekick VVaG

Die Sidekick VVaG hat im Rahmen eines systematischen Strategieprozesses eine Balanced Scorecard entwickelt, die eine Grundlage für das strategische und operative Handeln der nächsten Jahre darstellen soll. Die folgende Darstellung 23 zeigt die Strategy Map der Sidekick VVaG.

Das Unternehmen hat weiterhin Kennzahlen, Zielwert und Maßnahmen für sämtliche strategischen Ziele formuliert. Diese sind in Darstellung 24 zusammengestellt.

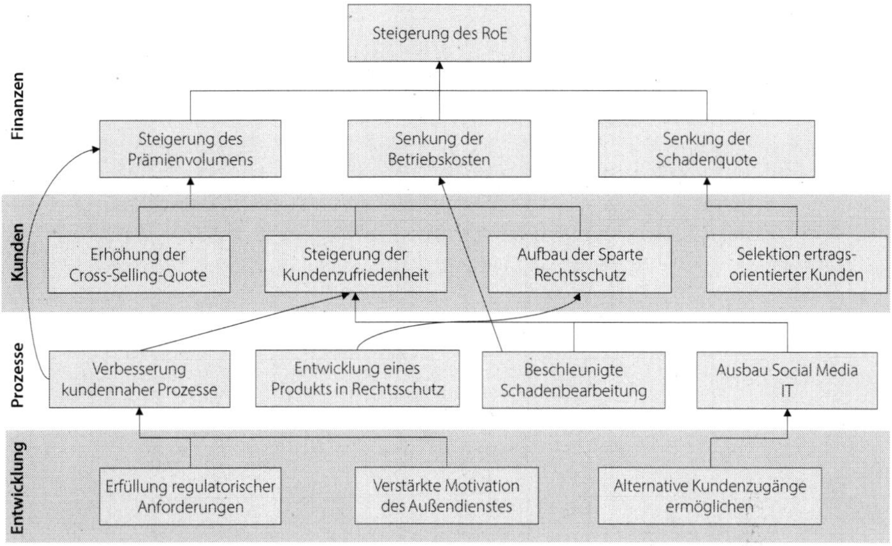

Dar. 23: Strategy Map der Sidekick WaG

Dar. 24: Balanced Scorecard der Sidekick WaA

Finanzperspektive			
Strategisches Ziel	**Kennzahlen**	**Zielwerte**	**Maßnahmen**
Steigerung des RoE	RoE	12 %	Einführung risikoorientiertes Steuerungssystem
Steigerung des Prämienvolumens	Prämienwachstum	8 % p.a.	Vertriebsinitiative, neues Produkt in Rechtsschutz
Senkung der Betriebskosten	Kostenquote	–5 % Kostensenkung pro Jahr	Automatisierung von Prozessen
Senkung der Schadenquote	Schadenquote	70 %	Verbessertes Werkstattmanagement
Kundenperspektive			
Strategisches Ziel	**Kennzahlen**	**Zielwerte**	**Maßnahmen**
Erhöhung der Cross-Selling-Quote	Cross-Selling-Rate	25 %	Incentivierung von Vertriebsmitarbeitern
Steigerung der Kundenzufriedenheit	Kundenzufriedenheitsindex	Mind. 90 %	Durchführung einer Kundenbefragung
Aufbau der Sparte Rechtsschutz	Prämienvolumen Rechtsschutz	2 Mio. Euro	Einführung neues Produkt in Rechtsschutz
Selektion ertragsorientierter Kunden	Anteil Ertragskunden	Mind. 50 %	Durchführung einer Kundensegmentierung

Prozessperspektive			
Strategisches Ziel	**Kennzahlen**	**Zielwerte**	**Maßnahmen**
Entwicklung eines Produkts in Rechtsschutz	Akzeptanz beim Außendienst	75 % der Agenturen	Produktentwicklungsinitiative Rechtsschutz
Verbesserung kundennaher Prozesse	Prämienwachstum	8 % p.a.	Vertriebsinitiative, neues Produkt in Rechtsschutz
Beschleunigte Schadenbearbeitung	Kostenquote	–5 % Kostensenkung pro Jahr	Automatisierung von Prozessen
Ausbau Social Media IT	Projekterfolg	Keine technischen Probleme	Projekt Social Media
Lern- und Entwicklungsperspektive			
Strategisches Ziel	**Kennzahlen**	**Zielwerte**	**Maßnahmen**
Erfüllung regulatorischer Anforderungen	Rating, BaFin	AA, Solvenzquote mind. 250 %	Projekt »Regulatorik« (Aufsicht/ Rating)
Verstärkte Motivation des Außendienstes	Fluktuation	Weniger als 10 %	Verbesserung der Work-Life Balance
Alternative Kundenzugänge ermöglichen	Anzahl Follower Instagram	Mind. 10.000	Projekt Social Media

In den folgenden Kapiteln dieses Buches werden Versicherungsunternehmen aus jeweils einer Perspektive der Balanced Scorecard analysiert. Am Ende jedes Kapitels werden jeweils die entsprechenden Abschnitte der Balanced Scorecard der Sidekick VVaG erläutert.

2 Die finanzielle Steuerung des Versicherungsunternehmens

2.1 Grundlagen der finanziellen Steuerung des Versicherungsunternehmens

2.1.1 Ziele des Finanzmanagements

Die Steuerung der Finanzen spielt für Versicherungsunternehmen eine zentrale Rolle und schlägt sich in vielen Bereichen des Unternehmens nieder. Als Finanzmanagement bezeichnet man den Aufgabenkomplex, finanzwirtschaftliche Entscheidungen vor dem Hintergrund der unternehmerischen Finanzziele zu treffen und damit die betriebliche Finanzwirtschaft zielgerichtet zu gestalten (vgl. Pape, 2018, S. 25).

Die Ziele des Finanzmanagements liegen einerseits in der Erzielung einer befriedigenden **Rentabilität**, die über die Höhe der Verzinsung und damit die Effizienz des unternehmerischen Kapitaleinsatzes informiert. Daneben ist die Aufrechterhaltung der **Liquidität** des Unternehmens von besonderer Bedeutung, worunter die jederzeitige termin- und betragsgenaue Fähigkeit zur Begleichung fälliger Auszahlungen verstanden wird. Beide Ziele sind zur Erreichung der langfristigen Überlebensfähigkeit des Unternehmens unabdingbar, stehen jedoch auch in einem Konflikt zueinander, der die Maximierung beider Ziele nicht zulässt (vgl. Pape, 2018, S. 20). Das dritte grundlegende Ziel ist die **Sicherheit,** worunter die Begrenzung des aus den Unternehmenstätigkeiten resultierenden Risikos zu verstehen ist.

Beispiel 1: Spannungsverhältnis von Liquidität und Rentabilität

Das unter der Niedrigzinsphase leidende Versicherungsunternehmen **Gut und Sicher VVaG** möchte in ein Infrastrukturprojekt im Bereich erneuerbare Energien mit einer Laufzeit von 15 Jahren investieren, dass eine hohe Rendite von 3,5% verspricht. Mit der Investition ergibt sich allerdings eine negative Auswirkung auf die Liquidität, da während der Laufzeit nicht das Kapital gebunden ist und somit nicht mehr für andere Zwecke (z. B. Schadenzahlungen) zur Verfügung steht.

Zur Erreichung der beschriebenen Ziele sind verschiedenste Aktivitäten notwendig, die sich grob in zwei Bereiche gliedern lassen:

- Kapitalbeschaffung/ Finanzierung (▶ Kap. 2.4.3),
- Kapitalanlage/ Investition (▶ Kap. 2.5).

Damit das Management eines Versicherungsunternehmen seine Finanzen in angemessener Weise steuern kann, werden zahlreiche und vielfältige Informationen benötigt, die durch das betriebliche Rechnungswesen bereitgestellt werden

2.1.2 Grundlagen des betrieblichen Rechnungswesens

Das betriebliche Rechnungswesen ist ein elementarer Bestandteil des betrieblichen Informationssystems. Es umfasst sämtliche Rechenwerke einer Unternehmung, welche die betrieblichen Prozesse erfassen, auswerten, steuern und überwachen. Das Rechnungswesen bildet insofern das betriebliche Geschehen in Zahlen ab und muss – um eine verlässliche Basis für Entscheidungen darzustellen – in kontinuierlicher und systematischer Form durchgeführt werden (vgl. Coenenberg et al., 2021, S. 3).

Die verschiedenen Teilgebiete des betrieblichen Rechnungswesens können auf vielfältige Weise gegliedert werden, wobei spielt die Trennung in das interne und externe Rechnungswesen hervorzuheben ist. Diese Zweiteilung orientiert sich primär an den Adressaten der damit verbundenen Rechnungskreise (▶ Dar. 25).

Dar. 25: Abgrenzung internes und externes Rechnungswesen (in Anlehnung an Britzelmaier, 2020, S. 58 sowie Rockel et al., 2012, S. 20)

	Internes Rechnungswesen	**Externes Rechnungswesen**
Ziel	Abbildung des wirtschaftlich bedeutsamen Geschehens im Betrieb	Abbildung finanzwirtschaftlicher Beziehungen mit der Außenwelt
Funktionen	Informationen für Planung, Steuerung, Kontrolle sowie Entscheidungsfindung	Darstellung der Vermögens-, Finanz- und Ertragslage; Ausschüttungs- und Steuerbemessung
Adressaten	Unternehmensangehörige (insb. Unternehmensleitung)	Unternehmensexterne (z. B. Aktionäre, Gläubiger, Banken, Lieferanten, Gewerkschaften, Kunden, Fiskus, Öffentlichkeit, Ratingagenturen)
Vorgaben für die Ausgestaltung	Grundsätzlich keine Vorgaben	Vielfältige gesetzliche Vorgaben (z. B. HGB, IFRS, Steuerrecht, Abgabenordnung)

Dar. 25: Abgrenzung internes und externes Rechnungswesen (in Anlehnung an Britzelmaier, 2020, S. 58 sowie Rockel et al., 2012, S. 20) – Fortsetzung

	Internes Rechnungswesen	Externes Rechnungswesen
Angewendete Rechnungen	Kosten- und Leistungsrechnung, Finanzrechnung (Planungsrechnung), Investitionsrechnung	Bilanzrechnung (Bilanz, GuV), Finanzrechnung (Kapitalflussrechnung)
Zeitlicher Fokus	Zukunfts- und vergangenheitsorientiert (Plan- und Istrechnung)	Vergangenheitsorientiert (Istrechnung)

Zielgruppe des internen Rechnungswesens sind vorrangig Unternehmensangehörige (insb. die Unternehmensleitung, d. h. Vorstände, Manager usw.). Das interne Rechnungswesen soll Managern eine Entscheidungsunterstützung bieten, indem das wirtschaftlich bedeutsame Geschehen im Unternehmen abgebildet und Informationen zur Planung und Steuerung bereitgestellt werden.

Demgegenüber richtet sich das externe Rechnungswesen primär an unternehmensexterne Personen und Institutionen. Dazu gehören z. B. Aktionäre, Banken, Lieferanten, Aufsichtsbehörden, Staat sowie die Öffentlichkeit. Ziel des externen Rechnungswesens ist es, finanzwirtschaftliche Beziehungen mit der Außenwelt abzubilden. Insbesondere soll ein zutreffendes Bild der Vermögens-, Finanz- und Ertragslage des Unternehmens vermittelt und damit gleichzeitig eine Grundlage für die Bemessung von Ausschüttungen an Unternehmenseigner (z. B. Dividenden an Aktionäre) sowie den Fiskus (Steuern) geliefert werden.

Darstellung 25 zeigt, dass im internen und externen Rechnungswesen verschiedene Arten von Rechnungen existieren (vgl. Schweitzer et al., 2015, S. 31ff.). Alle diese Rechnungen basieren auf bestimmten Basisgrößen (▶ Beispiel 2):

- Die **Finanzrechnung** erfasst realisierte Zahlungsströme (Cashflows) innerhalb einer Periode und dient der Planung, Steuerung und Kontrolle der Liquidität. Die Basisgrößen der Finanzrechnung sind Ein- und Auszahlungen. Finanzrechnungen kommen sowohl im externen (Kapitalfluss- bzw. Cashflow-Rechnung) als auch im internen Rechnungswesen zur Anwendung.
- Demgegenüber werden durch Investitionen i. d. R. Zahlungsströme ausgelöst, die sich über mehrere Perioden erstrecken. Der Erfolg von Investitionen wird durch die **Investitionsrechnung z. B.** durch Größen wie den Kapital- oder Endwert erfasst. Basisgrößen der Investitionsrechnung sind ebenfalls Ein- und Auszahlungen. Die Investitionsrechnung ist Teil des internen Rechnungswesens und für ein Versicherungsunternehmen besonders wichtig bei der Bewertung von Kapitalanlagen (▶ Kap. 2.5).
- Die **Bilanzrechnung** bildet den Kern des externen Rechnungswesens eines Unternehmens. Sie ist eng an handels- und steuerrechtliche Vorschriften gebunden, kann also nicht nach eigenem Ermessen erstellt werden. Die Bilanzrechnung basiert auf der Finanzbuchhaltung, in der sämtliche Geschäftsvorfälle des

Unternehmens systematisch erfasst werden. Aus diesen Geschäftsvorfällen wird einerseits eine stichtagsbezogene Darstellung des Vermögens und der Verbindlichkeiten eines Unternehmens erzeugt, die als Bilanz bezeichnet wird. Weiterhin ist in jeder Periode eine zeitraumbezogene Gegenüberstellung von Erträgen und Aufwendungen (Gewinn- und Verlustrechnung) zu erstellen.

- Schließlich kommt im internen Rechnungswesen die **Kosten- und Leistungsrechnung** zur Anwendung, die im Gegensatz zur Bilanzrechnung an keinerlei externe Vorgaben gebunden ist. Die Grundidee der Kosten- und Leistungsrechnung besteht darin, das tatsächliche Geschehen im Unternehmen abzubilden und dazu Aussagen über die im Unternehmen anfallenden Kosten und Erlöse von Produkten, Kunden und Organisationseinheiten zu generieren (vgl. Brenner et al., 2021, S. 119). Im Kern gliedert sich die Kosten- und Leistungsrechnung in die Kostenarten-, Kostenstellen, und Kostenträgerrechnung. Basisgrößen der Kosten- und Leistungsrechnung sind Kosten und Leistungen (▶ Kap. 2.3.2).

Beispiel 2: Grundbegriffe (Basisgrößen) des Rechnungswesens

Im betrieblichen Rechnungswesen werden elementare Begriffe in einer genau definierten Art und Weise benutzt. Um die Vorgänge im Rechnungswesen zu verstehen, sollte die Bedeutung der Grundbegriffe gut beherrscht werden (für eine ausführliche Erläuterung vgl. z. B. Britzelmaier, 2020, S. 64 ff.):

- **Einzahlungen/ Auszahlungen**: Führen zu einer Erhöhung bzw. Verminderung des Zahlungsmittelbestandes (d. h. liquide Mittel, insb. Bankguthaben)
  Beispiel: Eine Rechnung für Büromöbel wird per Banküberweisung beglichen
- **Einnahmen/ Ausgaben**: Führen zu einer Erhöhung bzw. Verminderung des Geldvermögens (d. h. Zahlungsmittelbestand + Forderungen – Verbindlichkeiten)
  Beispiel: Neue Laptops für den Vertrieb werden auf Ziel gekauft, hierdurch entsteht eine Verbindlichkeit in Höhe des Rechnungsbetrags.
- **Erträge/ Aufwendungen**: Führen zu einer Erhöhung bzw. Verminderung des Vermögens bzw. der Schulden des Unternehmens und finden sich in der Gewinn- und Verlustrechnung. Erträge bzw. Aufwendungen sind somit erfolgswirksam, d. h. sie erhöhen oder vermindern den Jahresüberschuss.
  Beispiele:
  - Die Gehälter für die Mitarbeiter werden am Ende des Monats gezahlt
  - Eine Aktie erleidet einen Wertverlust und wird abgeschrieben.
- **Kosten/ Leistungen**: führen zu einer Erhöhung bzw. Verminderung des betriebsnotwendigen Kapitals des Unternehmens. Während Aufwendungen sämtliche Vermögensminderungen beinhalten, stellen Kosten ausschließlich auf das Kerngeschäft des Unternehmens ab. Insofern werden Kosten als der bewertete, betriebszweckbezogene Verbrauch einer Periode bezeichnet.

Beispiel:
Für ein Gebäude, das sich im Eigentum eines Unternehmens befindet, wird eine kalkulatorische Miete angesetzt.

2.2 Externe Rechnungslegung im Versicherungsunternehmen

2.2.1 Buchführungs- und Bilanzierungspflicht von Versicherungsunternehmen

Das externe Rechnungswesen deutscher Unternehmen ist durch das Handelsgesetzbuch (HGB) geprägt und soll Austauschbeziehungen zwischen einem Unternehmen und seiner Umwelt abbilden. Versicherungsunternehmen müssen grundsätzlich die für alle Kaufleute geltenden Vorschriften des HGB erfüllen. Dazu gehört zum einen die Pflicht, Bücher zu führen (§238-241a HGB) sowie einen Jahresabschluss zu erstellen (§ 242 HGB). Weiterhin ist das Versicherungsunternehmen an sämtliche Ansatz- und Bewertungsvorschriften gebunden (§246-251 HGB sowie §252-256a HGB).

Versicherungsunternehmen dürfen gemäß § 1 VAG lediglich in den Rechtsformen der Aktiengesellschaft (AG) einschließlich der Europäischen Gesellschaft, dem Versicherungsverein auf Gegenseitigkeit (VVaG) sowie Körperschaften und Anstalten des öffentlichen Rechts betrieben werden. Weiterhin werden gemäß § 341a Abs. 1 HGB Versicherungsgesellschaften unabhängig von ihrer tatsächlichen Größe als große Kapitalgesellschaften deklariert. Dementsprechend umfasst der zu erstellende Jahresabschluss von Versicherungsunternehmen neben Bilanz, GuV und Anhang auch noch einen Lagebericht.

Der Jahresabschluss bildet für eine Vielzahl von Adressaten eine Informationsquelle von erheblichem Wert. Allerdings liegt der primäre Zweck der handelsrechtlichen Rechnungslegung nicht in der Vermittlung steuerungsrelevanter Informationen, d. h. der Jahresabschluss kann nur sehr bedingt als Grundlage für qualifizierte Managemententscheidungen dienen. Vielmehr zielen die Vorschriften des HGB in ihrer Gesamtheit darauf ab, auf **vorsichtiger Basis** einen Gewinn zu ermitteln, der dem Unternehmen am Jahresende entzogen werden kann, ohne dadurch nachhaltig seine Existenz zu gefährden (Gläubigerschutz). Die Informationsfunktion des Jahresabschlusses ist diesem primären Zweck untergeordnet und kommt hauptsächlich im Anhang bzw. Lagebericht zur Anwendung (vgl. Rockel et al., 2012, S. 21 f.).

Mit der wirtschaftlichen Globalisierung haben viele deutsche Versicherungsunternehmen ihr Tätigkeitsfeld vermehrt ins Ausland verlagert. Durch die grenzüberschreitenden Aktivitäten nutzen Unternehmen auch internationale Kapitalmärkte, um ihren erhöhten Kapitalbedarf zu decken. Für Investoren sind die verschiedenen nationalen Regelwerke der Rechnungslegung hinderlich, da hierdurch unterschiedliche Jahresabschlüsse nur schwer vergleichbar sind und die Transparenz eingeschränkt wird. Aus diesem Grund gibt es seit längerer Zeit Harmonisierungsbestrebungen für die Rechnungslegung, wobei sich in Europa die International Financial Reporting Standards (IFRS) durchgesetzt haben.

Versicherungsunternehmen in Deutschland sind gemäß § 315e dazu verpflichtet, ihren Konzernabschluss nach IFRS aufzustellen, sofern sie kapitalmarktorientiert, d. h. an einem organisierten Wertpapiermarkt (Börse) notiert sind. Für nicht kapitalmarktorientierte Unternehmen gibt es ein Wahlrecht, wonach anstelle des HGB-Konzernabschlusses ein befreiender Abschluss gemäß IFRS erstellt werden darf.

Die IFRS fokussieren anders als das HGB stärker auf die Informationsfunktion des Jahresabschlusses, wobei der Informationsbedarf der Investoren (Eigen- und Fremdkapitalgeber) im Mittelpunkt steht. Auch die Vermittlung entscheidungsrelevanter Informationen als Entscheidungsunterstützung (decision usefulness) wird verfolgt, wobei an die Qualität der Informationen hohe Anforderungen gestellt werden. Das im HGB vorrangige Ziel des Gläubigerschutzes tritt demgegenüber in den Hintergrund. Die wesentlichen Unterschiede zwischen HGB und IFRS finden sich in Darstellung 26 (eine ausführliche Darstellung der IFRS-Vorschriften für Versicherungsunternehmen liefert z. B. Rockel et al., 2012, S. 53 ff.).

Dar. 26: Wesentliche Unterschiede zwischen HGB und IFRS (in Anlehnung an Bergler/Wiegard, 2021, S. 92

	HGB	**IFRS**
Primärer Adressat der Rechnungslegung	Gläubiger, Behörden	Investoren
Ziel der Rechnungslegung	Ermittlung eines vorsichtig bemessenen Gewinns	Vermittlung entscheidungsrelevanter Information
Wesentliche qualitative Grundsätze	Vorsichtsprinzip	Verständlichkeit, Relevanz, Verlässlich- keit, Vergleichbarkeit der Informationen
Elemente des Jahresabschlusses	Bilanz, GuV, Anhang	Bilanz, GuV, Kapitalflussrechnung
Periodizität der Abschlüsse	Jährlich	Quartalsweise

2.2.2 Besonderheiten der Rechnungslegung von Versicherungsunternehmen

Die Rechnungslegung von Versicherungsunternehmen weist Unterschiede im Vergleich zu sonstigen Unternehmen auf. Diese Unterschiede resultieren aus den Besonderheiten des Versicherungsgeschäfts, auf die im Folgenden kurz eingegangen wird (vgl. Rockel et al., 2012, S. 7 ff.):

- **Zeitraumbezogenheit**: Typischerweise fallen im Versicherungsgeschäft Prämien- und Schadenzahlung auseinander. Die Prämie wird bei Abschluss des Vertrags gezahlt, während Schadenzahlungen erst im Lauf der Versicherungsperiode anfallen. Durch diese Vorleistung der Versicherungsnehmer investieren Versicherungsunternehmen in großem Umfang in Kapitalanlagen, woduch die die überragende Bedeutung der Kapitalanlagen auf der Aktivseite der Versicherungsbilanz resultiert. Weiterhin führt die Zeitraumbezogenheit des Versicherungsgeschäfts zu einer besonderen Bedeutung der Rechnungsabgrenzung (Beitragsüberträge) auf der Passivseite der Versicherungsbilanz
- **Stochastizität:** Die vertraglich zugesicherten Leistungen des Versicherers (insb. Schadenzahlungen) hängen vom Eintritt bestimmter versicherter Ereignisse ab, die jedoch bei Vertragsabschluss noch unbekannt sind und auch nicht mit Sicherheit kalkuliert werden können. Dieser Unsicherheit begegnen Versicherungsunternehmen durch die Bildung von (versicherungstechnischen) Rückstellungen als Vorsorge für die künftige Leistungserbringung. Die Passivseite einer Versicherungsbilanz wird in hohem Maß durch diese Rückstellungen geprägt.
- Die **Kollektivbildung** ist typisch für Versicherungen und bildet gleichzeitig eine wesentliche Voraussetzung für die wirksame Produktion von Versicherungsschutz. Ein wachsendes Kollektiv ist geringeren relativen Ergebnisschwankungen ausgesetzt und benötigt dementsprechend weniger Sicherheitskapital. In der Rechnungslegung ist jedoch die Bilanzierung von Gruppen nicht zulässig, vielmehr gilt der Grundsatz der Einzelbewertung. Dieser Grundsatz kann in der Versicherungsbilanz nicht immer durchgehalten werden.
- **Immaterialität**: Wie alle Dienstleistungen zeichnen sich Versicherungen durch Immaterialität aus. Dies führt insb. zu einer geringen Bedeutung des Sachanlagevermögens auf der Aktivseite sowie einer erhöhten Bewertungsunsicherheit bzw. Erklärungsbedürftigkeit bei der Bilanzierung.

Aufgrund der genannten Besonderheiten werden die allgemeinen Vorschriften des HGB durch eine Vielzahl von versicherungsspezifischen Vorschriften ergänzt. Als Spezialvorschriften haben sie Priorität gegenüber den allgemeinen Regelungen. Besonders wichtige Spezialvorschriften mit erheblicher Auswirkung auf die Bilanzierung sind insb. die Regelungen des § 341 HGB sowie die Verordnung über die Rechnungslegung von Versicherungsunternehmen (RechVersV). In der RechVersV finden sich u. a. spezifische Vorschriften für den Inhalt sowie die Ausgestaltung einzelner Posten der Bilanz (§§ 6-35 RechVersV) sowie der GuV (§ 36-50 RechVersV). Weiterhin enthält die Verordnung Formblätter, welche die Gliederung der Bilanz sowie der GuV der Versicherungsunternehmen vorschreiben. Diese unterscheiden sich deutlich von den allgemeinen Gliederungsschemata im HGB (§ 266 bzw. § 275 HGB).

2.2.3 Die Bilanz des Versicherungsunternehmens

2.2.3.1 Positionen der Aktivseite

Die Bilanz bildet im Rechnungswesen den zentralen Bestandteil des Jahresabschlusses und stellt eine Gegenüberstellung von Vermögen und Kapital eines Unternehmens zu einem bestimmten Zeitpunkt (Bilanzstichtag) in Kontenform dar. Die Bilanz informiert darüber, wofür das Unternehmen Mittel investiert hat und zu welchen Anteilen die Vermögensgegenstände durch Eigen- oder Fremdkapital (Schulden) finanziert werden. Die Differenz zwischen den Aktiva (Vermögen) und den Schulden ist das Reinvermögen (Eigenkapital).

Die Besonderheiten des Versicherungsgeschäfts rechtfertigen eine Bilanzgliederung, die sich von dem allgemeinen Bilanzgliederungsschema des HGB (§ 266 HGB) unterscheidet. Zur Erstellung ihrer Bilanz haben Versicherungsunternehmen Formblatt 1 der RechVersV verwenden. Eine verkürzte Gliederung der Aktivseite der Bilanz von Versicherungsunternehmen zeigt Darstellung 27.

Dar. 27: Gliederung der Aktivseite von Versicherungsunternehmen nach Formblatt 1 der RechVersV (in Anlehnung an Rockel et al., 2012, S. 96)

A.	weggefallen
B.	Immaterielle Vermögensgegenstände
C.	Kapitalanlagen
	I. Grundstücke, grundstücksgleiche Rechte und Bauten einschließlich der Bauten auf fremden Grundstücken II. Kapitalanlagen in verbundenen Unternehmen und Beteiligungen III. Sonstige Kapitalanlagen 1. Aktien, Anteile oder Aktien an Investmentvermögen und andere nicht festverzinsliche Wertpapiere 2. Inhaberschuldverschreibungen und andere festverzinsliche Wertpapiere 3. Hypotheken-, Grundschuld- und Rentenschuldforderungen 4. Sonstige Ausleihungen a) Namensschuldverschreibungen b) Schuldscheinforderungen und Darlehen c) Darlehen und Vorauszahlungen auf Versicherungsscheine d) Übrige Ausleihungen 5. Einlagen bei Kreditinstituten 6. Andere Kapitalanlagen IV. Depotforderungen aus dem in Rückdeckung übernommenen Versicherungsgeschäft
D.	Kapitalanlagen für Rechnung und Risiko von Inhabern von Lebensversicherungspolicen
E.	Forderungen
F.	Sonstige Vermögensgegenstände

Dar. 27: Gliederung der Aktivseite von Versicherungsunternehmen nach Formblatt 1 der RechVersV (in Anlehnung an Rockel et al., 2012, S. 96) – Fortsetzung

G.	Rechnungsabgrenzungsposten
H.	Aktive latente Steuern
I.	Aktiver Unterschiedsbetrag aus der Vermögensverrechnung
J.	Nicht durch Eigenkapital gedeckter Fehlbetrag

Auf der Aktivseite fehlt die sonst übliche Einteilung in Anlage- und Umlaufvermögen. Eine solche Gliederung wäre für Versicherungsunternehmen wenig sinnvoll, da diese aufgrund der Eigenschaften des Versicherungsproduktes (insb. Immaterialität) nur wenig Sachanlagevermögen benötigen. Die Unterteilung in Anlage- und Umlaufvermögen ist dennoch von Bedeutung, obwohl sie aus der Bilanz nicht direkt sichtbar wird. Versicherungsunternehmen haben ihre sämtlichen Vermögensgegenstände in Anlage- bzw. Umlaufvermögen zu klassifizieren, da sich hieraus unmittelbar unterschiedliche Bewertungsprinzipien ergeben (▸ Beispiel 3)

Beispiel 3: Bewertungsvorschriften für Vermögensgegenstände und Schulden

Nach dem Ansatz in der Bilanz sind Vermögensgegenstände und Schulden zu bewerten, wobei zwischen der Zugangs- und Folgebewertung unterschieden wird (vgl. §§ 252-256a HGB).
Unter **Zugangsbewertung** versteht man die Ermittlung des Wertes, den ein Vermögensgegenstand bzw. Schuld zum Zeitpunkt des erstmaligen Auftauchens in der Bilanz aufweist. Bewertungsmaßstab für die Zugangsbewertung sind die Anschaffungs- bzw. Herstellkosten zuzüglich der Anschaffungsnebenkosten. Bei der Zugangsbewertung ergibt sich kein Unterschied zwischen Gegenständen des Anlage- bzw. Umlaufvermögens.
Beispiel: Eine Versicherungsgesellschaft kauft einen neuen Server für 10.000 Euro. Für die Lieferung und Installation werden 1.000 Euro berechnet. Damit erfolgt die Zugangsbewertung zu 11.000 Euro.
Die **Folgebewertung** dient der Überprüfung der im Zugangszeitpunkt getroffenen Bewertung und wird typischerweise an jedem Abschlussstichtag vorgenommen. Bei der Folgebewertung eines Vermögensgegenstandes ist zu unterscheiden, ob dies nach den Vorschriften des Umlauf- oder Anlagevermögens geschieht.
Für Vermögensgegenstände des Umlaufvermögens gilt das **strenge Niederstwertprinzip**. Demnach muss eine außerplanmäßige Abschreibung sofort erfolgen, falls der beizulegende Zeitwert eines Vermögensgegenstandes den in der Bilanz angesetzten Wert (Buchwert) unterschreitet. Bei dem beizulegenden

Zeitwert handelt es sich typischerweise um den Marktwert (z. B. Börsenkurs einer Aktie).
Beispiel: Ein Computerhändler hat im letzten Jahr 50 Laptops zu 1.000 Euro das Stück eingekauft und als Vorräte in die Bilanz aufgenommen (Umlaufvermögen). Aufgrund der Marktentwicklung stellt er fest, dass die Laptops nur noch zu 800 Euro verkauft werden können. Eine außerplanmäßige Abschreibung der Laptops um 200 Euro pro Stück ist vorzunehmen.
Beispiel: Eine Versicherungsgesellschaft kauft ein Grundstück für 1.000.000 Euro. Drei Monate später wird festgestellt, dass der Boden verseucht ist und eine Bebauung nicht stattfinden kann. Dadurch sinkt gemäß einem Gutachten der Wert des Grundstücks auf 500.000 Euro.

- *Fall A:* Die Verseuchung des Bodens kann durch eine geeignete Sanierungsmaßnahme innerhalb von sechs Monaten bereinigt werden. Eine außerplanmäßige Abschreibung ist nicht notwendig.
- *Fall B:* Die Verseuchung des Bodens kann innerhalb absehbarer Zeit nicht behoben werden (mindestens drei Jahre). Eine außerplanmäßige Abschreibung auf 500.000 Euro ist erforderlich.

Die Aktivseite der Versicherungsbilanz lässt sich grob in Vermögensgegenstände und sonstige Positionen unterteilen. Die Vermögensgegenstände werden in immaterielle Vermögensgegenstände, Kapitalanlagen, Forderungen und sonstige Vermögensgegenstände unterteilt. Zu den sonstigen Positionen gehören u. a. Rechnungsabgrenzungsposten und latente Steuern. Das Gliederungsschema der RechVersV unterscheidet sich von einem Abschluss nach HGB insb. in der differenzierten Untergliederung der Kapitalanlagen, was durch die überragende Bedeutung dieser Bilanzposition in der Versicherungsbilanz zu erklären ist. Im Folgenden wird ausschließlich auf die Positionen »Kapitalanlagen« (Gliederungspunkte C und D) eingegangen (zu einer ausführlichen Darstellung sämtlicher Positionen der Versicherungsbilanz vgl. z. B. Rockel et al., 2012, S. 95 ff. sowie Rohlfs et al., 2019, S. 205 ff.).

Die Kapitalanlagen bilden die finanzielle Basis für das Produkte »Versicherungsschutz« und sollen insb. die dauernde Erfüllbarkeit der Versicherungsverträge sicherstellen (vgl. BaFin, 2021a). An diese Kapitalanlagen werden umfangreiche gesetzliche und regulatorische Anforderungen gestellt (▶ Kap. 2.5.5). Andere Vermögensgegenstände (z. B. Büro- und Geschäftsausstattung, übrige Sachanlagen) werden unter den *Sonstigen Vermögensgegenstände* ausgewiesen.

Innerhalb der Kapitalanlagen (Gliederungspunkt C) lassen sich vier Posten unterscheiden:

- Grundstücke, grundstücksgleiche Rechte und Bauten auf fremdem Grund,
- Kapitalanlagen in verbundenen Unternehmen und Beteiligungen,
- sonstige Kapitalanlagen,

- Depotforderungen aus dem in Rückdeckung übernommenen Versicherungsgeschäft.

Grundstücke, grundstücksgleiche Rechte und Bauten auf fremden Grund werden in der Versicherungsbilanz als Sammelposten ausgewiesen. Dabei muss gemäß § 52 Nr. 1a RechVersV angegeben werden, ob die Grundstücke und Gebäude vom Versicherungsunternehmen selbst oder fremd genutzt werden. Der Bilanzwert der eigengenutzten Grundstücke und Bauten ist im Anhang anzugeben.

Unter dem Posten **Kapitalanlagen in verbundenen Unternehmen und Beteiligungen** sollen die Beziehungen zu solchen Unternehmen transparent gemacht, werden, mit denen eine besonders intensive kapital- bzw. vertragsmäßige Bindung besteht. Dabei wird einerseits unterschieden zwischen Anteilen (d. h. Eigenkapitaltitel, z. B. Aktien) und Ausleihungen (Fremdkapitaltitel, z. B. Darlehen).

Unter verbundenen Unternehmen versteht man solche Unternehmen, die zum gleichen Konzern gehören. Dabei handelt es sich um rechtlich selbstständige Unternehmen, die jedoch wirtschaftlich miteinander verbunden sind. Verbundene Unternehmen sind als Mutter- oder Tochterunternehmen in einen gemeinsamen Konzernabschluss einzubeziehen (Vollkonsolidierung).

Als Beteiligungen bezeichnet man Anteile an anderen Unternehmen, die dazu bestimmt sind, dauerhaft dem Geschäftsbetrieb zu dienen. Eine dauerhafte Verbindung zeigt sich darin, dass die beiden Unternehmen ein gemeinsames Ziel verfolgen bzw. eine dauerhafte Geschäftsbeziehung eingehen (z. B. Vertriebskooperation, gemeinsames Forschungsprojekt o. Ä.). Eine Beteiligung wird gesetzlich dann vermutet, wenn von dem Unternehmen mehr 20 % der Anteile gehalten werden. Durch Beteiligungen ergeben sich für ein Unternehmen Chancen entstehen, es können jedoch auch Risiken entstehen (► Beispiel 4).

Die **Sonstigen Kapitalanlagen** bilden einen Sammelposten, in den alle weiteren Formen der Anlage eingegliedert werden, wozu insb. Aktien, festverzinsliche Wertpapiere sowie Einlagen bei Kreditinstituten gehören. Die Bezeichnung ist irreführend, da diese Position regelmäßig den mit Abstand größten Aktivposten in der Bilanz darstellt.

Beispiel 4: Beteiligung zwischen Münchener Rück und Allianz

Die beiden großen Versicherungskonzerne Münchener Rück (heute Munich Re) und Allianz hatten über viele Jahre eine Überkreuzbeteiligung von 25 %, d. h. sie hielten jeweils 25 % der Aktien des anderen Unternehmens. Während des Börsenbooms der 90er Jahre des letzten Jahrtausends hatte diese gegenseitige Beteiligung deutlich positive Auswirkungen, da der Anstieg der Aktien eines Unternehmens sich jeweils positiv auf den Aktienkurs des anderen auswirkte. Durch dieses gegenseitige »Hochschaukeln« stieg beispielsweise der Kurs der Münchener Rück Aktie von ca. 70 Euro im Jahr 1995 auf einen Höchstkurs von 391 Euro im November 2001. Mit dem Ende des New-Economy-Booms im Jahr

2000 sanken die Börsenkurse rapide, was auch die Aktien von Münchener Rück und Allianz betraf. Die positive Wirkung der gegenseitigen Beteiligung kehrte sich nun um und zog beide Aktien ins Bodenlose. Der Kurs der Münchener Rück fiel auf einen Tiefstand von 52,50 Euro im April 2003. Durch diese Entwicklung und die damit verbundene deutliche Abwertung des Ratings kam das Unternehmen zeitweise in ernste Schwierigkeiten. Nach dieser negativen Erfahrung wurde die gegenseitige Beteiligung in den Folgejahren schrittweise bis auf null reduziert.

Zu den sonstigen Kapitalanlagen gehören zum einen Aktien, Anteile an Investmentvermögen und andere nicht festverzinsliche Wertpapiere. Aus ökonomischer Sicht sind die Wertpapiere dieser Kategorie i. d. R. stark risikobehaftet, d. h. hohen Kurs- und Ausfallrisiken ausgesetzt (▶ Kap. 2.5.4). Da Versicherungsunternehmen bei ihrer Anlagestrategie stets den Grundsatz der unternehmerischen Vorsicht beachten müssen, ist der Anteil solcher Wertpapiere i. d. R. gering (▶ Kap. 2.5.3 und 2.5.5).

Inhaberschuldverschreibungen und andere festverzinslich Wertpapiere (insb. Anleihen) bilden den größten Anteil der Kapitalanlagen deutscher Versicherer. Die Risiken dieser Anlageform sind niedriger als bei Aktien, sie für Versicherungsunternehmen attraktiv sind. Die Attraktivität dieser Anlageform hat sich allerdings durch die sinkenden Zinsen deutlich vermindert, wodurch Versicherer gezwungen sind, nach anderen Anlagemöglichkeiten Ausschau zu halten (▶ Kap. 2.5.3).

Bei der Bewertung der Kapitalanlagen sind für Versicherungsunternehmen Besonderheiten zu beachten, die in § 341b HGB geregelt sind. Grundsätzlich sind sämtliche Kapitalanlagen nach den für das Anlagevermögen geltenden Vorschriften zu bilanzieren. Dies gilt auch uneingeschränkt insb. für Grundstücke, grundstücksgleiche Rechte und Bauten sowie Kapitalanlagen in verbundenen Unternehmen und Beteiligungen. Diese Anlageformen unterliegen somit dem gemilderten Niederstwertprinzip.

Für Aktien und Anleihen wird den Versicherungsunternehmen bei der Bewertung ein Wahlrecht eingeräumt. Diese Vermögensgegenstände sind gemäß § 341 b Abs. 2 HGB grundsätzlich wie Umlaufvermögen zu behandeln, können aber auch nach den für das Anlagevermögen geltenden Vorschriften bilanziert werden, wenn sie dazu bestimmt sind, dauernd dem Geschäftsbetrieb zu dienen. Entscheidet sich das Versicherungsunternehmen für diese Option, sind einige Voraussetzungen zu beachten. Das Versicherungsunternehmen muss vor allem durch den Nachweis anderweitiger Liquiditätsreserven darlegen, dass es in der Lage ist, die entsprechenden Wertpapiere dauerhaft zu halten. Die Entscheidung über die Zweckbestimmung als Anlagevermögen ist weiterhin anhand eines Beschlusses der Vertreter des Unternehmens zu dokumentieren (▶ Beispiel 5).

Eine besondere Schwierigkeit bei der Klassifizierung von Aktien oder Anleihen als Anlagevermögen liegt darin, zu beurteilen, ob eine Wertminderung der entsprechenden Wertpapiere als dauerhaft oder nur vorübergehend anzusehen ist.

Um eine solche Beurteilung vornehmen zu können, wurden von dem Institut der Wirtschaftsprüfer (IDW) sog. Aufgreifkriterien entwickelt, die eine widerlegbare Vermutung für das Vorliegen einer dauerhaften Wertminderung für Wertpapiere bilden:

- **Aktien:**
  Der Zeitwert der Aktien liegt in den dem Abschlussstichtag vorangehenden sechs Monaten kontinuierlich um mehr als 20 % unter dem Buchwert **oder** der Durchschnittswert der Börsenkurse liegt in den letzten zwölf Monaten um mehr als 10 % unter dem Buchwert.
- **Anleihen:**
  Das Rating der Anleihen ist um mehr als zwei Stufen (Notches) gesunken bzw. die Anleihe befindet sich nicht mehr im sog. Investment Grade.

Beispiel 5: Bewertung von Finanzanlagen in der Krise

Aktien und Anleihen im Versicherungsunternehmen sind nur schwer eindeutig dem Anlage- oder Umlaufvermögen zuzuordnen, da es im Einzelfall ungewiss ist, ob diese dazu bestimmt sind, dauerhaft dem Geschäftsbetrieb zu dienen oder nicht. Aus dem Vorsichtsprinzip des HGB heraus waren diese Finanzanlagen bis 2001 gemäß § 341 b HGB als Umlaufvermögen zu klassifizieren, was die Anwendung des strengen Niederstwertprinzips zur Folge hatte.
In den Jahren des New Economy Booms Ende der 1990er Jahre hatten viele Versicherer ihre Aktienbestände massiv ausgebaut, um von dem Boom der Aktienmärkte zu profitieren. Das Ende dieses Booms führte in den Jahren 2000 bis 2002 dazu, dass die Börsenkurse in Deutschland und weltweit massiv einbrachen. Dadurch entwickelte sich ein erheblicher Druck auf die Versicherer, die ihre Aktienbestände aufgrund des strengen Niederstwertprinzips jetzt sofort abschreiben bzw. mit erheblichen Verlusten verkaufen mussten, wodurch sich in manchen Fällen existenzbedrohende Situationen ergaben.
Um die Situation zu entschärfen, führte der Gesetzgeber zum 1. Januar 2002 den § 341 b Abs. 2 ein, der die Versicherer unter bestimmten Umständen vom Zwang sofortiger Abschreibungen befreite. Dadurch sollte den Unternehmen in der Krise Luft verschafft und gleichzeitig die Finanzmärkte stabilisiert werden.

Die letzte Unterkategorie der Kapitalanlagen bezeichnet **Depotforderungen aus dem in Rückdeckung übernommenen Geschäft.** Versicherungsunternehmen (Vorversicherer) geben versicherte Risiken teilweise an Rückversicherungsunternehmen ab (Zession von Risiken). Um die Leistungszusage des Rückversicherers abzusichern, können Sicherheiten (z. B. liquide Mittel) für den Fall einbehalten werden, dass dieser seiner Leistungspflicht nicht nachkommt. Diese Sicherheiten werden als Forderung des Rückversicherers gegenüber dem Vorversicherer ausgewiesen.

Eine Besonderheit stellt schließlich noch die Position **D. Kapitalanlagen für Rechnung und Risiko von Inhabern von Lebensversicherungspolicen** dar. Hierunter werden solche Kapitalanlagen gefasst, für die die Versicherten und nicht das Versicherungsunternehmen das Anlagerisiko tragen. Dies betrifft hauptsächlich die Anlageprodukte der fondsgebundenen Lebensversicherung, worunter z. B. Anteile an Investmentfonds fallen. Die Bewertung dieser Kapitalanlagen erfolgt abweichend von den allgemeinen Bewertungsvorschriften zum Zeitwert. Jede Veränderung des Zeitwerts der Kapitalanlagen korrespondiert mit einer entsprechenden Änderung der versicherungstechnischen Rückstellung auf der Passivseite, so dass jede Veränderung im Wert insgesamt erfolgsneutral ist.

2.2.3.2 Positionen der Passivseite

Die gemäß RechVersV vorgegebene Gliederung der Passivseite der Versicherungsbilanz zeigt Darstellung 28. Die größte Bedeutung für die Passivseite einer Versicherungsbilanz haben das Eigenkapital sowie die versicherungstechnischen Rückstellungen. Diese beiden Positionen werden im Folgenden näher beschrieben.

Dar. 28: Gliederung der Passivseite von Versicherungsunternehmen nach Formblatt 1 der RechVersV

A.	Eigenkapital
	I. Eingefordertes / Gezeichnetes Kapital II. Kapitalrücklage III. Gewinnrücklagen IV. Gewinnvortrag/Verlustvortrag V. Jahresüberschuss / Jahresfehlbetrag
B.	Genussrechtskapital
C.	Nachrangige Verbindlichkeiten
D.	weggefallen
E.	Versicherungstechnische Rückstellungen
	I. Beitragsüberträge II. Deckungsrückstellung III. Rückstellung für noch nicht abgewickelte Versicherungsfälle IV. Rückstellung für erfolgsabhängige und erfolgsunabhängige Beitragsrückerstattung V. Schwankungsrückstellungen und ähnliche Rückstellungen VI. Sonstige versicherungstechnische Rückstellungen
F.	Versicherungstechnische Rückstellungen im Bereich der Lebensversicherung, soweit das Anlagerisiko von den Versicherungsnehmern getragen wird
G.	Andere Rückstellungen

Dar. 28: Gliederung der Passivseite von Versicherungsunternehmen nach Formblatt 1 der RechVersV – Fortsetzung

H.	Depotverbindlichkeiten aus dem in Rückdeckung gegebenen Versicherungsgeschäft
I.	Andere Verbindlichkeiten
J.	Rechnungsabgrenzungsposten
K.	Passive latente Steuern

Eigenkapital

Das Eigenkapital ergibt sich als Differenz der Summe der Aktiva und der Summe der Schulden abzüglich der passiven Rechnungsabgrenzungsposten. Eigenkapital entsteht durch die Bereitstellung von Mitteln durch die Eigentümer des Unternehmens oder durch Thesaurierung (= Verzicht auf Ausschüttung) von Gewinnen. Die hohe wirtschaftliche Bedeutung des Eigenkapitals drückt sich darin aus, dass es als Haftungsmasse gegenüber den Gläubigern des Unternehmens dient und einen Risikopuffer für etwaige Verluste bildet. Es dient somit als Grundlage für die Fortführung des Unternehmens und als Sicherheit, dass das Unternehmen jederzeit seine Verpflichtungen gegenüber den Versicherungsnehmern erfüllen kann (vgl. Bergler/Wiegard, 2021, S. 89)

Der Aufbau des Eigenkapitals von Versicherungsunternehmen entspricht – abgesehen von einigen Besonderheiten – dem von Nicht-Versicherungsunternehmen. Gemäß § 272 HGB gliedert sich das Eigenkapital in:

- Gezeichnetes Kapital
- Kapitalrücklagen und
- Gewinnrücklagen

Als **gezeichnetes Kapital** wird dasjenige Kapital bezeichnet, auf das die Haftung der Gesellschaft für die Verbindlichkeiten gegenüber den Gläubigern beschränkt ist. Bei Versicherungsunternehmen in der Rechtsform einer Aktiengesellschaft entspricht es dem nominellen Grundkapital, welches sich aus der Summe der Nennbeträge aller ausgegebenen Aktien ergibt. Bei Versicherungsvereinen auf Gegenseitigkeit tritt an die Stelle des gezeichneten Kapitals ein Gründungsstock, der jedoch nur in der Gründungsphase des Unternehmens eine Rolle spielt und danach verschwindet (vgl. Rockel et al., 2021, S. 148)

Kapitalrücklagen sind Beträge, die dem Unternehmen von außen über das gezeichnete Kapitalhinaus zufließen. Bei Aktiengesellschaften bildet sich diese Position im Wesentlichen aus dem Agio, das bei der Ausgabe neuer Aktien von den Eigentümern aufgebracht wird. Darüber hinaus wird bei Versicherungsunternehmen noch ein Organisationsfonds zu den Kapitalrücklagen gezählt, der wiederum nur in der Gründungsphase des Unternehmens eine Rolle spielt und dem Aufbau der Verwaltung sowie des Vertreternetzes dient (vgl. Rockel et al., 2021, S. 148).

Zu den **Gewinnrücklagen** zählen diejenigen Teile des Eigenkapitals, die aus Gewinnen früherer Jahre oder des laufenden Geschäftsjahres gebildet worden sind. Die Gewinnrücklage setzt sich wiederum aus einzelnen Bestandteilen zusammen, deren Bildung zum Teil engen gesetzlichen Vorschriften unterliegt. Die besonders wichtige gesetzliche Rücklage bei der Aktiengesellschaft wird bei Versicherungsvereinen auf Gegenseitigkeit als Verlustrücklage und bei öffentlichen Versicherungsvereinen als Sicherheitsrücklage bezeichnet. Besonders für Versicherungsvereine auf Gegenseitigkeit sind die Gewinnrücklagen von großer Bedeutung, da sie faktisch die einzige Möglichkeit der Eigenfinanzierung darstellen (▶ Kap. 2.4.4.3).

Weitere Positionen des Eigenkapitals sind der Gewinn- bzw. Verlustvortrag sowie der Jahresüberschuss bzw. Jahresfehlbetrag. Gewinn- bzw. Verlustvorträge entstehen dann, wenn über die Verwendung von Jahresüberschüssen bzw. über die Verrechnung von Jahresfehlbeträgen noch nicht endgültig entschieden wurde. Der Jahresüberschuss bzw. Jahresfehlbetrag ist der positive oder negative Saldo aus den Erträgen und Aufwendungen des Geschäftsjahres gemäß der Gewinn- und Verlustrechnung.

Die Positionen B. Genussrechtskapital und C. Nachrangige Verbindlichkeiten sind Ausprägungen von **Hybridkapital** (andere Bezeichnung: Mezzanine-Kapital). Hybridkapital ist ein Sammelbegriff für Finanzierungsarten, die eine Mischform von Eigen- und Fremdkapital darstellen (▶ Kap. 2.4.6). Die Verwendung von Hybridkapital dient der Optimierung der Kapitalstruktur des Versicherungsunternehmens, die Kosten liegen typischerweise niedriger als Eigenkapitalkosten, jedoch höher als Fremdkapitalkosten.

Versicherungstechnische Rückstellungen

Als Rückstellungen werden Verpflichtungen eines Unternehmens bezeichnet die zu zukünftigen Auszahlungen führen. Zusammen mit den Verbindlichkeiten bilden sie die Schulden des Unternehmens. Der Unterschied zu Verbindlichkeiten liegt allerdings darin, dass bei Rückstellungen eine Ungewissheit darüber besteht, ob bzw. wann sie zu Zahlungsabflüssen führen bzw. in welcher Höhe sie anfallen werden. Die Bewertung von Rückstellungen basiert vielfach auf Schätzungen, die in der Praxis zu einem gewissen bilanzpolitischen Spielraum führen.

Grundsätzlich hat jedes Unternehmen die Verpflichtung, Rückstellungen zu bilden, wobei hierfür die abschließende Aufzählung von § 249 HGB maßgeblich ist. Darin werden die folgenden Teilrückstellungen unterschieden:

- Verbindlichkeitsrückstellungen (z. B. Pensions- oder Steuerrückstellungen),
- Drohverlustrückstellungen (nicht realisierte Verluste aus schwebenden Geschäften),
- Aufwandsrückstellungen (z. B. unterlassene Aufwendungen für Instandhaltung).

Für Versicherungsunternehmen gilt der obige Katalog ebenfalls, die Rückstellungen dieser Kategorien werden unter der Bilanzposition andere Rückstellungen (G) angesetzt. Darüber hinaus sind jedoch die versicherungstechnischen Rückstellungen für die Versicherungsbilanz prägend.

Versicherungstechnische Rückstellungen bilden Verpflichtungen eines Versicherungsunternehmens ab, die sich aus dem Leistungsversprechen gegenüber den Versicherungsnehmern ergeben, gegen Zahlung eines Beitrags die vertraglich versicherten Risiken zu tragen. Da der Eintritt dieser Risiken bzgl. des Eintritts und der Höhe unsicher ist, müssen Versicherungsunternehmen entsprechende versicherungstechnische Rückstellungen bilden. Insofern bilden diese Rückstellungen nicht lediglich eine Finanzierungsquelle, sondern spiegeln das Kerngeschäft des Versicherungsunternehmens wider (vgl. Bergler/Wiegard, 2021, S. 89). Im HGB wird die allgemeine Regelung des § 249 HGB durch die versicherungsspezifische Vorschrift des § 341e Abs. 1 HGB erweitert, wonach Versicherungsunternehmen versicherungstechnische Rückstellungen auch insoweit zu bilden haben, wie dies nach vernünftiger kaufmännischer Beurteilung notwendig ist, um die dauernde Erfüllbarkeit der Verpflichtungen aus den Versicherungsverträgen sicherzustellen (vgl. Rockel, 2012, S. 154).

Die versicherungstechnischen Rückstellungen nehmen den höchsten Stellenwert auf der Passivseite der Versicherungsbilanz ein. Gemäß § 341e-h HGB sind die versicherungstechnischen Rückstellungen wie folgt zu untergliedern:

- Beitragsüberträge,
- Deckungsrückstellungen,
- Rückstellungen für erfolgsabhängige und erfolgsunabhängige Beitragsrückerstattung,
- Rückstellungen für noch nicht abgewickelte Versicherungsfälle,
- Schwankungs- und ähnliche Rückstellungen.

Prämienzahlungen von Versicherungsunternehmen erfolgen regelmäßig vorschüssig, was oft dazu führt, dass von einer Zahlung das aktuelle Geschäftsjahr und das Folgejahr berührt werden. Durch die **Beitragsüberträge** wird der Teil der erhaltenen Prämienzahlungen abgegrenzt, der Ertrag für eine bestimmte Zeit nach dem Bilanzstichtag darstellt. In ökonomischer Sichtweise haben Beitragsüberträge den Charakter eines transitorischen passiven Rechnungsabgrenzungsposten. Die Höhe der Beitragsüberträge bemisst sich grundsätzlich nach dem Verhältnis des bis zum Bilanzstichtag ausstehenden Zeitraums zum gesamten Zeitraum der Laufzeit des Versicherungsvertrags (▶ Beispiel 6).

Beispiel 6: Vereinfachte Berechnung von Beitragsüberträgen

Ein Versicherungsnehmer zahlt am 1. Oktober seine Prämie in Höhe von 1200 Euro für ein gesamtes Jahr im Voraus. Es wird unterstellt, dass das versicherungstechnische Risiko gleichmäßig über die Laufzeit des Vertrags (zeitproportional) verteilt ist. In diesem Fall ergibt sich ein Ertrag (verdiente Beiträge) in

Höhe von 300 Euro sowie eine Rückstellung für Beitragsüberträge in Höhe von 900 Euro.
In der Praxis kommen verschiedene Verfahren zum Einsatz, z. B. die taggenaue Methode (pro rata temporis) sowie Näherungsverfahren (z. B. 1/12-Methode). Weiterhin ist zu beachten, dass nicht der gesamte Beitrag, sondern nur bestimmte Teile davon übertragungsfähig sind.

Deckungsrückstellungen werden vornehmlich in der Lebensversicherung gebildet und stellen dort die mit Abstand wichtigste versicherungstechnische Rückstellung dar. In der Krankenversicherung lautet die entsprechende Bezeichnung Alterungsrückstellung. Deckungsrückstellungen dienen grundsätzlich zur Abdeckung ungewisser Verbindlichkeiten, die sich aus dem Lebens- oder Krankenversicherungsgeschäft ergeben. Die Bildung der Deckungsrückstellung erfolgt grundsätzlich nach der prospektiven Methode, wonach sich die Deckungsrückstellung aus dem Barwert der künftigen vertraglichen Verpflichtungen abzüglich des Barwerts der erwarteten künftigen Beiträge ergibt. Deckungsrückstellungen haben eine Spar- sowie eine Zeitausgleichsfunktion (vgl. Rockel et al., 2012, S. 181 ▶ Beispiel 7).

Die Deckungsrückstellung ist grundsätzlich einzeln zu bewerten, wobei angemessene Sicherheitszuschläge zu berücksichtigen sind (Vorsichtsprinzip). Seit 2011 sind Lebensversicherungsunternehmen weiterhin dazu verpflichtet, die Deckungsrückstellung um die sog. Zinszusatzreserve zu ergänzen. Hintergrund dieser Maßnahme ist die Tatsache, dass viele Lebensversicherer noch alte Versicherungsverträge mit Rechnungszinsen (d. h. garantierten Leistungen) bis zu 4 % in ihren Beständen haben. Aufgrund des anhaltend niedrigen Zinsniveaus an den Kapitalmärkten lassen sich solche Verzinsungshöhen jedoch nicht mehr erreichen. Zur Abdeckung der Differenz zwischen dem garantierten Zins sowie dem aktuellen Zinsniveau ist die Zinszusatzreserve gemäß einem einheitlichen Berechnungsverfahren zu bilden und somit eine zusätzliche bilanzielle Vorsorge zu treffen.

Die **Rückstellungen für erfolgsabhängige und erfolgsunabhängige Beitragsrückerstattung** sind ebenfalls in der Lebens- und Krankenversicherung von besonderer Bedeutung. Versicherungsunternehmen erzielen aus den Beiträgen der Versicherungsnehmer und aus Kapitalanlagen regelmäßig Überschüsse, die auf die gesetzlich vorgeschriebene Anwendung vorsichtiger Rechnungsgrundlagen zurückzuführen sind. So schätzen z. B. Versicherer die Sterblichkeit in der Risikolebensversicherung systematisch zu hoch bzw. die zu erwartenden Kapitalerträge zu niedrig ein. Damit diese vorsichtige Beitragskalkulation nicht zulasten der Versicherungsnehmer geht, sind diese an den Überschüssen angemessen zu beteiligen. Die Mindestbeteiligung der Versicherungsnehmer ist in der Mindestzuführungsverordnung geregelt und beträgt 90 % des Kapitalanlage- sowie des Risikoergebnisses und 50 % des Kostenergebnisses.

Die Überschussbeteiligung der Versicherungsnehmer erfolgt bilanziell durch die Rückstellung für Beitragsrückerstattung (RfB), die ausschließlich zur erfolgsabhängigen und erfolgsunabhängigen Beitragsrückerstattung zu verwenden ist. Die erfolgsabhängige Beitragsrückerstattung beinhaltet Beiträge, die vom Gesamtergebnis des Unternehmens oder einer Sparte abhängig sind. In der erfolgsunabhängigen Beitragsrückerstattung werden solche Beiträge eingestellt, die vom Schadenverlauf oder vom Gewinn eines oder mehrerer Versicherungsverträge abhängig sind (z. B. Beitragsrückerstattung in der privaten Krankenversicherung). Die Ausschüttung der RfB an die Versicherungsnehmer kann auf verschiedenen Wegen erfolgen (z. B. Sofortrabatt bei der Prämie, Vermeidung von Prämienerhöhungen, verzinsliche Ansammlung, Barauszahlung). Die RfB enthält die Überschüsse von mehreren Jahren, wodurch sich eine Verzögerung der Ausschüttung an die Versicherungsnehmer ergibt. Dies dient zur Glättung der von Jahr zu Jahr schwankenden Überschüsse und soll verhindern, dass einzelne Jahrgänge von Versicherungsnehmern bevorzugt bzw. benachteiligt werden.

Beispiel 7: Spar- und Zeitausgleichsfunktion der Deckungsrückstellung

Die Versicherungssumme einer kapitalbildenden Lebensversicherung beträgt 100.000 Euro und soll in 10 Jahren ausgezahlt werden. Der Barwert dieser Summe zum heutigen Zeitpunkt ist 90.000 Euro. Der Barwert der zukünftig noch zu erwartenden Prämien beträgt 60.000 Euro. Die Deckungsrückstellung beträgt damit 30.000 Euro (90.000 Euro abzüglich 60.000 Euro). Die **Sparfunktion** der Deckungsrückstellung verdeutlicht Darstellung 29:

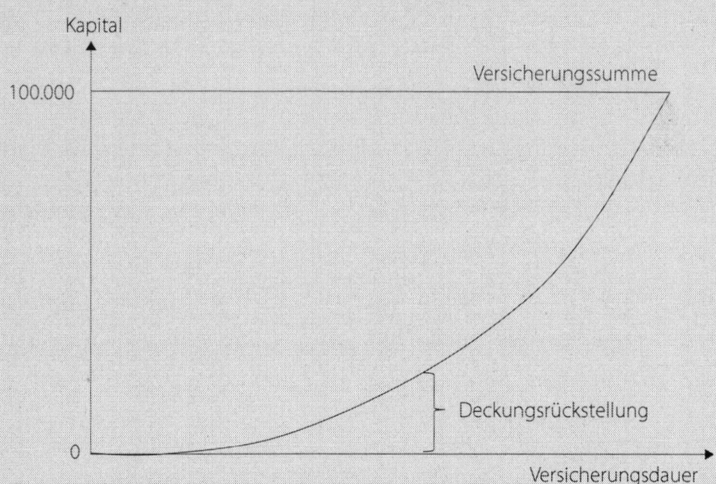

Dar. 29: Sparfunktion der Deckungsrückstellung

Eine 40-jährige Frau schließt eine Risikolebensversicherung mit einer Laufzeit von zehn Jahren ab und einer Versicherungssumme von 100.000 Euro ab. Dafür zahlt sie eine konstante jährliche Prämie von 150 Euro. Diese Prämie ist in der ersten Hälfte der Laufzeit tendenziell zu hoch gemessen an dem Sterblichkeitsrisiko der Frau, in der zweiten Hälfte dagegen tendenziell zu niedrig. Um diese Ungleichmäßigkeit auszugleichen, baut der Versicherer in den ersten Jahren eine Deckungsrückstellung auf (Sparfunktion), um sie danach schrittweise wieder aufzulösen (Entsparfunktion). Die **Zeitausgleichsfunktion** der Deckungsrückstellung verdeutlicht Darstellung 30:

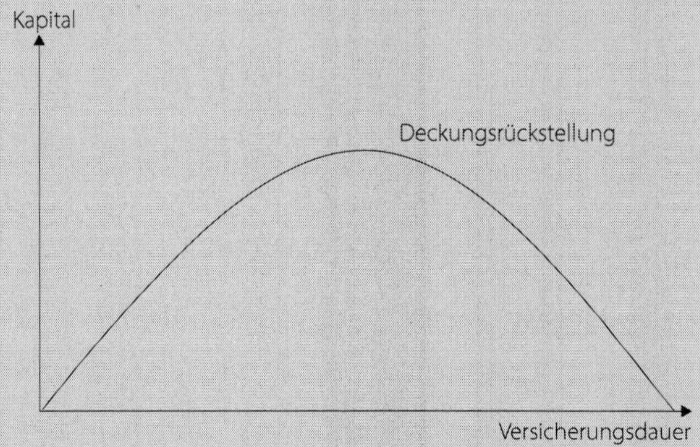

Dar. 30: Zeitausgleichsfunktion der Deckungsrückstellung

Rückstellungen für noch nicht abgewickelte Versicherungsfälle werden meist als Schadenrückstellungen bezeichnet und umfassen Verpflichtungen aus Schäden, die bis zum Ende des Geschäftsjahres eingetreten sind, bei denen aber die Höhe oder sogar die Existenz des Schadens noch gar nicht bekannt ist. Die Abwicklung von Versicherungsschäden kann sich in vielen Fällen, insb. der Haftpflichtversicherung, über viele Jahre erstrecken. Teilweise werden eingetretene Schäden auch erst Jahre nach dem Eintritt gemeldet. Die Rückstellung für noch nicht abgewickelte Versicherungsfälle setzt sich aus vier Teilrückstellungen zusammen (► Beispiel 8):

- Unter die **Teilrückstellung für bekannte Versicherungsfälle** fallen solche Versicherungsfälle, die bis zum Abschlussstichtag eingetreten und gemeldet, aber noch nicht abschließend reguliert worden sind.
- Die **Teilrückstellung für Spätschäden** umfasst solche Versicherungsfälle, die bis zum Bilanzstichtag eingetreten oder verursacht, aber bis zu diesem Zeitpunkt noch nicht gemeldet sind. Diese werden nochmals unterteilt in bekannte Spätschäden (Schäden werden bis zur Aufstellung der Bilanz bekannt) und unbekannte bzw. »echte« Spätschäden (Schäden sind dem Unternehmen bis zur Aufstellung der Bilanz nicht bekannt). Unbekannte Schäden können aufgrund ihres Charakters nicht einzeln bewertet werden, sondern müssen mit Hilfe sta-

tistischer Methoden durch Aktuare pauschal zu schätzen (z. B. Chain Ladder Verfahren, vgl. dazu Rockel et al., 2012, S. 209 ff.).

- Die **Teilrückstellung für Schadenregulierungsaufwendungen** umfasst alle nach dem Bilanzstichtag anfallenden Aufwendungen zur Schadenregulierung (z. B. Anwaltskosten, Prozesskosten, Kosten für die externe und interne Schadenbearbeitung).
- Die **Teilrückstellung für Rentenversicherungsfälle** fällt hauptsächlich in der Haftpflicht-, Unfall- und Kraftfahrzeugversicherung an und umfasst den Barwert solcher Versicherungsleistungen, die an Geschädigte in Form einer Rente zu erbringen sind. Die Bewertung erfolgt mit Hilfe versicherungsmathematischer Methoden.

Beispiel 8: Noch nicht abgewickelte Versicherungsfälle

Das Geschäftsjahr einer Versicherung endet am 31.12.2021.
Bekannter Schaden:
Am 12.11.2021 verursacht ein Versicherungsnehmer einen Haftpflichtschaden, bei dem eine Frau schwer verletzt wird. Am Ende des Jahres schätzt ein Sachbearbeiter die Schadenhöhe auf 15.000 Euro. Diese Summe wird als Rückstellung in die Bilanz von 2021 aufgenommen.
Bekannter Spätschaden:
Am 30.11.2021 brennt das Haus eines Versicherungsnehmers ab, die Schadenmeldung geht bei der Versicherung am 5.1.2022 ein. Der Schaden wird auf 250.000 Euro geschätzt. Da die Schadenmeldung noch vor der Schließung des Schadenregisters für 2021 erfolgte, kann die Rückstellung noch in die Bilanz des Jahres 2021 aufgenommen werden.
Unbekannter Spätschaden:
Ein Architekt erstellt am 31.5.2000 eine Planung für ein öffentliches Gebäude. Das auf dieser Planung basierende Gebäude wird 2005 fertiggestellt. Im Jahr 2020 wird festgestellt, dass das Gebäude strukturelle Beschädigungen aufweist, die auf einen Planungsfehler des Architekten zurückzuführen sind. Nach einem langwierigen Gerichtsverfahren wird der Architekt im Jahr 2023 zur Zahlung von 2 Millionen Euro verurteilt. Die Architektenhaftpflichtversicherung reguliert den Schaden. Die Bildung einer Einzelschadenreserve im Jahr 2000 ist nicht möglich, da die Versicherung zu diesem Zeitpunkt von dem Schaden keine Kenntnis hat. Stattdessen wird eine pauschale Reserve für sämtliche zukünftigen Schäden aus der Architektenhaftpflichtversicherung in Höhe von 20 Mio. Euro gebildet.

Schwankungsrückstellung und ähnliche Rückstellungen werden ausschließlich von Schaden- und Unfallversicherungs- sowie Rückversicherungsunternehmen gebildet. Schwankungsrückstellungen bilden einen Verlustpuffer, der in schadenarmen Jahren aufgebaut, in stark schadenbelasteten Jahren dagegen wieder abgebaut wird. Sie dienen dem Ausgleich von erheblichen Schwankungen (Volatilität) innerhalb des Schadenverlaufs und sind damit ein Instrument zum Risikoausgleich in der Zeit (▶ Kap. 1.2.1). Schwankungsrückstellungen können nicht bestimmten Verträgen zugewiesen werden, sondern führen in ihrer Gesamtheit zu einer Glättung des versicherungstechnischen Ergebnisses. Dadurch weisen sie wichtige Grundzüge von Eigenkapital auf, obwohl sie in der Versicherungsbilanz als Fremdkapital ausgewiesen werden.

Die Vorschriften für den Ansatz und die Höhe der zu bildenden Schwankungsrückstellungen sind präzise in der Anlage zu § 29 RechVersV geregelt. Danach ist jährlich zu prüfen, ob die Schadenquote des betreffenden Jahres vom langjährigen Durchschnitt abweicht. Liegt die aktuelle Schadenquote unter diesem Durchschnitt, ist die Schwankungsrückstellung um einen bestimmten Betrag zu erhöhen, liegt sie darüber, muss ein bestimmter Betrag entnommen werden.

Ähnliche Rückstellungen werden auch für solche Risiken gebildet, bei denen es wegen des hohen Schadenrisikos regelmäßig nicht zu einem Ausgleich zwischen Leistung und Gegenleistung innerhalb eines Jahres kommt (Großrisikenrückstellung, z. B. für Terrorrisiken, Ölplattformen usw.)

2.2.4 Die Gewinn- und Verlustrechnung (GuV) des Versicherungsunternehmens

Die Gewinn- und Verlustrechnung (GuV) ist eine Gegenüberstellung von Aufwendungen und Erträgen eines Unternehmens und bildet neben der Bilanz einen zentralen Bestandteil des Jahresabschlusses. Durch die GuV wird innerhalb einer festgelegten Periode der Gewinn des Unternehmens ermittelt und insb. auch die Quellen des Erfolgs aufgezeigt.

Mit den Erträgen und Aufwendungen stehen in der GuV Stromgrößen, es handelt sich damit um eine Zeitraumrechnung. Im Gegensatz dazu ist die Bilanz eine Zeitpunktrechnung, da dort ausschließlich das Vermögen und die Schulden des Unternehmens am Bilanzstichtag berücksichtigt werden (▶ Kap. 2.2.3). Weiterhin unterscheidet sich die GuV von der Bilanz dadurch, dass sie in Staffelform aufgestellt wird, während die Bilanz eine Kontenform aufweist.

Ähnlich wie bei der Bilanz sind auch bei der GuV die allgemeinen Gliederungsprinzipien gemäß § 275 Abs. 1 HGB ungeeignet, da sie nicht dazu in der Lage sind, die Besonderheiten des Versicherungsgeschäfts abzubilden. Deshalb werden in § 2 Abs. 1 RechVersV für Versicherungsunternehmen eigenständige Gliederungsschemata vorgeschrieben, die sich nochmals in Abhängigkeit von dem jeweils betriebenen Versicherungsgeschäft unterscheiden:

- **Formblatt 2** für Schaden- und Unfallversicherungsunternehmen und Rückversicherungsunternehmen.
- **Formblatt 3** für Lebensversicherungsunternehmen, Pensions- und Sterbekassen und Krankenversicherungsunternehmen.

- **Formblatt 4** für Lebensversicherungsunternehmen oder Schaden- und Unfallversicherungsunternehmen, die auch das selbst abgeschlossene Unfall- bzw. Krankenversicherungsgeschäft nach Art der Lebensversicherung betreiben.

Zentrale Gemeinsamkeit der verschiedenen Formblätter ist die Unterteilung in die versicherungstechnische und nicht-versicherungstechnische Rechnung. Dadurch soll eine bessere Beurteilung der Erfolgsquellen des Versicherungsunternehmens ermöglicht werden (Teilerfolgsprinzip). Ein wesentlicher Unterschied ergibt sich bei der Zuordnung des Kapitalanlageergebnisses, die bei Lebens- und Krankenversicherungsunternehmen in der versicherungstechnischen Rechnung, bei Schaden- und Unfallversicherungsunternehmen hingegen in der nicht-versicherungstechnischen Rechnung erfolgt (▶ Dar. 31 und 32).

Dar. 31: Versicherungstechnische Rechnung (in Anlehnung an Rockel et al., 2012, S. 232

Formblatt 2 **Schaden- / Unfallversicherung**	**Formblatt 3** **Lebens-/ Krankenversicherung**
I. Versicherungstechnische Rechnung	**I. Versicherungstechnische Rechnung**
1. **Beitragseinnahmen** 2. Technischer Zinsertrag f.e.R. 3. Sonstige versicherungstechnische Erträge/Aufwendungen f.e.R. 4. **Aufwendungen für Versicherungsfälle f.e.R.** 5. Veränderung der versicherungstechnischen Nettorückstellungen 6. Aufwendungen für Beitragsrückerstattung 7. **Aufwendungen für Versicherungsbetrieb** 8. Sonstige versicherungstechnische Erträge / Aufwendungen f.e.R. 9. Zwischensumme 10. Veränderung der Schwankungsrückstellung 11. **Versicherungstechnisches Ergebnis f.e.R.**	1. **Beitragseinnahmen** 2. Beiträge aus der Brutto-RfB 3. Erträge aus Kapitalanlagen (KA) 4. Nicht realisierte Gewinne aus KA 5. Sonstige versicherungstechnische Erträge/ Aufwendungen f.e.R. 6. Aufwendungen für Versicherungsfälle f.e.R. 7. Veränderung der versicherungstechnischen Nettorückstellungen 8. Aufwendungen für Beitragsrückerstattung 9. Aufwendungen für Versicherungsbetrieb 10. Aufwendungen für KA 11. Nicht realisierte Verluste aus KA 12. Sonstige versicherungstechnische Erträge/ Aufwendungen f.e.R. 13. **Versicherungstechnisches Ergebnis f.e.R.**

Bei Lebens- und Krankenversicherungsunternehmen lässt sich das Versicherungs- und das Kapitalanlagegeschäft kaum voneinander trennen, da die entsprechenden Produkte (z. B. Rentenversicherungen) unauflösbar mit Sparprozessen verknüpft sind. Folglich gilt dort eine Einheitstheorie und Erträge und Aufwendungen aus Kapitalanlagen werden unter der versicherungstechnischen Rechnung ausgewiesen.

Bei Schaden- und Unfallversicherungsunternehmen ist die GuV dagegen nach einer Trennungstheorie aufgebaut und das Kapitalanlageergebnis wird in der nicht-versicherungstechnischen Rechnung ausgewiesen. Versicherungsgeschäft und Kapitalanlage sind hier in einem deutlich weniger engen Zusammenhang, es erfolgt lediglich eine Umbuchung technischer Zinserträge im Umfang der versicherungstechnischen Rückstellungen in die versicherungstechnische Rechnung (vgl. Rockel et al., 2012, S. 231).

Dar. 32: Nichtversicherungstechnische Rechnung (in Anlehnung an Rockel et al., 2012, S. 233)

Formblatt 2 Schaden- / Unfallversicherung	Formblatt 3 Lebens-/ Krankenversicherung
II. Nichtversicherungstechnische Rechnung	**II. Nichtversicherungstechnische Rechnung**
1. **Erträge aus Kapitalanlagen (KA)** 2. **Aufwendungen für KA** 3. Technischer Zinsertrag 4. Sonstige Erträge 5. Sonstige Aufwendungen 6. **Ergebnis der normalen Geschäftstätigkeit** 7. Außerordentliche Erträge 8. Außerordentliche Aufwendungen 9. Außerordentliches Ergebnis 10. Steuern vom Einkommen und Ertrag 11. Sonstige Steuern 12. Erträge aus Verlustübernahme 13. Abgeführte Gewinne 14. Jahresüberschuss/Jahresfehlbetrag	1. Sonstige Erträge 2. Sonstige Aufwendungen 3. Ergebnis der normalen Geschäftstätigkeit 4. Außerordentliche Erträge 5. Außerordentliche Aufwendungen 6. Außerordentliches Ergebnis 7. Steuern vom Einkommen und Ertrag 8. Sonstige Steuern 9. Erträge aus Verlustübernahme 10. Abgeführte Gewinne 11. Jahresüberschuss/Jahresfehlbetrag

Im Folgenden werden wichtige Posten der GuV eines Schaden- und Unfallversicherungsunternehmens erläutert (in den obigen Darstellungen jeweils fett gedruckt). Das versicherungstechnische Ergebnis setzt sich im Wesentlichen aus den folgenden Positionen zusammen:

- **Verdiente Beiträge für eigene Rechnung**: Beiträge stellen die wesentliche Ertragskomponente jedes Versicherungsunternehmens dar. Es handelt sich dabei um die von den Versicherungsnehmern gezahlten Prämien für Versicherungsleistungen. Prämien sind verdient, wenn sie für das laufende Geschäftsjahr einen Ertrag darstellen. Der Ausdruck »für eigene Rechnung« (f.e.R.) bedeutet, dass die Prämienanteile für die Rückversicherungsunternehmen von den Bruttoprämien abgezogen sind. Diese Darstellung heißt modifiziertes Nettoprinzip (▶ Beispiel 9).

Beispiel 9: Verdiente Beiträge für eigene Rechnung

Ein Versicherungsunternehmen erhält Bruttobeiträge von 100.000 Euro, von denen 20.000 an ein Rückversicherungsunternehmen abgeben werden. In den

Bruttobeiträgen sind Beitragsüberträge von 30.000 Euro für das kommende Geschäftsjahr enthalten. Es ergibt sich folgende Darstellung in der GuV

	Gebuchte Bruttobeiträge	100.000
–	abgegebene Rückversicherungsbeiträge	20.000
=	**gebuchte Beiträge f.e.R.**	**80.000**
–	Veränderung der Bruttobeitragsüberträge	30.000
+	Veränderung des Anteils der Rückversicherer an den Bruttobeitragsüberträgen	6.000
=	**verdiente Beiträge f.e.R.**	**56.000**

- **Aufwendungen für Versicherungsfälle für eigene Rechnung**: Hierunter werden die im Geschäftsjahr geleisteten Schadenzahlungen sowie die Veränderung der Schadenrückstellung ausgewiesen. Die Darstellung erfolgt wiederum nach dem modifizierten Nettoprinzip (▶ Beispiel 10).

Beispiel 10: Aufwendungen für Versicherungsfälle für eigene Rechnung

Im aktuellen Geschäftsjahr entsteht ein Schaden, der auf 50.000 Euro geschätzt wird. Im laufenden Jahr werden 20.000 Euro dieses Schadens ausgezahlt, der Rest wird den Schadenrückstellungen zugeführt. Es ergibt sich folgende Darstellung in der GuV:

	Zahlungen für Versicherungsfälle	20.000
–	Anteil der Rückversicherer	4.000
=	**Zahlungen für Versicherungsfälle f.e.R.**	**16.000**
+	Veränderung der Schadenrückstellungen	30.000
–	Veränderung des Anteils der Rückversicherer an der Veränderung der Schadenrückstellungen	6.000
=	**Aufwendungen für Versicherungsfälle f.e.R.**	**40.000**

- **Aufwendungen für den Versicherungsbetrieb für eigene Rechnung**: hierunter fallen die gesamten Personal- und Sachaufwendungen, die zum laufenden Betrieb des Versicherungsunternehmens notwendig sind. Dazu gehören Abschluss- (z. B. Abschlussprovisionen, Courtagen) sowie allgemeine Verwaltungsaufwendungen (z. B. Gehälter, Büromieten, IT-Anlagen). Von den Bruttoaufwendungen für den Versicherungsbetrieb sind die erhaltenen Provisionen und Gewinnbeteiligungen aus dem in Rückdeckung erhaltenen Geschäft abzuziehen.

In der nicht-versicherungstechnischen Rechnung sind die folgenden Positionen von besonderer Bedeutung:

- **Erträge aus Kapitalanlagen**: Hierunter werden alle Erträge aus den Kapitalanlagen des Versicherungsunternehmens ausgewiesen. Dazu gehören Dividenden, Zinsen, Miet- und Pachterträge, realisierte Gewinne aus dem Verkauf von Kapitalanlagen sowie Zuschreibungen auf Kapitalanlagen. Die aus den Kapitalanlagen resultierenden Gewinne werden noch nach verschiedenen Quellen unterschieden (Erträge aus Beteiligungen, Erträge aus anderen Kapitalanlagen, Erträge aus Gewinngemeinschaften).
- **Aufwendungen für Kapitalanlagen**: Hierunter fallen einerseits die dem Funktionsbereich »Verwaltung der Kapitalanlagen« zugeordneten Personal- und Sachkosten (z. B. Gehälter und Büromieten). Darüber hinaus sind hier auch fällige Zinsen (z. B. Schuldzinsen für Hypotheken auf den eigenen Grundbesitz) sowie Abschreibungen auf Kapitalanlagen und realisierte Verluste beim Verkauf von Kapitalanlagen zu erfassen.

Die Addition des versicherungstechnischen und des nicht-versicherungstechnischen Ergebnisses führt – zusammen mit den sonstigen Erträgen und Aufwendungen – zum Ergebnis der normalen Geschäftstätigkeit.

2.2.5 Jahresabschlussanalyse von Versicherungsunternehmen

2.2.5.1 Grundzüge der Jahresabschlussanalyse

Die Jahresabschlussanalyse dient dazu, ein möglichst präzises Bild der wirtschaftlichen Unternehmenssituation zu erhalten. Um dieses Ziel zu erreichen, werden Daten aus dem Jahresabschluss in systematischer Weise aufbereitet, verdichtet und ausgewertet. Eine fundierte Jahresabschlussanalyse kann folgende Funktionen erfüllen (vgl. Gondring, 2015, S. 304):

- **Informationsfunktion:** Qualifizierte Beurteilung der (gegenwärtigen und zukünftigen) Vermögens-, Finanz- und Ertragslage des Unternehmens.
- **Kontrollfunktion:** Vergleich der berechneten Kennzahlen mit Zielwerten.
- **Steuerungsfunktion:** Identifizierung von möglichen Ursachen für Zielabweichungen bzw. Hinweisen für entsprechende Gegenmaßnahmen.

Die Jahresabschlussanalyse wird auf der Basis extern zugänglicher Informationen durchgeführt. Als wichtigste Informationsquelle dient hierbei der veröffentlichte Jahresabschluss mit den Kernbestandteilen Bilanz und GuV. Darüber hinaus gibt es jedoch noch eine Reihe anderer Quellen, die zur Analyse herangezogen werden können. Dazu gehören der Lagebericht, die Solvenzbilanz sowie Bericht über Solvabilität und Finanzlage (SFCR). Mit den letztgenannten Dokumenten ist ein präziserer Blick in die Risikolage des Unternehmens möglich (vgl. Rohlfs et al., 2019, S. 511 ff.).

Im Folgenden wird lediglich auf die klassische Jahresabschlussanalyse von Versicherungsunternehmen eingegangen, wobei ohne weitere Hilfsmittel Bilanz und GuV mit Hilfe bestimmter Kennzahlen untersucht werden. Bei dieser Art der Analyse sind Einschränkungen in der Aussagekraft zu beachten:

- **Vergangenheitsbezug:** Der Jahresabschluss enthält ausschließlich Daten über die Vergangenheit.
- **Jahresabschlusspolitik:** Unternehmen haben bei der Erstellung des Jahresabschlusses bestimmte Spielräume (Wahlrechte). Dadurch wird die Höhe von Erfolgsgrößen beeinflusst.
- **Fokussierung auf (hoch verdichtete) Kennzahlen:** Durch die isolierte Betrachtung von Kennzahlen werden Detailinformationen ausgeblendet, weiterhin werden qualitative Informationen (z. B. Managementqualität) ausgeblendet.
- **Fehlende Kenntnisse über Ursache-Wirkungsbeziehungen:** Kennzahlen sagen nichts oder wenig über die Ursachen einer Entwicklung aus (Warum sinkt der Gewinn?).

Der Prozess der Jahresabschlussanalyse vollzieht sich in mehreren Schritten (▶ Dar. 33). Zunächst ist das Erkenntnisziel durch den Empfänger der Analyse festzulegen. Wesentliche Erkenntnisziele für Versicherungsunternehmen können z. B. Sicherheit, Ertragskraft oder Wachstumsstärke sein. Im Anschluss müssen die zu analysierenden Daten gesammelt und aufbereitet werden. Dies geschieht i. d. R. dadurch, dass die Daten aus den Jahresabschlüssen in ein Tabellenkalkulationsprogramm übertragen und dort in geeigneter Weise strukturiert werden.

Den Kern der Jahresabschlussanalyse bilden Kennzahlen. Kennzahlen sind verdichtete Informationen, die betriebswirtschaftliche Sachverhalte in einer Zahl abbilden und als Grundlage für Handlungsempfehlungen und Entscheidungen dienen können. Im Regelfall werden Kennzahlen dadurch gebildet, dass eine Größe zu einer anderen in Beziehung gesetzt wird (Verhältniszahlen). So lässt sich z. B. der durchschnittliche Umsatz pro Kunde ermitteln, in dem der Umsatz ins Verhältnis zur Anzahl der Kunden gesetzt wird. Darüber hinaus gibt es jedoch auch absolute Kennzahlen (z. B. gebuchte Bruttobeiträge als Kennzahl für die Umsatzhöhe). Zur Erreichung der Analyseziele sind geeignete Kennzahlen auszuwählen und für den gewählten Analysezeitraum zu berechnen.

Im letzten Schritt sind die Ergebnisse der Analyse zu interpretieren und geeignete Schlussfolgerungen abzuleiten. Dafür müssen ggf. weitere, auch qualitative Informationen herangezogen werden (z. B. Anhang, Lagebericht).

Die Aussagekraft von Kennzahlen erhöht sich signifikant durch einen sinnvollen Vergleichsmaßstab. Die Information, dass ein Versicherungsunternehmen ein versicherungstechnisches Ergebnis von 2 Mio. Euro erzielt, hat nur eine begrenzte Aussagekraft. Zur besseren Interpretation finanzwirtschaftlicher Kennzahlen bieten sich folgende Vergleichsmaßstäbe an (vgl. Pape, 2018, S. 278):

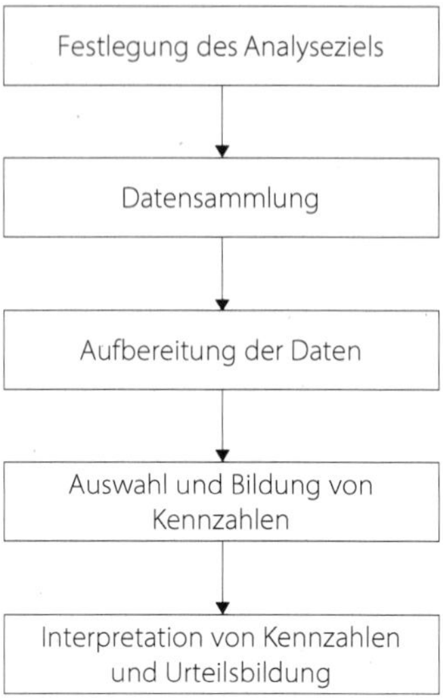

Dar. 33: Schritte der Jahresabschlussanalyse

- **Zeitvergleich:** Untersuchung der Entwicklung von Kennzahlen im Zeitablauf (z. B. Gewinnentwicklung der letzten fünf Jahre). Durch solche mehrjährige Analysen können Trends oder Zyklen der Unternehmensentwicklung besser erkannt werden.
- **Unternehmens- bzw. Branchenvergleich:** Vergleich der Kennzahlen eines Unternehmens mit den Zahlen vergleichbarer Unternehmen bzw. Branchenwerten. Hierdurch kann ermittelt werden, ob ein Unternehmen in der Lage ist, die als Benchmark dienenden Unternehmens bzw. Branchenwerte zu übertreffen. Geeignete Zahlen für die Versicherungsbranche werden durch die BaFin bzw. den GdV zur Verfügung gestellt (vgl. BaFin, 2021 sowie GdV, 2022a).
- **Soll-Ist-Vergleich:** Vergleich der für das Unternehmen ermittelten Ist-Werte mit den Zielvorgaben (Soll-Werte). Auf diese Weise lässt sich prüfen, ob die im Rahmen der Unternehmenssteuerung geplanten Ziele (Soll-Werte) erreicht worden sind.

2.2.5.2 Kennzahlenkatalog zur Jahresabschlussanalyse von Versicherungsunternehmen

Im Folgenden werden geeignete Kennzahlen zur Analyse von Schaden-/ Unfallversicherungsunternehmen vorgestellt (zu Kennzahlenkatalogen für Lebens- bzw. Krankenversicherungsunternehmen vgl. Rockel et al., 2012, S. 332). Der hier entwickelte Kennzahlenkatalog wird in folgende Bereiche aufgeteilt:

- Bestand und Wachstum,
- Erfolg und Leistung,

- Sicherheit und Finanzierbarkeit,
- Kapitalanlagen.

Bestand und Wachstum

Die Analyse im Bereich Bestand und Wachstum bildet den der Ausgangspunkt der Jahresabschlussanalyse und kann sowohl für das Gesamtunternehmen als auch für einzelne Sparten durchgeführt werden. Sie blickt zunächst auf das Umsatzvolumen sowie die Struktur des bestehenden versicherungstechnischen Geschäftes. Die wichtigste absolute Bestandskennzahl bildet das Beitragsvolumen, wobei unterschieden werden kann nach:

- gebuchte Bruttobeiträge,
- verdiente Bruttobeiträge,
- abgegebene Rückversicherungsbeiträge,
- verdiente Beiträge f.e.R.

Diese Kennzahlen müssen nicht berechnet werden, sie sind direkt aus der GuV ablesbar. Die unterschiedlichen Beitragsgrößen liefern Ansatzpunkte für weitergehende Analysen. So können sich z. B. die verdienten Bruttobeiträge stärker entwickeln als die gebuchten Bruttobeiträge. Dies lässt sich auf eine Veränderung der Beitragsüberträge zurückführen und deutet darauf hin, dass ein erhebliches Wachstum in der Vorperiode stattgefunden hat, während das aktuelle Wachstum unter Umständen schwächer ausgeprägt ist.

Aus den verdienten Beiträgen f.e.R. sowie den Verdienten Bruttobeiträgen lässt sich die Selbstbehaltsquote berechnen. Sie gibt an, welcher Anteil der verdienten Beiträge im Selbstbehalt des Versicherers verbleibt bzw. welcher Anteil an Rückversicherer abgeben wird:

$$\text{Selbstbehaltsquote} = \frac{\text{Verdiente Beiträge f.e.R.}}{\text{verdiente Bruttobeiträge}}$$

Der Spartenmix ist eine wichtige Kennzahl zur Zusammensetzung des bestehenden Versicherungsgeschäfts. Er benennt die Anteile einzelner Versicherungssparten am Gesamtumsatz und liefert damit eine Aussage darüber, welche Sparten in einem Versicherungsunternehmen über hohe Geschäftsanteile verfügen:

$$\text{Geschäftsanteil einer Sparte} = \frac{\text{verdiente Bruttobeiträge einer Sparte}}{\text{verdiente Bruttobeiträge gesamt}}$$

Die Wachstumsrate der Beiträge ermöglicht eine Bewertung der **Wachstumsstärke** eines Versicherers. Sie benennt die relative Veränderung der Beiträge im Geschäftsjahr (GJ) im Vergleich zum Vorjahr (VJ) in Prozent. Die Wachstumsrate kann auf Basis verschiedener Beitragsgrößen (insb. gebuchte Bruttobeiträge, verdiente Beiträge f.e.R.) durchgeführt werden:

$$\text{Wachstumsrate geb. Bruttobeiträge} = \frac{\text{geb. Bruttobeiträge GJ-geb. Bruttobeiträge VJ}}{\text{geb. Bruttobeiträge VJ}}$$

Weitergehende Analysemöglichkeiten ergeben sich durch einen Vergleich mit dem Wachstum des Marktes bzw. dem Wachstum vergleichbar strukturierter Wettbewerber.

Ein kontinuierliches Beitragswachstum bildet eine wichtige Erfolgsgrundlage für ein Versicherungsunternehmen. Dabei ist jedoch zu hinterfragen, was die Ursachen für das Wachstum sind. So zeigt ein positives Beitragswachstum bei konstantem Bestand (Anzahl der Versicherungsverträge), dass das Versicherungsunternehmen bei der Zeichnung der Risiken höhere Preise durchsetzen konnte. Andererseits deutet ein konstantes Beitragsvolumen bei verringertem Bestand darauf hin, dass die Preise für Deckungen gesunken sind. Einen Hinweis auf die Profitabilität des Geschäfts liefert die durchschnittliche Beitragshöhe pro Versicherungsvertrag:

$$\text{Durchschnittliche Beitragshöhe} = \frac{\text{gebuchte Bruttobeiträge}}{\text{Anzahl der Versicherungsverträge}}$$

Erfolg und Leistung

Aufgabe der Erfolgs- und Leistungsanalyse ist es, Aussagen über die Ertragsstärke eines Versicherungsunternehmens zu treffen und die Ursachen hierfür zu analysieren. Es geht z. B. darum, zu erkennen, inwieweit ein Ergebnis aus dem laufenden Versicherungsgeschäft oder durch einmalige Ergebnisbeiträge erzielt wurde (z. B. Veräußerungsgewinne). Dabei ist es hilfreich, auch längere Zeiträume zu betrachten. Die wichtigsten **absoluten Ergebniskennzahlen** können direkt der GuV entnommen werden (► Kap. 2.2.4):

- *Versicherungstechnisches Ergebnis*: Bildet das Geschäftsergebnis ab, das aus dem Absatz von Versicherungsleistungen erzielt wird.
- *Ergebnis der normalen Geschäftstätigkeit*: Das Ergebnis der normalen Geschäftstätigkeit ergibt sich aus der Summe aus dem Versicherungsgeschäft und dem Ergebnis der nicht-versicherungstechnischen Rechnung (Kapitalanlageergebnis).
- *Jahresüberschuss*: Der Jahresüberschuss ist der Saldo aus allen Erträgen und Aufwendungen des Geschäftsjahres und beschreibt den gesamten wirtschaftlichen Erfolg des Unternehmens.

Auf der Gesamtunternehmensebene stellt die Eigenkapitalrentabilität die wichtigste Kennzahl dar. Sie ist aussagefähiger als die absoluten Ergebniskennzahlen, da sie das von den Eigentümern eingesetzte Kapital als Bezugsgröße verwendet. Sie drückt folglich aus, welche Verzinsung die Eigentümer durch den Einsatz ihres Kapitals erhalten:

$$\text{Eigenkapitalrentabilität} = \frac{\text{Jahresüberschuss}}{\text{mittleres Eigenkapital}}$$

Immer wenn eine Stromgröße (z. B. Jahresüberschuss) durch eine Bestandsgröße (z. B. Eigenkapital) geteilt wird, ist der mittlere Wert der Bestandsgröße anzusetzen. Das mittlere Eigenkapital errechnet sich wie folgt:

$$\text{mittleres Eigenkapital} = \frac{\text{EK zum Ende des VJ+EK zum Ende des GJ}}{2}$$

Eine weitere Rentabilitätskennziffer auf Gesamtunternehmensebene ist die Umsatzrentabilität. Sie dient ebenfalls der Beurteilung der Ertragskraft und gibt an, wie viel Prozent des Umsatzes dem Unternehmen als Jahresüberschuss verbleiben:

$$\text{Umsatzrentabilität} = \frac{\text{Jahresüberschuss}}{\text{verdiente Bruttobeiträge}}$$

Den Kern der versicherungstechnischen Erfolgsanalyse bilden eine Reihe von Quoten, die unterschiedliche Größen jeweils in Bezug zu dem erwirtschafteten Prämienvolumen setzen. Alle diese Quoten lassen sich sowohl auf der Ebene des Gesamtunternehmens als auch einzelner Sparten berechnen.

Die versicherungstechnische Ergebnisquote setzt das versicherungstechnische Ergebnis vor Schwankungsrückstellung ins Verhältnis zu den verdienten Bruttoprämien. Sie ermöglicht damit eine umfassende Bewertung der Leistungs- und Kostensituation eines Versicherungsunternehmens und ist ein Indikator für den Verlauf des versicherungstechnischen Geschäfts, d. h. insb. der Angemessenheit der Beitragskalkulation im Verhältnis zu den Aufwendungen:

$$\text{Vt. Ergebnisquote f.e.R.} = \frac{\text{vt. Ergebnis vor Schwankungsrückstellung}}{\text{verdiente Bruttobeiträge}}$$

Die Schadenquote ist eine zentrale Kennzahl zur Analyse der versicherungstechnischen Ertragslage. Sie gibt einen Einblick in die Schadensituation bzw. Schadenbelastung des Versicherungsunternehmens. Je geringer die Schadenquote ausfällt, der mehr Mittel bleiben dem Versicherungsunternehmen zur Deckung von Abschluss- und Verwaltungskosten sowie zur Erzielung eines versicherungstechnischen Gewinns:

$$\text{Schadenquote (netto)} = \frac{\text{Aufwendungen für Versicherungsfälle f.e.R.}}{\text{Verdiente Beiträge f.e.R.}}$$

$$\text{Schadenquote (brutto)} = \frac{\text{Bruttoaufwendungen für Versicherungsfälle}}{\text{Verdiente Bruttobeiträge}}$$

Durch einen Vergleich der Brutto- und der Nettoschadenquote lassen sich Rückschlüsse auf die Wirkung der Rückversicherung ziehen. So ist die Wirkung der Rückversicherung positiv, wenn die Nettoschadenquote geringer ist als die Bruttoschadenquote.

Mit Hilfe der Kostenquote lässt sich die Kostensituation des Versicherungsunternehmens untersuchen. Die Kostenquote sagt aus, welcher Prozentsatz der Beiträge zur Deckung von Abschluss- und sonstigen Verwaltungsaufwendungen verwendet wird und beschreibt damit die Fähigkeit des Versicherungsunternehmens zu wirtschaftlichem und versicherungstechnisch wirkungsvollem Ressourceneinsatz. Je niedriger die Kostenquote, umso mehr Mittel bleiben dem Versicherungsunternehmen zur Deckung von Schäden und zur Erzielung eines versicherungstechnischen Gewinns:

$$\text{Kostenquote (netto)} = \frac{\text{Aufwendungen für den Versicherungsbetrieb f.e.R.}}{\text{Verdiente Beiträge f.e.R.}}$$

$$\text{Kostenquote (brutto)} = \frac{\text{Bruttoaufwendungen für den Versicherungsbetrieb}}{\text{Verdiente Bruttobeiträge}}$$

Auch die Kostenquote lässt sich in der Brutto- und Nettovariante berechnen. Ein Vergleich der Brutto- mit der Nettokostenquote lässt Rückschlüsse auf die Wirkung der Rückversicherung zu. Ist die Nettokostenquote z. B. niedriger als die Bruttokostenquote, kann dies darauf hindeuten, dass die Rückversicherer mehr Kosten tragen als beim Erstversicherer tatsächlich anfallen und der Erstversicherer durch die Rückversicherung bessergestellt wird.

Bei der Analyse von Kostenquoten ist zu beachten, dass sowohl Beitragseinnahmen als auch Aufwände die Quote beeinflussen. So kann ein Anstieg der Kostenquote herrühren von einem Beitragsrückgang bei gleichbleibendem Kostenvolumen oder von einem Kostenanstieg bei gleichbleibendem Beitragsvolumen. Deshalb sollte neben der relativen Betrachtung auch die absolute Betrachtung der Aufwendungen und Erlöse stehen.

Die Summe aus Schaden- und Kostenquote wird als Combined Ratio (Schaden-Kosten-Quote) bezeichnet. Die Combined Ratio ist eine wesentliche und aussagekräftige Kennzahl zur Bewertung der Leistungsfähigkeit eines Versicherungsunternehmens in seinem Kerngeschäft. Eine Combined Ratio von über 100 % drückt aus, dass das Versicherungsunternehmen nicht in der Lage war, ein positives bzw. ausgeglichenes versicherungstechnisches Ergebnis zu erzielen:

$$\text{Combined Ratio (netto)} = \text{Schadenquote (netto)} + \text{Kostenquote (netto)}$$

$$\text{Combined Ratio (brutto)} = \text{Schadenquote (brutto)} + \text{Kostenquote (brutto)}$$

Sicherheit und Finanzierbarkeit

Versicherungsunternehmens sind infolge ihrer Geschäftstätigkeit einer Vielzahl von Risiken ausgesetzt. Das Management dieser Risiken nimmt innerhalb des Versicherungsunternehmens einen zentralen Stellenwert ein (▶ Kap. 1.1). Eine solide Kapitalbasis stellt einen Puffer gegen die negativen Auswirkungen von Risiken dar und reduziert die Krisenanfälligkeit des Unternehmens. Im Folgenden werden Kennzahlen betrachtet, die die Sicherheit und Finanzierbarkeit des Versicherungsunternehmens analysieren. Dabei ist jedoch zu beachten, dass diese Kennzahlen nur einen begrenzten Einblick in die Sicherheitslage ermöglichen. Für eine genauere Betrachtung wären weitere und aufwändigere Analysen notwendig (z. B. Entwicklung der stillen Reserven, Analyse der Kapitalanlagen, Analyse der Solvenzbilanz usw.)

Die Eigenkapitalquote ist eine Kennzahl zur Sicherheit und Risikotragfähigkeit eines Versicherungsunternehmens. Sie beschreibt das Verhältnis der eigenen Mittel zu den verdienten Beiträgen für eigene Rechnung. Je höher der diese Quote ausgeprägt ist, umso besser die Fähigkeit eines Versicherungsunternehmens zum Ausgleich eventueller Verluste und Ergebnisschwankungen.

$$\text{Eigenkapitalquote} = \frac{\text{Eigenkapital}}{\text{Verdiente Beiträge f.e.R.}}$$

Die Sicherheitskapitalquote berücksichtigt die vom Volumen her oft bedeutende Position der Schwankungsrückstellung sowie sonstige versicherungstechnische Rückstellungen und ordnet diese dem Eigenkapital zu. Die Sicherheitskapitalquote ist analog zur Eigenkapitalquote zu interpretieren:

$$\text{Sicherheitskapitalquote} = \frac{\text{Sicherheitskapital}}{\text{Verdiente Beiträge f.e.R.}}$$

Die Bruttoschadenreservequote ermöglicht einen Einblick in die Reserveausstattung des Versicherungsunternehmens. Sie setzt die Bruttoreserven ins Verhältnis zu den verdienten Beiträgen, wobei ein höheres Verhältnis eine höhere Vorsicht ausdrückt. Eine Interpretation dieser Kennzahl ist jedoch schwierig, da die Reserveausstattung u. a. von dem Spartenmix abhängt (langfristiges Geschäft erfordert eine höhere Reserveausstattung).

$$\text{Bruttoschadenreservequote} = \frac{\text{Bruttorückstellung für noch nicht abgewickelte VF}}{\text{gebuchte Bruttobeiträge}}$$

Kapitalanlagen

Kapitalanlagen tragen wesentlich zum ökonomischen Erfolg eines Versicherungsunternehmens bei und sind andererseits eine zwingende Voraussetzung für deren

Existenz. Aus der Analyse der Kapitalanlagen können Aussagen über die Fähigkeit des Versicherungsunternehmens getroffen werden, einerseits Schadenansprüche ohne große Verzögerung zu begleichen und andererseits Kapitalerträge in ausreichender Höhe zu erzielen.

Die Kennzahl Kapitalanlagenstruktur ermöglicht es, Chancen und Risiken einzuschätzen, die sich aus der Strukturierung des Vermögens eines Versicherungsunternehmens ergeben. Sie berechnet sich als Anteil einzelner Kapitalanlagekategorien (z. B. Immobilien) am gesamten Kapitalanlagevolumen:

$$\text{Kapitalanlagequote} = \frac{\text{Volumen einer Kapitalanlagekategorie}}{\text{Gesamtvolumen aller Kapitalanlagen}}$$

Hat ein Versicherungsunternehmen beispielsweise eine hohe Aktienquote, wirken sich Kapitalmarktschwankungen stark auf das Unternehmen aus. Umgekehrt bedeutet ein hoher Anteil an festverzinslichen Wertpapieren tendenziell ein niedrigeres Risiko, aber auch geringere Erträge. Manche Anlageformen (z. B. Immobilien) haben eine geringe Fungibilität und sind dementsprechend mit Nachteilen bei der Liquidierbarkeit verbunden.

Das Ergebnis des Kapitalanlagegeschäfts ist die Basiskennzahl zur Bewertung des absoluten Erfolgs der Vermögensanlage eines Versicherungsunternehmens:

$$\text{Ergebnis aus KA} = \text{Erträge aus KA-Aufwendungen aus KA}$$

Für eine qualifizierte Bewertung der Ertragsstärke eines Versicherungsunternehmens in der Vermögensanlage ist jedoch auch die erzielte Verzinsung der Kapitalanlagen notwendig. Eine zentrale Kennzahl hierfür ist die Nettoverzinsung. In dieser Kennzahl werden sämtliche Aufwendungen und Erträge aus der Vermögensanlage zusammengefasst, d. h. neben den laufenden auch die außerordentlichen Aufwendungen und Erträge. Diese ergeben sich z. B. dann, wenn Gewinne aus dem vorzeitigen Verkauf von Wertpapieren entstehen und dadurch stille Reserven aufgelöst werden:

$$\text{Nettoverzinsung} = \frac{\text{Ergebnis aus Kapitalanlagen}}{\text{mittlerer Kapitalanlagenbestand}}$$

Durch das erhaltene außerordentliche Ergebnis kann die Nettoverzinsung bewusst gesteuert werden, indem z. B. Kapitalanlagen mit hohen stillen Reserven verkauft werden, um das Ergebnis zu verbessern. Für die laufende Verzinsung werden außerordentliche Aufwendungen und Erträge nicht berücksichtigt. Stattdessen werden nur laufende Erträge (z. B. Zinsen, Dividenden) und laufende Aufwendungen (z. B. Kontoführungsgebühren) berücksichtigt:

$$\text{laufende Verzinsung} = \frac{\text{laufendes Ergebnis aus Kapitalanlagen}}{\text{mittlerer Kapitalanlagenbestand}}$$

Die Nettoverzinsung stellt in der Praxis die gebräuchlichere Kennzahl im Schaden- und Unfallbereich dar, da sie weniger steuerbar ist und eine bessere Auskunft über die tatsächliche durchschnittliche Verzinsung der Kapitalanlagen gibt.

Bei der Verzinsung der Kapitalanlagen sind grundsätzlich zwei Leistungskriterien zu bewerten, die absolute Höhe sowie die Gleichmäßigkeit der Verzinsung über mehrere Perioden. Eine hohe Verzinsung spricht für eine hohe Ertragskraft des Versicherungsunternehmens. Eine gleichmäßige Verzinsung ist ein Indiz für professionelles Kapitalanlagenmanagement und langfristige Stabilität. Eine stabile Nettoverzinsung ist oft auf die gezielte Jahresabschlusspolitik eines Versicherungsunternehmens zurückzuführen. Dabei werden Bewertungsreserven auf Kapitalanlagen je nach Erfordernis aufgelöst oder gebildet.

2.2.5.3 Jahresabschlussanalyse Sidekick VVaG

In diesem Abschnitt wird der Jahresabschluss der Sidekick VVaG der beiden letzten Geschäftsjahre analysiert. Darstellung 34 zeigt die Aktivseite der Bilanz der Sidekick VVaG, die eine für Versicherungsunternehmen typische Struktur aufweist. Die Kapitalanlagen machen in den Jahren 2019 und 2020 jeweils ca. 95 % der Bilanzsumme aus, wovon der größte Anteil wiederum in den sonstigen Kapitalanlagen steckt. Dahinter verbergen sich zum allergrößten Teil festverzinsliche Wertpapiere und zu einem kleineren Teil Aktien.

Dar. 34: Aktivseite der Bilanz der Sidekick VVaG

	2019		2020	
	Mio. €	% der BS	Mio. €	% der BS
A. Immaterielle Vermögensgegenstände	**2**	**0,2%**	**3**	**0,3%**
B. Kapitalanlagen	**799**	**95,1%**	**827**	**95,6%**
I. Grundstücke	31	3,7%	32	3,7%
II. Kapitalanlagen in verbundenen Unternehmen und Beteiligungen	68	8,1%	68	7,9%
III. Sonstige Kapitalanlagen	672	80,0%	698	80,7%
IV. Depotforderungen	28	3,3%	29	3,4%
C. Forderungen	**17**	**2,0%**	**15**	**1,7%**
D. Sonstige Vermögensgegenstände	**18**	**2,1%**	**16**	**1,8%**
E. Rechnungsabgrenzungsposten	**4**	**0,5%**	**4**	**0,5%**
Summe Aktiva	**840**	**100,0%**	**865**	**100,0%**

Die Passivseite der Bilanz (▶ Dar. 35) ist ebenfalls typisch für ein Versicherungsunternehmen im Schaden-Unfall-Bereich und wird von den versicherungstechnischen Rückstellungen dominiert, die knapp 60 % der Versicherungssumme ausmachen. Ebenfalls bemerkenswert ist der mit knapp 30 % recht hohe Anteil des Eigenkapitals. Letzteres besteht ausschließlich aus Gewinnrücklagen und deutet auf eine solide Finanzbasis des Versicherungsvereins hin.

Dar. 35: Passivseite der Bilanz der Sidekick VVaG

	2019		2020	
	Mio. €	% der BS	Mio. €	% der BS
A. Eigenkapital	**249**	**29,7%**	**256**	**29,6%**
I. Gewinnrücklage	239	28,5%	249	28,8%
II. Jahresüberschuss	10	1,2%	7	0,8%
B. Versicherungstechnische Rückstellungen	**492**	**58,6%**	**495**	**57,3%**
I. Beitragsüberträge	32	3,8%	34	3,9%
II. Rückstellung für noch nicht abgewickelte Versicherungsfälle	314	37,4%	329	38,1%
1) Bruttobetrag	*496*		*516*	
2) davon ab: Anteil der Rückversicherer	*182*		*187*	
III. Schwankungsrückstellung	71	8,5%	68	7,9%
IV. Sonstige versicherungstechnische Rückstellungen	75	8,9%	64	7,4%
C. Andere Rückstellungen	63	7,5%	77	8,9%
D. Andere Verbindlichkeiten	35	4,2%	36	4,2%
Summe Passiva	**839**	**100,0%**	**864**	**100,0%**

Die versicherungstechnische Rechnung der GuV der Sidekick VVaG (▶ Dar. 36) zeigt zunächst das Bruttoprämienvolumen, das im Jahr 2020 bei knapp 400 Mio. Euro liegt und ein leichtes Wachstum aufweist (2,3 % von 2019 bis 2020). Ca. 25 % des Prämienvolumens (103 Mio. Euro in 2020) werden an die Rückversicherer abgegeben, so dass die Gesellschaft im Jahr 2020 ein Nettoprämienvolumen von 290 Mio. Euro für eigene Rechnung aufweist. Das versicherungstechnische Ergebnis ist in den Jahren 2019 und 2020 positiv, allerdings mit leicht abnehmender Tendenz.

Dar. 36: GuV der Sidekick WaG – Versicherungstechnische Rechnung

	2019	2020	Δ
	Mio. €	Mio. €	%
1. Verdiente Beiträge f.e.R.	**288**	**290**	**0,7%**
a) Gebuchte Bruttobeiträge	385	394	2,3%
b) Abgegebene Rückversicherungsbeiträge	–97	–103	6,2%
c) Veränderung der Bruttobeitragsüberträge	–1	–2	100,0%
d) Veränderung des RV-Anteils an den Bruttobeitragsüberträgen	1	1	0,0%
4. Aufwendungen für Versicherungsfälle f.e.R.	**179**	**188**	**5,0%**
a) Zahlungen für Versicherungsfälle			
aa) Bruttobetrag	*240*	*256*	*6,7%*
bb) Anteil der Rückversicherer	*–75*	*–82*	*9,3%*
b) Veränderung der Rückstellung für noch nicht abgewickelte Versicherungsfälle			
aa) Bruttobetrag	*24*	*22*	*–8,3%*
bb) Anteil der Rückversicherer	*–10*	*–8*	*–20,0%*
7. Aufwendungen für den Versicherungsbetrieb f.e.R.	**71**	**70**	**–1,4%**
a) Bruttoaufwendungen für den Versicherungsbetrieb	100	101	1,0%
b) davon ab: Rückversicherungsprovisionen	29	31	6,9%
8. Sonst.versicherungstechnische Aufwendungen f.e.R.	**9**	**7**	**–22,2%**
9. Veränderung der Schwankungsrückstellung	**2**	**3**	**50,0%**
Versicherungstechnisches Ergebnis f.e.R.	**27**	**22**	**–18,5%**

Die nicht-versicherungstechnische Rechnung der GuV der Sidekick VVaG (▶ Dar. 37) zeigt im Wesentlichen das Ergebnis aus Kapitalanlagen der Gesellschaft. Dieses trägt mit 24 Mio. Euro im Jahr 2020 maßgeblich zum Ergebnis der normalen Geschäftstätigkeit bei und ist seit 2019 weitgehend konstant geblieben. Sowohl das Ergebnis der normalen Geschäftstätigkeit als auch der Jahresabschluss sind von 2019 auf 2020 deutlich gesunken.

Dar. 37: GuV der Sidekick VVaG – Nichtversicherungstechnische Rechnung

	2019	2020	Δ
	Mio. €	Mio. €	%
Übertrag versicherungstechnisches Ergebnis	**27**	**22**	**–18,5%**
1. Erträge aus Kapitalanlagen	**30**	**30**	**0,0%**
a) Erträge aus Beteiligungen	3	4	33,3%
b) Erträge aus anderen Kapitalanlagen	21	19	–9,5%
c) Erträge aus Zuschreibungen	1	1	0,0%
d) Gewinne aus dem Abgang von Kapitalanlagen	5	6	20,0%
2. Aufwendungen für Kapitalanlagen	**5**	**6**	**20,0%**
a) Aufwendungen für Verwaltung, Zinsaufwendungen usw.	3	3	0,0%
b) Abschreibungen auf Kapitalanlagen	1	2	100,0%
c) Verluste aus dem Abgang von Kapitalanalgen	1	1	0,0%
4. Sonstige Erträge	**7**	**7**	**0,0%**
5. Sonstige Aufwendungen	**27**	**30**	**11,1%**
6. Ergebnis der normalen Geschäftstätigkeit	**32**	**23**	**-28,1%**
7. Steuern	**22**	**16**	**–27,3%**
9. Jahresüberschuss	**10**	**7**	**-30,0%**

Einen detaillierten Einblick in die Struktur des versicherungstechnischen Geschäfts der Sidekick VVaG offenbart die Spartenanalyse für das Jahr 2020 in Darstellung 38. Danach betreibt die Sidekick VVaG Geschäft in den Sparten Haftpflicht, Unfall, Kraftfahrt und Sach. Ca. 50 % des Prämienvolumens entfallen auf Kraftfahrt, 25 % auf Sach, der Rest verteilt sich auf die Sparten Haftpflicht und Unfall. Insgesamt sind im Jahr 2020 ca. 1,9 Mio. Versicherungsverträge in Kraft, wobei die durchschnittliche Prämienhöhe 207 Euro beträgt. Gemessen an der Combined Ratio (brutto) ist die Profitabilität in der Sparte Unfall am höchsten (77,8 %) in der Sparte Kraftfahrt am geringsten (96,5 %). Insgesamt ergibt sich eine Combined Ratio (brutto) von 91,3 % und Combined Ratio (netto) von 89,0 %. Eine solche Konstellation ist dann gegeben, wenn in dem entsprechenden Jahr größere Schadenzahlungen der Rückversicherer an den Erstversicherer angefallen sind. In normalen Jahren ist die Combined Ratio (brutto) etwas niedriger als die Combined Ratio (netto), d. h. das Rückversicherungsergebnis ist negativ.

Dar. 38: Spartenanalyse der Sidekick VVaG für das Jahr 2020

	Gesamt	Haftpflicht	Unfall	Kraftfahrt	Sach
	Mio. €	Mio. €	Mio. €	Mio. €	Mio. €
Werte GuV					
Gebuchte Bruttobeiträge	394	45	37	200	112
Verdiente Bruttobeiträge	391	44	36	200	111
Verdiente Beiträge f.e.R.	290	37	28	144	81
Bruttoaufwendungen Versicherungsfälle	256	24	17	150	65
Aufwendungen Versicherungsfälle f.e.R.	188	21	15	110	42
Bruttoaufwendungen Versicherungsbetrieb	101	14	11	43	33
Aufwendungen Versicherungsbetrieb f.e.R.	70	11	8	29	22
Versicherungstechnisches Ergebnis f.e.R.	32	5	5	5	17
Kennzahlen					
Anzahl Verträge (Stück)	1.907.000	345.000	162.000	835.000	565.000
Durchschnittliche Beitragshöhe (in €)	207	130	228	240	198
Geschäftsanteil der Sparte	100,0%	11,3%	9,2%	51,2%	28,4%
Schadenquote (netto)	64,8%	56,8%	53,6%	76,4%	51,9%
Schadenquote (brutto)	65,5%	54,5%	47,2%	75,0%	58,6%
Kostenquote (netto)	24,1%	29,7%	28,6%	20,1%	27,2%
Kostenquote (brutto)	25,8%	31,8%	30,6%	21,5%	29,7%
Combined Ratio (netto)	89,0%	86,5%	82,1%	96,5%	79,0%
Combined Ratio (brutto)	91,3%	86,4%	77,8%	96,5%	88,3%

Die wichtigsten Jahresabschlusskennzahlen der Sidekick VVaG finden sich in der Darstellung 39. Zur Erhöhung der Aussagekraft dieser Kennzahlen ist ein Vergleich mit den entsprechenden Durchschnittswerten der deutschen Versicherungsbranche hilfreich, die in Darstellung 40 zu finden sind.

Blickt man auf die Kennzahlen zu Erfolg und Leistung, so fällt zunächst auf, dass die Eigenkapitalrentabilität von 4,0 % im Jahr 2019 auf 2,8 % im Jahr 2020 gesunken ist. Im Vergleich mit der Branche ist die Sidekick VVaG damit nun unterdurchschnittlich (Eigenkapitalrentabilität Branche 2020: 3,7 %). Ähnliche Aussagen gelten sowohl für die Umsatzrentabilität als auch die versicherungstechnische Ergebnisquote.

Die Suche nach den Ursachen für diese verschlechterte Profitabilität offenbart eine Erhöhung der Schadenquote von brutto 62,7 % im Jahr 2019 auf 65,5 % im Jahr 2020. Die Kostenquote zeigt dagegen ein konstantes Niveau, auch die absolute Höhe der Aufwendungen für den Versicherungsbetrieb bleibt mit 101 Mio. Euro brutto annähernd gleichbleibend. Insgesamt ergibt sich eine Verschlechterung der Combined Ratio (brutto) von 88,8 auf 91,3 %. Auffällig ist, dass sich diese Erhöhung gegen den Branchentrend vollzieht, wo die Combined Ratio (brutto) im gleichen Zeitraum um ca. zwei Prozentpunkte gesunken ist.

Ein Blick in die Spartenanalyse offenbart ein differenziertes Bild der gesunkenen Profitabilität. Positiv ist das Ergebnis in Sach zu bewerten, wo die Combined Ratio (brutto) mit 88,3 % deutlich positiver ausfällt als in der Branche (95,3 %). In den Sparten Unfall und Haftpflicht liegt das Ergebnis jeweils ungefähr im Branchendurchschnitt. Ein Problem scheint es hingegen im Kraftfahrtgeschäft zu geben. Hier ist die Combined Ratio (brutto) der Branche im Jahr 2020 von 98,4 auf 90,6 % gesunken, was offensichtlich mit dem geringeren Verkehrsaufkommen während der Corona-Pandemie zu tun hat. Die Sidekick VVaG konnte diese positive Entwicklung jedoch nicht mitmachen, hier liegt die Combined Ratio bei 96,5 %. In diesem Fall wäre eine genauere Analyse der Situation, insb. auch eine Mehrjahresbetrachtung hilfreich.

Wenig Probleme hat die Sidekick VVaG in den Bereichen Sicherheit und Finanzierbarkeit sowie Kapitalanlagen. Die Eigenkapital- und Sicherheitskapitalquote liegen mit 88,3 % bzw. 133,8 % deutlich über dem Branchendurchschnitt. Im Bereich der Kapitalanlagen weit die Sidekick VVaG eine Nettoverzinsung von 3,0 % bzw. eine laufende Verzinsung von 2,5 % auf. Die Tendenz ist auch hier leicht abnehmend, was aber mit der anhaltenden Niedrigzinsphase auf den Kapitalmärkten zu erklären ist. Im Branchenvergleich (Nettoverzinsung 2,2 %, laufende Verzinsung 2,1 %) hält sich die Sidekick VVaG hier gut.

Dar. 39: Wichtige Jahresabschlusskennzahlen der Sidekick VVaG

	2019	2020
Absolute Kennzahlen in Mio. € / Stück	**Sidekick**	**Sidekick**
Anzahl Verträge	1.870.000	1.907.000
Gebuchte Bruttobeiträge	385	394
Verdiente Bruttobeiträge	383	391
Abgegebene Rückversicherungsbeiträge	97	103
Verdiente Beiträge für eigene Rechnung	288	290

Dar. 39: Wichtige Jahresabschlusskennzahlen der Sidekick WaG – Fortsetzung

	2019	**2020**
Absolute Kennzahlen in Mio. € / Stück	**Sidekick**	**Sidekick**
Versicherungstechnisches Ergebnis	27	22
Ergebnis aus Kapitalanlagen	25	24
Ergebnis der normalen Geschäftstätigkeit	32	23
Jahresüberschuss	10	7
Kennzahlen Bestand und Wachstum (in %)		
Selbstbehaltsquote	75,2%	74,2%
Wachstumsrate gebuchte Bruttobeiträge	2,5%	2,3%
Durchschnittliche Beitragshöhe (in €)	206	207
Kennzahlen Erfolg und Leistung (in %)		
Eigenkapitalrentabilität	4,0%	2,8%
Umsatzrentabilität	2,6%	1,8%
Vt. Ergebnisquote f.e.R.	7,6%	4,9%
Schadenquote (netto)	62,2%	64,8%
Schadenquote (brutto)	62,7%	65,5%
Kostenquote (netto)	24,7%	24,1%
Kostenquote (brutto)	26,1%	25,8%
Combined Ratio (netto)	86,8%	89,0%
Combined Ratio (brutto)	88,8%	91,3%
Kennzahlen Sicherheit und Finanzierbarkeit (in %)		
Eigenkapitalquote	86,5%	88,3%
Sicherheitskapitalquote	137,2%	133,8%
Bruttoschadenreservequote	128,8%	131,0%
Kennzahlen Kapitalanlagen (in %)		
Nettoverzinsung	3,1%	3,0%
Laufende Verzinsung	2,6%	2,5%

Dar. 40: Ausgewählte Branchenkennzahlen für die deutsche Versicherungsbranche (BaFin (2021), GDV (2022a), eigene Berechnungen)

	2019	2020
Eigenkapitalrentabilität	3,9%	3,7%
Combined Ratio (brutto)		
Schaden-/Unfall gesamt	92,8%	90,7%
Haftpflicht	84,9%	83,9%
Unfall	76,8%	76,1%
Kraftfahrt	98,4%	90,6%
Sach	92,0%	95,3%
Kennzahlen Sicherheit und Finanzierbarkeit (in %)		
Eigenkapitalquote	57,9%	58,5%
Sicherheitskapitalquote	83,0%	85,4%
Kennzahlen Kapitalanlagen (in %)		
Nettoverzinsung	3,3%	2,2%
Laufende Verzinsung	2,6%	2,1%

2.3 Internes Rechnungswesen im Versicherungsunternehmen

2.3.1 Funktionen der Kosten- und Leistungsrechnung

Im internen Rechnungswesen werden andere Zwecke verfolgt als im externen Rechnungswesen. Zentrales Instrument des internen Rechnungswesens ist die Kosten- und Leistungsrechnung, bei der solche Kosten und Leistungen eines Unternehmens untersucht werden, die in direktem Zusammenhang mit der innerbetrieblichen Leistungserstellung stehen. Die Begriffe Kosten und Leistung sind dabei als negative und positive Erfolgskomponenten zu verstehen, die den Güterverbrauch (Kosten) bzw. die Güterentstehung (Leistung) im Unternehmen widerspiegeln (▶ Kap. 2.1.2).

Die grundlegende Aufgabe der Kosten- und Leistungsberechnung besteht darin, durch ihre Aussagen die Unternehmensleitung in die Lage zu versetzen, unternehmerische Prozesse zielentsprechend zu steuern (vgl. Eisele/Knobloch, 2018, S. 840). Zur Erfüllung dieses Zwecks müssen die durch die Kosten -und Leistungsrechnung zur Verfügung gestellten Informationen von hoher Qualität, d. h. aktuell, genau und relevant sein (vgl. Friedl/Hoffmann/Pedell, S. 17). Im Einzelnen lassen sich vier Hauptzwecke der Kosten- und Leistungsrechnung unterscheiden (vgl. Plinke/Rese/Utzig, S. 20 f.):

- **Preiskalkulation- und Preisbeurteilung**: In der Preiskalkulation werden die Kosten für die betrieblich erstellten Leistungen ermittelt. Diese Kosten können dann mit einem am Markt erzielbaren Preis verglichen werden. So kann beispielsweise festgestellt werden, ob ein neukonzipiertes Produkt in der Lebensversicherung mit der Aussicht auf Gewinn am Markt angeboten werden kann.
- **Wirtschaftlichkeitskontrollen**: Durch solche Kontrollen sollen Schwachstellen und Unwirtschaftlichkeiten im betrieblichen Prozess aufgedeckt werden. Es können etwa gezielt Kostenverursacher im innerbetrieblichen Wertschöpfungsprozess identifiziert werden, deren Durchführung unwirtschaftlich ist, weil Sie wenig zum Kundennutzen beitragen oder die budgetierten Kosten überschreiten.
- **Entscheidungsrechnungen**: In jedem Versicherungsunternehmen sind ständig Entscheidungen zu treffen, bei der mehrere Handlungsalternativen gegeneinander abgewogen werden müssen. Typische Fragen lauten hier: Soll ein zusätzliches Versicherungsprodukt ins Portfolio aufgenommen oder ein bestehendes Produkt eliminiert werden? Sollen bestimmte Leistungen im eigenen Unternehmen durchgeführt oder fremdbezogen werden (z. B. Asset Management Leistungen, Catering Services usw.). Für solche Fragen braucht es typischerweise detaillierte Informationen, die der Entscheidungsunterstützung dienen und die durch die Kosten- und Leistungsrechnung zur Verfügung gestellt werden.
- **Erfolgsermittlung**: Im Rahmen der Erfolgsermittlung werden die Kosten und Leistungen des Unternehmens oder eines Teilbereichs einander gegenübergestellt. Aus dieser Gegenüberstellung resultiert das Betriebsergebnis, das aufzeigt, ob der Wert der erzielten Leistungen mindestens die entstandenen Kosten deckt. Hierdurch wird eine Aussage über die Wirtschaftlichkeit des Leistungserstellungsprozesses und damit über die dauerhafte Überlebensfähigkeit des Unternehmens getroffen.

Versicherungsunternehmen benötigen transparente und aussagekräftige Informationen über die Kostensituation einzelner Geschäftssegmente (z. B. Kunden- Markt- und Risikosegmente), um sinnvolle Steuerungsentscheidungen treffen zu können. Wie im vorherigen Kapitel beschrieben, weisen Versicherungsunternehmen einige Besonderheiten auf, die für das Controlling und speziell auch für die Kostenrechnung herausfordernd sind (▶ Kap. 1.4.2).

2.3.2 Wesen und Aufbau der Kosten- und Leistungsrechnung

Im Mittelpunkt der Kosten- und Leistungsrechnung stehen die durch den betrieblichen Leistungserstellungsprozess hervorgerufenen Werteverzehre (Kosten) und Ergebnisse (Leistungen). Die Kosten- und Leistungsrechnung hat eine große Anzahl von Instrumenten und Methoden hervorgebracht, um die Kosten- und Leistungsinformationen in einer Weise aufzubereiten, dass sie tatsächlich den Informationsbedürfnissen der Führungskräfte entsprechen und nicht lediglich zu einem »Zahlenfriedhof« verkommen.

In ihrer Grundkonzeption besteht die Kostenrechnung aus den drei Säulen Kostenartenrechnung, Kostenstellenrechnung und Kostenträgerrechnung. Zusammen mit der Erlösrechnung wird die Kostenrechnung zu einer Ergebnisrechnung zusammengeführt (▶ Dar. 41):

- In der Kostenartenrechnung wird untersucht, welche Kosten angefallen sind. Weiterhin werden die Kosten in Einzel- und Gemeinkosten gegliedert, je nachdem, ob Sie einem Kostenträger (Produkt bzw. Dienstleistung) direkt zugerechnet werden können oder nicht.
- In der Kostenstellenrechnung wird untersucht, wo die Kosten angefallen sind, um dadurch eine möglichst genaue Verteilung der Gemeinkosten auf die Kostenträger zu erreichen.
- In der Kostenträgerrechnung wird ermittelt, wofür sind die Kosten angefallen sind. Insbesondere werden in der Kalkulation die Kosten für eine einzelne Kostenträgereinheit (z. B. einen bestimmten Versicherungsvertrag) ermittelt.

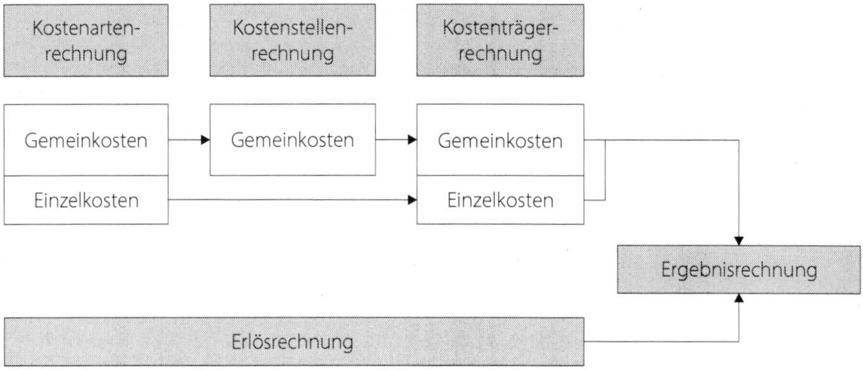

Dar. 41: Grundaufbau einer Kosten- und Erlösrechnung bei Vollkostenrechnung (vgl. Friedl/Hofmann/Pedell, 2022, S. 68)

Ein in dieser Weise gestaltetes Kostenrechnungssystem lässt sich auf verschiedene Arten differenzieren. Je nachdem, welche Form der Kosten verwendet und welcher Zeitbezug gewählt wird, entstehen unterschiedliche Ausgestaltungen (▶ Dar. 42).

Je nach Verrechnungsumfang kann eine Kostenrechnung als Voll- oder Teilkostenrechnung durchgeführt werden. Im Rahmen der **Vollkostenrechnung** werden sämtliche Kosten ermittelt. Dieses System resultiert aus dem Gedanken, dass ein Unternehmen grundsätzlich alle Kosten decken muss. Dieses Vorgehen hat jedoch insb. dann erhebliche Nachteile, wenn es um kurzfristige Planungs- und Entscheidungsaufgaben geht (vgl. Eisele/Knobloch, 2018, S. 948 f.): Wenn es etwa darum geht, die Kosten für ein neues Produkt zu bestimmen, ist eine **Teilkostenrechnung** besser geeignet, weil hier nur solche Kosten bestimmt werden, die auch tatsächlich durch dieses Produkt verursacht werden. Bei der Teilkostenrechnung werden nur die variablen Kosten auf die Kostenträger verteilt. Fixe Kosten können zumindest kurzfristig nicht geändert werden und sollten deshalb bei bestimmten Entscheidungen auch nicht berücksichtigt werden. Eine Ergebnisrechnung auf Basis von Teilkosten wird als Deckungsbeitragsrechnung bezeichnet und spielt für Versicherungsunternehmen eine erhebliche Rolle (▶ Kap. 2.3.6).

Dar. 42: Arten von Kostenrechnungssystemen und Verwendungszwecke (in Anlehnung an Rohlfs/Savic/Will, 2019, S. 45

	Vollkostenrechnung	Teilkostenrechnung
Istkostenrechnung	• Erfolgsermittlung • Nachkalkulation von Produkten und Aufträgen • Zahlenmaterial für die bilanzielle Bestandsbewertung	
Normalkostenrechnung	• Verteilung der laufenden Kostenabrechnung • Kontrolle der Kostenentwicklung • Vorkalkulation von Produkten und Aufträgen	
Plankostenrechnung	• Wirtschaftlichkeitskontrolle (Soll-Ist-Vergleich)	• Wirtschaftlichkeitskontrolle (Soll-Ist-Vergleich) • Break-Even-Analyse • Unterstützung bei kurzfristigen Entscheidungen

Weiterhin kann ein Kostenrechnungssystem als Ist-, Normal- oder Plankostensystem ausgestaltet sein:

- **Istkosten** sind die realisierten Kosten, die erst feststellbar sind, wenn sie tatsächlich angefallen sind. Es handelt sich damit um eine Vergangenheitsbetrachtung. Der Nachteil dieser Betrachtung liegt darin, dass Kosten unterschiedlicher Jahre unter verschiedenen Bedingungen zustande gekommen sein können. So können die Kosten eines spezifischen Jahres durch besonders niedrige Rohstoffpreise oder eine besonders geringe Auslastung werden. Ein Vergleich verschiedener Jahre (Ist-Ist-Vergleich) ist dementsprechend vorsichtig zu interpretieren.
- **Normalkosten** beruhen auf durchschnittlichen Kostenwerte aus der Vergangenheit. Sondereinflüsse wie ungewöhnliche Preisentwicklungen werden hierbei herausgerechnet. Normalkosten ermöglichen einen Normal-Ist-Vergleich mit dem Vorteil, dass der Kontrollmaßstab von außergewöhnlichen Einflüssen befreit ist.
- **Plankosten** beruhen nicht auf Werten aus der Vergangenheit, sondern auf geplanten Kosten. Plankosten orientieren sich am zukünftigen Marktgeschehen und versuchen, ein möglichst realistisches Bild der zukünftigen Kostenentwicklung zu zeichnen. Die Plankostenrechnung ist die Basis für einen Soll-Ist-Vergleich. Plankosten stellen aus wissenschaftlicher Sicht die solideste Basis für

eine Kostenrechnung dar, sind in der Praxis allerdings oft nur mit großem Aufwand zu ermitteln.

2.3.3 Kostenartenrechnung

Die Kostenartenrechnung bildet den Ausgangspunkt und die Grundlage der gesamten Kostenrechnung. Aufgabe der Kostenartenrechnung ist es, sämtliche Kosten vollständig und überschneidungsfrei zu erfassen und sie in unterschiedliche Kategorien, z. B. Personal- oder Materialkosten zu gliedern. Damit wird einerseits Transparenz über die Kostenstruktur sowie das Kostenniveau eines Unternehmens geschaffen und gleichzeitig die Basis für die Steuerung und Kontrolle der Kosten geschaffen. Beispielsweise lässt sich mit Hilfe der Kostenartenrechnung der Anteil der Personalkosten an den Gesamtkosten eines Unternehmens ermitteln. Mit dieser Information lässt sich wiederum abschätzen, welche Wirkung Gehaltssteigerungen auf das Kostenniveau des Unternehmens haben und welche Personalentscheidungen vorzunehmen sind.

Die Kostenartenrechnung ist eine Zeit- oder Periodenrechnung, d. h. Kosten werden für eine Periode (z. B. einen Monat, ein Quartal oder ein Jahr) erfasst. Weiterhin bildet die Kostenartenrechnung den Ausgangspunkt eines jeden Kostenrechnungssystems. Kosten lassen sich erst dann Kostenstellen und Kostenträgern zuordnen, wenn sie in ihre unterschiedlichen Kostenarten gegliedert sind, wobei unterschiedliche Gliederungskriterien angewendet werden (▶ Dar. 43).

Dar. 43: Gliederungsmöglichkeiten von Kostenarten (in Anlehnung an Friedl/Hofmann/Pedell, 2022, S. 169)

Gliederumskriterium	Beispiele
Art der Einsatzgüter	Personalkosten, Materialkosten, Abschreibungskosten, Zinskosten, Fremdleistungskosten
Zurechenbarkeit der Kosten	Einzelkosten, Gemeinkosten
Abhängigkeit von Beschäftigungsschwankungen	Variable Kosten, fixe Kosten
Zugehörigkeit zu einem Funktionsbereich	Beschaffungskosten, Fertigungskosten, Vertriebskosten, Verwaltungskosten
Herkunft der Einsatzgüter	Primäre Kosten, sekundäre Kosten
Abgrenzung zum Aufwand	Aufwandsgleiche Kosten, kalkulatorische Kosten

In der Praxis werden Kostenarten in aller Regel nach der Art der Einsatzgüter gegliedert. Dies entspricht einer Gliederung der Kosten nach der Art der verbrauchten Produktionsfaktoren in der Leistungserstellung, wobei die hier dargestellte Aufzählung beispielhaft ist und erweitert werden kann (vgl. Rohlfs/Savic/Will, 2019, S. 47):

- **Materialkosten**: Hierzu zählen die durch die Leistungserstellung und -verwertung anfallenden Stoffkosten. Beispiele sind Kosten für den Verbrauch von Büroartikeln.
- **Personalkosten** umfassen die durch die menschliche Arbeitsleistung innerhalb eines Unternehmens entstehenden Kosten wie z. B. Löhne und Gehälter.
- **Abschreibungskosten** entstehen durch die Abnutzung von Wirtschaftsgütern aufgrund ihrer betrieblichen Verwendung (z. B. Abschreibungen für Laptops von Außendienstmitarbeitern).
- **Zinskosten** sind Kosten, die dadurch entstehen, dass dem Unternehmen Fremdkapital zur Verfügung gestellt wird, um beispielsweise Investitionen tätigen zu können.
- **Fremdleistungskosten** entstehen im Rahmen der Nutzung von Dienstleistungen anderer Unternehmen. Hierunter fallen z. B. Kosten für die Gebäudereinigung oder Catering-Services.

Kosten werden als **Einzelkosten** bezeichnet, wenn sie einem Kostenträger direkt bzw. verursachungsgerecht zugeordnet werden können. In einem Fertigungsbetrieb zählen dazu insb. Materialeinzelkosten, beispielsweise wird zur Herstellung eines Stuhls eine bestimmte Menge Holz benötigt. In der Versicherung können etwa Schadenregulierungskosten bzw. gezahlte Provisionen einem einzelnen Versicherungsvertrag zugerechnet werden.

Demgegenüber können **Gemeinkosten** einem Kostenträger nicht direkt zugeordnet werden, weil sie von mehreren Kostenträgern gemeinsam verursacht worden sind. Im Fall von Versicherungsunternehmen fallen die meisten Kosten in diese Kategorie. Zu den Gemeinkosten gehören beispielsweise Abschreibungen für ein Gebäude, Personalkosten sowie Energiekosten. In Versicherungsunternehmen ist der Anteil dieser Gemeinkosten hoch, wodurch eine verursachungsgerechte Zuteilung (Schlüsselung) der Kosten auf einzelne Kostenträger erschwert wird.

Kosten zeigen bei Änderungen der Beschäftigung (Auslastung) innerhalb eines Unternehmens unterschiedliche Verhaltensweisen. Beispielsweise verkauft eine Versicherungsagentur innerhalb eines Monats im Normalfall 1.000 Policen. Steigt die Produktion in einem besonders guten Monat auf 1.400 Policen, so werden sich bestimmte Kosten verändern (z. B. erfolgsabhängige Gehaltsbestandteile), andere jedoch gleichbleiben (z. B. Gebäudemiete). Entsprechend ihrer Reaktion auf Veränderungen des Beschäftigungsgrads unterscheidet man zwischen variablen und fixen Kosten:

- **Variable Kosten** sind abhängig vom Beschäftigungsgrad und damit der produzierten Menge. In einem Versicherungsunternehmen sind dies beispielsweise Provisionen für einen Makler, der stückbezogen vergütet wird.

- **Fixe Kosten** sind demgegenüber Kosten, die unabhängig von der Beschäftigung bzw. Produktionsmenge anfallen. Hierunter fallen insb. (erfolgsunabhängige) Gehälter, Gebäudeabschreibungen sowie Energiekosten.

Kosten lassen sich weiterhin nach dem **betrieblichen Funktionsbereich** differenzieren, in dem sie entstanden sind. Hierbei entstehende Kosten sind somit durch die Tätigkeit der betreffenden Funktion verursacht (z. B. Vertriebskosten). Auf diese Weise kann die Kostenverursachung auf verschiedenen Wertschöpfungsstufen nachvollzogen werden.

Eine weitere Einteilungsmöglichkeit für Kosten besteht in der der Herkunft der Einsatzgüter. **Primäre Kosten** entstehen durch den Verbrauch von Gütern und Dienstleistungen, die das Unternehmen von außerhalb bezieht. Hierzu gehören z. B. Gehälter sowie Kosten für fremdbezogene Dienstleistungen. **Sekundäre Kosten** bezeichnen dagegen den Wert für den Verbrauch innerbetrieblicher Leistungen. So werden etwa die Leistungen der Kostenstelle Gebäudemanagement innerbetrieblich an andere Kostenstellen weiterverrechnet.

Schließlich lassen sich Kosten nach in aufwandsgleiche und kalkulatorische Kosten unterscheiden. **Aufwandsgleiche Kosten** sind solche Verbräuche, die in der Kostenrechnung mit den gleichen Werten wie in der Finanzbuchhaltung angesetzt werden. Die meisten Kosten fallen in diese Kategorie und können deshalb direkt aus der Aufwandsrechnung übernommen werden. **Kalkulatorische Kosten** (aufwandsungleiche Kosten) werden dagegen für die besonderen Zwecke der Kosten- und Leistungsrechnung ermittelt. In der Finanzbuchhaltung erscheinen sie mit einem anderen Wertansatz oder überhaupt nicht (▶ Beispiel 11).

Beispiel 11: Kalkulatorische Miete

Ein Versicherungsmakler besitzt eine gewerbliche Immobilie in guter Innenstadtlage, die er für seine Vertriebstätigkeit nutzt. Die Immobilie befindet sich bereits seit vielen Jahren in seinem Besitz, d. h. es fallen keine Abschreibungen in der Gewinn- und Verlustrechnung mehr an. Dem Vermögensgegenstand »Immobilie« steht also kein Aufwand gegenüber.
Die Miete, die der Makler zahlen müsste, wenn ihm die Immobilie nicht gehören würde, beträgt 3.000 Euro pro Monat. Diesen Betrag setzt der Makler als kalkulatorische Miete an, um die Kosten für seinen Vermögensgegenstand und damit auch für seine Vertriebsleistung im Vergleich mit Wettbewerbern (die in angemieteten Objekten tätig sind) korrekt abbilden zu können. Weiterhin dient die kalkulatorische Miete auch der Fundierung unternehmerischer Entscheidungen. So könnte sich der Makler überlegen, seine Immobilie zu vermieten und für seine Tätigkeit ein günstigeres Objekt in einer Stadtrandlage anzumieten.

2.3.4 Kostenstellenrechnung

Die Kostenstellenrechnung ist das zweite große Teilgebiet der Kostenrechnung. Sie ist eine Folgerechnung der Kostenartenrechnung, in der die dort erfassten Kostenarten auf die Bereiche des Versicherungsunternehmens verteilt werden, in denen sie angefallen sind. Dazu wird das Unternehmen in mehrere Bereiche (Kostenstellen) aufgeteilt, die kostenrechnerisch selbstständig behandelt werden. Im Einzelnen hat die Kostenstellenrechnung die folgenden Funktionen (vgl. Friedl/Hofmann/Pedell, 2022, S. 122 f.):

- **Planung und Kontrolle in den Kostenstellen**: Durch die Unterteilung eines Unternehmens in Kostenstellen wird der Genauigkeitsgrad der Kostenplanung erhöht und gleichzeitig die Grundlage für die Kostenkontrolle einzelner Verantwortungsbereiche geschaffen. Die Kosten des Unternehmens können zielgerichteter einzelnen Verantwortlichen zugeordnet und damit besser gesteuert werden.
- **Verrechnung der Gemeinkosten auf die Kostenträger**: Die Kostenstellenrechnung dient der nach Kostenstellen differenzierten Verrechnung von Gemeinkosten auf die Kostenträger. So nimmt in einem Versicherungsunternehmen beispielsweise die Produktentwicklung innerhalb eines Jahres mehrmals Leistungen der Bereiche Recht und Aktuariat in Anspruch. Solche innerbetrieblichen Verflechtungen sind in der Kostenstellenrechnung abzubilden.

Voraussetzung für die Durchführung der Kostenstellenrechnung ist die Einteilung des gesamten Unternehmens in Kostenstellen. Kostenstellen umfassen betriebliche Teilbereiche, die als selbstständige Abrechnungseinheiten eindeutig voneinander abgegrenzt sein müssen. Es sind Bereiche, in denen Kosten für die Erstellung der betrieblichen Leistungen entstehen. Die klare Abgrenzung der Kostenstellen ist eine Voraussetzung für die kostenstellenweise Kostenkontrolle sowie die Beurteilung der Wirtschaftlichkeit.

Um die Aufgaben der Kostenstellenrechnung möglichst gut erfüllen zu können, muss die Abgrenzung der Kostenstellen vollständig und eindeutig sein, sodass alle Bereiche des Unternehmens erfasst werden und die Kostenverantwortung in jedem Fall klar ist. Weiterhin sollte darauf geachtet werden, dass die in der Kostenstelle anfallenden Verrichtungen möglichst homogen sind (z. B. gleichartige Schadenbearbeitungsprozesse) und damit in möglichst verursachungsrechter Weise weiterverrechnet werden können. In der Praxis erfolgt die Einteilung der Kostenstellen nach dem Funktions- bzw. Verantwortungsprinzip. Üblicherweise entspricht dadurch oft jede Kostenstelle einer Abteilung bzw. Unterabteilung. In einem Versicherungsunternehmen könnte eine Kostenstellengliederung wie in der folgenden Darstellung 44 aufgebaut sein.

Dar. 44: Beispielhafte Gliederung von Kostenstellen im Versicherungsunternehmen (in Anlehnung an Rohlfs/Savic/Will, 2019, S. 58)

Kostenstellenübersicht		
Kostenstellenbereiche	**Kostenstellengruppe**	**Kostenstellen**
Vertrieb	Außendienst	Vermittler, Ausbildung, Marketing
	Direktvertrieb	Marketing, Verkaufscontrolling
	Vertriebssteuerung	Vertriebstechnik, Administration
Komposit	Produktentwicklung	Sach, Haftpflicht, Unfall1
	Privatkunden	Sach, Haftpflicht, Unfall
	Firmenkunden	Sach, Haftpflicht, Unfall
Schadenabwicklung	Schadenbearbeitung	Leben, Haftpflicht, Sach
	Schadenservice	Betrug, Assistance
Verwaltung	Unternehmensleitung	Recht, Revision, Risikomanagement
	Finanzen	Kapitalanlagen, Rechnungswesen
	Personal	Rekrutierung, Gehaltsabrechnung
Services	IT	Rechenzentrum, IT-Beratung
	Aktuariat	Leben, Komposit

In der Kostenartenrechnung wurden die Einzel- von den Gemeinkosten abgegrenzt. Während Einzelkosten direkt auf die Kostenträger verrechnet werden können, sind die Gemeinkosten differenziert nach Kostenstellen auf die Kostenträger zu verrechnen (▶ Dar. 45). Hierdurch wird sichergestellt, dass solche Kostenträger, die mehr innerbetriebliche Leistungen von anderen Kostenstellen in Anspruch nehmen, dafür auch mit mehr Kosten belastet werden. So müssen z. B. für ein komplexes Garantieprodukt im Bereich der Altersvorsorge umfangreiche versicherungsmathematische Rechnungen vom Aktuariat durchgeführt werden, was in der Kalkulation zu berücksichtigen ist. Die Kostenverrechnung auf die Kostenträger erfolgt in drei Schritten (vgl. Friedl/Hofmann/Pedell, 2022, S. 131 f.).

- **Primärkostenverrechnung:** In einem ersten Schritt werden die Gemeinkosten aus der Kostenartenrechnung auf die verschiedenen Kostenstellen verteilt. Die Kostenstellen werden dabei noch einmal in Vorkostenstellen (bzw. Hilfskostenstellen) und Endkostenstellen unterteilt. Vorkostenstellen haben keinen direkten Bezug zur Leistungserstellung, sie erbringen innerbetriebliche Leistungen an andere Kostenstellen (z. B. Personal, Kantine, Aktuariat). Endkostenstellen wiederum sind unmittelbar am Leistungsprozess des Unternehmens beteiligt,

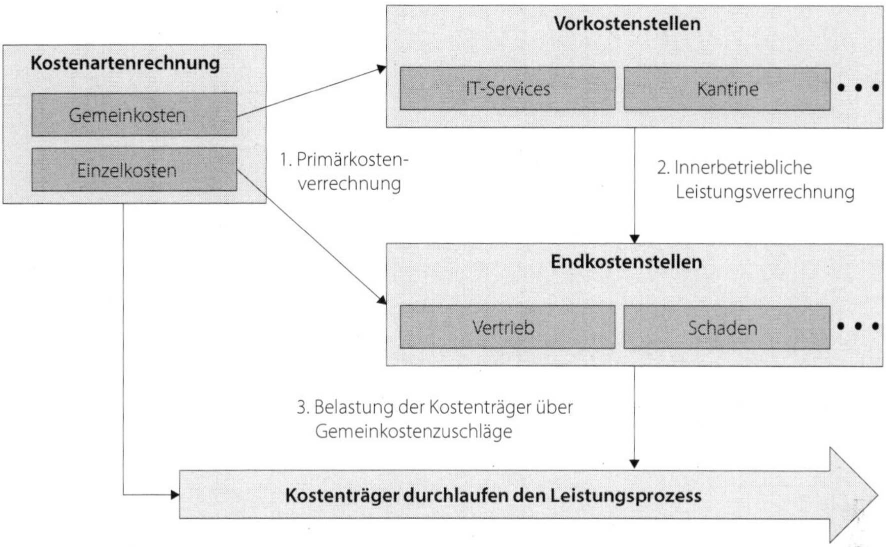

Dar. 45: Verrechnungsschritte in der Kostenstellenrechnung (vgl. Friedl/Hofmann/Pedell, 2022, S. 132)

so dass ihre Leistungen vollständig den Kostenträgern zugerechnet werden können (z. B. Vertrieb, Geschäftszweige). Bei Kosten, die sich direkt einer Kostenstelle zurechnen lassen, kann die Verrechnung direkt erfolgen. Solche Kosten heißen Kostenstelleneinzelkosten und sind z. B. die Gehälter der Mitarbeiter in den jeweiligen Kostenstellen. Kosten, die gleichzeitig für mehrere Kostenstellen anfallen, heißen Kostenstellengemeinkosten und sind den verursachenden Kostenstellen nicht direkt zurechenbar. Zu diesen Kosten gehören Mieten sowie Prämien für die Feuerversicherung eines Gebäudes. Kostenstellengemeinkosten müssen »künstlich« mit Hilfe von Verteilungsschlüsseln aufgeteilt und den einzelnen Kostenstellen zugeordnet werden. So kann beispielsweise bei Mieten bzw. Energiekosten die Anzahl der Quadratmeter, die eine bestimmte Abteilung (Kostenstelle) in Anspruch nimmt, als Schlüssel dienen. Je nach Beanspruchung des Schlüssels (Anzahl der Quadratmeter) werden einer Kostenstelle mehr oder weniger Gemeinkosten zugeschlüsselt.

- **Innerbetriebliche Leistungsverrechnung:** In einem zweiten Schritt müssen die Kosten der Vorkostenstellen auf diejenigen Endkostenstellen verrechnet werden, die Leistungen von ihnen in Anspruch genommen haben. Den Leistungsempfängern werden dabei Kosten belastet, während die Leistungsersteller um die entsprechenden Kosten entlastet werden. In einem Versicherungsunternehmen gehören dazu beispielsweise die IT-Kosten. Leistungen wie die Bereitstellung von PC-Arbeitsplätzen sowie Kapazitäten eines Rechenzentrums werden von der IT-Abteilung erbracht und den entsprechenden Nutzerkostenstellen zugerechnet. Die Verrechnung dieser Sekundärkosten geschieht durch verschiedene Verfahren der innerbetrieblichen Leistungsverrechnung mit Hilfe eines Betriebsabrechnungsbogens (zu einer ausführlichen Darstellung mit Beispielen vgl. Plinke/Rese/Utzig, S. 94 ff.).

- **Ermittlung von Zuschlagssätzen:** Die Verrechnung von Kosten von den Endkostenstellen auf die Kostenträger erfolgt mit Hilfe von Zuschlagssätzen. Ein Zuschlagssatz wird in der Weise gebildet, dass die Gemeinkosten einer Kostenstelle durch eine geeignete Zuschlagsbasis geteilt werden. Als Zuschlagsbasis werden dabei solche Werte verwendet, die einen möglichst direkten Bezug zu der Kostenstelle haben. Der Zuschlagssatz für die Kostenstelle Schadenbearbeitung kann z. B. dadurch ermittelt werden, dass die gesamten Gemeinkosten der Schadenbearbeitung durch die Anzahl der Schadenfälle (Bezugsbasis) geteilt werden.

2.3.5 Kostenträgerrechnung

Die Aufgabe der Kostenträgerrechnung besteht darin, die Kosten für eine erzeugte Leistungseinheit zu ermitteln. Diese erzeugten Leistungseinheiten werden als Kostenträger bezeichnet und sind die Ursache für die entstandenen Werteverzehre. Folglich haben sie damit auch die Aufgabe, die durch ihre Erzeugung und Verwertung hervorgerufenen Kosten zu »tragen« und über die durch sie erzielten Erlöse zurückzuholen. Während dabei die Einzelkosten direkt aus der Kostenartenrechnung übernommen werden können, müssen die Gemeinkosten – als Ergebnis der Kostenstellenrechnung – differenziert nach Inanspruchnahme der jeweiligen Kostenstelle auf die Kostenträger verteilt werden.

In einem Versicherungsunternehmen sind grundsätzlich die angebotenen Versicherungsprodukte als Kostenträger zu verstehen, wobei dabei sowohl die Versicherungsverträge (Policen) oder die versicherten Risiken in Frage kommen. So können beispielsweise Abschlusskosten eindeutiger zugeordnet werden, wenn der Versicherungsvertrag als Kostenträger angesehen wird, da diese als Ganzes durch den Vertrag verursacht worden. Andererseits sind die versicherten Risiken als Kostenträger dann zu bevorzugen, wenn es um die Verteilung der Schaden- bzw. Risikokapitalkosten geht. Hier können beispielsweise in einer verbundenen Wohngebäudeversicherung verschiedene Risikoarten gebündelt sein (z. B. Feuer, Leitungswasser, Sturm, Hagel), die unterschiedliche Schadenprofile aufweisen und unterschiedliche Risikokapitalbedarfe aufweisen.

Die Kostenträgerrechnung lässt sich noch einmal in zwei Teilbereiche gliedern (▶ Dar. 46). In der **Kostenträgerstückrechnung oder Kalkulation** werden die Kosten ermittelt, die für eine erzeugte Leistungseinheit angefallen sind. Die Kosten werden den Leistungseinheiten nach dem Prinzip der Verursachung zugerechnet, wobei hierfür unterschiedliche Verfahren zur Anwendung kommen (z. B. Divisionskalkulation, Zuschlagskalkulation). Die ermittelten Kosten lassen sich dann mit erzielten bzw. erzielbaren Marktpreis vergleichen. Die Kenntnis der kalkulierten Kosten eines Produkts ist für verschiedene Zwecke hilfreich:

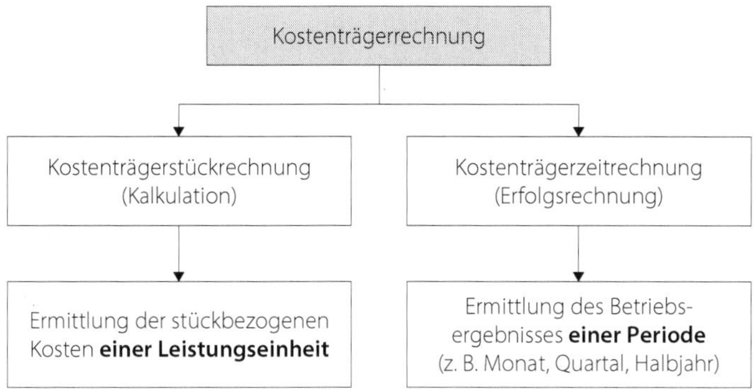

Dar. 46: Teilbereiche der Kostenträgerrechnung

- Preisfindung: Ab welchem Marktpreis arbeitet das Unternehmen kostendeckend?
- Produktpolitik: Soll ein bestimmtes Produkt ins Absatzprogramm aufgenommen oder aus diesem eliminiert werden?
- Beschaffungsentscheidungen: Wie hoch dürfen bestimmte Kosten maximal sein (z. B. maximale Provision)? Wie müssen Nettotarife angesetzt werden, die für den Vertrieb über Versicherungsberater oder Honorar-Versicherungsmakler vorgesehen sind.
- Kostenkontrolle: In welchem Bereich sind die Kosten besonders hoch, welche Maßnahmen zur Gegensteuerung sind möglich?

Die folgende Darstellung 47 zeigt ein typisches Beispiel der Prämienkalkulation in einem Versicherungsunternehmen. Hierin spiegeln sich Spezifika des Versicherungsgeschäfts sowie die Erkenntnisse aus der Kostenrechnung wider. Die i. d. R. wichtigste Kostenposition eines Versicherungsunternehmens sind die Schadenkosten. In der Kalkulation sieht man dabei auf die festgestellten Schäden der Vergangenheit und bildet daraus einen Erwartungswert. Weiterhin sind Kosten für das Risikokapital anzusetzen, deren Höhe im Wesentlichen von der Volatilität des zugrundeliegenden Geschäfts abhängt. Weiterhin sind noch Abschlusskosten zu berücksichtigen, die an die Vermittler des Geschäfts (z. B. Außendienstmitarbeiter oder Makler) ausgezahlt werden.

Neben der stückbezogenen Kostenträgerrechnung existiert eine **Kostenträgerzeitrechnung**, die auch als **Erfolgsrechnung** bezeichnet wird. In der Kostenträgerzeitrechnung werden die Kosten einer Abrechnungsperiode ermittelt und den entsprechenden Leistungen gegenübergestellt, um auf diese Weise den Erfolg der Periode zu ermitteln. Die betrachteten Zeiträume sind dabei in aller Regel kurz (z. B. ein Monat, ein Quartal, ein Halbjahr), so dass auch von einer kurzfristigen Erfolgsrechnung gesprochen wird.

Die Kostenträgerzeitrechnung bildet ein wichtiges Instrument zur Steuerung und Kontrolle des Betriebserfolgs eines Unternehmens. Zur besseren Steuerung

Erwartungswert des Schadens (= Nettorisikoprämie)
+ Risikokapitalkosten
= Brutto-Risikoprämie (Nettoprämie)
+ Verwaltungskosten
+ Abschlusskosten
+ Gewinnzuschlag
= Bruttoprämie

Dar. 47: Prämienkalkulation

wird die Erfolgsrechnung üblicherweise auf mehreren Ebenen durchgeführt (z. B. Unternehmen, Versicherungssparte, Produktgruppe, Kundensegment). Hierdurch entsteht eine Hierarchie von Steuerungsobjekten, wodurch Kosten und Erlöse eindeutiger zugeordnet und die Zusammensetzung des Erfolgs – gegliedert nach Steuerungsobjekten – transparent aufgezeigt wird.

Zur Veranschaulichung der Kostenträgerrechnung auf der Basis von Vollkosten wird die stark vereinfachte Erfolgsrechnung eines Versicherungsunternehmens mit einem Gesamtprämienvolumen beträgt 1.000 Mio. Euro betrachtet, das Geschäft in den Sparten Kraftfahrt, Sach und Haftpflicht betreibt (▶ Dar. 48). Insgesamt entstehen in einer Periode Einzelkosten in Höhe von 120 Mio. Euro, die sich den einzelnen Sparten verursachungsgerecht zuordnen lassen. Hierzu gehören Schaden- sowie Vermittlerkosten (z. B. Provisionen). Weiterhin fallen noch Gemeinkosten in Höhe von insgesamt 100 Mio. Euro an, die sich den Bereichen Betrieb und Vertrieb zuordnen lassen. Eine verursachungsgerechte Zuordnung zu den Sparten ist jedoch nicht möglich, so dass eine Schlüsselung dieser Kosten notwendig wird. In unserem Beispiel erfolgt eine einfache Zurechnung der Gemeinkosten proportional zur Verteilung der Einzelkosten. So trägt im Beispiel die Sparte Kraftfahrt 50 % der Einzelkosten (60 Mio. Euro von 120 Mio. Euro), folglich werden dieser Sparte auch 50 % der Gemeinkosten (50 Mio. Euro von 100 Mio. Euro) zugeschlüsselt.

Betrachtet man den Erfolg des Gesamtunternehmens, so fällt auf, dass die Sparten Kraftfahrt und Sach einen positiven Erfolgsbeitrag leisten, während Haftpflicht einen Erfolg von -11 Mio. Euro aufweist. Im Rahmen des Controllings wäre zu prüfen, ob diese Sparte etwa durch Kostensenkungen bzw. Prämienerhöhungen saniert werden kann und damit ebenfalls ein positives Ergebnis erbringt. Falls dies in absehbarer Zeit nicht möglich ist, muss die Frage aufgeworfen werden, ob das Haftpflichtgeschäft eingestellt werden sollte. Neben kostenrechnerischen Aspekten ist bei einer solchen Entscheidung zu prüfen, ob andere Gründe dagegensprechen (z. B. Cross-Selling-Effekte, Auswirkungen auf die Vermarktung usw.). Im vorliegenden Beispiel kommt die Unternehmensführung aber trotz aller Bedenken zu der Entscheidung, die Sparte Haftpflicht aufzugeben, wodurch eine veränderte Erfolgsrechnung entsteht (▶ Dar. 49).

Dar. 48: Erfolgsrechnung eines Versicherungsunternehmens, Teil 1 (Zahlen in Mio. Euro)

	VU Gesamt	Kraftfahrt	Sach	Haftpflicht
Erlöse				
Bruttobeiträge	1.000	500	300	200
Kostenträgereinzelkosten				
– Schadenkosten	707	357	195	155
– Vermittlerkosten	173	83	55	35
= Summe Einzelkosten	**120**	**60**	**50**	**10**
Kostenträgergemeinkosten				
– Kosten für Betrieb	70	35	19	15
– Kosten für Vertrieb	30	15	10	6
= Summe Gemeinkosten	**100**	**50**	**29**	**21**
Erfolg	**20**	**10**	**21**	**-11**

Dar. 49: Erfolgsrechnung eines Versicherungsunternehmens, Teil 2 (Zahlen in Mio. Euro)

	VU Gesamt	Kraftfahrt	Sach	Haftpflicht
Erlöse				
Bruttobeiträge	800	500	300	
Kostenträgereinzelkosten				
– Schadenkosten	552	357	195	
– Vermittlerkosten	138	83	55	
= Summe Einzelkosten	**110**	**60**	**50**	
Kostenträgergemeinkosten				
– Kosten für Betrieb	70	45	25	
– Kosten für Vertrieb	30	18	12	
= Summe Gemeinkosten	**100**	**63**	**37**	
Erfolg	**10**	**–3**	**13**	

Im Ergebnis sieht man, dass statt der erhofften Steigerung des Erfolgs eine Reduzierung auf 10 Mio. Euro eingetreten ist. Weiterhin weist jetzt auch die Sparte Kraftfahrt mit -3 Mio. Euro ein negatives Ergebnis auf. Die Ursache für diese Entwicklung ist darin zu sehen, dass zwar die Einzelkosten der Sparte Haftpflicht jetzt wegfallen, die der Sparte Haftpflicht zugeschlüsselten Gemeinkosten jedoch vollständig erhalten bleiben. Dies liegt daran, dass es sich bei den Gemeinkosten gleichzeitig um fixe Kosten handelt, die unabhängig davon anfallen, ob die Sparte Haftpflicht weiterbetrieben wird oder nicht und zumindest kurzfristig nicht abgebaut werden können. Ein Beispiel für solche Fixkosten ist das Gehalt einer Sachbearbeiterin in der Personalabteilung, die für die Personalverwaltung in allen Sparten zuständig ist. Die verbliebenen Sparten Kraftfahrt und Sach müssen diese Gemeinkosten jetzt allein tragen, was sich in höheren Verrechnungssätzen niederschlägt.

2.3.6 Deckungsbeitragsrechnung

Das eben angeführte Beispiel offenbart die Mängel der Vollkostenrechnung, bei der alle Kosten nach der Kostenerfassung vollständig auf die betrieblichen Leistungen verrechnet werden, also auch die nicht verursachungsgerecht zurechenbaren fixen Kosten. In der Vollkostenrechnung findet ausschließlich eine Trennung in Einzel- und Gemeinkosten statt, nicht aber in fixe und variable Kosten. Diese fehlende Kostenaufteilung in fixe und variable Kosten führt dazu, dass auch die fixen Kosten auf die Kostenträger proportional umgelegt werden (Schlüsselung der Fixkosten bzw. Fixkostenproportionalisierung), wodurch ein ungenaues Bild der Kostensituation im Unternehmen entsteht. Dieses Problem wird umso größer, je größer der Gemeinkostenblock im Verhältnis zu der Bezugsbasis (Einzelkosten) ausfällt (vgl. Eisele/Knobloch, 2018, S. 949). Aufgrund dieser Problematik ist die Vollkostenrechnung nur eingeschränkt für betriebliche Planungs- und Steuerungsaufgaben der folgenden Art verwendbar:

- Änderungen des Produktprogramms,
- Kurzfristige Preiskalkulation,
- Fremdbezug von Produkten statt Eigenfertigung.

In jedem dieser Fälle kann eine proportionale Verrechnung fixer Kosten zu betrieblichen Fehlentscheidungen führen. Aufgrund dieser Probleme wird in vielen Unternehmen eine **Teilkostenrechnung** verwendet, bei der nur die variablen Kosten den betrieblichen Leistungen zugerechnet werden. Die fixen Kosten werden zwar mehr oder weniger differenziert in der Kostenrechnung erfasst, den einzelnen Kostenträgern aber nicht direkt zugerechnet. Damit wird dem Gedanken Rechnung getragen, dass die fixen Kosten nicht durch die Erstellung eines bestimmten Produktes, sondern durch den betrieblichen Leistungserstellungsprozess als Ganzes verursacht werden.

Die **Deckungsbeitragsrechnung** ist eine Form der Teilkostenrechnung und bezeichnet ein Verfahren, welches den Erfolg eines Unternehmens mit Hilfe des Deckungsbeitrags ermittelt. Als Deckungsbeitrag wird dabei die Differenz aus den

Erlösen (z.B. Prämieneinnahmen) und den variablen Kosten eines Unternehmens bezeichnet. Der Deckungsbeitrag kennzeichnet den Betrag, welcher einem Unternehmen zur Deckung der Fixkosten zur Verfügung steht bzw. wie viel ein bestimmtes Produkt zur Deckung der Fixkosten beiträgt. Je nachdem, ob die Fixkosten als ein Block betrachtet oder in bestimmter Weise strukturiert werden, unterscheidet man zwischen einstufiger und mehrstufiger Deckungsbeitragsrechnung.

Die einfachste Form der Deckungsbeitragsrechnung ist die **einstufige Deckungsbeitragsrechnung**. Bei ihr werden zunächst die variablen Kosten von den Erlösen abgezogen, um den Deckungsbeitrag zu ermitteln. Im Anschluss werden die Fixkosten in einem Block abgezogen und nicht weiter aufgeschlüsselt. Der Erfolg einer Periode ergibt sich dann aus der Summe der Deckungsbeiträge je Produktart. Die folgende Darstellung 50 greift das Beispiel aus dem vorherigen Abschnitt auf und zeigt eine einstufige Deckungsbeitragsrechnung des Versicherungsunternehmens. Hieraus lässt sich erkennen, dass auch die »defizitäre« Sparte Haftpflicht noch einen positiven Deckungsbeitrag erbringt, d. h. nach Abzug aller variablen Kosten noch einen positiven Betrag erbringt. Deshalb ist es aus dieser Sicht nicht empfehlenswert, die Sparte aufzugeben.

Dar. 50: Einstufige Deckungsbeitragsrechnung eines Versicherungsunternehmens (Zahlen in Mio. Euro)

	VU Gesamt	**Kraftfahrt**	**Sach**	**Haftpflicht**
Erlöse				
Bruttobeiträge	1.000	500	300	200
Variable Kosten				
– Schadenkosten	707	357	195	155
– Vermittlerkosten	173	83	55	35
Deckungsbeiträge	**120**	**60**	**50**	**10**
– Fixe Kosten für Betrieb und Vertrieb	100			
Erfolg	**20**			

Die Defizite der einstufigen Deckungsbeitragsrechnung bestehen in der pauschalen Fixkostenbehandlung. Es wird nicht näher betrachtet, dass Fixkosten auf unterschiedlichen Unternehmensebenen anfallen bzw. von unternehmerischen Entscheidungen aktiv beeinflusst werden können. Um eine bessere Zuordnung des Fixkostenblocks zu einzelnen Unternehmensebenen zu ermöglichen, wird eine **mehrstufige Deckungsbeitragsrechnung** verwendet, bei der die Fixkosten stufenweise vom jeweils verbleibenden Restdeckungsbeitrag abgezogen werden. Üblich ist dabei eine Unterteilung in produktbezogene, produktgruppenbezogene, bereichsbezogene und unternehmensweite Fixkosten. Insgesamt liefert die mehrstufige Deckungsbeitragsrechnung eine differenziertere Grundlage für betriebliche Entscheidungen als die einstufige Deckungsbeitragsrechnung (▶ Dar. 51).

	Erlöse einer Periode
-	Variable Kosten je Produktart
=	Deckungsbeitrag I
-	produktbezogene Fixkosten
=	Deckungsbeitrag II
-	produktgruppenbezogene Fixkosten
=	Deckungsbeitrag III
-	bereichsbezogene Fixkosten
=	Deckungsbeitrag IV
-	unternehmensweite Fixkosten
=	Unternehmenserfolg

Dar. 51: Aufbau der mehrstufigen Deckungsbeitragsrechnung (vgl. Friedl/Hofmann/Pedell, 2022, S. 276)

Darstellung 52 zeigt eine mehrstufige Deckungsbeitragsrechnung im Versicherungsbeispiel. Neben den Sparten wird jetzt noch eine zusätzliche Unterteilung in Kundensegmente eingeführt (Privat- und Firmenkunden). Dadurch lassen sich die Fixkosten des Unternehmens besser strukturieren. Von dem Deckungsbeitrag I werden zunächst diejenigen Fixkosten abgezogen, die sich den einzelnen Kundensegmenten eindeutig zuordnen lassen. Dazu gehören z. B. die Gehälter der Schadensachbearbeiter, die ausschließlich für ein bestimmtes Kundensegment tätig sind. Von dem Deckungsbeitrag II sind dann schließlich die Unternehmensfixkosten abzuziehen. Hierzu zählen etwa Vorstandsgehälter oder Kosten für die IT-Infrastruktur.

Im Ergebnis wurde mit der mehrstufigen Deckungsbeitragsrechnung eine bessere Steuerungsgrundlage geschaffen. So wird deutlich, dass die Sparte Haftpflicht nicht als Ganzes defizitär ist, sondern nur im Firmenkundensegment negative Deckungsbeiträge aufweist. Gleiches gilt auch für die Sparte Kraftfahrt, die ebenfalls im Firmenkundensegment Probleme bereitet. Insgesamt zeigt sich, dass das gesamte Firmenkundensegment einen negativen Deckungsbeitrag aufweist. Aus Controlling-Sicht wäre zu prüfen, ob sich dieses Segment sanieren lässt oder abgebaut werden muss. Zumindest kurzfristig würde sich durch den Verzicht auf das Firmenkundensegment der Unternehmenserfolg erhöhen.

Dar. 52: Mehrstufige Deckungsbeitragsrechnung eines Versicherungsunternehmens (Zahlen in Mio. Euro)

	VU Gesamt	Privatkunden			Firmenkunden		
		Kraft-fahrt	Sach	Haft-pflicht	Kraft-fahrt	Sach	Haft-pflicht
Erlöse							
Bruttobeiträge	1.000	350	200	150	150	100	50
Variable Kosten							
– Schadenkosten	702	225	130	100	132	60	55
– Vermittlerkosten	178	60	40	30	23	20	5
Deckungsbeitrag I	**120**	**65**	**30**	**20**	**–5**	**20**	**–10**
Summe der Deckungsbeiträge I	**120**	**115**			**5**		
– Fixe Kosten Kundensegmente	**90**	**65**			**25**		
Deckungsbeitrag II	**30**	**50**			**–20**		
– Fixe Kosten Unternehmensebene	**10**						
Erfolg	**20**						

2.4 Kapitalbedarf und Finanzierungsformen

2.4.1 Kapitalbedarf

Für Versicherungsunternehmen ist die ständige Verfügbarkeit einer ausreichenden Kapitalbasis eine unverzichtbare Existenzgrundlage, da hierdurch die dauernde Erfüllbarkeit der Versicherungsverträge sichergestellt wird. Aus diesem Grund muss sich das Unternehmen mit Fragen des Kapitalbedarfs sowie der Bereitstellung notwendiger finanzieller Mittel auseinandersetzen (vgl. Heep-Altiner et al., 2015, S. 3).

Die Kapitalausstattung des Versicherungsunternehmens wird in § 89 VAG geregelt, wonach Versicherungsunternehmen zu jedem Zeitpunkt über ausreichende Eigenmittel verfügen müssen. Die Höhe der notwendigen Eigenmittel ergibt sich durch die in Solvency II festgelegte Kapitalanforderungen. Demnach soll das Versicherungsunternehmen auch in wirtschaftlich ungünstigen Situationen noch mit sehr hoher Wahrscheinlichkeit in der Lage sein, seinen Zahlungsverpflichtungen nachkommen zu können.

Als Kapitalbedarf wird der notwendige Bestand an Zahlungsmitteln bezeichnet, der zur Deckung notwendiger Auszahlungen benötigt wird. Solche Auszahlungen können einmalig oder laufend entstehen (vgl. Heep-Altiner et al., 2015, S. 15):

- **Einmaliger Kapitalbedarf** entsteht bei besonders einschneidenden Zeitpunkten der Unternehmensentwicklung. Hierzu zählt etwa die Gründung eines Versicherungsunternehmens, wozu die Erlaubnis der Aufsichtsbehörde (BaFin) benötigt wird (§ 8 Abs. 1 VAG). Als Voraussetzung für diese Erlaubnis ist insb. nachzuweisen, dass das Versicherungsunternehmen über die zu zur Einhaltung der Kapitalanforderungen notwendigen Eigenmittel verfügt (§ 9 Abs. 2 Nr. 4 VAG). Weiterhin kann sich ein einmaliger Kapitalbedarf bei umfangreichen Erweiterungsinvestitionen ergeben (z. B. Gründung einer Niederlassung, Aufbau einer neuen Sparte usw.)
- **Laufender Kapitalbedarf** ergibt sich aus den täglichen Geschäftsvorfällen. Hierzu zählen etwa die Regulierung von Schäden, die Zahlung der Gehälter sowie die Anschaffung von Sachmitteln (z. B. Computer, Büromaterial).

Die Höhe sowie der zeitliche Anfall der jeweiligen Kapitalbedarfe sind wiederum von zahlreichen Faktoren abhängig, dazu gehören (vgl. Nguyen/Romeike, 2013, S. 464):

- Unternehmensgröße: Sehr große Unternehmen haben regelmäßig sehr hohe Kapitalbedarfe. So hat beispielsweise die Allianz SE im Jahr 2020 eine Anleihe im Volumen von 500 Mio. Euro platziert (▶ Beispiel 12).
- Liquidität des Anlageportfolios: Ein Versicherungsunternehmen kann Finanzmittel in liquide (z. B. Anleihen) oder illiquide (z. B. Investitionen in Infrastruktur) Anlagen investieren.
- Struktur des Portfolios: Versicherungsverträge können kurze (z. B. Feuerversicherung) oder lange (z. B. Haftpflichtgeschäft) Schadenabwicklungsdauern haben. Je nachdem, welche Verträge ein Unternehmen in seinem Portfolio hat, ergeben sich hier komplett unterschiedliche Auszahlungsstrukturen.
- Angewendete betriebswirtschaftliche Verfahren: Ein Verwaltungsgebäude kann entweder gekauft oder geleast werden.
- Einsatz von Rückversicherung.

Beispiel 12: Anleihe Allianz SE

Zur Deckung ihres Kapitalbedarfs hat die Allianz SE im Jahr 2020 eine Anleihe mit einem Volumen von 500 Mio. Euro und einer Laufzeit von 5 Jahren begeben. Der Nominalzins dieser Anleihe beträgt 0,0 %, unter Berücksichtigung des aktuellen Kurses (93,68 %, Stand 17.11.2022) ergibt sich damit für Investoren eine Rendite von 3,2 % (vgl. Allianz SE, 2022).

2.4.2 Ermittlung des Kapitalbedarfs

Vorfinanzierungseffekt im Versicherungsgeschäft

Eine Besonderheit von Versicherungsunternehmen liegt in der engen Verflechtung des leistungs- und finanzwirtschaftlichen Bereichs. Diese Verbindung entsteht dadurch, dass dem Unternehmen üblicherweise Prämieneinzahlungen zu Beginn einer Rechnungsperiode zufließen, für das zunächst nur ein (bedingtes) Leistungsversprechen abgegeben wird. Die Auszahlung von Versicherungsleistungen findet erst nach Eintritt des versicherten Ereignisses statt. Vor allem im Personenversicherungsbereich kann die zeitliche Differenz zwischen Einzahlungen und späteren Auszahlungen erheblich sein, wodurch sich i. d. R. Kapitalüberschüsse aus dem leistungswirtschaftlichen Bereich ergeben, die dann renditeorientiert in Kapitalanlagen zu investieren sind. Aus diesem Grund werden Versicherungsunternehmen auch als Nachleister bezeichnet (vgl. Görg, 2015).

Diese Besonderheit führt in der Praxis dazu, dass im Versicherungsunternehmen die Finanzierungsfunktion gegenüber der Kapitalanlagefunktion eine deutlich untergeordnete Rolle spielt und sich i. d. R. auf nur wenige Finanzierungsinstrumente beschränkt. Explizite Finanzierungsmaßnahmen (z. B. Beteiligungsfinanzierung) sind deutlich seltener notwendig als bei anderen Unternehmen, da die Zahlungseingänge aus Prämieneinahmen und Kapitalerträgen i. d. R. ausreichen, um fällige Auszahlungen abzudecken.

Finanzplanung

Zur Ermittlung einer angemessenen Kapitalausstattung ist eine Finanzplanung durchzuführen. Als Finanzplanung wird die systematische Schätzung, Berechnung und Steuerung aller eingehenden und ausgehenden Zahlungsströme bezeichnet, die zu einem bestimmten Zeitpunkt in einem Unternehmen anfallen. Die Finanzplanung ist eine Kernaufgabe des Finanzmanagements jedes Unternehmens (vgl. Perridon/Steiner/Rathgeber, 2016, S. 719). Ihr Ziel liegt darin, die jederzeitige Zahlungsfähigkeit des Unternehmens unter Berücksichtigung der spezifischen Gegebenheiten (z. B. Zahlungsverhalten der Kunden, prognostizierte Abwicklung der Schäden) sicherzustellen.

Zur Finanzplanung gehört i. d. R. die Festlegung einer ausreichenden Liquiditätsreserve, die möglichst nie unterschritten werden soll (vgl. Pape, 2018, S.22). In einer langfristigen Sichtweise bedeutet (strukturelle) Finanzplanung weiterhin die langfristige Abstimmung von Investitionsprojekten und Finanzierungsmaßnahmen. Hierbei gilt der Grundsatz der Fristenkongruenz, d. h. langfristige Investitionsprojekte sollen auch durch langfristige Kapitalbeschaffungsmaßnahmen finanziert werden. Insgesamt stellt die Finanzplanung damit die kurzfristige Liquidität als auch das langfristige finanzielle Gleichgewicht des Unternehmens sicher. Ein Beispiel für eine kurzfristige Finanzplanung zeigt die Darstellung 53.

Hierin wird im März ein negativer Zahlungsmittelbestand sichtbar, wodurch einer zusätzliche Finanzierungsmaßnahme (z. B. Kontokorrentkredit) notwendig wird.

Dar. 53: Finanzplanung eines Vermittlerbetriebs für Versicherungen

Werte in 1.000 EUR	Januar	Februar	März	April	Mai	Juni
Einzahlungen						
Provisionen	15.000	15.000	13.000	16.000	15.000	15.000
Sondervergütungen	5.000	3.000	0	2.000	0	0
Summe Einzahlungen	**20.000**	**18.000**	**13.000**	**18.000**	**15.000**	**15.000**
Auszahlungen						
Büromiete	3.000	3.000	3.000	3.000	3.000	3.000
Gehälter	9.000	9.000	9.400	9.400	9.400	9.400
Leasinggebühren	2000	2.000	2.000	2.000	2.000	2.000
Sonstige Kosten	500	500	500	500	500	500
Beschaffung Büroausstattung	0	0	15.000	0	0	0
Summe Auszahlungen	**14.500**	**14.500**	**29.900**	**14.900**	**14.900**	**14.900**
Saldo Ein- und Auszahlungen	5.500	3.500	–16.900	3.100	100	100
Anfangsbestand Zahlungsmittel	5.000	10.500	14.000	–2.900	200	300
Endbestand Zahlungsmittel	**10.500**	**14.000**	**-2.900**	**200**	**300**	**400**

Eine in dieser Form durchgeführte Finanzplanung, die weitgehend auf deterministischen Zahlungen basiert, ist allerdings zur Steuerung der gesamten Zahlungsvorgänge des Versicherungsunternehmens nicht ausreichend bzw. mit Schwierigkeiten behaftet (vgl. Zwiesler, 2005, S. 120). Sie kann allenfalls zur Planung gut separierbarer Projekte genutzt werden (z. B. Aufbau einer Niederlassung im Ausland, Einführung einer neuen Software zur Vertriebssteuerung usw.). Aufgrund der bereits erwähnten Eigenschaften des Versicherungsgeschäfts (Zufälligkeit von Zahlungen, Verflechtung der leistungs- und finanzwirtschaftlichen Ebene) sind für eine Finanzplanung des Gesamtunternehmens komplexere Modelle zu verwenden.

Rückversicherung

Eine besondere Rolle bei der Ermittlung des Kapitalbedarfs spielt die Rückversicherung. Die primäre Funktion der Rückversicherung besteht in der Risikotragung, d. h. dem Transfer von versicherungstechnischem Risiko vom Erstversicherer zum Rückversicherer (vgl. Liebwein, 2018, S. 47). Gleichzeitig erhöht sich auch die Zeichnungskapazität des Erstversicherers, d. h. es können jetzt mehr Risiken gezeichnet werden, als dies ohne den Einsatz von Rückversicherung möglich gewesen wäre.

Die Risikotragung der Rückversicherung ist eng mit der Finanzierung verbunden. Durch den Einsatz von Rückversicherung lässt sich eine Reduktion der notwendigen Eigenmittel beim Erstversicherer erreichen. Diese Form der Finanzierung ist besonders relevant, wenn beim Erstversicherer ein außergewöhnlicher Finanzierungsbedarf besteht. Besonders betroffen sind hier junge Unternehmen oder Unternehmen, die neue Sparten oder Produkte anbieten wollen (vgl. Schwepcke/Vetter, 2017, S. 27).

Rückversicherung entspricht damit einer Kapitalsubstitution, der Rückversicherer hält eigenes Kapital vor und stellt dies dem Erstversicherer zur Verfügung (vgl. Schwepcke/Vetter, 2017, S. 486). Die risikomindernde Wirkung von Rückversicherungsvereinbarungen wird auch grundsätzlich durch Solvency II anerkannt, sofern ein Risikotransfer nachgewiesen werden kann. Die Kapitalanforderungen lassen sich durch Rückversicherung reduzieren, wobei allerdings auch das Ausfallrisiko des Rückversicherers zu berücksichtigen ist (vgl. Schwepcke/Vetter, 2017, S. 174).

2.4.3 Systematisierung der Finanzierungsformen

Zur Deckung ihres Kapitalbedarfs stehen Unternehmen eine fast unüberschaubare Anzahl unterschiedlicher Finanzierungsformen zur Verfügung. (zu einem Überblick und zu verschiedenen Arten der Systematisierung vgl. Perridon/Steiner/Rathgeber, 2016, S. 419ff sowie Pape, 2018, S. 34 ff.). Aufgrund ihrer spezifischen Eigenschaften beschränken sich Versicherungsunternehmen regelmäßig auf eine kleine Anzahl dieser Finanzierungsformen. Aus diesem Grund sind in der folgenden Abbildung nur die wichtigsten Finanzierungsformen dargestellt, die nach der der Rechtsstellung der Kapitalgeber sowie nach der Finanzmittelherkunft unterteilt werden (▶ Dar. 54).

Die Finanzmittelherkunft beantwortet die Frage nach der Quelle der finanziellen Mittel. Maßnahmen der **Außenfinanzierung** bewirken eine Zuführung von Kapital unabhängig von der laufenden Geschäftstätigkeit. Die Kapitalzuführung geschieht durch externe Kapitalgeber (z. B. Gesellschafter, Aktionäre, Anleihegläubiger), die dafür bestimmte Gegenleistungen (z. B. Gewinne, Zinsen sowie Tilgung) beanspruchen können. Demgegenüber bezeichnen Maßnahmen **Innenfinanzierung** solche Vorgänge, die aus dem betrieblichen Umsatzprozess oder der Freiset-

Dar. 54: Übersicht der Finanzierungsformen für Versicherungsunternehmen

	Außenfinanzierung	Innenfinanzierung
Eigenfinanzierung	• Ausgabe von Aktien • Erhöhung von Einlagen	• Einbehaltung von Gewinnen
Fremdfinanzierung	• Kredite/ Darlehen • Factoring	• Finanzierung aus Rückstellungen

zung finanzieller Mittel aus Vermögensumschichtung resultieren. Für das Versicherungsunternehmen sind hier vor allem die Selbstfinanzierung sowie die Finanzierung aus Rückstellungen von Bedeutung.

Nach dem Kriterium der Rechtsstellung der Kapitalgeber sowie der Kapitalhaftung lässt sich zwischen Eigen- und Fremdfinanzierung unterscheiden. **Eigenfinanzierung** bedeutet die Zuführung und Erhöhung des Eigenkapitals einer Unternehmung durch zahlungswirksame Einlagen der Unternehmenseigner oder aus dem zahlungswirksamen Gewinn des Unternehmens. Demgegenüber heißt **Fremdfinanzierung** die Zuführung oder Erhöhung des Fremdkapitals einer Unternehmung durch zahlungswirksame Einlagen der Gläubiger eines Unternehmens oder aus der Bildung von Rückstellungen. Neben diesen Reinformen der Finanzierung existieren eine ganze Reihe von Instrumenten, die Eigentums- und Gläubigerrechte in unterschiedlicher Weise kombinieren. Diese Zwischenformen werden als **Hybridfinanzierung** bezeichnet.

2.4.4 Eigenfinanzierung

2.4.4.1 Eigenkapital

Als Eigenkapital wird solches Kapital bezeichnet, dass einem Unternehmen von seinen Eigentümern ohne zeitliche Begrenzung zur Verfügung gestellt wird. Das Eigenkapital wird dabei dem Unternehmen explizit durch Kapitalmaßnahmen zugewendet oder als erwirtschafteter Gewinn überlassen. Eigenkapitalgeber erwerben regelmäßig Mitwirkungsrechte bei der Geschäftsführung des Unternehmens.

In bilanzieller Sicht ergibt sich das Eigenkapital als Differenz zwischen dem gesamten Vermögen eines Unternehmens (Aktiva) und der Summe aller durch die Unternehmung eingegangenen Verbindlichkeiten (vgl. Benkel, 2002, S. 205). Der tatsächliche Wert eines Unternehmens wird durch dieses buchmäßige Eigenkapital jedoch nur unvollständig ausgedrückt. Aus betriebswirtschaftlicher entsteht das effektive Eigenkapital dadurch, dass Bewertungsreserven einbezogen werden die regelmäßig durch eine Überbewertung von Aktivposten bzw. eine Unterbewertung von Passivposten entstehen.

Beispiel 13: Bewertungsreserven

Ein Versicherungsunternehmen hat im Jahr 2002 ein Grundstück in der Innenstadt von München für einen Preis von 1 Mio. Euro erworben. Der geschätzte Marktwert dieses Grundstücks beträgt aktuell 5 Mio. Euro. Aufgrund des im Handelsrecht verankerten Vorsichtsprinzips durch das Unternehmen das Grundstück nur mit dem Anschaffungswert von 1 Mio. Euro bilanzieren. Hierdurch entsteht eine Bewertungsreserve von 4 Mio. Euro.
Das Versicherungsunternehmen hat weiterhin im Jahr 2014 Bundesanleihen im Umfang von 2 Mio. Euro zu einem Kurs von 100 % erworben. Aufgrund der Entwicklung an den Kapitalmärkten notiert diese Bundesanleihe aktuell mit 110 %. Auch hier ist in der Bilanz wiederum nur der Anschaffungswert von 2 Mio. Euro anzusetzen, wodurch eine weitere Bewertungsreserve von 0,2 Mio. Euro entsteht.

Dem Eigenkapital eines Versicherungsunternehmens kommen eine Reihe wichtiger Funktionen bei:

- **Finanzierungsfunktion:** Eigenkapital dient zur Finanzierung des gesamten Versicherungsgeschäfts. Dazu gehören Betriebsmittel (Büromaschinen, EDV-Anlagen, Gebäudeausstattung) sowie Beteiligungen. Weiterhin zählt dazu der Auf- und Ausbau der Außenorganisation, z. B. finanzielle Hilfen für neuangestellte Außendienstmitarbeiter sowie Schulungs- und Werbungskosten. Schließlich spielt das Eigenkapital bei der Finanzierung des Neugeschäfts für langfristige Versicherungsverträge eine wichtige Rolle. Hier sind Abschlusskosten oft für viele Jahre vorzufinanzieren, wodurch sich speziell bei einer starken Geschäftsausweitung ein erheblicher Mittelbedarf ergeben kann.
- **Garantiefunktion/ Haftungsfunktion** Eigenkapital übt eine Garantiefunktion (Haftungsfunktion) im Verlustfall aus. Von daher muss das Eigenkapital in einem angemessenen Verhältnis zu den Gesamtverpflichtungen des Versicherungsunternehmens stehen. Insbesondere erstreckt sich die Garantiefunktion des Eigenkapitals auf die unter Umständen schwerwiegenden versicherungstechnischen Risiken, die das Unternehmen zeichnet. Hierunter fallen etwa Änderungsrisiken im Haftpflichtgeschäft (z. B. durch Inflation, geänderte Rechtsprechung usw.) sowie bei biometrischen Risiken (Langlebigkeitsrisiko). Weiter hin werden durch das Eigenkapital allgemeine unternehmerische Risiken sowie Anlagerisiken in der Kapitalanlage abgedeckt.

Vom Begriff des Eigenkapitals sollen schließlich noch die **Eigenmittel** abgegrenzt werden. Als Eigenmittel werden freie, unbelastete Vermögensbestandteile gekennzeichnet, die aus aufsichtsrechtlicher Perspektive dazu geeignet sind, unerwartete Verluste des Versicherers abzudecken. Durch einen ausreichenden Bestand an Eigenmitteln stellt ein Versicherungsunternehmen die dauernde Erfüllbarkeit der

Versicherungsverträge sicher (Solvabilität), was der gerade beschriebenen Garantiefunktion entspricht (vgl. BaFin, 2016). Die von der Versicherungsaufsicht zugelassenen Eigenmittel gehen über das bilanzielle Eigenkapital hinaus und umfassen beispielsweise auch nachrangige Verbindlichkeiten sowie Nachschussverpflichtungen (§ 89 Abs. 3 und 4 VAG).

2.4.4.2 Beteiligungsfinanzierung

Als Beteiligungsfinanzierung wird die Außenfinanzierung mit Eigenkapital bezeichnet. Bei dieser Finanzierungsform wird dem Versicherungsunternehmen durch die Kapitalgeber haftendes Eigenkapital zeitlich unbegrenzt zur Verfügung gestellt (vgl. Pape, 2018, S. 37). Die konkrete Ausgestaltung der Beteiligungsfinanzierung ist abhängig von der Rechtsform.

Beim Versicherungsverein auf Gegenseitigkeit ist eine Beteiligungsfinanzierung in Reinform gesetzlich nicht vorgesehen (vgl. Benkel, 2002, S. 212). Als Möglichkeiten der Außenfinanzierung kommen die Gründungsfinanzierung sowie die Beschaffung von Genussrechtskapital in Frage (▶ Kap. 2.4.6)

Das als Aktiengesellschaft aufgestellte Versicherungsunternehmen hat die Möglichkeit der Beteiligungsfinanzierung durch die Ausgabe von Aktien auf dem organisierten Kapitalmarkt. Neue und bisherige Gesellschafter können der Aktiengesellschaft auf diese Weise Kapital zuführen und werden zu Miteigentümern des Unternehmens. Das wichtigste Instrument, das den Unternehmen dazu zur Verfügung steht, ist die Kapitalerhöhung, d. h. die Ausgabe neuer Aktien (zu einer ausführlichen Diskussion verschiedener Formen der Kapitalerhöhung vgl. Pape, 2018, S. 120 ff.).

Durch die Nutzung des organisierten Kapitalmarktes sind Aktiengesellschaften in der Lage, auch kurzfristig sehr hohe Kapitalbeträge etwa zur Realisierung von Wachstumsinitiativen oder Akquisitionen zu erhalten. Dies stellt einen bedeutsamen Vorteil der Versicherungs-AG gegenüber einem Versicherungsverein auf Gegenseitigkeit dar (vgl. Nguyen/Romeike, 2013, S. 390). Auf der anderen Seite geht mit der Inanspruchnahme des organisierten Kapitalmarkts auch die Notwendigkeit der Pflege der Beziehungen zu den Investoren (Investor Relations) einher. Aktiengesellschaften sind zu einer regelmäßigen und umfassenden Kommunikation gegenüber ihren Aktionären verpflichtet. Weiterhin auf sollte eine nachhaltige Entwicklung des Unternehmenswertes, eine kontinuierliche, idealerweise stetige Dividendenausschüttung sowie eine angemessene Performance der Aktie geachtet werden, um die Attraktivität des Unternehmens für gegenwärtige und zukünftige Aktionäre sicherzustellen.

2.4.4.3 Selbstfinanzierung

Dem Versicherungsunternehmen fließen aufgrund des Vorfinanzierungseffektes (▶ Kap. 2.4.2) regelmäßig finanzielle Mittel aus der betrieblichen Geschäftstätigkeit zu, denen keine betrieblichen Auszahlungen in gleicher Höhe entgegenstehen. Der Finanzmittelüberschuss, d. h. die Differenz aus den Ein- und Auszahlungen einer Periode, wird auch (positiver) Cashflow genannt und bildet eine wesentliche Voraussetzung für jedwede Form der Innenfinanzierung.

Als Selbstfinanzierung wird eine Form der Innenfinanzierung bezeichnet, bei der Gewinne durch Beschluss der Eigentümer des Unternehmens einbehalten (thesauriert) werden. Die einbehaltenen Gewinne lassen sich beispielsweise für spätere Investition im Unternehmen verwenden. Ebenso wie bei der Beteiligungsfinanzierung steht das aus Gewinnen selbstfinanzierte Eigenkapital dem Versicherungsunternehmen unbefristet zur Verfügung.

Selbstfinanzierung kann entweder offen oder still erfolgen. Bei der offenen Selbstfinanzierung wird der versteuerte Gewinn nicht ausgeschüttet, sondern einbehalten und in Gewinn- oder Verlustrücklagen eingestellt. Eine stille Selbstfinanzierung entsteht zwangsweise oder gewollt als Ergebnis bilanzieller Maßnahmen, die zur Neubildung von Bewertungsreserven führen. Auch in diesem Fall erfolgt keine Ausschüttung der Mittel. Da eine Besteuerung von Bewertungsreserven erst zu ihrem Auflösungszeitpunkt erfolgt, tritt außerdem ein Steuerstundungseffekt ein, der für die Unternehmen eine weitere Liquiditätsentlastung darstellt.

Im Versicherungsverein auf Gegenseitigkeit kann die Selbstfinanzierung verschiedene Ausprägungen annehmen (vgl. Benkel, 2002, S. 213):

- In der Gründungsphase wird Eigenkapital zunächst im Zuge der Tilgung des Gründungsstocks gebildet. In dieser Phase werden versteuerte Gewinnen so lange einer Verlustrücklage zugeführt, bis diese einen in der Satzung festgelegten Mindestbetrag erreicht hat (§ 193 VAG).
- Nachdem der Mindestbetrag der Verlustrücklage erreicht ist, steht dem VVaG die Möglichkeit offen, versteuerte Gewinne in andere Gewinnrücklagen einzustellen.

Die Selbstfinanzierung ist für Versicherungsunternehmen aller Rechtsformen von großer Bedeutung (vgl. Farny, 2011, S. 865). Für Versicherungsvereine stellt sie jedoch die einzige Möglichkeit der Eigenfinanzierung dar. Konkret bedeutet dies, dass Versicherungsvereine sämtliche Mittel für Produktentwicklung, Wachstumsinitiativen, Investitionen usw. selbst erwirtschaften müssen (vgl. Görg, 2015). Ohne kontinuierliche ausreichende Gewinne, wie sie in Phasen organischen und ertragreichen Wachstums entstehen, ist ein nachhaltiger Fortbestand des Versicherungsvereins gefährdet (vgl. Führer/Grimmer, 2009, S. 177). Finanzierungsprobleme können für einen VVaG beispielsweise in folgenden Situationen auftauchen:

- Durch die Intensivierung des Wettbewerbs reduzieren sich die Margen im Kerngeschäft.
- Der VVaG plant eine schnelle Expansion in andere Geschäftsfelder oder die Übernahme von Wettbewerbern.

- Entwicklungen auf den Märkten (z. B. Digitalisierung) führen zur Notwendigkeit erheblicher kurzfristiger Investitionen.

2.4.5 Fremdfinanzierung

2.4.5.1 Kreditfinanzierung

Bei einer Kreditfinanzierung wird dem Unternehmen Fremdkapital von außen, d. h. unabhängig vom Umsatzprozess zugeführt. Im Gegensatz zum Eigenkapital haftet Fremdkapital nicht für die Verluste des Unternehmens. Die Kapitalüberlassung ist regelmäßig zeitlich befristet. Gläubiger haben einen Anspruch auf Verzinsung und Rückzahlung des überlassenen Kapitals. Mitwirkungsrechte bei der Geschäftsführung werden grundsätzlich nicht eingeräumt.

Die Kreditfinanzierung im engeren Sinne (insb. Bankkredite) spielt für Versicherungsunternehmen nur eine untergeordnete Rolle. Es ist sogar umstritten, ob solche Kreditgeschäfte für ein Versicherungsunternehmen rechtlich zulässig sind (Verbot versicherungsfremder Geschäfte nach § 15 VAG, vgl. hierzu Benkel, 2002, S. 222). Es lassen sich allerdings dennoch Gelegenheiten finden, bei denen Versicherungsunternehmen auf eine Kreditfinanzierung zurückgreifen (vgl. Farny, 2011, S. 866 f.):

- Ausgabe von Anleihen durch Versicherungsunternehmen mit Zugang zum organisierten Kapitalmarkt (▶ Beispiel 12).
- Vergabe von Darlehen innerhalb von Versicherungskonzernen.
- Nutzung von Lieferantenkrediten bei der Bestellung von Waren (z. B. Computer).

2.4.5.2 Versicherungstechnische Fremdfinanzierung

Die versicherungstechnische Fremdfinanzierung bildet wiederum eine Form der Innenfinanzierung, d. h. der Finanzierungseffekt resultiert aus dem betrieblichen Umsatzprozess. Im Versicherungsunternehmen spielen aufgrund des Vorfinanzierungseffekts der Prämien die versicherungstechnischen Rückstellungen eine besondere Rolle. Diese Rückstellungen machen den mit Abstand größten Teil der Passivseite einer Versicherungsbilanz aus und werden gebildet, um fällige Versicherungszahlen in späteren Perioden abzudecken. Der Finanzierungseffekt resultiert daraus, dass durch die Bildung von Rückstellungen sofort Aufwand verursacht wird, dem zunächst keine Auszahlungen gegenüberstehen. Analog zur Selbstfinanzierung ist auch die versicherungstechnische Fremdfinanzierung für Versicherungsunternehmen von allerhöchster Bedeutung und dient letztlich zur Erhaltung der Solvenz sowie zur Ermöglichung von Wachstum (vgl. Benkel, 2002, S. 222).

Eine Vergütung für die Überlassung des versicherungstechnischen Fremdkapitals erfolgt nur teilweise. So werden etwa Deckungsrückstellungen in der Lebens- und Krankenversicherung mit den entsprechenden Rechnungszinsen (Höhe je nach Vertragsbeginn zwischen 0,9 und 4 %) verzinst, während Beitragsüberträge und Schadenrückstellungen zumindest nicht unmittelbar vergütet werden. Eine mittelbare Vergütung – z. B. durch entsprechende Gestaltung der Prämien – kann aber dennoch erfolgen (vgl. Farny, 2011, S. 866).

2.4.6 Hybridfinanzierung

2.4.6.1 Gründungsfinanzierung

Die Phase der Gründung ist für Versicherungsunternehmen kritisch, da in dieser Zeit die Gefahr besteht, dass das aus der Innenfinanzierung generierte Kapital zur Bedeckung versicherungstechnischer Verluste oder zur Finanzierung von Anfangsinvestitionen nicht ausreicht. Aus diesem Grund sind für die Gründungsphase spezielle Finanzierungsinstrumente vorgesehen, die wiederum rechtsformabhängig sind.

In einem **Versicherungsverein auf Gegenseitigkeit** ist die Gründungsfinanzierung gesetzlich vorgeschrieben (§ 178 sowie § 193 VAG) und beginnt mit der Aufbringung des Gründungsstocks durch die Garanten, die nicht zwingend Mitglieder des Vereins sein müssen. Der Gründungsstock erfüllt hauptsächlich zwei Funktionen:

- Finanzierungsfunktion: Deckung von Investitionen in der Gründungsphase (z. B. für die Einrichtung des Betriebs).
- Haftungsfunktion: für versicherungstechnische Verluste in der Gründungsphase.

Bei den Bedingungen für die Überlassung des Gründungsstocks besteht weitgehende Gestaltungsfreiheit (vgl. Farny, 2011, S. 869):

- Es kann eine Rückzahlung des Gründungsstocks an die Garanten vereinbart werden oder nicht.
- Es kann eine (variable oder feste) Vergütung festgelegt werden oder nicht.
- Die Garanten können an den Entscheidungen des Vereins beteiligt werden oder nicht.

Je nach Ausprägung des Gründungsstocks trägt dieser eher den Charakter von Eigen- oder Fremdkapital und lässt sich somit als hybrides Finanzierungsinstrument klassifizieren. Gesetzlich ist wiederum festgelegt, dass einerseits der Gründungsstock vollständig getilgt werden muss, andererseits diese Tilgung erst nach der vollständigen Abschreibung der für die Ingangsetzung des Geschäftsbetriebs aktivierten Aufwendungen beginnen darf (§ 178 Abs. 4 VAG). Die Tilgung darf nur aus den Jahreseinnahmen – also durch Selbstfinanzierung – erfolgen. Weiterhin ist festgelegt, dass parallel zur Tilgung eine Verlustrücklage in gleicher Höhe zu bilden ist, so dass der Gründungsstock durch diese Verlustrücklage allmählich in Eigenkapital umgewandelt wird. Zusätzlich zum Gründungsstock ist außerdem ein ausreichender Organisationsfonds zur Finanzierung der Aufbaukosten zu bilden (§ 5 Abs. 5 Nr. 3 VAG).

Bei der Gründung einer **Aktiengesellschaft** wird das gezeichnete Kapital von den Aktionären (Gründern) aufgebracht und eingezahlt, wobei ein Agio vereinbart werden kann. Die Höhe des Gründungskapital muss mindestens der Mindestkapitalanforderung gemäß Solvency II entsprechen (§ 9 Abs. 2 Nr. 4 VAG). In diesem Fall ist die Gründungsfinanzierung eine reine Eigenfinanzierung.

2.4.6.2 Genussrechtskapital und nachrangige Verbindlichkeiten

Beim **Genussrechtskapital** handelt es sich um ein Finanzierungsinstrument, das gesetzlich nicht präzise definiert ist. Die Ausgestaltung basiert auf individuellen Vereinbarungen und kann vielfältige Formen aufweisen. Aufgebracht wird das Genussrechtskapital gegen die Gewährung von Genussrechten. Zu diesen Rechten gehören sowohl Vermögensrechte (z. B. Anspruch auf Gewinn bzw. Zinsen) als auch Rückzahlungsansprüche, jedoch keine Verwaltungs- oder Stimmrechte. Genussrechtskapital ist regelmäßig nicht eindeutig dem Eigen- bzw. Fremdkapital zuzuordnen. In der Regel werden Genussrechte in Form von Genussscheinen verbrieft und können gegen Zahlung eines Geldbetrags erworben werden. Die Attraktivität für Versicherungsunternehmen ergibt sich daraus, dass Genussrechtskapital unter bestimmten Voraussetzungen und in bestimmten Grenzen den Eigenmitteln zugerechnet wird. Zu diesen Voraussetzungen gehören (vgl. § 214 Abs. 1 Nr. 4, Abs. 2, Abs. 5 VAG):

- Teilnahme bis zur vollen Höhe am Verlust.
- Nachrangigkeit gegenüber allen anderen Gläubigern im Fall der Liquidation.
- Mindestlaufzeit von fünf Jahren.
- Keine Möglichkeit der vorzeitigen Rückzahlung (außer bei Liquidation).
- Das gesamte nachrangige Kapital (Genussrechte und nachrangige Verbindlichkeiten) darf je nach Ausgestaltung 50 bzw. 25 % der Solvabilitätsanforderung nicht überschreiben.

Nachrangige Verbindlichkeiten ähneln in ihrer Ausgestaltung den Genussrechten. Es handelt sich um Verbindlichkeiten, die im Fall einer Insolvenz oder Liquidation erst nach den Forderungen anderer Gläubiger erfüllt werden dürfen. Nachrangige Verbindlichkeiten haben damit Eigenkapitalcharakter und werden unter den gleichen Bedingungen wie Genussrechte als Eigenmittel berücksichtigt.

Sowohl Genussrechte und nachrangige Verbindlichkeiten gehören zum nachrangigen Kapital. In der Praxis kommen solche Finanzierungsinstrumente vereinzelt vor, ihre Bedeutung ist jedoch insgesamt begrenzt. Die Kosten für die Beschaffung von nachrangigem Kapital liegen regelmäßig unter denen von Eigenkapital, aber über denen von Fremdkapital (▶ Beispiel 14).

Beispiel 14: Nachrangige Anleihe Allianz SE

Die Allianz SE hat im Jahr 2020 eine **nachrangige Anleihe** mit einem Volumen von 1,0 Mrd. Euro einer Laufzeit von 30 Jahren sowie einem Nominalzins von 2,121 % begeben. In den Anleihebedingungen ist explizit ausgewiesen, dass die Ansprüche der Anleihegläubiger erst nach den Ansprüchen aller sonstigen Gläubiger bedient werden. Als Ausgleich für diesen Nachteil ist die Rendite der Anleihe deutlich höher (Kurs 17.11.2022: 81,64 %, Rendite: 5,2 %) als bei der »normalen« Allianz-Anleihe aus Beispiel 12. Aus der Perspektive des Anleiheschuldners (Allianz) sind damit spiegelbildlich höhere Kapitalkosten verbunden (vgl. Allianz SE, 2022).

2.5 Kapitalanlagen im Versicherungsunternehmen

2.5.1 Bedeutung der Kapitalanlagen im Versicherungsunternehmen

Die zielgerichtete Steuerung eines Portefeuilles aus Kapitalanlagen bildet eine Kernaufgabe im Finanzbereich eines Versicherungsunternehmens und gleichzeitig einen zentralen Bestandteil seines Geschäftsmodells. Diese hohe Bedeutung resultiert aus den im Versicherungsgeschäft gezeichneten Risiken. Die dafür von den Versicherungsnehmen gezahlten Geldmittel in Form von Prämien werden vielfach nicht sofort benötigt und stehen dem Unternehmen oft für längere Zeiträume zur Verfügung, in denen das Kapital unter Berücksichtigung verschiedener Restriktionen zielgerichtet und effizient angelegt werden kann (vgl. Gondring, 2015, S. 593). Anlage- und Investitionsentscheidungen sind im Versicherungsgeschäft ständig zu treffen und Versicherungsunternehmen können als »riesige Kapitalsammelstellen« charakterisiert werden können (vgl. Melzer, 2021, S. 693). Das Kapitalanlagegeschäft (Asset Management) lässt sich somit als ein eigener Geschäftsbereich auffassen, der durch das Versicherungsgeschäft verursacht wird und diesem zugleich dient (vgl. Farny, 2011, S. 892).

Durch die Kapitalanlagen geht das Versicherungsunternehmen allerdings wiederum Risiken ein, die sich von denen des Versicherungsgeschäfts unterscheiden und im Rahmen des Risikomanagements zu berücksichtigen sind. An das Management der Kapitalanlagen eines Versicherungsunternehmens werden deshalb hohe Anforderungen gestellt. Das Vermögen in Form von Kapitalanlagen bzw. die daraus resultierenden Erträge müssen für die Erfüllung der vertraglichen Pflichten gegenüber den Versicherungsnehmern ausreichen. Insbesondere in der Personenversicherung sind darüber hinaus die Versicherungsnehmer an den Kapitalerträgen angemessen zu beteiligen. Aus diesem Grund sowie den teilweise sehr langen Laufzeiten der Kapitalanlagen ergibt sich die Notwendigkeit zu einem sorgfältigen und vorsichtigen Umgang mit den anvertrauten Finanzmitteln. Bestimmungen und Vorgaben über die Anlage von Kapital finden sich in zahlreichen Gesetzen bzw. Verordnungen (z. B. § 124 Abs. 1 und 2 VAG, §341e Abs. 1 HGB).

Neben den regulatorischen Bedingungen erweist sich die seit Jahren auf den Kapitalmärkten herrschende Situation niedriger Zinsen als gravierendes Problem für die Kapitalanlage der Unternehmen. In früheren Jahrzehnten konnten hohe Zinsgarantien gegenüber Kunden bedenkenlos ausgesprochen werden, da an den Märkten Zinspapiere mit gleichzeitig hoher Sicherheit und hoher Rendite problemlos verfügbar waren (vgl. Romeike, Müller-Reichart, 2020, S. 389). Diese Situation hat sich mit dem Beginn der Finanzmarktkrise im Jahr 2009 jedoch grundlegend geändert zeitweise wiesen Bundesanleihen mit zehnjähriger Restlaufzeit negative Renditen auf (vgl. Deutsche Bundesbank, 2020, S. 56). Obwohl in jüngster Zeit die Zinsen wieder steigen, wird die Erfüllung der in der Vergangenheit abgegebenen Garantieversprechen schwerer. Gleichzeitig lässt sich im Lebensversicherungsgeschäft seit Jahren eine Transformation der Produktlandschaft beobachten, die dazu führt, dass die klassischen kapitalbildenden Versicherungsprodukte mit umfangreichen Zinsgarantien verdrängt werden und durch eine Vielzahl anderer Produktvarianten (z. B. fondsgebundene Policen, Indexpolicen) ersetzt werden, die mit keinen oder eingeschränkten Garantien arbeiten (vgl. GDV, 2018, S. 20). Insgesamt wird damit das Management der Kapitalanlagen und die Erzielung einer – auch im Vergleich mit anderen branchenfremden Anlageprodukten (z. B. Investmentfonds) – wettbewerbsfähigen Rendite zu einer komplexen Aufgabe, die die einer umfangreichen und anspruchsvollen Steuerung bedarf.

2.5.2 Kapitalanlagen als Teil des Geschäftsmodells Versicherung

Insgesamt verwalteten die deutschen Versicherungsunternehmen (inklusive Rückversicherungsunternehmen und Pensionsfonds) im Jahr 2020 einen Kapitalanlagebestand von 1.959,4 Milliarden Euro (vgl. BaFin, 2021). Die Versicherungswirtschaft ist damit nach der Kreditwirtschaft der bedeutendste institutionelle Investor. Versicherungsunternehmen übernehmen eine wichtige Finanzierungsfunktion auf Kapitalmärkten und spielen eine entscheidende Rolle im Bereich der privaten und betrieblichen Altersvorsorge (vgl. Kruse/Schaumlöffel, 2020, S. 11)

Kapitalanlagen oder Finanzinvestitionen bezeichnen die Verwendung finanzieller Mittel zum Aufbau von Vermögenswerten. Ziel ist dabei, durch den temporären Verzicht auf Geldmittel am Ende der Laufzeit Gewinne zu erreichen. Zur Kapitalanlage kommen verschiedene Instrumente in Betracht, die dazu geeignet sind, solche Gewinne in Form von Zinsen, Kurszuwächsen, Dividenden o. Ä. herbeizuführen. Instrumente der Kapitalanlage werden Vermögenswerte oder Assets genannt. Die Steuerung der Kapitalanlagen ist in einem Versicherungsunternehmen typischerweise in einer Funktion zusammengefasst, die als Asset Management bezeichnet wird.

Kapitalanlagen werden zumeist verstanden als eine Form der Investitionsentscheidung, die eine enge Verwendung mit dem aus dem Versicherungsgeschäft erwirtschafteten Kapital aufweist. In dieser Sichtweise ist die Kapitalanlage eine aus dem Versicherungsgeschäft abgeleitete Funktion und nimmt eine »dienende Stellung« ein (vgl. Farny, 2011, S. 892). Diese Stellung besteht darin, dass die versicherungstechnischen Rückstellungen gegenüber Versicherungsnehmern durch entsprechende Kapitalanlagen gedeckt sind und in Form von Geldmitteln zur Auszahlung bei Fälligkeit zur Verfügung stehen. Weiterhin dienen Erträge aus dem Kapitalanlagengeschäft dazu, höhere Überschussbeteiligungen zu erwirtschaften (z. B. bei Kapitallebensversicherungen) oder stabilere bzw. geringere Prämien in der Kranken- und Schadenversicherung anbieten zu können. Schließlich können höhere Erträge auch für weitere Zwecke verwendet werden (z. B. Gehaltssteigerungen, höhere Dividendenzahlungen) (vgl. Melzer, 2021, S. 694).

In einer neueren Sichtweise wird das Kapitalanlagegeschäft als eine Kernfunktion des Versicherungsunternehmens gesehen, wobei die Kapitalbeschaffung durch Prämien lediglich eine besondere Art der Finanzierung darstellt (sog. Cashflow-Underwriting). Dabei spielt auch eine Rolle, dass im Bereich der Altersvorsorge neue Produkte (z. B. Lebensversicherungsprodukte mit eingeschränkter Beitragsgarantie, Indexprodukte) auf den Markt kommen, bei denen die Höhe der Versicherungsleistungen sich nahezu vollständig nach den tatsächlichen Ergebnissen des Kapitalanlagegeschäfts richtet. Der intensive Wettbewerb auf diesem Markt führt zu höheren Vorgaben an das Asset Management. Stabile Erträge aus der Kapitalanlage werden zu einem bedeutenden Erfolgsfaktor für die Wettbewerbsfähigkeit eines Versicherungsunternehmens.

Kapitalanlageentscheidungen bilden den wichtigsten Teilbereich der Investitionsentscheidungen eines Versicherungsunternehmens. Daneben treffen Versicherungsunternehmen jedoch auch »klassische« Investitionsentscheidungen, die der Erhaltung, Erweiterung oder Rationalisierung des Unternehmens dienen. Solche Entscheidungen basieren auf Methoden der Investitionsrechnung (z. B. Kapitalwertmethode) und führen zu einer Identifikation vorteilhafter Investitionen und Investitionsprogramme, die insgesamt die betriebliche Leistungsfähigkeit aufrechterhalten bzw. verbessern. So kann z. B. durch die Einführung einer verbesserten Bestandssoftware kundenbezogene Prozesse verkürzt und für die Kunden vorteilhafter gestaltet werden.

2.5.3 Struktur der Kapitalanlagen von Versicherungsunternehmen

Zur Kapitalanlage und zum Aufbau eines Anlageportfolios kann ein Versicherungsunternehmen zwischen einer Vielzahl unterschiedlicher Vermögenswerte bzw. Assets wählen. Kapitalanlagen lassen sich auf vielfältige Weise unterschieden und in Gruppen mit homogenen Eigenschaften zusammengefasst werden. Solche

Gruppe heißen Assetklassen und ermöglichen eine bessere Steuerung des Gesamtportfolios (vgl. Melzer, 2021, S. 695).

Ein besonders wichtiges Kennzeichen jedes Vermögenswertes ist sein individuelles Rendite-Risiko-Profil. Dabei gilt der Grundsatz, dass solche Assets, die eine höhere Rendite versprechen, stets auch mit höheren Risiken behaftet sind. Das Risiko eines Assets drückt sich dabei in einer stärkeren Wertschwankung aus, die im Extremfall bis zum Totalverlust des Wertes führen kann und in der Finanzierungstheorie als Volatilität bezeichnet wird. Das Rendite-Risiko-Profil verschiedener Assetklassen zeigt Darstellung 55.

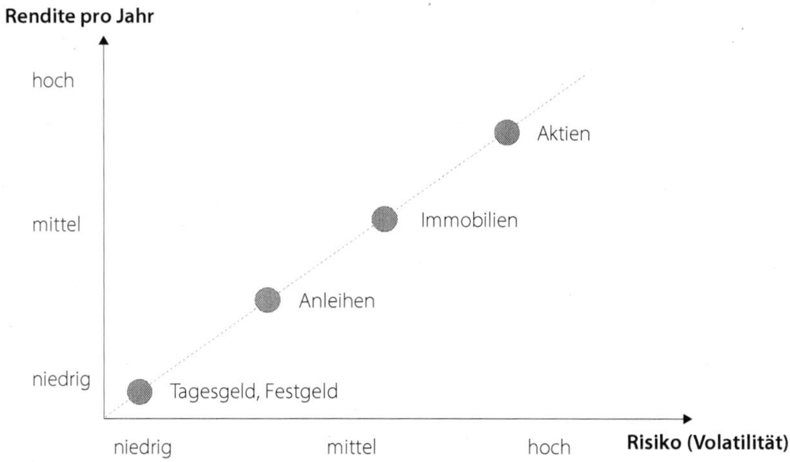

Dar. 55: Rendite-Risiko-Profile wichtiger Assetklassen

Die mit Abstand wichtigste Assetklasse für Versicherungsunternehmen sind Anleihen, die auch als festverzinsliche Wertpapiere oder Schuldverschreibungen bezeichnet werden. Dabei handelt es sich um Wertpapiere, die Gläubigerrechte, insb. das Recht auf Verzinsung und Tilgung, verbriefen. Anleihen werden auf Kapitalmärkten gehandelt ihr Risiko ist dann sehr gering, wenn die Emittenten erstklassige Schuldner sind (z. B. Staaten wie Deutschland, Frankreich, Luxemburg oder Niederlande) und die Papiere bis zur Endfälligkeit gehalten werden. Alle anderen Kapitalanlagen (Aktien, Immobilien) weisen regelmäßig deutlich höhere Risiken auf, haben dafür aber auch eine höhere Renditeerwartung.

Die Situation des Anlagegeschäfts der deutschen Erstversicherungsunternehmen ist in den letzten zehn Jahren deutlich komplexer geworden. Ein wichtiger Treiber hierfür ist das anhaltende Niedrigzinsumfeld auf den Kapitalmärkten. In früheren Jahrzehnten konnten Versicherer mit Hilfe von Staatsanleihen nahezu risikolos und auf einfache Weise hohe Zinserträge generieren, was sie wiederum dazu veranlasste, gegenüber ihren Kunden hohe Zinsgarantien auszusprechen. Seit dem Beginn der Eurokrise 2009 hat sich diese Situation jedoch maßgeblich geändert. Durch die – über einige Jahre hinweg sogar negativen – Renditen für Staatsanleihen haben Versicherungsunternehmen zunehmend Schwierigkeiten, ihre zinsbasierten Zusagen aus der Vergangenheit zu erfüllen (vgl. Romeike/Müller-Reichart, 2020, S. 389). Die Entwicklung der Rendite zehnjähriger Staatsanleihen zeigt Darstellung 56.

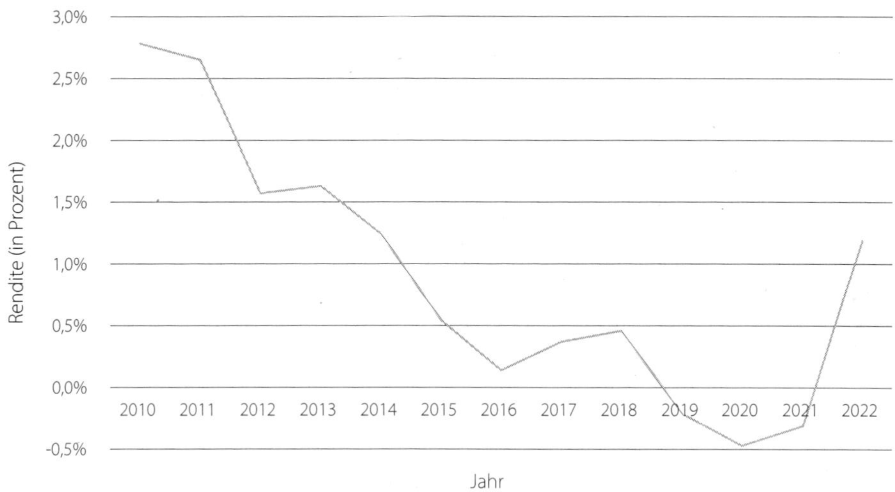

Dar. 56: Entwicklung der Rendite zehnjähriger Staatsanleihen Deutschlands (Statista, 2022)

Die Situation auf den Kapitalmärkten verbunden mit einem insgesamt erhöhten Wettbewerbsdruck führt dazu, dass Versicherungsunternehmen verstärkt in solche Assetklassen investieren, die mit höheren Risiken verbunden sind (vgl. Handelszeitung, 2022). Die veränderte Zusammensetzung der Portfolios von Versicherungsunternehmen ist in Darstellung 57 zu erkennen. Danach hat sich die Bedeutung von Anleihen in den letzten zehn Jahren reduziert, während die Bedeutung der Anlageklassen Aktien sowie Beteiligungen gestiegen ist. Schaut man auf z. B. ausschließlich auf die Schaden-/ Unfallversicherer, ergeben sich nochmals signifikant höhere Aktienquoten. Diese Entwicklung ist auch durch die boomenden Aktienmärkte der letzten Jahre begründet.

Eine höhere Bedeutung haben in den letzten Jahren für Versicherer alternative Assetklassen erlangt, die nicht standardisiert gehandelt werden. Dazu gehören beispielsweise Infrastruktur-Investitionen, Private Equity und Private Debt (▶ Beispiel 15). Alternative Anlagen können ein im Vergleich zu konventionellen Anlagen attraktives Rendite-Risiko-Profil aufweisen und mit langfristigen und gut planbaren Erträgen verbunden sein, wodurch sie gut zu den Verbindlichkeiten aus dem Versicherungsgeschäft passen. Allerdings ist zu beachten, dass sie zumeist auch wenig liquide und aufgrund ihrer spezifischen Risiken unter Solvency II mit vergleichsweise viel Sicherheitskapital zu hinterlegen sind, wodurch der

Dar. 57: Struktur der Kapitalanlagen der Erstversicherer (GDV, 2022)

Anlagearten	**2011**	**2016**	**2017**	**2018**	**2019**	**2020**
			In Mrd. Euro			
Anleihen und Barbestand	949,5	1115,4	1147,3	1154,8	1176,2	1218,1
Aktien	30,2	61,7	68,5	71,6	83,0	76,5
Beteiligungen	38,2	57,5	51,2	90,2	104,9	117,6
Immobilien	36,1	46,6	52,1	46,7	53,4	62,1
Sonstige	16,4	29,5	31,9	22,5	24,9	27,3
Insgesamt	**1070,4**	**1310,7**	**1351,0**	**1385,9**	**1442,4**	**1501,3**
Anlagearten	**2011**	**2016**	**2017**	**2018**	**2019**	**2020**
			In Prozent			
Anleihen und Barbestand	88,7%	85,1%	84,9%	83,3%	81,5%	81,1%
Aktien	2,8%	4,7%	5,1%	5,2%	5,8%	5,1%
Beteiligungen	3,6%	4,4%	3,8%	6,5%	7,3%	7,8%
Immobilien	3,4%	3,6%	3,9%	3,4%	3,7%	4,1%
Sonstige	1,5%	2,2%	2,4%	1,6%	1,7%	1,8%
Insgesamt	**100%**	**100%**	**100%**	**100%**	**100%**	**100%**

Anspruch an die Rentabilität dieser Anlagen zwangsläufig steigt. Dieser Aspekt ist ein grundsätzliches Problem für Versicherungsunternehmen. Unter Risikokapitalgesichtspunkten werden Versicherungsunternehmen aufsichtsrechtlich in Anleihen getrieben, die eine nur geringe Rendite aufweisen. Unter dem Aspekt der Renditeerwartung wäre ein stärkeres Engagement in risikobehafteten Titel, z. B. Aktien geboten, die jedoch wiederum eine höhere Kapitalhinterlegung erfordern (vgl. Romeike/Müller-Reichart, 2020, S. 384).

Beispiel 15: Infrastrukturfonds der Allianz Global Investors

Die Allianz Global Investors hat im Jahr 2020 den Global Diversified Infrastructure Equity Fund (AGDIEF) mit einem Volumen von über 1 Mrd. Euro aufgelegt. Der AGDIEF gibt institutionellen Anlegern (insb. Versicherungsgesellschaften) die Möglichkeit, im großen Stil Eigenkapital in den Aufbau eines globalen Portfolios aus Infrastrukturanlagen zu investieren. Der Fonds investiert in die Bereiche Energie, Transport, Kommunikation, Umwelt und Soziale Infrastruktur.

Aufgrund seiner risikoausgleichenden Struktur ist dieser Fonds sehr erfolgreich und hat sein ursprünglich geplantes Volumen deutlich überschritten.

2.5.4 Finanzrisiken

Aus den Kapitalanlagen ergeben sich eine Anzahl von Risiken, die als Kapitalanlage- oder Finanzrisiken bezeichnet werden und sich von anderen Risiken des Versicherungsunternehmens deutlich unterscheiden. Einen Überblick über die übliche Einteilung dieser Risiken gibt Darstellung 58:

Dar. 58: Arten von Finanzrisiken (vgl. Möbius/Pallenberg, 2013, S. 117)

- Das **Kurs- oder Marktpreisrisiko** ist bei allen Assetklassen (z. B. Aktien, Anleihen, Immobilien) vorhanden und bezeichnet das Risiko, Vermögensverluste durch Änderungen der Marktpreise zu erleiden. Die Preise der Kapitalanlagen unterliegen ständigen Schwankungen und werden für börsengehandelte Wertpapiere durch Angebot und Nachfrage an den Börsen zustande. Die Gründe für solche Schwankungen können unterschiedlich ausgeprägt sein, bei Anleihen kommt es beispielsweise zu Kursveränderungen aufgrund der Zinsentwicklung. Bei steigenden Marktzinsen fällt der Wert der Anleihe, während bei sinkenden Zinsen die Anleihe an Wert gewinnt.
- Das **Wiederanlagerisiko** tritt insb. dann ein, wenn Gelder für längere Zeiträume angelegt werden müssen. Eine Wiederanlage vor dem Ende des Planungszeitraums kann dazu führen, dass die dann gültigen Kapitalmarktkonditionen sich verschlechtert haben. Bei Anleihen ist dieses Wiederanlagerisiko als Zinsänderungsrisiko ausgeprägt. Haben sich die Marktzinsen bis zum Zeitpunkt der Wiederanalage verringert, führt dies zwar einerseits zu Kursgewinnen, gleichzeitig können jedoch Neuanlagen nur zu schlechteren Konditionen (geringere Zinsen) getätigt werden.
- Das **Bonitäts- oder Ausfallrisiko** stellt das Risiko dar, dass der Emittent eines Wertpapiers durch Insolvenz seinen Zahlungsverpflichtungen ganz oder teilweise nicht mehr nachkommen kann. Dadurch verlieren die entsprechenden Kapitalanlagepositionen des Versicherungsunternehmens deutlich an Wert oder sinken sogar auf null. Bei festverzinslichen Wertpapieren ist das Rating ein wichtiger Indikator für das Bonitätsrisiko. Schuldner höchster Bonität erhalten ein gutes Rating (z. B. AAA der Rating-Agentur Standard & Poor's). Die

Anleihen solcher Schuldner weisen eine geringe Ausfallwahrscheinlichkeit aus, sind dabei aber auch nur mit niedrigen Zinsen ausgestattet. Demgegenüber haben Schuldner geringerer Bonität und mit höherem Ausfallrisiko ein schlechteres Rating und müssen mehr Zinsen für Ihre Anleihen bezahlen. Die Differenz zwischen dem »risikolosen« Zinssatz und dem stärker risikobehafteten Zinssatz heißt Spread.

- Ein **Liquiditätsrisiko** besteht bei Wertpapieren dann, wenn die Möglichkeit eines Anlegers eingeschränkt ist, sein Wertpapier jederzeit zu einem marktgerechten Preis verkaufen zu können. Ein Liquiditätsrisiko kann z. B. bei solchen Wertpapieren bestehen, die auf engen und illiquiden Märkten ohne regelmäßige Kursstellung gehandelt werden. Weiterhin kann z. B. bei geschlossenen Immobilienfonds die Rückgabe von Anteilen vertraglich für eine bestimmte Zeitdauer ausgeschlossen sein. Für Versicherungsunternehmen stellt die Liquidität ein wichtiges Ziel der Kapitalanlage dar, weil fällige Versicherungsansprüche jederzeit erfüllt werden müssen.
- Das **Währungs- oder Wechselkursrisiko** umfasst solche Risiken, die aus der Unsicherheit über zukünftige Wechselkursverhältnisse entsteht. Dieses Risiko tritt bei einer Kapitalanlage in einer Fremdwährung auf und kann dazu führen, dass durch einen schlechteren Wechselkurs beim Auflösen der Investition weniger Geld zurückgezahlt wird, als erwartet.

2.5.5 Rechtliche Rahmenbedingungen der Kapitalanlage

Versicherungsunternehmen haben neben den für jede Investition typischen Rendite-Risiko-Aspekten umfangreiche gesetzliche und aufsichtsrechtliche Anforderungen zu beachten. Diese regulatorischen Vorgaben haben sich seit der Finanzmarktkrise im Jahr 2009 in quantitativer und qualitativer Hinsicht deutlich vervielfacht und erhöhen die Komplexität der Kapitalanlage.

Für Versicherungsunternehmen mit Sitz in Deutschland sind zunächst die für sie relevanten Bilanzierungsregeln relevant. Für die meisten Unternehmen sind dies die Vorschriften des Handelsgesetzbuches (HGB). Kapitalmarktorientierte Unternehmen sind demgegenüber an die internationalen IFRS-Standards gebunden (▸ Kap. 2.2.1). Die Bewertungsregeln für Aktiva und Passiva dieser beiden Regelungswerke unterscheiden sich maßgeblich voneinander. Der HGB-Abschluss wird maßgeblich durch das Prinzip des Gläubigerschutzes geleitet, was zu einem vorsichtigen, d. h. tendenziell niedrigem Gewinnausweis führt. Die Rechnungslegung nach IFRS stellt hingegen die Informationsfunktion in den Mittelpunkt. Nach dem Grundsatz der »fair presentation« soll der Jahresabschluss hier ein möglichst genau die Tatsachen widerspiegelndes Bild vermitteln.

Weiterhin wird die Kapitalanlage von Versicherungsunternehmen maßgeblich durch das Aufsichtsrecht geprägt. Bis Ende 2015 galt dabei das regelbasierte Aufsichtsregime Solvency I. Danach war das Vermögen eines Versicherungsunternehmens so anzulegen, dass möglichst große Sicherheit und Rentabilität durch Mischung und Streuung erreicht werden, während das Versicherungsunternehmen gleichzeitig jederzeit liquide zu sein hatte. Weiterhin existierte ein Anlagekatalog, der zulässige Kapitalanlagearten festlegte und Höchstgrenzen für einzelne Assetklassen spezifizierte. Diese Regelungen gelten bis heute für bestimmte Versicherungsunternehmen, die nicht Solvency II unterliegen (Sterbekassen gemäß § 218 Abs. 1 VAG, Pensionskassen gemäß § 232 Abs. 1 VAG sowie kleine Versicherungsunternehmen gemäß § 211 VAG)

Für alle anderen Versicherungsunternehmen gelten seit 2016 jedoch die Regelungen nach Solvency II. Mit der Einführung von Solvency II vollzieht sich eine Abkehr von einem regelbasierten hin zu einem prinzipienbasierten Aufsichtssystem. Der maßgebliche Anlagegrundsatz für die Kapitalanlage findet sich nunmehr in § 124 VAG und besagt, dass Versicherer ihre Vermögenswerte nach dem Grundsatz der unternehmerischen Vorsicht (engl. Prudent Person Principle) anlegen müssen.

Durch einen prinzipienbasierten Ansatz wird lediglich ein aufsichtsrechtliches Ziel vorgegeben, der Weg zur Erreichung dieses Ziels wird hingegen nicht spezifiziert. Dementsprechend gibt es auch keinen gesetzlichen Anlagekatalog bzw. Vorgaben quantitativer Mischungs- und Streuungsvorschriften mehr, die Aufsicht fokussiert sich stattdessen auf eine qualitative Ausrichtung. Damit dürfen Versicherungsunternehmen auch nicht mehr zur Anlage in bestimmten Assetklassen verpflichtet werden (Anlagefreiheit), wobei allerdings diese Anlagefreiheit durch die bereits erwähnten höheren Risikokapitalanforderungen riskanter Anlageklassen (z. B. Aktien) eingeschränkt wird. Insgesamt fordert Solvency II von den Versicherungsunternehmen, mehr Eigenverantwortung zu übernehmen und ihre Kapitalanlagen dem individuellen Risikoprofil des Unternehmens anzupassen (vgl. Romeike/Müller-Reichart, 2020, S. 397). Gleichzeitig bedeutet die Regelung auch nicht unerheblichen Mehraufwand im, da Versicherungsunternehmen nun ein explizites Kapitalanlagerisikomanagement betreiben müssen, dass Bestandteil des allgemeinen Risikomanagementsystems ist und die Einhaltung der Anforderungen des § 124 VAG sicherzustellen hat (§ 26 Abs. 6 VAG).

Der Grundsatz der unternehmerischen Vorsicht gemäß § 124 VAG wird konkretisiert durch verschiedene Leitlinien der Europäischen Aufsichtsbehörde für das Versicherungswesen und die betriebliche Altersversorgung (EIOPA Leitlinien 27-35 zum Governance-System). Hierdurch soll eine länderübergreifend einheitliche Handhabung der Solvency-II-Vorschriften sichergestellt werden. Die wichtigsten Anforderungen bzgl. der Kapitalanlage lauten wie folgt:

- Versicherungsunternehmen dürfen nur in solche Vermögenswerte investieren, deren Risiken sie angemessen erfassen, steuern und bei der Beurteilung ihres Solvabilitätsbedarfs berücksichtigen können.
- Die Vermögenswerte sind so anzulegen, dass Sicherheit, Qualität, Liquidität und Rentabilität des Portfolios als Ganzes sichergestellt ist. Dies bedeutet beispielsweise, dass ein einzelner Vermögensgegenstand nicht zwingend sicher und zugleich rentabel sein muss, es genügt, wenn dies auf Gesamtportfolioebe-

ne sichergestellt ist. Sicherheit und Qualität bedeuten, dass der investierte Geldbetrag mit hoher Wahrscheinlichkeit zurückgezahlt wird. Dies kann z. B. erreicht werden durch eine entsprechende Kreditqualität des Emittenten bzw. die Stellung von Sicherheiten. Ein Vermögensgegenstand weist eine hohe Liquidität aus, wenn er innerhalb kurzer Frist verkauft werden kann. Auch hier gilt wiederum: Nicht jeder Vermögenswert muss kurzfristig liquidierbar sein, lediglich auf der Ebene des Gesamtportfolios ist sicherzustellen, dass das Unternehmen seinen finanziellen Verpflichtungen bei Fälligkeit nachkommen kann. Schließlich sollte der Versicherer mit seinen Vermögenswerten auch eine ausreichende Rendite erzielen, die ihm die Erfüllung seiner versicherungstechnischen Verpflichtungen ermöglichen.

- Die Laufzeiten der Vermögenswerte sind auf die Laufzeit der versicherungstechnischen Verbindlichkeiten abzustimmen, grundsätzlich stehen bei der Anlage die Interessen der Versicherungsnehmer und Anspruchsberechtigten im Vordergrund. Aus dieser Vorschrift kann auch abgeleitet werden, dass die Konzeption der Vermögensanlage auch auf Basis eines Asset Liability Managements zu erfolgen hat.
- Die Verwendung derivativer Finanzinstrumente ist nur zulässig, sofern diese zur Verringerung der Risiken oder zur Erleichterung einer effizienten Portfolioverwaltung beitragen, verboten sind insb. Arbitragegeschäfte und Leerverkäufe.
- Anlagen und Vermögenswerte, die nicht zu Handel an einem geregelten Finanzmarkt zugelassen sind, sind auf einem vorsichtigen Niveau zu halten.
- Anlagen und Vermögenswerte sind in angemessener Weise zu mischen und zu streuen, um eine übermäßige Risikokonzentration zu vermeiden. Eine Risikokonzentration liegt dann vor, wenn ein Versicherungsunternehmen zu viele Vermögenswerte z. B. in einem bestimmten Land oder von einem bestimmten Emittenten hält. Durch eine angemessene Streuung von Assets ergeben sich Diversifikationseffekte, die zu einer Minderung des Anlagerisikos beitragen.

2.5.6 Kapitalanlageprozess und Asset Allokation

Aus den Kapitalanlagen ergeben sich eine Anzahl von Risiken, die als Kapitalanlage- oder Finanzrisiken bezeichnet werden und sich von anderen Risiken des Versicherungsunternehmens deutlich unterscheiden.

Die Zusammenstellung eines angemessenen Portfolios für den Versicherer wird als Kapitalanlage bzw. Asset Management bezeichnet. Primäres Ziel ist dabei, das verfügbare bzw. zu allokierende Kapital in optimaler bzw. effizienter Weise und unter Berücksichtigung der getroffenen Risiko- und Renditeentscheidungen anzulegen. Im Zentrum des Asset Management steht die Asset Allokation. Unter diesem Begriff wird die strukturierte und zielgerichtete Aufteilung (»Allokation«) von Anlagemitteln auf Anlagemöglichkeiten (»Assets«), wie beispielsweise Immobilien, Aktien, Anleihen, liquide Mittel, Rohstoffe in verschiedenen Ländern und

Währungen verstanden. Aufgrund der steigenden Bedeutung und Komplexität des Asset Managements ist hierfür ein strukturierter Prozess erforderlich, der auf die Besonderheiten des Versicherers Rücksicht nimmt und häufig auch von spezialisierten Dienstleistern durchgeführt wird. Einen Überblick über den Prozess des Asset Management gibt Darstellung 59.

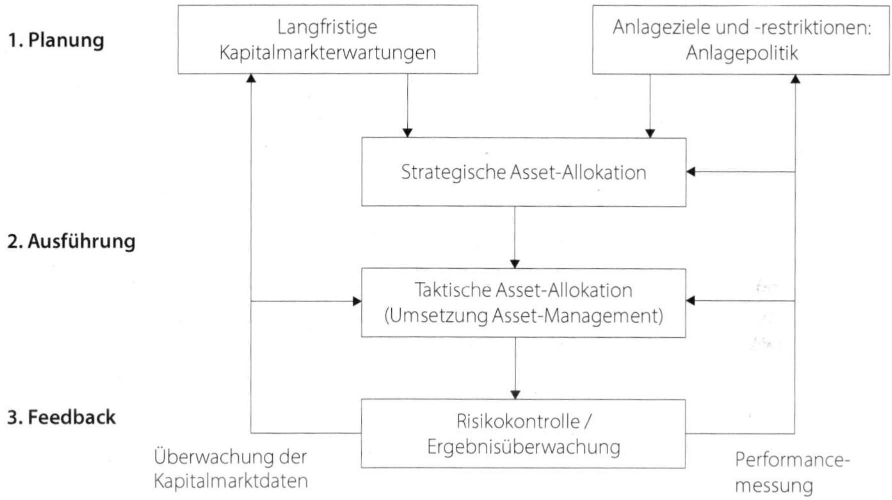

Dar. 59: Asset Management Prozess (in Anlehnung an Mondello, 2017, S. 1006)

In der Planung sind die Einschätzungen bzgl. der Entwicklung der Kapitalmärkte sowie die Anlageziele und -restriktionen des Anlegers zu berücksichtigen.

Die langfristigen Kapitalmarkterwartungen des Asset Managers führen zu Rendite- und Risikoschätzungen für einzelne Anlageklassen. In der Regel bestehen diese Schätzungen für jede Anlageklasse aus der erwarteten Rendite, der Standardabweichung der Renditen und den Korrelationskoeffizienten zwischen den einzelnen Anlageklassen. In ihrer Gesamtheit bilden diese Daten ein elementares Grundgerüst insb. für die strategische Asset Allocation.

Weiterhin sind in der Planungsphase die Anlageziele und die Restriktionen des Anlegers zu bestimmen. Anlageziele werden im Asset Management durch die geforderte Rendite sowie das Risiko ausgedrückt. Diese Ziele werden im Versicherungsunternehmen üblicherweise vom Vorstand vorgegeben und bilden danach die Grundlage für die Steuerung der Anlagepolitik. Wie bereits im vorherigen Abschnitt beschrieben, existieren für die Kapitalanlagepolitik eines Versicherers eine Reihe von Restriktionen. Sie betreffen zum einen die Struktur der Verbindlichkeiten, die zwingend zu berücksichtigen ist, damit fällige Zahlungen an Versicherungsnehmer jederzeit fristgerecht vorgenommen werden können. Weiterhin sind hier auch die umfangreichen gesetzlichen Vorgaben zu berücksichtigen (▶ Kap. 2.5.5), die insb. die Möglichkeit der Anlage in risikobehaftete Assets einschränken.

Für die Messung des Kapitalanlagerisikos wird in Versicherungsunternehmen vor allem der Value at Risk (VaR) eingesetzt (vgl. Farny, 2011, S. 900). Diese relativ junge Zielgröße hat sich in den 1990er Jahren als das wichtigste Konzept zur Messung von Finanzrisiken etabliert. Der Value at Risk gibt den Verlustbetrag einer Kapitalanlage an, den man mit einer bestimmten Wahrscheinlichkeit in einem gewissen Zeitraum unter normalen Marktverhältnissen verlieren kann. Als Zielgröße ist der Value at Risk auch gesetzlich verankert, nach § 97 VAG haben Versicherungsunternehmen den Value at Risk zu verwenden, um ihre Solvabilitätskapitalanforderung zu kalibrieren. Dabei soll ein Konfidenzniveau von 99,5 % mit einer Zeitperiode von einem Jahr verwendet werden. Dies bedeutet, dass der Fortbestand des Unternehmens auch bei unerwarteten Verlusten mit einer Wahrscheinlichkeit von 99,5 % gewährleistet sein muss.

Nach der Durchführung der Planung und der damit verbundenen Festlegung der Anlagepolitik wird diese nun ausgeführt. In der strategischen Asset Allokation werden dazu grundlegende, übergeordnete Entscheidungen über Ziel und Ausrichtung des Portfolios getroffen. Dazu gehört vor allem die prinzipielle und langfristig ausgerichtete Aufteilung von Anlagen in unterschiedliche Assetklassen. Es soll eine Anlagemischung gefunden werden, die auf Dauer ein ausgewogenes Gleichgewicht zwischen erwarteter Rendite und eingegangenem Risiko besitzt, wobei sämtliche Restriktionen aus der Planungsphase zu berücksichtigen sind. Eine wichtige theoretische Grundlage für die Verfahren der strategischen Asset Allokation bildet die Portfoliotheorie von Markowitz (▶ Kap. 2.5.8).

Bei der taktischen Asset Allocation geht es mehr darum, kurz- bis mittelfristige Ertragschancen zu nutzen bzw. Risiken zu vermeiden. Die grundsätzliche Aufteilung des Vermögens in verschiedene Anlageklassen wird dadurch nicht in Frage gestellt, wohl aber die Aufteilung innerhalb von Anlageklassen. In diesem Sinne konzentriert man sich hier darauf, welche Branchen, Titel oder Emittenten innerhalb einer Anlageklasse gewählt werden sollen. Auch die Aufteilung auf Regionen, Länder oder einzelne Marktsegmente kann eine wichtige Rolle spielen. Im Rahmen der taktischen Asset Allocation sind auch häufigere Umschichtungen möglich – insb. dann, wenn eine aktive Anlagestrategie verfolgt wird.

2.5.7 Asset Liability Management

Das Geschäftsmodell eines Versicherungsunternehmens zeichnet sich dadurch aus, dass sowohl aus der Erfüllung der Versicherungsverträge (Schadenzahlungen) als auch bei der Durchführung der Kapitalanlage Finanzströme entstehen, die risikobehaftet sind, also nicht mit Sicherheit prognostiziert werden können. Risiken entstehen somit auf der Aktivseite (Kapitalanlagen) als auch auf der Passivseite (Schadenzahlungen bzw. Rückstellungen). Die Kompetenz eines Versicherungsunternehmens besteht in diesem Zusammenhang darin, das Beherrschen und Verstehen der Wirkungsweisen von komplexen Leistungsversprechen im Zusammenspiel mit den Kapitalanlagen zu verstehen. Durch die zielgerichtete Steuerung dieser Interaktionen der verschiedenen Unternehmensbereiche lassen sich existenzgefährdende Fehler vermeiden und die Überlebensfähigkeit des Versicherers erhöhen.

- Der leistungswirtschaftliche Bereich eines Versicherungsunternehmens generiert ein komplexes Bündel von Ein- und Auszahlungen, wobei insb. die Auszahlungen risikobehaftet sind. Das Unternehmen ist somit versicherungstechnischen Risiken ausgesetzt.
- Im finanzwirtschaftlichen Bereich werden die Überschüsse aus dem leistungswirtschaftlichen Bereich angelegt, woraus Kapitalanlagerisiken (z. B. Marktpreisrisiken, Kreditausfallrisiken usw.) resultieren.

Operativ werden der leistungs- und finanzwirtschaftliche Bereich – also die Aktiv- und Passivseite der Bilanz – unabhängig voneinander gesteuert. Aufgrund der engen Verflechtung zwischen den Ebenen ist es jedoch zwingend, die sich jeweils ergebenden Risiken in einer übergeordneten Ebene zusammenzuführen. Eine solche integrierte Sicht auf das Gesamtunternehmen wird als Asset Liability Management (ALM, Bilanzstrukturmanagement) bezeichnet. ALM beinhaltet damit die zielgerichtete Koordination der Steuerung der Aktiva und Passiva, also der Abstimmung der Anlageportfolios (Aktiva) mit den durch die Versicherungsprodukte induzierten versicherungstechnischen Verpflichtungen (Passiva).

Die Notwendigkeit einer solchen Abstimmung ergibt sich u. a. daraus, dass Versicherungsunternehmen regelmäßig mit einer Durationslücke (duration gap) konfrontiert sind. Darunter versteht man die Differenz der Duration der Passiv- und Aktivseite des Unternehmens. Bei der Duration, die auch als Kapitalbindungsdauer bzw. durchschnittliche Laufzeit einer Kapitalanlage bezeichnet wird, handelt es sich um eine Sensitivitätskennzahl. Die Duration gibt jenen Zeitpunkt dar, bei dem eine Zinsänderung am Markt keine Auswirkungen auf den Endwert einer Anleihe hat. Dabei impliziert eine längere Laufzeit der Anlagen ein größeres Zinsrisiko, da eine Zinsänderung über einen längeren Zeitraum wirken kann. Für die Messung der Duration des Kapitalanlagenbestands kann die einfache Frage formuliert werden: »Wie ändert sich der Wert der Kapitalanlagen prozentual, wenn sich das Zinsniveau am Markt um 1 Prozent verschiebt?«

Bei Versicherungsunternehmen unterscheidet sich die Duration der Aktivseite (d. h. der Kapitalanlagen) oft von denen der Passivseite (d. h. der versicherungstechnischen Verpflichtungen). Während die Duration von Anleihenportfolios typischerweise weniger als 10 Jahre beträgt, kann besonders im Bereich der Lebensversicherung die Laufzeit der versicherungstechnischen Verpflichtungen deutlich darüber liegen. Dabei ist zu beachten, dass die Messung der Duration solcher Verpflichtungen aufgrund der in den Produkten eingebetteten Garantien und Optionen nicht einfach ist und i. d. R. ein komplexes stochastisches Unternehmensmodell benötigt.

Um die Problematik dieser Durationslücke zu entschärfen, verfolgen Versicherungsunternehmen ein Duration-Matching. Darunter versteht man eine Strategie, bei der die Duration der Kapitalanlagen und der versicherungstechnischen Verpflichtungen möglichst dicht aneinander angeglichen wird. Duration-Matching hat den Zweck, die Sensitivität des Portfolios gegenüber Zinsänderungen zu reduzieren und so das Versicherungsunternehmen vor Verlusten zu bewahren. In einer Phase sinkender Zinsen sieht das Vorgehen dabei so aus, dass Versicherer durch den Kauf langlaufender Anleihen versuchen, die Duration ihres Anlagenportfolios zu erhöhen (typischerweise auf Werte von ca. 12 bis 15). Allerdings kann durch dieses prozyklische Verhalten (Kauf von Anleihen bei sinkenden Zinsen) der unerwünschte Nebeneffekt eintreten, dass sich der Zinsrückgang an den Märkten noch verstärkt.

Das Asset Liability Management trägt maßgeblich zur Erreichung der finanziellen Ziele des Versicherungsunternehmens bei. Dazu gehören neben der finanziellen Stabilität (Sicherheit, ausreichende Liquidität) auch die Erzielung einer attraktiven risiko-adjustierten Rendite auf das eingesetzte Kapital (vgl. Keller, Hertting, 2021, S. 534).

2.5.8 Grundlagen der Portfoliotheorie

Die theoretische Grundlage für eine sinnvolle Asset Allocation hat Harry M. Markowitz bereits in den 1950er Jahren mit der (modernen) Portfoliotheorie gelegt. Markowitz konnte nachweisen, dass es bei Anlagen mit unterschiedlichen Renditeerwartungen und Risiken sinnvoll ist, Risikostreuung zu betreiben, weil dadurch entweder bei gleicher Renditeerwartung das Risiko reduziert werden kann oder bei gleichbleibendem Risiko mit einer höheren Rendite zu rechnen ist. Der höchste risikoreduzierende bzw. renditesteigernde Effekt der Streuung wird dann erreicht, wenn Anlagen sich möglichst unabhängig voneinander entwickeln bzw. statistisch ausgedrückt: Wenn sie eine möglichst geringe oder sogar negative Korrelation aufweisen. Dies ist besonders bei Anlagen verschiedener Anlageklasse der Fall, weshalb die Verteilung des Vermögens auf mehrere Anlageklassen ein Grundprinzip der Asset Allocation darstellt.

Im Mittelpunkt der Betrachtungen von Markowitz steht die Annahme, dass Anlagen nicht isoliert, sondern stets hinsichtlich ihrer Wirkung auf das gesamte Portfolio zu betrachten sind. Die wesentlichen Ergebnisse der Portfoliotheorie von Markowitz werden Darstellung 60 vermittelt.

- Die Kreuze in der Abbildung stellen Einzelanlagen (risikobehaftete Wertpapiere, z. B. Aktien oder Anleihen) dar. Jedes dieser Einzelanlagen zeichnet sich durch eine spezifische Kombination aus Rendite und Risiko aus.
- Aus allen diesen Wertpapieren lassen sich durch Mischung Portfolios bilden, die dann ihrerseits wiederum spezifische Rendite-Risiko-Kombinationen aufweisen. Ein Diversifikationseffekt ergibt sich nun dadurch, dass die Anlagen untereinander nicht perfekt korreliert sind.

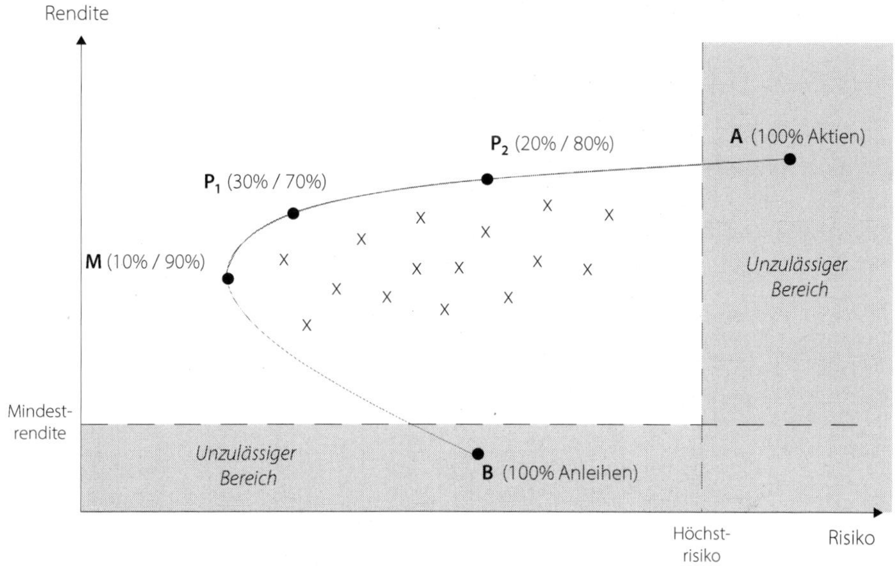

Dar. 60: Portfoliotheorie nach Markowitz

- Aus den verschiedenen Portfoliokombinationen lässt sich ein hyperbelförmiges Risiko-Rendite-Diagramm erstellen. Die Endpunkte dieser Linie sind A (100 % Anlagen mit geringem Risiko, z. B. Anleihen) und B (100 % Anlagen mit hohem Risiko, z. B. Aktien).
- Der Punkt M bezeichnet das Portfolio mit dem geringstmöglichen Risiko (Minimum-Varianz-Portfolio)
- Alle effizienten Portfolios liegen auf der rot gekennzeichneten Linie (effizienter Rand) zwischen M und A. Ein Portfolio heißt effizient, wenn kein anderes Portfolio existiert, das bei gleichem Risiko eine höhere Rendite oder bei gleicher Rendite ein geringeres Risiko aufweist. So sind z. B. Portfolios auf der Linie zwischen M und B nicht effizient, da es hier zu jedem Portfolio mit gegebenem Risiko ein Portfolio mit einer höheren Rendite gibt (z. B. P_1).
- Rationale Anleger wählen ausschließlich effiziente Portfolios aus. Dabei haben Sie die Wahl zwischen (unendlich) vielen Portfolios auf dem effizienten Rand. Welches dieser Portfolios ein einzelner Anleger auswählt, hängt von seiner individuellen Risikoneigung ab. Während risikoscheue Anleger Portfolios nahe dem Punkt M wählen, bevorzugen risikofreudigere Anleger eher Portfolios nahe dem Punkt A.
- Die Portfoliotheorie lässt sich auch für das Asset Management eines Versicherungsunternehmens nutzen, wobei sie die dort vorhandene Entscheidungsrealität nur grob abbilden kann (vgl. Farny, 2011, S. 915). So existieren z. B. Einschränkungen bzgl. des Risikos, die sich durch Regulierungsvorschriften ergeben und bestimmte Produkte ausschließen (z. B. Derivate) oder die Struktur bestimmter

Produkte (Lebensversicherungen mit Garantiezins) erzwingt Mindestrenditen, die unbedingt zu erreichen sind. Solche Restriktionen sind in der Abbildung durch die blau schraffierten Flächen gekennzeichnet.

2.5.9 Nachhaltigkeit in der Kapitalanlage

Das Thema Nachhaltigkeit von Kapitalanlagen hat in den letzten Jahren für Versicherer erheblich an Bedeutung gewonnen. Der Markt für nachhaltige Kapitalanlagen ist weltweit seit den 1990er Jahren gewachsen. In Deutschland betrug das Volumen nachhaltiger Kapitalanlagen im Jahr 2021 insgesamt 501,4 Mrd. Euro (vgl. FNG, 2022). Ökologische, ethische und soziale Aspekte tretend zunehmend in den Fokus der Öffentlichkeit, wodurch eine Nichtberücksichtigung von Nachhaltigkeitsaspekten in der Kapitalanlage zu einer erheblichen Gefahr für die Reputation werden. Versicherungsunternehmen sind dazu verpflichtet, solche Nachhaltigkeitsrisiken zu beachten und im Risikomanagement zu berücksichtigen.

Die Versicherungsunternehmen in Deutschland bekennen sich mit großer Mehrheit zu dem Ziel der Nachhaltigkeit und sind an der Umsetzung etlicher freiwilliger sowie regulatorisch geforderter Nachhaltigkeitsanforderungen beteiligt (vgl. GDV, 2022b, S.10). Beispiele hierfür sind die von den Vereinten Nationen festgelegten Principles for Responsible Investments (PRI), die von über 90 % der deutschen Versicherer unterzeichnet worden sowie die Net-Zero Asset Owner Alliance (AOA), deren Mitglieder sich dazu verpflichten, ihr Kapitalanlageportfolio bis 2050 klimaneutral zu stellen. Seit 2021 gilt zudem die neue Taxonomieverordnung der EU, die ein umfangreiches Rahmenwerk für nachhaltige Investitionen etabliert. In dieser Verordnung werden zunächst für die Umweltziele Klimaschutz und Anpassung an den Klimawandel Voraussetzungen festgelegt, die erfüllt sein müssen, damit eine wirtschaftliche Tätigkeit als ökologisch nachhaltige wirtschaftliche Tätigkeit angesehen werden kann.

Zur Konkretisierung einer auf Nachhaltigkeit ausgerichteten Anlagestrategie hat sich der Begriff **ESG** etabliert. Diese drei Buchstaben beschreiben drei nachhaltigkeitsbezogene Verantwortungsbereiche von Unternehmen:

- E (Environment): Gewährleistung von Umwelt- und Klimaschutz. Hierunter fallen z. B. Treihausgasemissionen und Energieeffizienzthemen
- S (Social): Sozial verantwortliches Handeln. Dazu gehören gute Arbeitsbedingungen, Mindeststandards für Sicherheit und Gesundheitsschutz, Diversity und gesellschaftliches Engagement, Verbot von Kinder- und Zwangsarbeit
- G (Governance): Nachhaltige Unternehmensführung. Hierzu zählen z. B. klare Compliance-Regelungen, Unternehmenswerte sowie die Bekämpfung von Korruption.

Bei der Umsetzung einer nachhaltigen Kapitalanlagestrategie haben die ESG-Kriterien eine entscheidende Funktion, da auf diesem Weg Unternehmen selektiert werden, die als nachhaltig angesehen werden können. Dabei ergibt sich allerdings die Schwierigkeit, dass zur Nachhaltigkeitsklassifizierung von Unternehmen eine große Vielfalt von Siegeln, Standards bzw. Ratings existiert, wodurch ein sehr individuelles Vorgehen jedes Investors ermöglicht wird. Die folgenden Instrumente können zur Auswahl nachhaltiger Investments in beliebiger Weise kombiniert werden (vgl. Heinke, 2021, S. 322):

- **Negativansatz:** Hierbei werden Ausschlusskriterien definiert, mit deren Hilfe solche Unternehmen von der Kapitalanlage ausgeschlossen werden, die den vorher definierten Werten nicht gerecht werden. Hierunter fallen z. B. Menschenrechts- und Arbeitsrechtsverletzungen, Glücksspiel, Korruption, Tabak, sowie die Produktion verbotener bzw. geächteter Waffen.
- **Positivansatz:** Hierbei wird genau definiert, was als explizit investitionswürdig gilt. Dabei wird i. d. R. auf anerkannte Konventionen (z. B. UN Global Compact) oder zu bestimmten Umweltstandards Bezug genommen.
- **Best-in-Class:** Hierbei werden die im Hinblick auf Nachhaltigkeitskriterien jeweils besten Unternehmen einer Branche nach bestimmten Kriterien ausgewählt. Dieser Ansatz kann als eine Ergänzung zum Positivansatz angesehen werden.

Grundsätzlich ist zu beachten, dass auch nachhaltige Kapitalanlagen die hohen Anforderungen erfüllen müssen, die an jede Kapitalanlage innerhalb eines Versicherungsunternehmens gestellt werden (▶ Kap. 2.5.5). Insbesondere dürfen die Risiken für ein nachhaltiges Investment nicht unangemessen hoch sein.

2.6 Balanced Scorecard der Sidekick VVaG – Finanzperspektive

Auf der Finanzebene der Balanced Scorecard sind die finanziellen Ziele der Sidekick VVaG aufgeführt. Als übergeordnetes Ziel hat sich das Unternehmen dabei eine Steigerung des RoE vorgenommen, wobei die angestrebte jährliche Steigerungsrate bei 12 % liegt (▶ Dar. 61 und Dar. 23).

Die angestrebte Erhöhung des RoE wird erreicht einerseits durch eine Steigerung des Prämienvolumens, wobei hier die angestrebte Steigerungsrate bei 8 % pro Jahr liegt. Andererseits wird eine konsequente Senkung der Betriebskosten sowie der Schadenquote angestrebt. Die konkrete Umsetzung der einzelnen Finanzziele erfolgt auf den untergeordneten Ebenen der Balanced Scorecard.

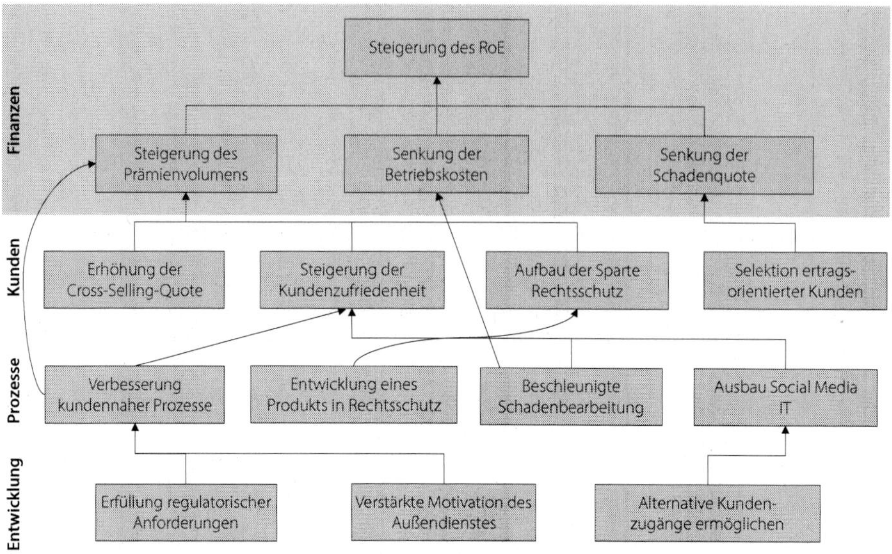

Dar. 61: Strategy Map der Sidekick WaG – Finanzperspektive

3 Kundenperspektive

Aus einer marktorientierten Sicht ist der Kunde eine entscheidende Größe des Unternehmens. Ein Unternehmen kann sich nur am Markt etablieren und dauerhaft bestehen, wenn es die Kundenbedürfnisse hinreichend kennt und in seine Leistungsgestaltung einbezieht. Dazu gehört weiter seine Wettbewerber und deren Angebote zu kennen und zu beobachten.

3.1 Versicherung als Dienstleistung

Versicherungen sind Dienstleistungen, die spezielle Anforderungen an diejenigen stellen, die sie erbringen wollen. Das Dienstleistungsdenken ist der Versicherungsbranche aus verschiedenen Gründen noch eher fremd, wie man schon allein an der branchenüblichen Bezeichnung *Versicherungsprodukt* erkennen kann. Die Branche ist immer noch geprägt von einem güterwirtschaftlichen Verständnis, wonach ein Versicherungsunternehmen durch Faktorkombination Produkte herstellt und diese vertreibt (Farny, 2011, S. 581 ff.). Weiter ist sie geprägt von einem hoheitlichen Verständnis der Versicherung, wie es bei einer staatlichen Institution zutreffend wäre, bei der die Parteien nicht gleichberechtigt sind. Rollenbezeichnungen von Kunden als *Antragsteller*, *Versicherungsnehmer*, *Anspruchsteller*, *Bezugsberechtigter* oder *Beitragszahler* rufen Assoziationen zum Verhältnis von Bürgern zu staatlichen Behörden hervor, denen gegenüber die Bürger untergeordnet sind. Wenn diese Begriffe dennoch im Folgenden verwendet werden, dann nur, weil sie in der Branche etabliert sowie teilweise gesetzlich normiert sind.

3.1.1 Elemente der Dienstleistung

Eine Dienstleistung unterscheidet sich in drei wesentlichen Merkmalen vom Produkt (Meffert/Burmann/Kirchgeorg/Eisenbeiß, 2019, S. 26 f.; Sutor, 2019, S. 17 ff.):

- Vorhalten einer spezifischen Leistungsfähigkeit,
- Integration des externen Faktors,
- Immaterialität des Leistungsergebnisses.

Vorhalten einer spezifischen Leistungsfähigkeit: Wer eine Dienstleistung erbringen will, muss dazu in der Lage sein. Damit können spezifische Kenntnisse und Fertigkeiten der handelnden Personen, aber auch spezifische Ressourcen gemeint sein.

Beispiel 16: Spezifische Leistungsfähigkeit eines Versicherungsunternehmens

Ein Versicherungsunternehmen benötigt eine Erlaubnis durch die Bundesanstalt für Finanzdienstleistungsaufsicht (BaFin) und muss dafür eine bestimmte Rechtsform ebenso nachweisen wie ein bestimmtes Mindestkapital und kompetente Personen für die Gesellschaftsorgane, den Verantwortlichen Aktuar und weitere Schlüsselfunktionen (vgl. §§ 8 f. VAG). Wer diese Voraussetzungen nicht erfüllt, erhält keine Erlaubnis bzw. muss mit dem Entzug derselben rechnen. Zudem gibt es einen Bezeichnungsschutz, durch den nur ein zugelassenes Versicherungsunternehmen als solches bezeichnen darf (vgl. § 6 VAG).

Produkte können und werden stattdessen oft arbeitsteilig hergestellt und vertrieben. Die einzelnen Beteiligten müssen keineswegs vollständig alle Kenntnisse, Fertigkeiten und Ressourcen besitzen, die für das Produkt in Summe nötig sind.

Beispiel 17: Spezifische Leistungsfähigkeit – Unterschiede Produkt und Leistung

Autohersteller sind bekannt dafür, dass sie sehr viele von Zulieferern hergestellte Teile in ihre Fahrzeuge einbauen und daher selbst nicht das nötige Knowhow für die Herstellung vorhalten müssen. Die Autohändler wiederum haben nicht das Knowhow und die Ressourcen für die Montage der Fahrzeuge.
Ein Versicherungsunternehmen, das im Schadenfall dem Kunden mitteilt, dass es nur für die Verkaufsberatung kompetente Personen vorhält, aber einen Schaden mangels entsprechend geschulter Personen nicht regulieren wird, kann zurecht nicht im Markt verbleiben.

Integration des externen Faktors: Eine Dienstleistung kann nur unter Beteiligung und Einbeziehung des Kunden erbracht werden. Ein Versicherungsunternehmen kann einen Kunden nur versichern, wenn dieser zuvor über seine Wünsche und Bedürfnisse, insb. seine Risikoverhältnisse oder Versorgungsziele, Auskunft gibt, auf deren Grundlage erst ein passendes Deckungskonzept erstellt und im Versicherungsschein beschrieben werden kann. Auch während der Vertragslaufzeit muss der Kunde mitwirken und beispielsweise bei Bedarf den Versicherer über Änderungen an seinen Risikoverhältnissen informieren (sog. Gefahrstandspflicht). Insbesondere im Schadens- oder Leistungsfall ist der Versicherer auf die

Erteilung sachdienlicher Auskünfte und Nachweise vom Kunden angewiesen, um den Eintritt des Schaden- oder Leistungsfalls beurteilen und die vertragliche Leistung ermitteln zu können.

Beispiel 18: Integration des externen Faktors beim Versicherungsunternehmens

Eine Gebäudeversicherung kann nicht »als solche« ohne jeden Bezug auf ein zu versicherndes Gebäude erstellt und vertrieben werden. Sie macht erst Sinn, wenn eine konkrete Bezeichnung des versicherten Gebäudes – meist durch die Postadresse identifiziert – bekannt ist. Auch muss der Versicherer beim Kunden in Erfahrung bringen, um was für eine Art Haus es sich handelt, welchen Wert es aufweist und ob es besondere Risikoverhältnisse wie beispielsweise im Gebäude ansässige Gewerbebetriebe gibt.

Produkte dagegen können »auf Vorrat« hergestellt und beim Hersteller selbst oder durch Händler angeboten werden, bis ein Kunde sie kauft. Manche Produkte werden auch nie verkauft – man nennt sie deshalb auch »Ladenhüter«.

Immaterialität des Leistungsergebnisses: Die Versicherung als solche stellt einen Vertrag dar, der ein abstraktes Leistungsversprechen enthält, das sich unter bestimmten Bedingungen realisiert. Damit erhält der Kunde nichts »Greifbares« – außer dem Versicherungsschein und den Versicherungsbedingungen, die aber nur den geschlossenen Vertrag repräsentieren. Er kann die Versicherung zudem nicht weiterverkaufen.

Beispiel 19: Immaterialität einer Versicherung

Eine auf ein Einfamilienhaus mit der Anschrift Gartenstr. 1 in 12345 Musterstadt abgeschlossene Gebäudeversicherung kann der Kunde nicht an seinen Nachbarn weiterverkaufen, der in der Gartenstr. 3 ein Mehrfamilienhaus besitzt.
Es gibt allerdings den umgangssprachlich so bezeichneten »Verkauf« von Lebensversicherungen, auch Zweitmarkt genannt. Allerdings wird auch hier tatsächlich kein greifbares Produkt gehandelt, sondern es tritt nur ein neuer Vertragspartner in den Rollen als Versicherungsnehmer und als Beitragszahler in den Vertrag ein. Grundlage des Vertrags bleibt weiterhin die ursprüngliche, namentlich benannte Person, auf deren Leben die Lebensversicherung abgeschlossen wurde. Eine Lebensversicherung kann ebenfalls nicht vom Kunden so »verkauft« werden, dass anschließend das Leben einer neuen Person als versichert gilt.

Produkte dagegen sind greifbar, lager- und transportfähig. Sie bestehen also unabhängig von ihrem Besitzer und Nutzer. An ihnen kann Eigentum übertragen werden, also das Verfügungsrecht.

Die Tatsache, dass Versicherungen Dienstleistungen und entgegen dem irreführend in der Branche verwendeten Begriff Versicherungsprodukte gerade keine Produkte sind, bringt verschiedene Herausforderungen mit sich:

- Versicherungen benötigen wie oben erwähnt eine Erlaubnis und dafür ganz erhebliche personelle und finanzielle Ressourcen. Es gibt eine große Zahl an gesetzlichen Vorgaben zu beachten, wodurch der Betrieb eines Versicherungsunternehmens kostenträchtig ist. Die Kapitaleigner verlangen zudem eine Rendite, die das Versicherungsunternehmen erwirtschaften muss.
- Um den externen Faktor integrieren zu können, benötigen Versicherungsunternehmen einen im Vergleich zu Produktionsunternehmen ungewöhnlich großen Anteil an Mitarbeitenden oder an (selbstständigen) Vermittlern, die häufig regional ansässig sind und ortsnah Interessenten beraten, Risiken besichtigen und Versicherungen vermitteln können. Auch die Schadenregulierung wird oft dezentral durchgeführt – zumindest die einfacheren, betragsmäßig geringeren Schäden. Denn für ortsnahe Personen ist es viel leichter, einen Schaden zu besichtigen, Schadenminderungsmaßnahmen einzuleiten und die Schadenhöhe zu beurteilen.
- Die Immaterialität macht es für Kunden schwer, Versicherungen durch ein haptisches, optisches oder sonst mit den Sinnen erfassbares Erlebnis für begehrenswert zu halten. Als Rechtsprodukte sind sie schwer verständlich und Vorbehalten ausgesetzt. Es müssen erhebliche Informationsasymmetrien abgebaut werden. Daher hat die Beratung sowohl vor dem Abschluss als auch während der Vertragslaufzeit und im Schaden- oder Leistungsfall eine besondere Bedeutung. Das treibt aber auch die Betriebskosten in die Höhe.

3.1.2 Regulatorischer Rahmen für die Dienstleistung Versicherung

3.1.2.1 Produktfreigabeverfahren

Versicherungsunternehmen haben verschiedene regulatorische Vorgaben zu beachten, wenn sie Versicherungen konzipieren und in den Vertrieb bringen. Mit der Umsetzung der Europäischen Versicherungsvertriebsrichtlinie (oft kurz als IDD – Insurance Distribution Directive – bezeichnet) zum 23.2.2018 ist ein sog. *Produktfreigabeverfahren* zu den »Allgemeinen Anforderungen an die Geschäftsorganisation« ergänzt worden (§ 23 VAG) (Teichler, 2018, S. 46 ff.). Danach muss ein Versicherungsunternehmen, wenn es ein Versicherungsprodukt für den Verkauf konzipiert,

- ein Verfahren für die interne Freigabe zum Verkauf für jedes einzelne, neue oder wesentlich veränderte Versicherungsprodukt unterhalten, betreiben und regelmäßig überprüfen,
- darin einen bestimmten Zielmarkt und die Zielgruppen festlegen, und zwar in ausreichender Detailtiefe und unter Berücksichtigung der Merkmale, des Risikoprofils, der Komplexität und der Art des Versicherungsprodukts sowie seiner Nachhaltigkeitsfaktoren (seit 2.8.2022 auf Grund der Delegierten Verordnung (EU) 2021/1257 vom 21.4.2021),
- alle einschlägigen Risiken für diesen bestimmten Zielmarkt bewerten,
- sicherstellen, dass die beabsichtigte Vertriebsstrategie dem bestimmten Zielmarkt entspricht und
- im Rahmen einer angemessenen Geschäftsorganisation sicherstellen, dass die Versicherungsprodukte an diesen bestimmten Zielmarkt und nicht außerhalb vertrieben werden (vgl. § 23 Abs. 1a VAG),
- allen Vertreibern – beispielsweise Mitarbeitenden, Vermittlern oder kooperierenden anderen Versicherern – alle notwendigen Informationen zum Produkt selbst und zum Produktfreigabeverfahren zur Verfügung zu stellen. Dies ist gewissermaßen eine Bringschuld an Informationen, der eine Holschuld an die Seite gestellt wird für alle Unternehmen, die von fremden Versicherern konzipierte Versicherungen mit vertreiben wollen (vgl. § 23 Abs. 1c VAG).

Beispiel 20: Produktfreigabeverfahren

Ein Krankenversicherer will eine neue Krankenhauszusatzversicherung einführen. Als Zielmarkt (Zielgruppe) definiert er in der deutschen Gesetzlichen Krankenversicherung (GKV) versicherte Personen, die bei Antragstellung nicht älter als 65 Jahre sind. Als einschlägige Risiken stellt er fest, dass es verschiedene nicht von der GKV gedeckte Kosten wie beispielsweise Wahlleistungen im Krankenhaus sowie Selbstbeteiligungen beim Krankenhausaufenthalt gibt, die durch die Zusatzversicherung aufgefangen werden sollen. Daraufhin entwirft er entsprechende Tarifbeschreibungen und Versicherungsbedingungen, durch die diese einschlägigen Risiken abgesichert werden. Seine Vertriebsstrategie ist, (gesetzliche) Krankenkassen als Kooperationspartner zu gewinnen, die solche Zusatzversicherungen ihren Mitgliedern anbieten wollen. Dazu stellt er den Krankenkassen die notwendigen Tarifbeschreibungen, Versicherungsbedingungen und Beitragstabellen zur Verfügung und schult die entsprechenden Mitarbeitenden bei den Krankenkassen, damit diese eine hinreichende fachliche Beratung leisten können. Der Krankenversicherer weist seine Antragsabteilung an, bei der Antragsprüfung darauf zu achten, dass keine Anträge von Personen angenommen werden, die nicht zum Zielmarkt gehören, beispielsweise von privat Vollversicherten oder von Personen, die einer Versicherungspflicht außerhalb Deutschlands unterliegen.

Bei sog. Versicherungsanlageprodukten – das sind kapitalbildende Lebens- und Rentenversicherungen, sofern sie nicht staatlich gefördert werden – sollen die Versicherungsunternehmen zusätzlich die Produkte laufend überprüfen, ob sie immer noch den Bedürfnissen im Zielmarkt entsprechen und ob die Vertriebsstrategie noch geeignet ist.

Beispiel 21: Produktfreigabeverfahren bei Versicherungsanlageprodukten

Ein Lebensversicherer hat eine fondsgebundene, nicht staatlich geförderte Rentenversicherung konzipiert und in den Vertrieb über Versicherungsvertreter gegeben. Als Zielmarkt wurden Personen definiert, die einen ergänzenden Rentenversicherungsanspruch aufbauen wollen, dabei aber maximal ein mittleres Anlagerisiko eingehen möchten. Dies wird in der sog. *Eignungsprüfung* (vgl. §§ 7b, 7c VVG) von den Vertretern festgestellt. Der Lebensversicherer hat für diesen Zweck bestimmte Fonds bei einer kooperierenden Fondsgesellschaft ausgesucht. Im Rahmen der Überprüfung stellt er jedoch fest, dass die Fondsgesellschaft Anpassungen bei der Anlagestrategie der Fonds vorgenommen hat, wodurch die Fonds nur noch für Personen geeignet sind, die bereit sind, ein höheres Anlagerisiko zu tragen. Der Lebensversicherer muss die Kunden informieren, dass die in der Rentenversicherung enthaltenen Fonds nicht mehr ihrer Risikobereitschaft entsprechen und eine Beratung anbieten, ob beispielsweise durch einen Fondswechsel die Eignung wiederhergestellt werden kann.

3.1.2.2 Vertriebstätigkeit des Versicherers

Wie man schon an den Regelungen im vorherigen Kapitel erkennen kann, ist dem Europäischen Richtliniengeber wie dem deutschen Gesetzgeber sehr wichtig, dass die Kunden besonders geschützt werden. Dazu gibt es ebenfalls aus der IDD stammend ein geradezu paradigmatisches, also grundlegendes Prinzip, das in § 1a Abs. 1 S. 1 VVG festgehalten wird: *»Der Versicherer muss bei seiner Vertriebstätigkeit gegenüber Versicherungsnehmern stets ehrlich, redlich und professionell in deren bestmöglichem Interesse handeln.«*

Als *Vertriebstätigkeit* werden im Weiteren definiert:

- Internetwerbung und internetgestützte Preisvergleiche, wenn diese direkt oder indirekt mit einer Abschlussmöglichkeit verbunden sind,
- Beratung zu Versicherungen,
- Vorbereitung von Versicherungsverträgen einschließlich Angeboten,
- Abschluss von Versicherungsverträgen und
- Mitwirken bei Verwaltung und Erfüllung von Versicherungsverträgen, insb. im Schadensfall.

Beispiel 22: Unterschied Internetvertrieb und Internetwerbung

Ein Versicherer schaltet in Sozialen Netzwerken und auf Webseiten von Kooperationspartnern Bannerwerbung, die man anklicken und sich auf einen Angebotsrechner mit Abschlussmöglichkeit auf der Versichererwebsite weiterleiten lassen kann. Eine Werbebanner ohne solche Weiterleitung und Abschlussmöglichkeit ist dagegen reine Werbung und noch keine Vertriebstätigkeit.

Gemeint sind damit alle primären Aktivitäten in der Wertschöpfungskette eines Versicherungsunternehmens, mit deren Hilfe die Dienstleistung Versicherung am Kunden erbracht wird. *Vertrieb* ist daher mehr als nur *Verkauf*. Vertrieb oder anders ausgedrückt das *In-Vertrieb-Bringen* von Versicherungen umfasst damit alle wertschöpfenden und für den Kunden wertstiftenden Aktivitäten. Das gilt auch unabhängig davon, ob diese Aktivitäten »alle aus einer Hand« erbracht werden, wie das bei sehr kleinen Versicherungsunternehmen oder auch bei Vermittlerbetrieben der Fall ist, oder arbeitsteilig in verschiedenen Abteilungen eines Versicherungsunternehmens (z. B. Abteilungen Außendienst, Servicecenter, Antrag, Vertrag/ Betrieb, Schaden/ Leistung).

In allen diesen Aktivitäten ist das *bestmögliche Interesse* des Kunden zu wahren. Das bedeutet nicht, das man jeden Wunsch eines Kunden erfüllen muss, selbst wenn das betriebswirtschaftlich nicht (mehr) zu rechtfertigen ist. *Bestmöglich* bedeutet, dass stets die bessere Alternative gewählt werden sollte, die sich in einer Situation zugunsten des Kunden ergibt.

Innerhalb der Vertriebstätigkeiten sind die Verkaufsaktivitäten erfolgsgetrieben. Hier entscheidet das Versicherungsunternehmen zunächst über Vertriebsfahren und -wege (▶ Kap. 4.4.1) und schafft dann Anreize für die Mitarbeitenden oder die Vermittler, erfolgreich Versicherungen abzusetzen und auf die Kunden einzuwirken, diese Versicherungen dauerhaft aufrechtzuerhalten. Die dabei eingesetzten *Vertriebsvergütungen* und *Verkaufsziele* können zu einem *Interessenkonflikt* für die Angereizten führen, der im Ergebnis dazu führt, dass sie dem Kunden gegenüber nicht in dessen bestmöglichem Interesse handeln. Das ist gesetzlich untersagt: »*Die Vertriebsvergütung von Versicherungsunternehmen und deren Angestellten darf nicht mit ihrer Pflicht, im bestmöglichen Interesse der Kunden zu handeln, kollidieren.*« (§ 48a Abs. 1 S. 1 VAG)

Eine besondere Relevanz hat das bei der Auswahl angebotener und verkaufter Versicherungsprodukte. Deshalb dürfen Versicherungsunternehmen »*keine Vorkehrungen durch die Vertriebsvergütung, Verkaufsziele oder in anderer Weise treffen, durch die Anreize für sie selbst oder Versicherungsvermittler geschaffen werden könnten, einem Kunden ein bestimmtes Versicherungsprodukt zu empfehlen, obwohl sie ein anderes, den Bedürfnissen des Kunden besser entsprechendes Versicherungsprodukt anbieten könnten*« (§ 48a Abs. 1 S. 2 VAG). Maßstab ist also, ob das empfohlene Produkt das in der Kundensituation bestmögliche war.

Dar. 62: Vertriebstätigkeit im bestmöglichen Kundeninteresse

Vertriebsaktivität	Schlechtere Alternative (Beispiel)	Bessere Alternative (Beispiel)
Internetwerbung	Der Kunde wird über wichtige Leistungsbeschränkungen im Unklaren gelassen.	Auf wichtige Leistungsbeschränkungen wird klar und deutlich hingewiesen.
Beratung	Der Kunde wird auf ein neues Produktangebot angesprochen und erhält dazu eine Vorteilsdarstellung, muss aber selbst herausfinden, ob es überhaupt zu seinen Wünschen und Bedürfnissen passt.	Der Kunde wird zunächst nach seinen Wünschen und Bedürfnissen befragt und darauf gestützt über Risiken und Deckungsmöglichkeiten aufgeklärt.
Angebotserstellung	Der Versicherer belegt im Angebotsrechner wichtiger Eingabedaten mit standardisierten Werten und Wahloptionen vor, die von den Beratenden ungeprüft übernommen und als »üblich« begründet werden.	Die Angebote werden individuell auf die festgestellten Bedürfnisse des Kunden hin ausgerichtet und begründet.
Abschluss von Verträgen	Der Kunde wird unter Druck gesetzt, sich schnell zu entscheiden.	Dem Kunden wird angemessen Zeit eingeräumt, das Angebot zu prüfen, ggf. ergänzende Fragen zu stellen und sich erst dann zu entscheiden.
Verwaltung von Verträgen	Der Kunde muss sich selbst darum kümmern, ob sein Vertrag auch nach Jahren noch seinen Wünschen und Bedürfnissen entspricht.	Der Kunde wird in angemessenen Zeitabständen aufgefordert zu prüfen, ob sich die dem Vertrag zugrundeliegenden Risiken oder sonstige Bedürfnisse des Kunden verändert haben und eine Folgeberatung angeboten.
Schadensfall	Der Schaden wird langsam bearbeitet und versucht, sparsamer als nötig zu regulieren. Der Kunde muss sich selbst über seine Ansprüche informieren und evtl. Anpassungsbedarf erkennen.	Der Schaden wird schnell und vertragsgerecht reguliert, der Kunde über seine Ansprüche aufgeklärt und bei Bedarf Folgeberatung zur Vertragsanpassung angeboten.

Beispiel 24: Interessenkonflikte beim Versicherungsvertrieb

Ein Lebensversicherer vereinbart mit seinen Vertretern, dass diese für neu abgeschlossene Lebensversicherungen eine Abschlussprovision erhalten. Die Abschlussprovision soll für Tarif A 25 Promille der Beitragssumme, für Tarif B 30 Promille der Beitragssumme betragen, weil der Versicherer sich zum Ziel gesetzt hat, seinen Bestand vor allem mit Versicherungen nach Tarif B zu steigern. Der Beratungsbedarf ist nicht unterschiedlich. Ein Kunde erhält von seinem Vertreter Tarif B angeboten, obwohl Tarif A seinen Bedürfnissen besser entsprochen hätte. Ursächlich ist der Interessenkonflikt durch die unterschiedlich hohe Abschlussprovision.

Die Regeln zur Vermeidung von Interessenkonflikten haben Auswirkung auf die Kalkulation von Versicherungsprodukten. Der Gesetzgeber beschränkt die unternehmerische Freiheit des Versicherers, zu entscheiden, welche Produkte er wie stark fördern möchte, soweit sich daraus Nachteile für den Kunden ergeben können.

3.2 Der Versicherungskunde

Versicherungen setzen zwingend Kunden voraus, die diese Dienstleistung in Anspruch nehmen wollen. Umso bedeutsamer ist ein Wissen über Kundentypen, aber auch über das Kaufverhalten von Kunden.

3.2.1 Arten von Versicherungskunden

Die Branche unterscheidet grob zwischen Privat- und Firmenkunden. Privatkunden sind Kunden, die Versicherungen ausschließlich zu privaten Zwecken abschließen. Firmenkunden sind Kunden, die Versicherungen ausschließlich zu beruflichen oder betrieblichen Zwecken abschließen. Allerdings können die Kunden selbst als Person beide Eigenschaften annehmen, also neben der Privatperson auch Firmenkunde sein. Für Versicherer spielt das eine Rolle, was das Nachfrageverhalten angeht, das sich oft wenig nach privaten und beruflichen bzw. betrieblichen Belangen unterscheidet. Eine Studie zeigt, dass kleine und mittelständische Unternehmen ähnlich wie Privatkunden über kein hinreichend differenziertes Risikobewusstsein verfügen und dementsprechend fachlich nicht immer nachvollziehbare Versicherungsentscheidungen treffen (Beenken/Michalczyk/Radtke, 2020a, S. 33 ff.).

Firmenkunden werden oft weiter differenziert in Gewerbekunden und Industriekunden, wobei die Grenzen unternehmensindividuell definiert werden. Industriekunden zeichnen sich üblicherweise durch weitergehende Risiken, hohe Versicherungsprämien und spezifische Deckungskonzepte aus, oft mit kundenin-

chende Erlaubnis unter Beachtung der Spartentrennung erteilt wurde (§ 8 VAG). Versicherungsfremde Geschäfte sind einem Versicherer nur mit starken Einschränkungen erlaubt (§ 15 VAG).

- **Zeitliche Abgrenzung:** Eine besondere zeitliche Abgrenzung macht allenfalls bei bestimmten, nur saisonal benötigten Versicherungen Sinn.
- **Räumliche Abgrenzung:** Auch hier unterliegen Versicherungsunternehmen starken regulatorischen Zwängen, weil sie grundsätzlich das im jeweiligen Land geltende Versicherungsrecht (bzw. Versicherungsvertrags-, Sozialversicherungs-, Steuerrecht) beachten müssen. Deshalb beschränken viele Versicherungsunternehmen ihren relevanten Markt auf die Bundesrepublik Deutschland. Öffentlich-rechtliche Versicherer beschränken den Markt aus historischen Gründen auf bestimmte politische Grenzen eines regionalen Geschäftsgebietes. Eine Expansion ins Ausland vollzieht sich aufgrund des hohen regulatorischen Aufwands oft über wenige ausgewählte Vertriebsaktivitäten unter Nutzung der Dienstleistungsfreiheit im Europäischen Binnenmarkt (z. B. bei weniger stark regulierten Firmenversicherungen) oder über Kooperationen mit lokal ansässigen Versicherern. Nur wenige größere Versicherungsunternehmen kaufen lokale Versicherer auf oder gründen im Zuge der Niederlassungsfreiheit im Europäischen Binnenmarkt eigene Niederlassungen oder rechtlich selbstständige Auslandsgesellschaften.
- **Marktstufenbezogene Abgrenzung:** Die Marktstufen werden üblicherweise durch die Einordnung als Erstversicherungs- oder als Rückversicherungsunternehmen abgegrenzt, allerdings gibt es auch Vermischungen, z. B. Erstversicherer, die auch Rückversicherungsschutz anbeten (Aktive Rückversicherung). Versicherungsunternehmen nachgelagert sind Versicherungsvermittlungsunternehmen, diese können aber durchaus auch im Besitz eines Versicherers stehen.
- **Subjektive Bereitschaft zur Substitution:** Versicherungen sind zwar regulatorisch bedingt »einmalig« und dürfen nur von dafür zugelassenen Versicherungsunternehmen angeboten werden. Die Aufsichtsbehörde BaFin überwacht dies und schreitet ein, wenn Personen oder Unternehmen gewerblich Versicherungsschutz anbieten, ohne eine Versichererlaubnis zu besitzen. Aus Kundensicht kann es allerdings durchaus Ersatzprodukte geben. Besonders einprägsam ist das Beispiel Altersvorsorge: Zwar sind Rentenversicherungen »einmalig« und dürfen nur von Lebensversicherungsunternehmen angeboten werden. Kunden verstehen aber durchaus auch klassische Finanzanlagen, Bausparverträge, Immobilien und andere Sachwerte als Altersvorsorge. Ein Lebensversicherer muss sich daher auch mit dieser Konkurrenz in seinem relevanten Markt auseinandersetzen.

Eine regulatorische Vorgabe zur Gestaltung des relevanten Marktes wurde in Kapitel 4.1.2.1 mit dem Produktfreigabeverfahren vorgestellt, in dem ein im VAG als Zielmarkt bezeichneter relevanter Markt definiert werden soll. Der Zielmarkt entspricht allerdings meist nicht dem gesamten, relevanten Markt, sondern einzelnen Marktsegmenten. Ein Marktsegment ist ein Teil des Gesamtmarktes, der Kunden umfasst, die untereinander homogen, gegeneinander aber heterogen sind (Meffert et al., 2019, 222).

Beispiel 26: Marktsegment

Ein Krankenversicherer definiert seinen relevanten Markt als »alle Personen mit Wohnsitz in Deutschland«. Sodann bildet er ein Marktsegment »Gesetzlich Versicherte« und ein weiteres »Vollversicherte«. Im Marktsegment »Gesetzlich Versicherte« finden sich Kunden, die homogen sind hinsichtlich der Tatsache, dass sie einer Gesetzlichen Krankenkasse angehören und ihr Versicherungsbedarf auf Zusatzversicherungen beschränkt bleibt. Diese Personen sind heterogen zu denen im Marktsegment »Vollversicherte«. Denn dort finden sich Personen, die freiwillig die Gesetzliche Krankenversicherung (GKV) verlassen (z. B. als höherverdienender Angestellter) oder freiwillig diese gewählt (z. B. Beamte oder Selbstständige, die zuvor sozialversicherungspflichtig beschäftigt waren) oder keinen Zugang zur GKV erhalten haben (z. B. Selbstständige ohne sozialversicherungspflichtige Vortätigkeit). Diese Personen sind nach § 193 Abs. 3 VVG verpflichtet, eine substitutive, private Krankenversicherung (Vollversicherung) abzuschließen.

Die Marktsegmente sollten so gebildet werden, dass sie folgenden Anforderungen genügen:

- Kaufverhaltensrelevanz: Im obigen Beispiel ist die Unterteilung in »Gesetzlich Versicherte« und »Vollversicherte« relevant für das Kaufverhalten, denn die erste Gruppe kann nur Zusatzversicherungen, die zweite nur Vollversicherungen nachfragen.
- Messbarkeit: Die Anzahl der gesetzlich und der Vollversicherten ist in Statistiken des Statistischen Bundesamtes und des PKV-Verbands dokumentiert, also messbar.
- Erreichbarkeit, Zugänglichkeit: Die »Gesetzlich Versicherten« sind auf verschiedenen Wegen identifizierbar und ansprechbar, besonders treffsicher z. B. über die Krankenkassen, weshalb viele private Krankenversicherer Kooperationen mit Krankenkassen eingehen. Die »Vollversicherten« sind auch erreichbar, z. B. über Arbeitgeber, die bei höher verdienenden Angestellten ein eigenes Interesse an deren Wechsel in die PKV haben aufgrund einer möglichen Einsparung an Lohnnebenkosten, über Berufsverbände der Selbstständigen oder über Behörden bei Beamten.
- Handlungsfähigkeit: Die beiden Marktsegmente sind grundsätzlich ohne Einschränkungen auf entweder Zusatz- oder Vollversicherungen ansprechbar, insofern ist eine Handlungsfähigkeit gegeben.

- Wirtschaftlichkeit: Beide Marktsegmente sind so groß gewählt, dass ihre Erschließung grundsätzlich wirtschaftlich sein kann. Wahrscheinlich wird ein Krankenversicherer unter Wirtschaftlichkeitsgesichtspunkten eine deutlich feinere Marktsegmentierung wählen und z. B. die Vollversicherten nach Berufsgruppen, Alterskohorten oder Gesundheitsmerkmalen differenzieren.
- Zeitliche Stabilität: Diese im obigen Beispiel gebildeten Segmente der Krankenversicherten sind jedenfalls so lange stabil, wie der Gesetzgeber nicht das duale Krankenversicherungssystem aus GKV und PKV grundlegend verändert. Die seit vielen Jahren anhaltende Diskussion über eine »Bürgerversicherung« zeigt, dass es politische Bestrebungen gibt, den Krankenversicherern das Marktsegment »Vollversicherte« streitig zu machen. Ob dies verfassungsrechtlich möglich sein wird, ist fraglich, denn die Vollversicherung stellt den absolut überwiegenden Teil der Geschäftsgrundlage der PKV dar, zudem müssten die Versicherten enteignet werden, um ihre Alterungsrückstellungen in ein anderes System überführen zu können. Insofern ist selbst bei Veränderungen im Krankenversicherungssystem von einer langanhaltenden, zeitlichen Stabilität der oben gebildeten Marktsegmente auszugehen.

Für eine hinreichend differenzierte Marktsegmentierung werden weitere Kriterien herangezogen, die sich in verhaltensorientierte, psychografische, geografische und soziodemografische/ -ökonomische gliedern lassen (Meffert et al., 2019, 223). Nachfolgend werden einige für Versicherungsunternehmen besonders relevante Beispiele für solche Kriterien genannt:

- Verhaltensorientierte Kriterien:
  - Preisverhalten: Die Branche unterscheidet häufig zwischen preissensiblen und weniger preissensiblen Kunden. Die erstgenannten fragen eher leistungsschwächere, aber günstige Versicherungen nach, informieren sich intensiver selbst und bevorzugen den Direktvertrieb.
  - Vertriebswegewahl: Passend zu ihren Vertriebswegen (▶ Kap. 4.4.1) unterscheiden Versicherer Ausschließlichkeits-, Makler- und Direktkunden. Maklerkunden beispielsweise wird eine geringere Versicherer- und Markentreue sowie eine anspruchsvollere Erwartungshaltung im Vergleich zu Ausschließlichkeitskunden nachgesagt.
  - Kaufvolumen: Versicherer unterscheiden Ein- und Mehrvertragskunden. Letztere sind häufig wirtschaftlich interessanter aufgrund von Ausgleichseffekten zwischen mehr und weniger schadenträchtigen, abgeschlossenen Produkten. Ihre Kundenbindung ist stärker ausgeprägt und die Bereitschaft zum Betrug geringer. Mehrvertragsabschlüsse werden – soweit zulässig – angereizt, z. B. durch sog. Bündelnachlässe bei Anbündelung weiterer Versicherungen.
- Psychografische Merkmale:
  - Lebensstil: Kunden unterscheiden sich hinsichtlich ihrer Einstellungen und Risikoneigung und damit ihres Lebensstils voneinander. Die Marktforschung bietet dafür Anhaltspunkte für Typologisierungen, z. B. die Sinus-Milieus, die

die Bevölkerung in soziale Milieugruppen mit jeweils typischen Lebensstilen unterscheidet.
- Kaufmotive und Nutzenvorstellungen: Versicherer sprechen ihre Kunden differenziert nach mutmaßlichen Kaufmotiven und Nutzenvorstellungen an, beispielsweise nach Geburt eines Kindes auf das Motiv Kindervorsorge, bei Hausbau auf das Motiv Sicherheit der Immobilie etc.

- Geografische Merkmale:
  - Makrogeografische Segmentierung: Versicherer wenden aus verschiedenen Gründen Marktsegmentierungen an, die sich z. B. an politischen Grenzen (Gemeinden, Bundesländer) oder typischen Lebensräumen (städtische/ ländliche Region) orientieren. Dies dient zur Tarifdifferenzierung nach Schadenaufkommen (z. B. Sturmzonen in der Gebäudeversicherung), aber auch zu aufbauorganisatorischen Zwecken (z-B. Standortwahl für Vertriebsniederlassungen abhängig von der Kundenanzahl).
  - Mikrogeografische Segmentierung: Eine Differenzierung bis hin zu einzelnen Postadressen spielt z. B. in der Bonitätsanalyse in der Krankenversicherung eine Rolle.
- Soziodemografische Kriterien:
  - Geschlecht: Das Geschlecht ist ein verbreitetes Merkmal, das statistisch sehr gut beobachtbar ist und unterschiedliche Risikoexponierungen indiziert (z. B. Lebenserwartung). Aus politischen Gründen darf es allerdings nur noch eingeschränkt als Differenzierungsmerkmal bei der Produkt- und Tarifgestaltung genutzt werden (»Unisex-Tarife«).
  - Alter: Auch das Alter ist sehr gut statistisch beobachtbar und wird intensiv für die Tarifkalkulation genutzt, insb. bei Versicherungen mit Alterssparelementen (Lebens-, Kranken-, Unfallversicherung), aber auch bei anderen Versicherungen, bei denen die Risikoexponierung mit dem Alter variiert (z. B. Fahranfänger in der Autoversicherung).
  - Familiensituation: Die Größe und der Aufbau der Familie indiziert unterschiedlich umfangreichen Versicherungsbedarf, z. B. Familien- statt Single-Unfallversicherung, mitzuversichernde Personen.
- Soziökonomische Kriterien
  - Beruf und Ausbildung: Diese Merkmale spielen beim Berufsunfähigkeitsrisiko eine zentrale Rolle, aber auch beispielsweise für Berufshaftungsrisiken.
  - Einkommen: Das Einkommen ist eine zentrale Größe bei der Ermittlung von Versicherungsbedarfen (»Versorgungslücken«) z. B. in der Lebens-, Renten-, Kranken- und Pflegetagegeld- oder Unfallversicherung.

3.2.3 Bedürfnisse der Versicherungskunden

Der Begriff Bedürfnis steht für ein Gefühl des Kunden, das ein Streben nach Beseitigung eines Mangels auslöst (z. B. Hunger, der die Suche nach Nahrungsmitteln auslöst). Wenn das Bedürfnis durch den Erwerb eines Wirtschaftsgutes oder einer

Leistung befriedigt werden kann, entsteht daraus ein Bedarf (der Hungrige steht vor einem Lebensmittelgeschäft). Hat der Kunde auch noch eine hinreichende Kaufkraft, kann aus dem Bedarf eine Nachfrage werden (der Hungrige hat ausreichend Geld im Portemonnaie). Kommt es durch die Nachfrage zu einem Erwerb des Wirtschaftsgutes bzw. der Leistung, wird für den Kunden ein Nutzen sichtbar, der zu einer vollen oder teilweisen Bedürfnisbefriedigung führt (der Hungrige kauft ein Brot und isst es auf, woraufhin er satt ist) (► Dar. 63).

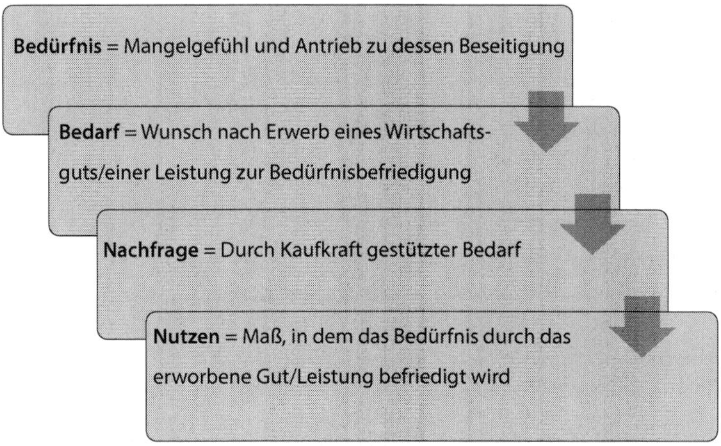

Dar. 63: Zusammenhang von Bedürfnis, Bedarf, Nachfrage und Nutzen

Die häufig zitierte Bedürfnispyramide von Maslow kategorisiert verschiedene Arten von Bedürfnissen und stellt relative Vorrangverhältnisse dar (Kroeber-Riel/Gröppel-Klein 2019, 159). Auf der untersten Stufe stehen Existenz- oder physiologische Bedürfnisse nach Nahrung, Wohnung, Fortpflanzung etc. Darüber angeordnet sind Sicherheitsbedürfnisse, das Erworbene soll nicht mehr verloren gehen, sondern erhalten und vermehrt werden. Auf dieser Stufe sehen sich Versicherungsunternehmen mit ihren Angeboten vorrangig angesiedelt. Weiter folgen soziale Bedürfnisse wie Freundschaft, Partnerschaft und Gruppenzugehörigkeit. Darüber steht das Bedürfnis das Wertschätzung durch Anerkennung und Freiheit. An der Spitze steht das Bedürfnis nach Selbstverwirklichung und Individualität (► Dar. 64).

Diese Bedürfnisse werden allerdings nicht sequentiell befriedigt, sondern sind stets vorhanden. Nur drängen sich die jeweils auf unterer Stufe stehenden Bedürfnisse vorübergehend in den Vordergrund. Der Hungrige aus dem Beispiel oben wird die Nahrungssuche vorübergehend als wichtiger ansehen als alles andere. Hat er das Brot gekauft und wird vor dem Geschäft von Räubern bedroht, wird er das Brot verteidigen. Erst danach wird er sich Gedanken machen, mit welchen Freunden er noch chatten wollte, oder wie er sich Anerkennung verschaffen und selbstverwirklichen könnte.

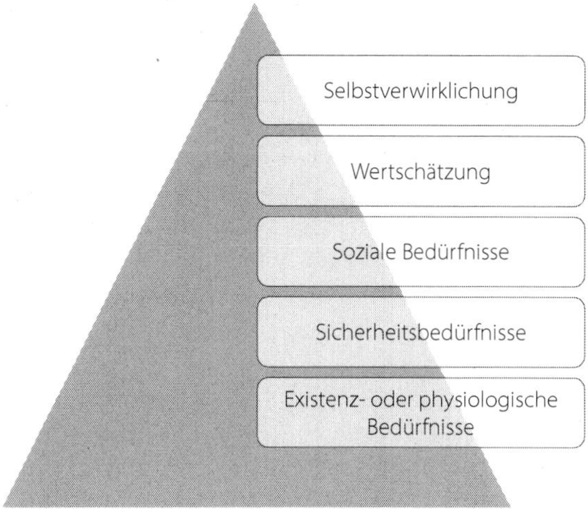

Dar. 64: Bedürfnispyramide nach Maslow

Nach der zuvor dargestellten Logik müssten Kunden i. d. R. recht umfassend versichert sein. Die letzte Einkommens- und Verbrauchsstichprobe 2018 des Statistischen Bundesamts belegt allerdings, dass dem keineswegs so ist. So existenzielle Risiken wie beispielsweise das der Berufsunfähigkeit ist gerade einmal in jedem vierten Haushalt versichert (▶ Dar. 65).

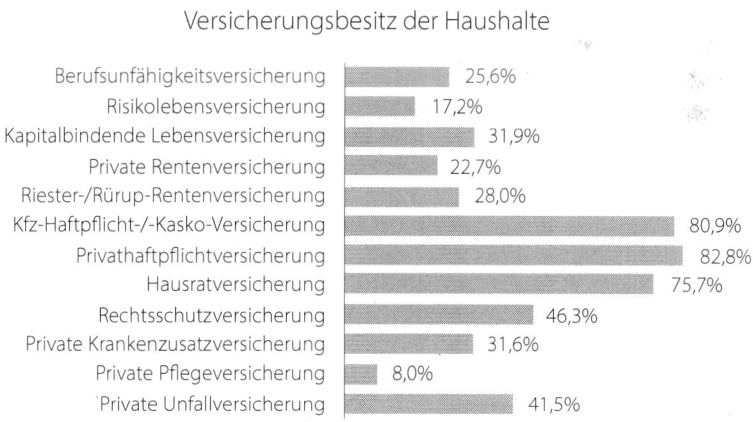

Dar. 65: Versicherungsbesitz der Haushalte

Offensichtlich gibt es noch weitere Einflussfaktoren, die dazu führen, dass aus einem Bedürfnis überhaupt als ein solches erkannt und durch Bereitstellung passender Informationen der Versicherungsbranche zu einem Bedarf wird. Ein Beispiel ist die **Risikowahrnehmung**, die bei Kunden sehr unterschiedlich ausgeprägt ist.

Dabei gibt es Verzerrungseffekte, die die Wahrnehmung beeinflussen (Bias), hierzu einige Beispiele:

- Naheliegendes wird höher eingeschätzt als Fernliegendes (Zeitinkonsistenz) (Beck, 2014, S. 213 ff.), im Volksmund wie in der Verhaltensökonomie auch bekannt als »lieber der Spatz in der Hand als die Taube auf dem Dach«: Für einen jungen Menschen ist die Vorstellung, von welcher Rente er im Alter leben möchte, wesentlich fernliegender als die Frage, wie er sein aktuelles Einkommen für verschiedene Konsumwünsche einsetzen kann. Deshalb ist es einerseits schwer, mit jungen Menschen über Altersvorsorge zu sprechen. Andererseits ist es aber auch nicht leichter, mit älteren Menschen über Altersvorsorge zu sprechen, denn bei ihnen ist die Bedarfssituation zwar auf einmal naheliegend, aber die Zeit für den Aufbau einer Vorsorge zu bezahlbaren Beiträgen ist abgelaufen. Auch in der Grafik »Versicherungsbesitz der Haushalte« erkennt man, dass Altersvorsorgeprodukte relativ seltener abgeschlossen wurden als z. B. Hausratversicherungen.
- Bekanntes wird Unbekanntem vorgezogen: Einen (selbstverschuldeten) Kaskoschaden am Auto hat fast jeder Autofahrer schon selbst erlitten oder im Bekanntenkreis miterlebt. Einen schweren Personenunfall mit der Folge, anschließend dauerhaft nicht mehr arbeiten zu können, hat dagegen kaum einer persönlich erlebt. In Darstellung 65 erkennt man, dass Unfallversicherungen nur etwa halb so häufig wie Kfz-Versicherungen abgeschlossen werden.
- Wahrscheinliches wird Unwahrscheinlichem vorgezogen: Viele Menschen halten es für durchaus wahrscheinlich, dass sie irgendwann Ärger mit anderen Autofahrern, Vermietern oder Arbeitgebern haben werden und ihr Recht teuer durchsetzen müssen. Dass man selbst einmal pflegebedürftig wird, hält man jedenfalls als jüngerer Mensch für sehr unwahrscheinlich – oder verdrängt das Thema. Die Höhe des Risikos spielt dabei gar keine entscheidende Rolle – ein Rechtsschutzfall kostete den Versicherer im statistischen Mittel knapp 700 Euro, in der Pflegepflichtversicherung gut 6.000 Euro jährlich (GDV 2019). In Darstellung 65 erkennt man jedoch, dass Rechtsschutzversicherungen ungefähr sechsmal so häufig wie Pflegeversicherungen abgeschlossen werden.
- Framing (Kahnemann/Tversky, 2009, S. 209 ff.; Beck, 2014, S. 153): Der Bezugsrahmen, in den eine Information gestellt wird, beeinflusst die Wahrnehmung. Wenn mit dem Kunden über Niedrigzinsen gesprochen und dann die Rentenversicherung erwähnt wird, bekommt diese eine negative Bedeutung (niedrige Zinsen = schwach rentierliche Rentenversicherung). Wenn sie aber in eine Darstellung der steigenden Lebenserwartung eingebettet wird, bekommt sie die positive Bedeutung, eine Lösung für das Thema Langlebigkeit zu sein.

Auch kulturelle Einflüsse spielen eine Rolle bei der Versicherungsnachfrage (Görgen, 2007, S. 23 ff.). In bestimmten Gegenden wird es beispielsweise als Aufgabe der Familie angesehen, sich um alte, kranke oder pflegebedürftige Angehörige zu kümmern. In manchen Kulturen herrscht ein Fatalismus gegenüber Naturkatastrophen, die als schicksalsgegeben hingenommen werden. Manche Religionen stehen dem Zins ablehnend gegenüber, was auf dem Zins basierende, kapitalbildende Versicherungen schwer verkäuflich macht.

3.3 Risikosteuerung der Kunden

3.3.1 Ausprägungen von Risiken

Risiko wird hier als Unsicherheit über einen künftigen Zustand verstanden. Diese Unsicherheit wird sich erst im Zeitablauf auflösen. Das Risiko realisiert sich im Schadenereignis. Dieses kann zum einen zu quantifizierbaren Schäden führen, die grundsätzlich als versicherbar gelten. Zum anderen können aber auch nicht quantifizierbare und damit auch nicht versicherbare Schäden auftreten.

Beispiel 27: Beispiel von quantifizierbaren und nicht quantifizierbaren Schäden

Es kommt zu einem Wohnungseinbruch. Dabei werden Gegenstände und Bargeld im Wert von 4.000 Euro entwendet. Der Gesamtwert des Hausrats beträgt 110.000 Euro. Der Schaden ist quantifizierbar und daher im Rahmen einer Hausratversicherung versicherbar.
Nach dem Einbruch fühlen sich die Bewohner in ihrer Wohnung psychisch überaus unwohl und haben ständig Angst vor erneuten Einbrüchen. Dieser Schaden ist nicht quantifizierbar und daher nicht versicherbar.

Das Risiko kann man unterteilen in (Farny, 2011, S. 31 f.):

- Subjektives Risiko,
- objektives Risiko.

Das subjektive Risiko ist von der Einstellung desjenigen abhängig, der vom Risiko bedroht ist. Es ist schwer quantifizierbar, kann aber durch Anreize (positiv) und durch Sanktionen (negativ) beeinflusst werden.

Das objektive Risiko ist dagegen nicht von der Einstellung des vom Risiko Bedrohten abhängig, sondern von objektiven Merkmalen wie der Person als solcher oder dem Gegenstand als solchem. Es ist bestimmbar, messbar und handhabbar. Es kann durch Risikobegrenzungsmaßnahmen beeinflusst werden.

Beispiel 28: Subjektives und objektives Risiko

Rauchen erhöht statistisch gesehen das Sterblichkeitsrisiko. Der Kunde hat ein objektives Sterblichkeitsrisiko als Person, das in sog. Sterbetafeln abgebildet wird. Sein subjektives Verhalten Rauchen beeinflusst dieses objektive Risiko negativ. Ein Lebensversicherer könnte Anreize setzen und dem Kunden mit Tipps und regelmäßigen Nachfragen helfen, sich das Rauchen abzugewöhnen. Er kann aber auch Sanktionen einsetzen und die Prämie erhöhen, solange der Kunde nicht nachweisen kann, dass er das Rauchen dauerhaft aufgegeben hat.

Besondere Formen des subjektiven Risikos sind die Antiselektion und das moralische Risiko (Schulenburg, 2005, S. 59 f.).

Antiselektion bedeutet, dass ein Risikokollektiv zulasten des Versicherers anders zusammensetzt, als es der Versicherer vorausgesehen und berechnet hat.

Beispiel 29: Antiselektion

Ein Lebensversicherer legt eine Risikolebensversicherung auf und geht dabei davon aus, dass er im Bestand 10 % Raucher haben wird. Dementsprechend kalkuliert er eine Prämie, die auf 90 % Nichtrauchern und 10 % Rauchern und deren jeweiligem, sehr unterschiedlichen Todesfallrisiko basiert. Die Prämie erscheint Rauchern sehr günstig, zumal andere Versicherer eigene, teurere Rauchertarife anbieten. Das Interesse ist so groß, dass der Versicherer nach einiger Zeit feststellen muss, tatsächlich 40 % Raucher und 60 % Nichtraucher im Bestand zu haben. Die kalkulierte Risikoprämie reicht nicht aus.

Um Antiselektion zu verhindern, kann man zum einen – wie im obigen Beispiel bereits angedeutet – eine möglichst genaue Risikoprüfung und eine möglichst individuelle Tarifierung vornehmen, anstatt alle Kunden gleich zu behandeln. Als Anreize haben sich außerdem Beitragsstaffelungen etabliert, z. B. Schadenfreiheitsrabatte in der Kfz-Versicherung oder Neubaurabatte in der Wohngebäudeversicherung. Viele Obliegenheiten sind als Sanktionen anzusehen, die dann greifen, wenn ein Kunde nicht die bei Antragstellung erwarteten Risikomerkmale mitbringt, beispielsweise fälschlich behauptet, Nichtraucher zu sein. Eine besondere Rolle zur Verhinderung der Antiselektion spielt die vorvertragliche Anzeigepflicht (§ 19 VVG), mit der sich der Versicherer durch konkretes Befragen des Antragstellers ein genaues Bild der Risikosituation verschaffen kann. Antwortet der Kunde hieraus nicht oder nicht zutreffend, kann das gravierende Folgen für den Versicherungsschutz haben.

Das moralische Risiko (**Moral Hazard**) bedeutet, dass der Kunde sein Verhalten nach Vertragsschluss ändert. Schwierig ist das immer dann, wenn der Kunde sein Verhalten von risikoscheu auf risikofreudig hin verändert, beeinflusst durch die Versicherung.

Beispiel 30: Moralisches Risiko

Ein Autofahrer schließt eine Vollkaskoversicherung ohne Selbstbeteiligung ab. Bevor er diese Versicherung hatte, fuhr er sehr defensiv. Nach Versicherungsabschluss ändert er seinen Fahrstil und fährt aggressiv und riskant, weil er nun versichert ist und keine finanziellen Nachteile aus seiner Verhaltensänderung befürchtet.

Das obige Beispiel zeigt bereits einen möglichen Weg auf, das moralische Risiko zu begrenzen, nämlich die Vereinbarung einer Selbstbeteiligung. Damit schadet sich der Kunde automatisch stets selbst.

Sogar geringe Selbstbeteiligungen helfen bereits, eine Verhaltensänderung zu vermeiden. Erklären kann man das beispielsweise mit dem aus der Behavioral Finance-Forschung bekannten Phänomen des Mental Accountings (Beck, 2014, S. 178 ff.). Danach »verbucht« der Kunde Beträge auf gedachten Konten und versucht wie in der Doppelten Buchhaltung, diese stets ausgeglichen zu halten. Die »Buchung« wäre hier eine Soll-Buchung des Beitrags für die Kfz-Versicherung, der im Schadenfall eine Haben-Buchung des Kfz-Versicherers gegenübersteht. Gefühlt ist das Konto im Ausgleich. Muss nun aber der Kunde eine Selbstbeteiligung zahlen, steigt die Soll-Buchung und sinkt die Haben-Buchung, das Konto ist gefühlt im Ungleichgewicht. Das erklärt übrigens auch, dass Selbstbeteiligungen in vielen Fällen zwar sehr finanzrational, aber dennoch bei den Kunden unbeliebt sind.

Das moralische Risiko lässt sich auf weiteren Wegen begrenzen. Als Anreiz funktionieren die in der Kfz-Versicherung üblichen Schadenfreiheitsrabatte, die in Krankenversicherungen verbreiteten Beitragsrückerstattungen wegen Leistungsfreiheit oder die schrittweise Reduzierung von Selbstbehalten bei Schadenfreiheit. Zunehmend kommen auch digitale Anreize hinzu, beispielsweise belohnende Rückmeldungen zum persönlichen Fahrverhalten bei sog. Telematiktarifen in der Kfz-Versicherung oder zum Gesundheitsverhalten bei Fitness-Trackern, die von Krankenversicherern gefördert werden. Auf der Sanktionsseite stehen wieder Obliegenheiten, sowohl gesetzliche als auch vertragliche. Ein Beispiel ist die sog. Gefahrstandspflicht (§§ 23 ff. VVG), wonach ohne Einwilligung des Versicherers vorgenommene Gefahrerhöhungen je nach Situation empfindlich durch Kündigungen, Prämienerhöhungen oder Leistungsfreiheit im Schadenfall sanktioniert werden.

Risiken können in einem systematischen Risikomanagementprozess erkannt und bewertet werden (▶ Kap. 1.3.4).

3.3.2 Risikomanagement von Privatkunden

Die Risiken von Privatkunden lassen sich in drei Kategorien unterteilen:

- Personenrisiken: Das sind Risiken, die unmittelbar das Leben, die Gesundheit und die Funktionsfähigkeit des Körpers einer Person betreffen.
- Vermögensrisiken: Das sind Risiken, die ausschließlich und direkt das Vermögen einer Person betreffen.
- Sachrisiken: Das sind Risiken, die Sachen im Eigentum und/ oder Besitz einer Person betreffen und zu deren Beschädigung, Zerstörung oder Abhandenkommen führen.

Die **Personenrisiken** und deren wirtschaftliche Folgen lassen sich weiter differenzieren in:

- Todesfallrisiko: Es fallen Bestattungskosten an. Hinterbliebene können von einem Einkommensverlust des Verstorbenen ebenso wie von Kosten der Umorganisation des Haushalts (z. B. Kinderbetreuung) betroffen sein.
- Krankheitsrisiko: Es fallen unmittelbar Kosten der Heilbehandlung sowie für Heil- und Hilfsmittel und Kuren an. Mittelbar können Einkommenausfälle durch eine Arbeitsunfähigkeit entstehen und Zusatzkosten der Umorganisation des Haushalts (z. B. Betreuung von Haustieren während eines Krankenhausaufenthalts).
- Unfallrisiko: Es können wie beim Krankheitsrisiko unmittelbare Kosten der Heilbehandlung etc. entstehen. Hinzu kommen Einkommensverluste durch (vorübergehende) Arbeitsunfähigkeit oder (dauerhafte) Berufsunfähigkeit. Weitere Kosten betreffen Umorganisationen des Haushalts (z. B. behindertengerechter Umbau der Wohnung).
- Erwerbs- oder Berufsunfähigkeit: Diese verursachen einen Einkommensausfall durch dauerhafte Unfähigkeit, den bisher ausgeübten Beruf (Berufsunfähigkeit) oder irgendeine Erwerbstätigkeit (Erwerbsunfähigkeit, in der Gesetzlichen Rentenversicherung ähnlich als Erwerbsminderung bekannt) auszuüben.
- Pflegerisiko: Es können unmittelbare Kosten der ambulanten oder stationären Pflege sowie mittelbar Kosten der Umorganisation (z. B. Alarmeinrichtungen in der Wohnung) entstehen.
- Arbeitslosigkeitsrisiko: Dieses Risiko hat einen Einkommensausfall zur Folge, aber auch Zusatzkosten zur Wiedererlangung einer Beschäftigung (z. B. Weiterbildung, Umschulung).
- Alters- oder Langlebigkeitsrisiko: Dieses ist verbunden zum einen mit dem grundsätzlichen Risiko des Einkommensausfalls mit Beendigung der Berufstätigkeit (meist als Differenz aus letztem Einkommen und den Transferleistungen wie Renten und Pensionen, die sog. Versorgungslücke). Zum anderen geht es um das Risiko eines unerwartet langen Vermögensverzehrs bei Langlebigkeit.

Die **Vermögensrisiken** und deren wirtschaftliche Folgen lassen sich weiter differenzieren in:

- Haftpflichtrisiken: Es geht um Schadenersatzleistungen, wenn Rechte Dritter verletzt wurden, aber auch um die Abwehr unberechtigter Ansprüche (auch als passiver Rechtsschutz bezeichnet). Dabei können unterschiedliche Eigenschaften und Tätigkeiten zu unterschiedlichem Bedarf an Deckungskonzepten führen. Grundlegend besteht der Bedarf nach einer Privathaftpflichtversicherung für Haftungen aus den Eigenschaften einer Privatperson selbst und ihres Haushalts. Das Bürgerliche Recht sieht weitere Haftungsszenarien vor, bei denen zum Teil statt einer Verschuldens- eine Gefährdungshaftung besteht, um Dritte zu schützen, die unter Umständen auch ohne nachweisbare Schuld des Kunden durch Eigenschaften und Tätigkeiten wie z. B. Tierhaltung oder Besitz von Grundstücken und Immobilien zu Schaden kommen. Darüber hinaus gibt es Pflichtversicherungen, für Privatkunden besonders relevant ist die Kfz-Haftpflichtversicherung.

- Rechtsschutzrisiko: Es geht um das Risiko, eigene Rechte gegen Dritte durchzusetzen, beispielsweise durch anwaltliche Beratung und Gerichtsverfahren.
- Mietverlustrisiko: Betroffen ist das Vermögen von Eigentümern, die die erwartete Miete wegen Mietausfall nach einer durch Sachschaden verursachten Unbewohnbarkeit der Wohnung nicht erhalten oder von sog. »Mietnomaden« geschädigt werden. Aber auch bei selbstgenutzten Wohnungen können Zusatzkosten durch das Ausweichen auf Hotelzimmer oder Ersatzwohnungen anfallen, wenn die eigene Wohnung vorübergehend unbewohnbar ist (z. B. nach einem Brandschaden).

Die **Sachrisiken** und deren wirtschaftliche Folgen lassen sich weiter differenzieren in:

- Zerstörung und Beschädigung von Gebäuden: Es entstehen Kosten des Wiederaufbaus in vergleichbarer Art.
- Zerstörung, Beschädigung, Abhandenkommen von Hausrat: Es entstehen Kosten der Reparatur (sofern diese technisch möglich und wirtschaftlich sinnvoll erscheint) oder der Wiederbeschaffung vergleichbarer, neuwertiger Hausratgegenstände. Auch Wertminderungen beschädigter Sachen können auszugleichen sein.
- Zerstörung, Beschädigung, Abhandenkommen von Fahrzeugen: Es entstehen Kosten der Reparatur (sofern diese technisch möglich und wirtschaftlich sinnvoll erscheint) oder der Wiederbeschaffung vergleichbarer – ggf. gebrauchter – Fahrzeuge. Auch der merkantile Minderwert eines nach Beschädigung reparierten Fahrzeugs (Unfallfahrzeug) kann ausgeglichen werden.

Die Natur der Sache bringt es mit sich, dass unterschiedliche Schadenszenarien entstehen können, so ist ein Abhandenkommen eines Gebäudes schwer vorstellbar. Weiterhin spielt eine Rolle, ob es funktionierende Märkte für Wiederbeschaffungen gibt – das ist bei Fahrzeugen i. d. R. der Fall, bei Hausratgegenständen hingegen nicht. Deshalb hat die Branche auch unterschiedliche Konzepte für den Schadenersatz entwickelt, hier die Neuwertversicherung (z. B. in der Hausratversicherung) im Unterschied zur Zeitwertversicherung (z. B. in der Kfz-Versicherung).

Außerdem gibt es bei der Versicherung von Sachrisiken den tragenden Gedanken, dass der Kunde sich an einem Schaden nicht bereichern soll, auch wenn dies gesetzlich ausdrücklich nur noch in der Krankenversicherung (§ 200 VVG) und nicht mehr wie vor der VVG-Reform 2008 auch in der Schadenversicherung allgemein geregelt ist. Das Bereicherungsverbot wird vor allem vertraglich abgesichert. Das Bereicherungsverbot dient schon allein der Verhinderung eines falschen Anreizes zur Herbeiführung von Schäden (moralisches Risiko).

Beispiel 31: Bereicherungsverbot und moralisches Risiko

Ein Wohngebäude in begehrter Lage brennt ab. Der Wiederaufbau verursacht Kosten von 300.000 Euro. Das Haus könnte aber zu einem Marktwert von 450.000 Euro verkauft werden (Grundstück im Beispiel ausgeklammert). Daraufhin fordert der Kunde vom Gebäudeversicherer, ihm 450.000 Euro auszuzahlen, um anschließend für 300.000 Euro das Haus wiederaufbauen zu lassen und sich darüber zu freuen, dass sein Konto um 150.000 Euro voller ist als vorher. Der Versicherer hingegen wird vernünftigerweise nur den Wiederaufbau des Gebäudes bezahlen wollen und entsprechende Vertragsbedingungen verwenden.

Die Vielzahl der aufgezeigten Risiken macht es bei den meisten Kunden erforderlich, diese zu priorisieren. Eine eingängige Heuristik (Daumenregel) ist die Priorisierungsregel nach Ausmaß der Existenzgefährdung. Danach kann man die Risiken in drei Kategorien einteilen:

- Existenzzerstörende Risiken: Diese Risiken überfordern die wirtschaftliche Tragfähigkeit eines Haushalts auf Dauer, sind also nicht aus dem vorhandenen Vermögen plus dem nicht durch Lebenshaltungskosten gedeckten, freien Teil der künftigen Einkommen zu tragen. Existenzzerstörend wirken stets Risiken, die sich ihrer Natur entsprechend nicht begrenzen lassen (z. B. Haftpflichtrisiken).
- Existenzgefährdende Risiken: Diese Risiken sind von einem Haushalt auf Dauer tragbar, allerdings unter Inkaufnahme einer spürbaren Minderung des Lebensstandards durch einen erheblichen Verzicht auf Vermögen und auf künftige, freie Teile des Einkommens.
- Selbst tragbare Risiken: Das sind alle Risiken, die nicht unter die zuvor genannten Kategorien fallen. Dazu zählen aber auch Teile der zuvor genannten Risiken, insb. Selbstbeteiligungen an Versicherungen existenzzerstörender oder existenzgefährdender Risiken (z. B. Selbstbeteiligung von 150 Euro in der Privathaftpflichtversicherung).

Die heuristische Priorisierungsregel besagt, dass mit 1. Priorität die existenzzerstörenden Risiken verlagert werden sollen, für Privathaushalte kommen hier im Prinzip nur Versicherungen als Risikotransfer in Frage. Mit 2. Priorität sollten die existenzgefährdenden Risiken betrachtet und ein selbst tragbarer Anteil definiert werden. Der nicht selbst tragbare Anteil sollte wiederum transferiert werden. Mit 3. Priorität können selbst tragbare Risiken bzw. Anteile von Risiken geprüft werden, ob sie unter Wirtschaftlichkeitsgesichtspunkten doch transferiert werden, beispielsweise wenn eine Selbstbeteiligung keinen hinreichenden Prämienvorteil erbringt.

Die Versicherungspraxis hat zahlreiche eigene Standards und Verfahren zur strukturierten Beratung von Privatkunden entwickelt. Seit 2018 gibt es zudem die DIN-Norm 77230 (Basis-Finanzanalyse für private Haushalte) die eine Bedarfsstufensystematik zugrunde legt, nach der verschiedene Themen der Risikoabsicherung, Vorsorge und Finanzen kategorisiert und Hilfen bei der Priorisierung gegeben werden. Damit kann eine strukturierte Bedarfserhebung unterstützt werden, die eigentliche Beratung schließt dann allerdings erst außerhalb der Norm an.

3.3.3 Risikomanagement von Firmenkunden

Die Risiken von Firmenkunden lassen sich in drei Kategorien unterteilen:

- Personenrisiken: Das sind Risiken, die unmittelbar das Leben, die Gesundheit und die Funktionsfähigkeit des Körpers des Berufsträgers (bei freien Berufen), des Inhabers oder anderer Schlüsselpersonen betreffen, die für den Betrieb des Unternehmens besondere Bedeutung haben (z. B. Organmitglieder bei juristischen Personen, Mitarbeiter mit erfolgskritischem Knowhow).
- Vermögensrisiken: Das sind Risiken, die ausschließlich und direkt das Vermögen eines Berufsträgers bzw. eines Unternehmens betreffen.
- Sachrisiken: Das sind Risiken, die Sachen im Eigentum und/ oder Besitz eines Berufsträgers bzw. eines Unternehmens betreffen und zu deren Beschädigung, Zerstörung oder Abhandenkommen führen.

Die **Personenrisiken** und deren wirtschaftliche Folgen lassen sich weiter differenzieren in:

- Todesfallrisiko: Bei Freiberuflern (z. B. Ärzte, Rechtsanwälte) entfällt die Berufsausübung mit dem Tod des Berufsträgers. Bei allen anderen Unternehmen kann die Fortführung des Unternehmens gefährdet sein, Kredite fällig werden oder auch Zusatzkosten durch Umorganisation (z. B. Einstellung eines Ersatz-Managers) entstehen.
- Krankheitsrisiko: Durch einen vorübergehenden Ausfall der Arbeitskraft kann es zu Umsatzausfällen und Vertragsstrafen wegen verzögerten Lieferungen und Leistungen kommen, ggf. treten Umorganisationskisten wie die Einstellung von Interimsmanagern auf.
- Unfallrisiko: Ein dauerhafter Ausfall oder Einschränkung der Arbeitskraft kann zur Berufsaufgabe sowie wie unter Krankheitsrisiko genannt zu Umsatzausfäl-

len und Vertragsstrafen führen. Hinzu kommen Zusatzkosten für Ersatzpersonal sowie für den behinderten Umbau des Betriebs und Umrüstung von Kraftfahrzeugen.
- Erwerbs- und Berufsunfähigkeitsrisiko, Pflegerisiko: Auch hier entsteht ein dauerhafter Ausfall der Arbeitskraft, der zur Beendigung der Berufsausübung sowie wie unter Unfallrisiko beschrieben zu Umsatzausfällen und Vertragsstrafen führen kann. Zusatzkosten betreffen die Verpflichtung von Ersatzpersonal.
- Alters- oder Langlebigkeitsrisiko: Hierbei geht es um Risiken für das Unternehmen, wenn der Inhaber oder andere Unternehmensangehörige Vermögenswerte des Unternehmens entnehmen für die Sicherung des Ruhestands, z. B. im Rahmen einer betrieblichen Altersversorgung. Letztere wird häufig zur Gewinnung und Bindung von Führungskräften und Mitarbeitern eingesetzt, zudem besteht ein Recht der Arbeitnehmer zumindest auf Entgeltumwandlung in eine betriebliche Altersversorgung (§ 1a BetrAVG).

Die **Vermögensrisiken** und deren wirtschaftliche Folgen lassen sich weiter differenzieren in:

- Haftungsrisiken: Neben allgemeinen Berufs- und Betriebshaftungsrisiken gibt es eine Reihe spezifischer, gesetzlicher Haftungsgrundlagen, die durch eigene Deckungskonzepte abzusichern sind. Dabei geht es um Gefährdungshaftungen (z. B. Umwelthaftung, Produzentenhaftung) und um Versicherungspflichten (z. B. bestimmte Berufshaftpflichtversicherungen, Firmen-Kfz-Haftpflichtversicherung, bestimmte Branchenrisiken wie Atomenergie und Pharma).
- Rechtsschutzrisiko: Aus der Berufsausübung bzw. dem Betrieb resultieren spezifische Kostenrisiken der Rechtsdurchsetzung.
- Ansprüche gegen Mitarbeiter aus Pflichtverletzungen: Hierbei geht um die Rückforderung von Schäden, die Organmitglieder einem Unternehmen verursachen (Directors & Officers Liability, kurz D&O) und der Verteidigung gegen strafrechtliche Vorwürfe (Strafrechtsschutz für Manager), aber auch um Rückforderungen von Schände, die sonstige Mitarbeiter unter Verletzung des in sie gesetzten Vertrauens verursachen (Vertrauensschaden).
- Kreditrisiken: Unternehmen können Liquiditätsengpässe oder dauerhafte Umsatzausfälle durch Ausfall oder Verzögerung von Kundenzahlungen erleiden.
- Betriebsausfallrisiken: Hierzu zählen Betriebsunterbrechungen nach Sachschäden, Betriebsschließungen wegen Seuchengefahr, direkte Betriebsunterbrechungen durch Streiks oder indirekte aus Rückwirkungen (z. B. Streiks in Zulieferbetrieben), Rückrufe fehlerhafter Produkte.

Die **Sachrisiken** und deren wirtschaftliche Folgen lassen sich weiter differenzieren in:

- Zerstörung und Beschädigung von betrieblichen Gebäuden: Es entstehen Kosten des Wiederaufbaus in vergleichbarer Art.

- Zerstörung, Beschädigung, Abhandenkommen von betrieblichem Inventar, gelagerten Produkten und Vorräten: Es entstehen Kosten der Reparatur (sofern diese technisch möglich und wirtschaftlich sinnvoll erscheint) oder der Wiederbeschaffung vergleichbarer, neuwertiger Gegenstände. Auch Wertminderungen beschädigter Sachen können auszugleichen sein.
- Spezialdeckungen betreffen zusätzliche Risiken wie z. B. unsachgemäße Handhabung, die Elektronikgeräte oder Maschinen betreffen, spezifische Risiken von Montagen und Baustellen sowie von Gütern und Anlagen auf Transportwegen.
- Zerstörung, Beschädigung, Abhandenkommen von betrieblichen Fahrzeugen: Es entstehen Kosten der Reparatur (sofern diese technisch möglich und wirtschaftlich sinnvoll erscheint) oder der Wiederbeschaffung vergleichbarer – ggf. gebrauchter – Fahrzeuge. Auch der merkantile Minderwert eines nach Beschädigung reparierten Fahrzeugs (Unfallfahrzeug) kann ausgeglichen werden.

Im betrieblichen Bereich gibt es außerdem Spezialdeckungen, die sich sowohl den Vermögens- als auch den Sachrisiken zuordnen lassen, dazu folgende Beispiele:

- Cyberrisiken: Hierbei geht es sowohl um eigene Schäden des Kunden aus Computerkriminalität als auch um Haftungsansprüche gegenüber Dritten, wenn die eigene Informationstechnik den Übersprung von Risiken auf deren Informationstechnik ermöglicht hat.
- Gemischte Haftungs- und Kaskorisiken im Transportbereich, z. B. Hakenlastrisiken von Transport- und Abschleppunternehmen, bei denen auch bei fehlender Haftungsgrundlage wegen schuldlos aufgetretener Unfälle beim Transport oder Abschleppen (Hakenbruch) ein Kaskoschutz der beschädigten oder zerstörten Sache gewährt wird.

Die Vielzahl der aufgezeigten Risiken macht es bei den meisten Kunden erforderlich, diese zu priorisieren. Eine eingängige Heuristik (Daumenregel) ist die Priorisierungsregel nach Ausmaß der Existenzgefährdung. Danach kann man die Risiken in drei Kategorien einteilen:

- Existenzzerstörende Risiken: Diese Risiken überfordern die wirtschaftliche Tragfähigkeit des Unternehmens auf Dauer, sind also nicht aus dem vorhandenen Betriebsvermögen plus einem zukünftigen Ertrag, der geopfert werden kann (durch Aufnahme von Krediten), zu tragen. Existenzzerstörend wirken stets Risiken, die sich ihrer Natur entsprechend nicht begrenzen lassen (z. B. Haftpflichtrisiken).
- Existenzgefährdende Risiken: Diese Risiken sind vom Unternehmen grundsätzlich tragbar, allerdings unter Inkaufnahme einer spürbaren Minderung des Betriebsvermögens und/ oder einer Minderung des künftigen Ertrags.
- Selbst tragbare Risiken: Das sind alle Risiken, die nicht unter die zuvor genannten Kategorien fallen. Dazu zählen aber auch Teile der zuvor genannten Risiken, insb. Selbstbeteiligungen an Versicherungen existenzzerstörender oder

existenzgefährdender Risiken (z. B. Selbstbeteiligung von 1.000 Euro in der Betriebshaftpflichtversicherung).

Die heuristische Priorisierungsregel besagt, dass mit 1. Priorität die existenzzerstörenden Risiken verlagert werden sollen. Anders als bei Privathaushalten kommen je nach Unternehmensgröße verschiedene Maßnahmen als Risikotransfer in Frage. Sehr große private wie öffentliche Unternehmen können eigene, versicherungsähnliche Risikotragungsinstrumente (Captives) gründen oder sogar Risiken schlicht selbst tragen (z. B. kommunale Selbstversicherung von Behördenfahrzeugen). Mit 2. Priorität sollten die existenzgefährdenden Risiken betrachtet und ein selbst tragbarer Anteil definiert werden. Der nicht selbst tragbare Anteil sollte wiederum transferiert werden. Mit 3. Priorität können selbst tragbare Risiken bzw. Anteile von Risiken geprüft werden, ob sie unter Wirtschaftlichkeitsgesichtspunkten doch transferiert werden, beispielsweise wenn eine Selbstbeteiligung keinen hinreichenden Prämienvorteil erbringt.

Für die Risikomanagementberatung gibt es eine internationale Norm ISO 31000 (Grundlagen des Risikomanagements). Versicherungsunternehmen können das private wie das betriebliche Risikomanagement als Teil ihrer Dienstleistung definieren und entweder selbst oder im Netzwerk über andere Unternehmen Leistungen wie die allgemeine oder sparten-/ risikospezifische Risikomanagementberatung erbringen. Die Schadenverhütung stellt einen speziellen Bereich dar. Die Versicherungswirtschaft unterhält eigene Forschungseinrichtungen wie beispielsweise den VdS in Köln, um Risiken zu untersuchen, Schadenverhütungsmaßnahmen zu entwickeln und Standards zu definieren (z. B. VdS-anerkannte Einbruchmeldeanlagen). Diese Dienstleistungen sind einerseits für den Kunden wertvoll, weil insb. bei Unternehmen ein Schaden stets von Nachteil für den Betrieb ist, selbst wenn er – im Nachhinein – vollständig von einer Versicherung durch eine Geldleistung ersetzt wird. Andererseits haben die Versicherer selbst einen großen Nutzen, wenn sie mehr über Risiken und über die Schadenverhütung erfahren sowie Einfluss auf die Kunden nehmen können. So sind beispielsweise Sicherheitsinnovationen wie die verpflichtende Einführung von Wegfahrsperren in Fahrzeugen 1998 auf Druck der Versicherungswirtschaft entstanden, nachdem die Fahrzeugdiebstähle überhandnahmen und die Prämien in die Höhe stiegen.

3.4 Gestaltung der Kundenbeziehung

Versicherungen werden traditionell ganz überwiegend durch Versicherungsvermittler vertrieben. Der Versicherungsvertrieb ist seit längerem im Fokus der Regulierung, wodurch sich eine Reihe Anforderungen für die Compliance und für die Prozessgestaltung ergeben. Eine sinnentsprechende Umsetzung ist im wirtschaftlichen Interesse von Versicherungsunternehmen, die Kunden gewinnen, dauerhaft an sich binden sowie einen guten öffentlichen Ruf aufbauen wollen.

3.4.1 Vertriebsverfahren und -wege von Versicherungen

Versicherungen werden im Direktvertrieb oder im Indirektvertrieb vertrieben (Beenken 2022, 25 ff.). Der **Direktvertrieb** kann je nach Zwecksetzung in zwei verschiedenen Weisen definiert werden (Farny 2011, 769 ff.):

Definition 1: Direktvertrieb ist der Vertrieb von Versicherungen durch ein Versicherungsunternehmen ohne Einschaltung von Versicherungsvermittlern.

Das bedeutet, dass das Versicherungsunternehmen ausschließlich mit eigenem, angestelltem Personal oder über selbst betriebene Fernkommunikationskanäle (z. B. Internet, Telefon, Post) Kontakt zu Kunden aufnimmt, diese berät und Versicherungen abschließt.

Definition 2: Direktvertrieb ist der Vertrieb von Versicherungen durch ein Versicherungsunternehmen unter ausschließlicher Verwendung von Fernkommunikationsmitteln, mit oder ohne Beteiligung von auf den Fernabsatz ausgerichteten Versicherungsvermittlern.

Zumindest im Sprachgebrauch der Branche wird Direktvertrieb oft erweitert gleichgesetzt mit der Kontaktaufnahme, Abschluss und Betreuung von Kunden über Fernkommunikationskanäle, das heißt ohne persönliche Gespräche durch Angestellte oder durch selbstständige Versicherungsvermittler. Dabei werden allerdings gedanklich Geschäfte über Vergleichsplattformen oder ähnliche internetgestützte Geschäftsmodelle eingeschlossen, obwohl es sich bei deren Betreibern rechtlich zumeist um selbstständige Versicherungsvermittler handelt.

Im **Indirektvertrieb** setzen Versicherungsunternehmen selbstständige Versicherungsvermittler ein. Diese lassen sich nach handels- und nach gewerberechtlichen Kriterien typologisieren.

Als Gründe für den Einsatz selbstständiger Versicherungsvermittler kommen verschiedene in Betracht:

- Versicherungsvermittler können neue Kundenpotenziale erschließen, die dem Versicherungsunternehmen nicht zugänglich sind.
- Versicherungsvermittler können ein spezifisches Knowhow über bestimmte Kundenzielgruppen einbringen, das Versicherungsunternehmen fehlt.
- Die Vermittlung über Selbstständige variabilisiert die Vertriebskosten stärker als bei einem eigenen, angestellten Vertrieb. Das erleichtert eine rasche Ausbreitung eines Netzes an Ansprechpartnern in der Fläche.

Allerdings gibt es auch Gründe gegen selbstständige Versicherungsvermittler und für den Einsatz eigener Angestellter oder eigener, automatisierter Vertriebsverfahren:

- Selbstständige Versicherungsvermittler sind weniger eng ans Unternehmen und dessen Interessen gebunden.
- Ein Durchsetzen von Compliance-Vorgaben ist mangels Weisungsrechts erschwert.
- Das Vergütungsniveau liegt jedenfalls bei erfolgreichen Vermittlern höher als bei angestellten Verkäufern.

Versicherungsunternehmen dürfen laut VAG nur in bestimmten Rechtsformen als juristische Personen gegründet werden. Insofern benötigt ein Versicherungsunternehmen zwingend u. a. für den Vertrieb natürliche Personen, die die Handelsgeschäfte des Handelsherrn Versicherer ausführen. Das Handelsrecht unterscheidet dabei drei Grundtypen solcher Personen:

- Handlungsgehilfen (Angestellte) nach § 59 HGB,
- Handelsvertreter und speziell Versicherungsvertreter nach §§ 84, 92 HGB,
- Handelsmakler in der konkreten Ausprägung des Versicherungsmaklers nach § 93 HGB.

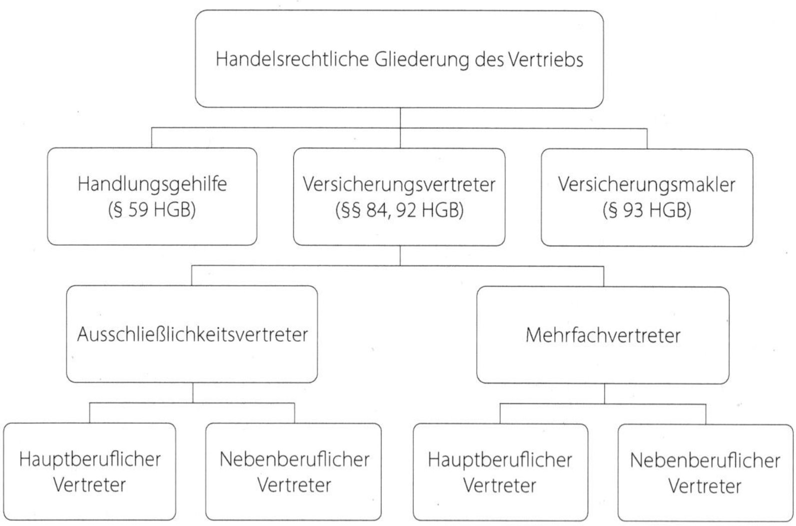

Dar. 66: Handelsrechtliche Gliederung des Versicherungsvertriebs

Handlungsgehilfen sind im Versicherungsunternehmen angestellt, unterliegen damit dem Weisungsrecht durch den Arbeitgeber, vertreten durch das Geschäftsleitungsorgan Vorstand. Traditionell unterscheiden Versicherer dabei Angestellte im Innendienst und im Außendienst. Der **Außendienst** hat einen mobilen Arbeitsplatz, indem er die Kunden vor Ort aufsucht und berät oder auch Besichtigungen zur Risikoeinschätzung oder zur Schadenregulierung durchführt. Der **Innendienst** dagegen zeichnet sich durch einen stationären Arbeitsplatz in einem Büro des Arbeitgebers aus, zunehmend aber auch im Einverständnis mit dem Arbeitgeber zuhause (als Homeoffice oder traditioneller als Telearbeit bezeichnet). Weiter unterscheiden sich Innen- und Außendienst häufig hinsichtlich der Arbeitszeit und der Vergütung voneinander. Die Arbeitszeit im Innendienst ist durch Tarifvertrag festgelegt. Im Außendienst dagegen entspräche eine feste Arbeitszeit nicht den Bedürfnissen des mobilen Arbeitens, weshalb eine bestimmte Arbeitszeit nicht festgelegt wird. Auch die Vergütung ist im Innendienst durch einen eigenen Gehaltstarifvertrag geregelt und berücksichtigt die Arbeitszeit (Vollzeit, Teilzeit), die Dauer der Berufserfahrung und die Eingruppierung nach den Anforderungen der übertragenen Aufgaben und Verantwortung. Im Außendienst herrschen dagegen erfolgsabhängige Vergütungen vor, mit denen beispielsweise der Abschlusserfolg neuer Versicherungen oder der Erhaltungserfolg eines Bestands an Kunden und deren Prämieneinnahmen belohnt wird.

Im Außendienst wird zudem zwischen dem organisierenden Außendienst und dem Verkaufs- oder historischer Werbeaußendienst unterschieden. Der **organisierende Außendienst** hat die Aufgabe, Verkaufsaußendienstmitarbeiter oder selbstständige Vertriebspartner zu gewinnen, diese auszubilden und anzuleiten sowie bei Bedarf auszutauschen. Typische Berufsbezeichnungen sind Organisationsleiter/-in oder Maklerbetreuer/-in. Der **Verkaufsaußendienst** hingegen hat die vorrangige Aufgabe, neue Kunden zu gewinnen und bestehende Kunden zu betreuen.

Versicherungsvertreter sind selbstständige Gewerbetreibende, die ständig damit betraut sind, in fremden Namen – also dem Namen des oder der Versicherungsunternehmen, mit denen sie Vertreterverträge geschlossen haben – Versicherungen zu vermitteln oder abzuschließen. Eine eigene Abschlussvollmacht ist allerdings in der Praxis die Ausnahme, meist will der Versicherer selbst über die Annahme einer beantragten Versicherung entscheiden. Vertreter werden in der Praxis oft auch noch als Agenten bezeichnet.

»**Selbstständig** ist, wer im Wesentlichen frei seine Tätigkeit gestalten und seine Arbeitszeit bestimmen kann« (§ 84 Abs. 1 S. 2 HGB). Wer Versicherungsvertreter einsetzt, muss darauf achten, dass die freie Gestaltung von Tätigkeit und Arbeitszeit nicht über Gebühr beschränkt wird. Sonst könnte der Vertreter im Rahmen einer sozialversicherungsrechtlichen Überprüfung als **Scheinselbstständiger** eingestuft werden mit der Folge eines – teilweise auch rückwirkenden – Eintritts der Sozialversicherungspflicht. Darüber hinaus könnte eine – separate – arbeitsrechtliche Bewertung dazu führen, dass der Scheinselbstständige Rechte eines Arbeitnehmers in Anspruch nehmen kann, beispielsweise Kündigungsschutz genießt. Wichtige Indizien für eine Scheinselbstständigkeit können beispielsweise Verpflichtungen zu bestimmten Arbeits- und Büroöffnungszeiten, Genehmigungspflicht für Urlaub oder Vorgaben für die Tätigkeitsgestaltung sein, soweit diese nicht unabdingbar notwendig sind.

Beispiel 32: Unbedenkliche Weisungen an einen Versicherungsvertreter

Ein Versicherungsvertreter muss sich die Weisung gefallen lassen, die Antragsformulare des Versicherers unverändert zu verwenden oder dessen Logo unverfremdet einzusetzen. Auch Weisungen im Schadenfall, keine verbindlichen Zusagen zur Erstattung ohne Abstimmung mit dem Versicherer vorzunehmen, ist eine notwendige Weisung, die die Selbstständigkeit nicht grundsätzlich in Frage stellt.

Es kommt allerdings auf eine Gesamtwürdigung aller Indizien im Einzelfall an. Häufig werden die Begriffe Scheinselbstständigkeit und arbeitnehmerähnlicher Selbstständiger verwechselt. Ersteres bedeutet, dass jemand nur zum Schein selbstständig ist, tatsächlich aber wie ein Angestellter Weisungen unterliegt und in die Organisation seines Auftraggebers eng eingebunden ist. Zweiteres bedeutet, dass ein unzweifelhaft selbstständiger Versicherungsvertreter unter bestimmten Voraussetzungen versicherungspflichtig in der Gesetzlichen Rentenversicherung ist, nämlich, wenn er im Wesentlichen nur einen Auftraggeber hat und keinen eigenen, sozialversicherungspflichtigen Arbeitnehmer beschäftigt.

Versicherungsvertreter lassen sich handelsrechtlich weiter unterscheiden nach

- Ausschließlichkeits- und Mehrfachvertretern,
- haupt- und nebenberuflichen Vertretern.

Ausschließlichkeitsvertreter (auch als Einfirmen- oder Exklusivvertreter bezeichnet) haben ein Wettbewerbsverbot in ihrem Vertretervertrag, damit sie für keine weiteren Versicherungsunternehmen tätig werden können. Aufgrund der Spartentrennung gibt es drei Formen der Sicherstellung des Wettbewerbsverbots, auch wenn mehrere Sparten vermittelt werden sollen:

- Ausschließlichkeitsvertreter mit einem Vertretervertrag mit einem bestimmten Versicherer und dessen Versicherungssparte. Versicherungen anderer Sparten werden vom Versicherer an dessen Konzern- oder sonstige Partnergesellschaften weitervermittelt (z. B. Vertreter eines Schadenversicherers, der Lebens- und Krankenversicherungen an seine Konzernschwestergesellschaften weiterreicht),
- »Unechte Mehrfachvertreter«, die mehrere Vertreterverträge jeweils mit Wettbewerbsverbot mit verschiedenen Spartenversicherern abschließen (z. B. je einen Vertretervertrag mit dem Lebens-, Kranken- und Schaden-/ Unfallversicherer eines Versicherungskonzerns),

- Ausschließlichkeitsvertreter mit einem Vertretervertrag mit einer Vertriebsgesellschaft eines Versicherungskonzerns, die ihrerseits den Sparten-Versicherern gehört.

Mehrfachvertreter haben keine Wettbewerbsverbote und können daher mit mehreren oder sogar vielen Versicherern Verträge schließen. In der Praxis sind sie eher selten, weil Versicherer Exklusivbindungen bevorzugen und es einer beachtlichen wirtschaftlichen Position des Vertreters bedarf, um auch mehrere oder viele Versicherungsunternehmen dazu zu bringen, mit ihm Verträge ohne Wettbewerbsverbot einzugehen.

Häufiger findet man diese Rechtsform bei sog. Strukturvertrieben. **Strukturvertriebe** sind Vertriebe, die über zahlreiche selbstständige Vertreter (**Untervertreter**) Versicherungen vermitteln, die in einer gedachten Hierarchie angeordnet sind. Die Hierarchie wird durch Provisionsbeteiligungen am vermittelten Geschäft der jeweils untergeordneten Hierarchiestufe dargestellt. Dadurch entsteht ein systemimmanentes Ausdehnungsbestreben durch Anwerben immer neuer Untervertreter, um anderen Kundenkontakten und den daraus resultierenden Provisionseinnahmen zu partizipieren.

Haupt- und nebenberufliche Vertreter unterscheiden sich nach der sog. Übergewichtstheorie danach, ob sie die überwiegende Arbeitszeit für die Vertretertätigkeit einsetzen und das überwiegende Einkommen daraus erzielen. Als nebenberuflicher Vertreter gilt nur, wer in seinem Vertretervertrag ausdrücklich als solcher bezeichnet wird. Die Bezeichnung als nebenberuflicher Vertreter ist eine notwendige, aber nicht hinreichende Voraussetzung, hinzu kommt die tatsächliche Ausgestaltung der Tätigkeit nach der oben genannten Übergewichtstheorie (vgl. § 92b HGB). Die Unterscheidung hat eine nicht unerhebliche Bedeutung, denn hauptberufliche Vertreter genießen weitergehende Rechte als nebenberufliche Vertreter:

- Mindestarbeitsbedingungen (§ 92a HGB): Hauptberufliche Ausschließlichkeitsvertreter haben einen Anspruch auf eine Sicherung ihrer »notwendigen sozialen und wirtschaftlichen Bedürfnisse«. Zwar gibt es dazu keine Rechtsverordnung, aber die Praxis behilft sich entweder mit Bestandsübertragungen mit laufenden Bestandsprovisionsansprüchen oder mit Garantieprovisionszahlungen, damit eine wirtschaftliche Mindestexistenz gewährleistet ist.
- Mit der Dauer der Tätigkeit ansteigende Kündigungsfristen (§§ 89, 92b Abs. 1 HGB). Hauptberufliche Vertreter erhalten dadurch mehr Zeit, im Fall einer vorzeitigen Kündigung einen neuen Vertragspartner zu suchen, aber auch Versicherer profitieren, wenn größere Agenturen nicht innerhalb von nur einem Monat neu besetzt werden müssen, sofern ein Vertreter kündigt.
- Ausgleichsanspruch (§§ 89b, 92b Abs. 1 HGB): Nur hauptberufliche Vertreter haben grundsätzlich einen Anspruch auf einen angemessenen Ausgleich nach Vertragsbeendigung für die Vorteile, die der Versicherer auch nach ihrem Ausscheiden aus den von ihm geworbenen Kunden behält.

Beispiel 33: Ausgleichsanspruch

Ein über 20 Jahre tätiger hauptberuflicher Versicherungsvertreter geht in den Ruhestand und hat nach dem Ausscheiden einen Anspruch auf Ausgleich entgehender Provisionen. Grund ist, dass sein Vertretervertrag die branchenübliche Provisionsverzichtsklausel vorsieht – mit Beendigung des Vertretervertrags erlöschen Ansprüche auf künftige Provisionen auch dann, wenn der ausscheidende Vertreter diese eigentlich »verdient« hätte. Er einigt sich mit dem Versicherungsunternehmen auf eine Ausgleichszahlung, die überschlägig (nach den sogenannten »Grundsätzen Sach«) wie folgt berechnet wird:

- Einfache Sachversicherung: 100.000 Euro jahresdurchschnittliche Bestandsprovision der letzten fünf Jahre vor Ausscheiden x 50 % Ausgleichswert x Multiplikator 6 für die Tätigkeitsdauer = 300.000 Euro
- Kfz-Versicherung: 100.000 Euro jahresdurchschnittliche Bestandsprovision der letzten fünf Jahre vor Ausscheiden x 25 % Ausgleichswert x Multiplikator 2 für die Tätigkeitsdauer = 50.000 Euro
- Summe: 350.000 Euro.

Der **Versicherungsmakler** ist eine Sonderform des Handelsmaklers, der sich durch die Rechtsprechung sehr weit vom handelsrechtlichen Grundtyp entfernt hat. Der gemeine Handelsmakler steht neutral zwischen den vertragschließenden Parteien und kann von Fall zu Fall mal für die eine, mal für die andere Seite tätig werden. Der Versicherungsmakler dagegen zeichnet sich durch folgende Eigenschaften aus:

- Treuhänderähnlicher Sachwalter des Kunden: Der Versicherungsmakler steht aufseiten des Kunden und wird von diesem durch einen Maklervertrag (explizit oder implizit durch entsprechendes Handeln) beauftragt, für den Kunden passenden Versicherungsschutz rechtzeitig zu besorgen. Um sich gegenüber dem oder den Versicherern legitimieren zu können, lässt er sich üblicherweise eine Maklervollmacht erteilen.
- Pflicht zur Risikoexploration: Der Versicherungsmakler muss eigenständig die Risiken des Kunden überprüfen und darf sich nicht ungeprüft darauf verlassen, dass der Kunde – als Laie – ihm die versicherungstechnisch bedeutsamen Informationen und Nachfragen unaufgefordert stellen wird.
- Dauerschuldverhältnis: Der Versicherungsmakler ist dem Kunden gegenüber so lange zur Leistung verpflichtet, wie der Maklervertrag wie auch der oder die vermittelten Versicherungsverträge bestehen. So muss ein Versicherungsmakler in angemessenen Abständen prüfen, ob die vermittelten Verträge immer noch bedarfs- und marktgerecht sind, und falls dies nicht mehr der Fall ist und die Möglichkeit dazu besteht, auf eine Veränderung hinwirken.

- Pflicht zum Tätigwerden: Je nach Umfang der erteilten Maklervollmacht kann und muss der Makler erkannte Risiken bei Versicherern eindecken, unter Umständen auch Altverträge kündigen oder Änderungen beantragen.
- Doppelrechtsverhältnis: Auch, wenn ein Versicherungsmakler auf der Kundenseite steht, muss er grundlegende Interessen des Versicherers wie beispielsweise die wahrheitsgemäße Weitergabe von gefahrerheblichen Informationen wahren. Denn anders lässt sich keine faires und ausgewogenes Versichertenkollektiv mithilfe von Versicherungsmaklern aufbauen, womit letztlich die Makler selbst den Schaden hätten, wenn Versicherer die Zusammenarbeit mit ihnen verweigern oder eigene, kostentreibende Nachprüfungen durchführen müssen, um ein ehrliches und vollständiges Bild der zu versichernden Risiken zu erhalten.

Versicherungsmakler waren historisch eher selten und fokussierten sich auf die Industrie- und die Seetransportversicherung sowie auf Spezialdeckungen für bestimmte Zielgruppen. Seit den 1990er Jahren gab es einen großen Zulauf insb. von Ausschließlichkeits- und von Strukturvertriebsvertretern, die auf Vorteile aus einer freien, nicht mehr durch Wettbewerbsverbote reglementierten Vermittlungstätigkeit versprachen. Aktuell sind jedoch eher Konsolidierungsbewegungen festzustellen, für die demografische, aber auch regulatorische Gründe ausschlaggebend sein dürften.

Die verschiedenen Grundformen der im Versicherungsvertrieb Tätigen werden von Versicherern häufig zu sog. **Vertriebswegen** zusammengefasst. Das dient einer einheitlichen Steuerung und Führung von gleichartigen Personen und Firmen. Vereinheitlicht werden dabei u. a. Vertragsmuster, Vergütungsregeln, Führungshierarchien, Regeln der Zusammenarbeit, Konkurrenzschutz zwischen verschiedenen Vertriebswegen oder Unterstützungsleistungen. Typische Bezeichnungen für Vertriebswege des Indirektvertriebs können je nach Versicherer sein:

- Ausschließlichkeitsorganisation (AO): Hier werden häufig angestellte Verkäufer und (selbstständige) Ausschließlichkeitsvertreter zusammengefasst.
- Makler/ Mehrfachvertreter (auch: »unabhängige«, »ungebundene« oder »freie« Vermittler): Auch, wenn Makler und Mehrfachvertreter rechtlich unterschiedlich sind, eint sie doch, dass sie anders als die AO nicht gezwungen werden können, einem Versicherer Geschäft zuzuführen. Deshalb braucht es andere Instrumente der Motivation und der Anreizgestaltung.
- Bancassurance: Hier werden Kooperationen mit Banken oder Sparkassen zusammengefasst, auch wenn diese rechtlich meistens als Versicherungsvertreter einzuordnen sind. Der Versicherungsvertrieb am Bankschalter erfordert jedoch ein spezifisches Verständnis der Prozesse und Strukturen bei Banken und darauf angepasste Verfahren, beispielsweise eine Anpassung an die dort vorhandene Informationstechnik (IT).
- Portale und Insurtecs: Neuartige Geschäftsmodelle im Internet wie die Vergleichsportale und andere Formen von Portalbetreibern sind zwar meistens

rechtlich als Versicherungsmakler, teilweise auch als Versicherungsvertreter, einzuordnen. Dennoch haben sie eigene Anforderungen an einen kooperationswilligen Versicherer, insb. was die Zurverfügungstellung von oder Anpassung an internetgeeigneten IT-Prozessen (Beispiel Antragsstrecken) angeht.
- Annex-, Kooperations-, Affiliate-Vertrieb: Hierunter ist eine bunte Mischung an Online- und Offline-Vertriebspartnerschaften zu verstehen, bei denen der Vertriebspartner ein Gewerbetreibender ist, der ein fremdes Hauptgewerbe und die Versicherungsvermittlung nur als Ergänzung – als Annex – betreibt (z. B. Autoversicherungen als Annex zum Autohandel). Auch dies erfordert eine Anpassung an die spezifischen Bedürfnisse solcher Vertriebspartner.

Bei der Wahl des bevorzugten Vertriebswegs oder des Vertriebswegemixes (»Multichannel-Vertrieb«) (Emrich, 2010, S. 161 ff.) kann der Versicherer folgende strategische Ziele verfolgen (Beispiele):

- Unabhängigkeit: Dieses Ziel spricht für einen Direkt- oder einen AO-Vertrieb, weil der Versicherer dadurch unabhängiger von volatilen Maklerinteressen wird und eigene Produktschwerpunkte durchsetzen kann.
- Wachstum: Dieses Ziel spricht eher für einen Makler-/ Mehrfachvertretervertrieb, der jedenfalls bei attraktiven Produkten und Vergütungen sowie einer guten Betreuung einen schnellen Aufbau des Geschäfts verspricht. Oft kann auch durch sog. Umdeckungen Geschäft forciert werden, das heißt durch Veranlassen von Kündigungen von Bestandsverträgen bei Wettbewerbern und dem Neuabschluss beim eigenen Unternehmen.
- Marktanteil: Die Steigerung von Marktanteilen gelingt je nach Art der Versicherung nur über bestimmte Vertriebswege. Beispielsweise kommen die meisten Versicherer bei einer Steigerung des Marktanteils der Kfz-Versicherung nicht um Vergleichsportale herum.
- Fokussierung: Dieses Ziel kann mit verschiedenen Vertriebswegen umgesetzt werden, je nach gewünschter Fokussierung auf bestimmte Produkte (z. B. banknahe Versicherungen im Vertriebsweg Bancassurance), bestimmte Zielgruppen (z. B. Industriekunden über den Vertriebsweg Industriemakler), bestimmte Vertriebsanlässe (z. B. Annex-Versicherungsprodukte im Handel) oder Prozesse (z. B. Portale über entsprechende Onlineprozesse).
- Ertragsorientierung: Je nach Ausgangslage des Versicherers kommen unterschiedliche Vertriebswege in Frage. Ein neu gegründeter Versicherer würde sehr viele Jahre brauchen, die erheblichen Fixkosten beim Aufbau eines eigenen AO-Vertriebs ins Verdienen zu bringen. Analysen zeigen, dass Solokanal-Versicherer, die sich für nur einen bestimmten Vertriebsweg entscheiden, in der Lebensversicherung im Durchschnitt kostengünstiger arbeiten als Multikanal-Versicherer. Der Einkauf von Geschäft über bestimmte Großvertriebe, Pools oder Vergleichsportale kann teurer sein als über kleinere, gut ausgewählte Vertreter oder Makler.

- Serviceorientierung: Bestimmte Services lassen sich nur dazu passende Vertriebsweg umsetzen. Schaden-/ Unfallversicherer betrachten beispielsweise oft eine schnelle und kulante Schadenregulierung als strategisches Ziel, das sich am besten über den Vertriebsweg AO mit Schadenregulierungsvollmachten der angestellten Verkäufer bzw. der (selbstständigen) Ausschließlichkeitsvertreter umsetzen lässt.

Wenn ein Versicherungsunternehmen mit angestellten Verkäufern oder mit selbstständigen Versicherungsvermittlern zusammenarbeiten will, muss es verschiedene regulatorische Vorgaben beachten. Für deren Verständnis muss zunächst die **gewerberechtliche Gliederung der Versicherungsvermittler** erläutert werden, die in Teilen von der handelsrechtlichen Gliederung abweicht (Beenken, 2022, S. 97 ff.).

Hintergrund ist das Ziel der Europäischen Union, den Europäischen Binnenmarkt für Versicherungsvermittler zugänglich zu machen. Davon verspricht man sich einen Nutzen für die Kunden, dass sie mehr Auswahl bekommen und bessere Leistungen oder günstigere Prämien erhalten. Ein Zugang zum Europäischen Binnenmarkt setzt voraus, dass Versicherungsvermittler europaweit öffentlich einsehbar registriert sind. Die Registrierung wird von der Erfüllung bestimmter Voraussetzungen abhängig gemacht, die von einer zuständigen Aufsichtsbehörde geprüft werden. Im Ergebnis ist also eine Erlaubnis notwendig. So soll sichergestellt werden, dass nur geeignete Vermittler in Europa tätig werden.

In Deutschland wurden die entsprechenden Vorgaben der EU-Versicherungsvermittlerrichtlinie von 2002, die erst im Jahr 2007 umgesetzt wurde, sowie der 2018 als Nachfolger umgesetzten EU-Versicherungsvertriebsrichtlinie (»IDD« bzw. »Insurance Distribution Directive«) vorwiegend im Gewerberecht umgesetzt. Das zentrale Gesetz ist die Gewerbeordnung. Geregelt wird dort nur die **gewerbsmäßige Versicherungsvermittlung**. Dazu zählt nicht die

- Versicherungsvermittlung durch Angestellte (allerdings kann deren Arbeitgeber ein erlaubnispflichtiger Gewerbetreibender sein),
- Versicherungsvermittlung durch selbstständige Vermittler, die von vornherein nicht die Kriterien eines Gewerbes erfüllt (Gewinnerzielungsabsicht und Dauerhaftigkeit, z. B. ehrenamtliche Vermittler),
- Versicherungsvermittlung durch selbstständige Vermittler, die aufgrund der Geringfügigkeit ihres Geschäfts (Bagatelle) nicht als Gewerbetreibende angesehen werden, wofür es allerdings bisher keine gerichtlich festgestellten Bagatellgrenzen gibt,
- Sonstige Tätigkeiten, die nicht als Versicherungsvermittlung gelten, z. B. diejenige der sog. Tippgeber (die nur Hinweise auf Interessenten geben, aber nicht selbst beraten und vermitteln, vgl. BaFin-Rundschreiben 11/2018) oder der Kfz-Werkstätten in Zusammenhang mit der Schadenabwicklung von Kfz-Versicherungen.

Für alle gewerbsmäßig tätigen Versicherungsvermittler gilt daher die Pflicht der Registrierung im **Versicherungsvermittlerregister** und als Voraussetzung dafür grundsätzlich die **Gewerbeerlaubnis** nach § 34d GewO. Von diesem Grundsatz gibt es allerdings verschiedene Ausnahmen.

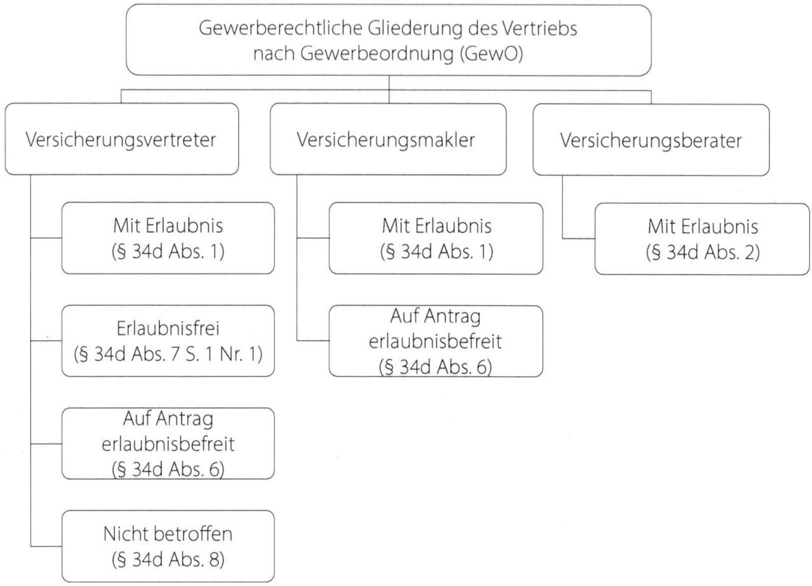

Dar. 67: Gewerberechtliche Gliederung des Versicherungsvertriebs

Die Gewerbeerlaubnis wird von der örtlich zuständigen Industrie- und Handelskammer (IHK) erteilt und kann drei sich gegenseitig ausschließende Formen der Versicherungsvermittlung umfassen:

- Versicherungsvertreter: Das können sowohl Ausschließlichkeits- als auch Mehrfachvertreter sein.
- Versicherungsmakler: Das können sowohl Versicherungsmakler selbst als auch deren selbstständige Untervertreter sein, weil diese einen Versicherungsmakler vertreten und daher auch dessen Erlaubnis aufweisen müssen.
- Versicherungsberater: Dieser ursprünglich aus dem Rechtsberatungsrecht stammende Typus ist ein Berater, der Kunden rechtlich gegen gesondertes Entgelt (marktüblich als »Honorar« bezeichnet) über Versicherungen berät, diese außergerichtlich vertreten kann oder für ihn Versicherungsverträge vermitteln kann, ohne dass er dafür von einem Versicherer direkt oder indirekt vergütet oder sonst angereizt werden darf.

Die umfangreichsten Ausnahmen betreffen den Versicherungsvertreter. Die eigentliche Regel, dass er eine Gewerbeerlaubnis nach § 34d Abs. 1 GewO benötigt, wird zahlenmäßig durch die Ausnahme, erlaubnisfrei nach § 34d Abs. 7 S. 1 Nr. 1 GewO zu bleiben, bei weitem übertroffen. Erlaubnisfrei bleibt ein Vertreter dann, wenn er erstens Ausschließlichkeitsvertreter ist und zweitens der Versicherer die uneingeschränkte Haftung aus seiner Vermittlertätigkeit übernimmt, was er faktisch dadurch vollzieht, dass er selbst die Eignung des Vertreters überprüft und ihn anschließend ins Vermittlerregister einträgt. Ansonsten ist es die Aufgabe der IHK, einen Vermittler ins Vermittlerregister einzutragen.

Eine weitere Ausnahme ist der sog. **produktakzessorische Vertreter**, der auf Antrag nach § 34d Abs. 6 GewO von der Erlaubnis befreit wird. Produktakzessorische Vertreter vermitteln ausschließlich Versicherungen, die notwendig sind, um das im Hauptgewerbe angebotene Produkt bzw. die Dienstleistung nutzen zu können. Der wichtigste Anwendungsfall ist die Kfz-Versicherung, die notwendig ist, damit das im Autohandel erworbene Kfz genutzt werden kann. Beim produktakzessorischen Vertreter handelt es sich anders ausgedrückt um eine Teilmenge des Annexvertriebs. Ihn gibt es auch in der Form des produktakzessorischen Versicherungsmaklers, und zwar dann, wenn er als Untervermittler eines Versicherungsmaklers auftritt und in dessen Namen tätig wird.

Wiederum eine Teilmenge der produktakzessorischen Vermittler sind bestimmte Vermittler, die von der Erlaubnis- und Registrierungspflicht von vornherein ausgenommen sind nach § 34d Abs. 8 GewO. Dabei handelt es sich um Gewerbetreibende, die ergänzend Reise- oder Garantieversicherungen vermitteln, um Bausparkassen und Bausparvermittler in Bezug auf die in Bausparkrediten enthaltenen Restschuldversicherungen sowie um Handelsunternehmen, die in Zusammenhang mit Darlehens- oder Leasingverträgen zur Finanzierung ihrer Waren und Dienstleistungen Restschuldversicherungen anbieten (▶ Dar. 68).

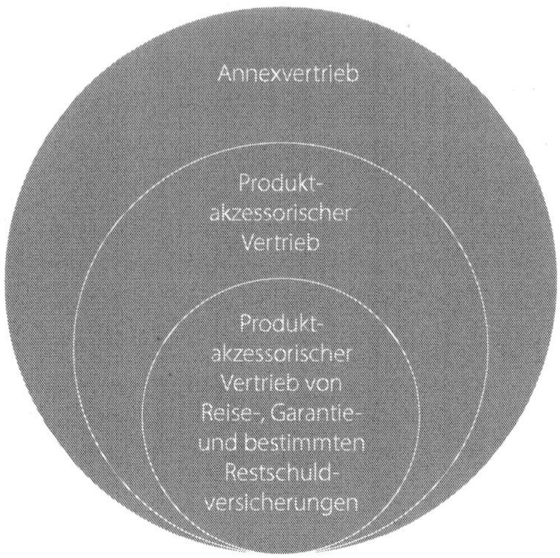

Dar. 68: Annex- und produktakzessorischer Vertrieb

Da diese Vermittler nicht im Vermittlerregister erfasst werden, ist ihre Anzahl nicht bekannt.

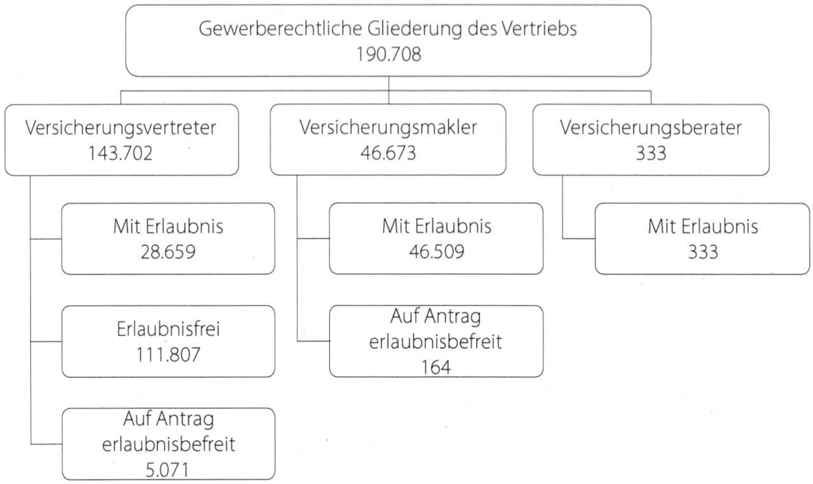

Dar. 69: Anzahl der im Vermittlerregister erfassten Vermittler (Stand: 1.1.2023, Quelle: DIHK Service GmbH)

Die Erteilung der Gewerbeerlaubnis wird von folgenden vier Voraussetzungen abhängig gemacht (vgl. § 34d Abs. 5 GewO):

- Zuverlässigkeit: Diese wird negativ abgegrenzt und liegt insb. dann nicht vor, wenn der Bewerber in den letzten fünf Jahren vor Antragstellung wegen bestimmter Vergehen rechtskräftig verurteilt worden ist.
- Geordnete Vermögensverhältnisse: Auch dies wird negativ abgegrenzt und liegt insb. dann nicht vor, wenn der Antragsteller in Insolvenz ist oder sonst im Schuldnerregister des Amtsgerichts eingetragen ist.
- Berufshaftpflichtversicherung: Diese im Branchenjargon auch als Vermögensschadenhaftpflichtversicherung bezeichnete Versicherung muss mit einer in § 12 VersVermV benannten Mindestversicherungssumme abgeschlossen, aufrechterhalten und ein Nachweis beigebracht werden. Der Berufshaftpflichtversicherer ist verpflichtet, die IHK über eine Beendigung oder Herabsetzung der Leistungen unter die gesetzlich vorgeschriebenen Summen zu informieren, sodass die IHK die Erlaubnis widerrufen kann.
- Sachkundeprüfung: Hierzu gibt es eine in Abschnitt 1 VersVermV näher beschriebene Prüfung bei der IHK mit dem Abschluss »Versicherungsfachmann/-frau (IHK)«. Verschiedene andere Berufsqualifikationen sind nach § 5 VersVermV der Sachkunde gleichgestellt.

Das Versicherungsunternehmen hat nach § 48 VAG und ergänzend nach dem BaFin-Rundschreiben 11/2018 folgende Pflichten, wenn es mit einem Versicherungsvermittler zusammenarbeiten will:

- Bei Versicherungsvermittlern mit Gewerbeerlaubnis muss es sich vom Bestehen der Gewerbeerlaubnis überzeugen, indem das Vermittlerregister eingesehen sowie fortlaufend die sog. Löschlisten der Industrie- und Handelskammern geprüft werden, mit denen die Versicherer erfahren, welche Vermittler wieder aus dem Vermittlerregister ausgetragen wurden. Der Versicherer kann allerdings sowohl bei Aufnahme der Zusammenarbeit als auch anlassbezogen während der Zusammenarbeit zusätzliche Nachweise der Zuverlässigkeit und der geordneten Vermögensverhältnisse verlangen.

Beispiel 34: Anlassbezogene Überprüfung eines Vermittlers

Ein Versicherungsunternehmen arbeitet mit einem Versicherungsmakler zusammen. Die zuständige Maklerbetreuerin erhält einen Hinweis, dass der Makler wegen Unterschlagung von Kundengeldern verurteilt worden sein soll. Daraufhin fordert das Versicherungsunternehmen von dem Makler aktuelle Nachweise seiner Zuverlässigkeit und der geordneten Vermögensverhältnisse an.

- Bei erlaubnisfreien Vertretern nach § 34d Abs. 7 S. 1 Nr. 1 GewO (auch als »gebundene Vertreter« bezeichnet) sowie bei Vertretern mit Befreiung von der Erlaubnispflicht, die direkt mit einem Versicherer zusammenarbeiten, muss der Versicherer überprüfen, ob die Bewerber zuverlässig sind und in geordneten Vermögensverhältnissen stehen. Außerdem haben sie die angemessene Qualifikation sicherzustellen und eine regelmäßige Fortbildung zu gewährleisten.
- Angestellte des Versicherers, die unmittelbar oder maßgeblich am Versicherungsvertrieb beteiligt sind, müssen ebenfalls auf Zuverlässigkeit und geordnete Vermögensverhältnisse hin überprüft und die angemessene Qualifikation sichergestellt werden. Außerdem müssen sie dafür sorgen, dass die Angestellten sich regelmäßig fortbilden.

Die Nachweise für die Erfüllung der Voraussetzungen der Vermittlertätigkeit unterscheiden sich je nach Vermittlertypus voneinander (▶ Dar. 70).

Die Zuverlässigkeit wird über das Führungszeugnis sowie den Auszug aus dem Gewerbezentralregister nachgewiesen. Diese werden bei der örtlichen Einwohnermeldebehörde bestellt. Im öffentlich-rechtlichen Erlaubnisverfahren bei der IHK müssen diese Nachweise »zur Vorlage bei Behörden« bestellt werden, diese Zeugnisse werden dann direkt der IHK zugeleitet und enthalten zusätzliche Informationen. Im privatrechtlichen Einstellungsverfahren bei erlaubnisfreien Vertretern und bei Versicherunggsangestellten werden diese Zeugnisse für private Bewer-

Dar. 70: Nachweise für die Erfüllung der Voraussetzungen einer Tätigkeit im Versicherungsvertrieb

Voraussetzung		Vermittler mit IHK-Erlaubnis	Erlaubnisfreie Vertreter nach § 34d Abs. 7 S. 1 Nr. 1 GewO	Angestellte im Vertrieb
1	Zuverlässigkeit	• Führungszeugnis zur Vorlage bei Behörden • Auszug aus dem Gewerbezentralregister zur Vorlage bei Behörden	• Führungszeugnis • Auszug aus dem Gewerbezentralregister	• Führungszeugnis • Auszug aus dem Gewerbezentralregister (falls selbstständige Vortätigkeit)
2	Geordnete Vermögensverhältnisse	• Auszug Schuldner- sowie Insolvenzregister Amtsgericht • Unbedenklichkeitsbescheinigung Finanzamt	• Geeignete Auskünfte, z. B. durch eine Auskunftei	• Geeignete Auskünfte, z. B. durch eine Auskunftei
3	Haftung	• Berufshaftpflichtversicherung	• Versicherer übernimmt uneingeschränkte Haftung	• Arbeitgeber trägt die Erfüllungs- und die Verrichtungsgehilfenhaftung
4	Sachkunde	• Prüfungszeugnis der Sachkundeprüfung oder gleichgestellter anderer Abschluss	• Versicherer muss angemessene Qualifizierung sicherstellen und im Bedarfsfall nachweisen können	• Versicherer muss angemessene Qualifizierung sicherstellen und im Bedarfsfall nachweisen können

bungszwecke bestellt und vom Bewerber vorgelegt. Die Zeugnisse müssen aktuell sein, das bedeutet nicht älter als drei Monate (vgl. BaFin-Rundschreiben 11/2018 VA, Rz. 15). Der Auszug aus dem Gewerbezentralregister ist im öffentlich-rechtlichen Erlaubnisverfahren zwingend vorgeschrieben, im privatrechtlichen allerdings nur dann, wenn eine selbstständige Vortätigkeit des Bewerbers vorliegt (vgl. BaFin-Rundschreiben 11/2018 VA, Rz. 16).

Die geordneten Vermögensverhältnisse liegen insb. dann nicht vor, wenn der Bewerber ins Schuldnerverzeichnis oder ins Insolvenzregister des zuständigen Amtsgerichts eingetragen ist. Im öffentlich-rechtlichen Erlaubnisverfahren sind entsprechende Auskünfte des Amtsgerichts beizubringen, außerdem eine Bestätigung des zuständigen Finanzamts, dass dort keine negativen Erkenntnisse vorliegen, d. h. keine Steuerschulden. Im privatrechtlichen Verfahren genügt die Information des Amtsgerichts. Allerdings könnte der Bewerber umgezogen sein, weshalb alle Amtsgerichte abgefragt werden müssen. Den damit verbundenen Aufwand können Versicherungsunternehmen durch eine Auskunft einer Auskunftei reduzieren, die solche bundesweiten Abfragen durchführen sowie weitere Erkenntnisse aus der Bonitätsprüfung bereitstellen (vgl. BaFin-Rundschreiben 11/2018 VA, Rz. 21).

Die Europäische Union wollte sicherstellen, dass berufliche Fehler eines Vermittlers, die zu Schäden beim Kunden führen, unabhängig von der Vermögenslage des Vermittlers ausgeglichen werden können. Deshalb ist im öffentlich-rechtlichen Erlaubnisverfahren der Nachweis einer Berufshaftpflichtversicherung vorgeschrieben. Beim erlaubnisfreien Vertreter hingegen übernimmt das Versicherungsunternehmen mit der Eintragung dieses Vertreters in das Vermittlerregister automatisch die uneingeschränkte Haftung aus seiner Vermittlertätigkeit. Diese geht sogar über die gesetzliche Haftung nach §§ 278, 831 BGB hinaus, die ein Versicherungsunternehmen für jeden Versicherungsvertreter – ganz gleich ob dieser eine Gewerbeerlaubnis besitzt oder nicht – oder jeden Angestellten trägt:

- Erfüllungsgehilfenhaftung (§ 278 BGB): Ein Versicherer trägt die Haftung für seinen gesetzlichen Vertreter und anderer Personen, derer er sich für die Erfüllung seiner Verbindlichkeiten (hier gemeint sind Versicherungsverträge) bedient wie für eigenes Verschulden. Ausgelöst wird die Erfüllungsgehilfenhaftung, wenn ein Kunde durch den Versicherungsvertreter oder den Angestellten des Versicherers geschädigt wird, beispielweise wenn der Kunde wegen falscher Beratung eine unzureichende Versicherung abschließt und im Schadenfall nicht die erwartbare Versicherungsleistung erhält.
- Verrichtungsgehilfenhaftung (§ 831 BGB): Ein Versicherer trägt die Haftung für seinen gesetzlichen Vertreter und anderer Personen, wenn diese in Ausübung ihrer Tätigkeit einem Dritten widerrechtlich einen Schaden zufügen, wie für eigenes Verschulden. Allerdings kann sich der Versicherer exkulpieren, also von dieser Haftung befreien, wenn er nachweist, dass er seine Hilfsperson mit der erforderlichen Sorgfalt ausgewählt hat oder wenn der Schaden trotzdem entstanden wäre. Ausgelöst wird die Verrichtungsgehilfenhaftung dann, wenn ein Dritter, der kein Kunde dieses Versicherers ist, durch die berufliche Tätigkeit der Versicherungsvertreter bzw. der Angestellten des Versicherers zu Schaden kommt. Ein Beispiel wäre, wenn ein Versicherungsvertreter anlässlich eines Kundenbesuchs den Nachbarn des Kunden so zuparkt, dass der einen wichtigen geschäftlichen Termin verpasst und einen Schadensersatz verlangen kann.

Bei der uneingeschränkten Haftungsübernahme besteht keine Exkulpierungsmöglichkeit des Versicherers gegenüber dem Verrichtungsgehilfen. Auch weitere Haftungstatbestände können entstehen, die der Versicherer bei der uneingeschränkten Haftungsübernahme nicht ablehnen kann.

Beispiel 36: Haftung für Fehlverhalten

Ein Ausschließlichkeitsvertreter mit uneingeschränkter Haftungsübernahme seines Versicherers nach § 34d Abs. 7 S. 1 Nr. 1 GewO vermittelt ohne Zustimmung seines Auftraggebers und unter Verstoß gegen die Wettbewerbsverbotsklausel im Agenturvertrag eine Versicherung an ein fremdes Versicherungsunternehmen. Dabei berät er den Kunden falsch und verursacht einen Schaden, dessen Ersatz der Kunde anschließend vom Auftraggeber dieses Vertreters verlangen kann, also von dem hintergangenen Versichrerer.

Die Sachkunde ist im öffentlich-rechtlichen Erlaubnisverfahren durch ein Prüfungszeugnis einer IHK nachzuweisen, wobei auch verschiedene andere Berufsqualifikationen nach § 5 VersVermV der Sachkunde gleichgestellt werden. Wer also beispielsweise die Berufsausbildung im Versicherungsgewerbe oder eine Fortbildungsprüfung Fachwirt/-in für Versicherungen und Finanzen bestanden hat, gilt ebenfalls als sachkundig. Im privatrechtlichen Verfahren ist zwar kein solcher Nachweis notwendig. Allerdings muss das Versicherungsunternehmen jederzeit beispielsweise bei einer BaFin-Prüfung nachweisen können, dass es eine angemessene Qualifizierung dieser Personen sichergestellt hat. Dies erfolgt praktischerweise über Ausbildungsnachweise, die in einer Vertreter- bzw. Personalakte oder in einer Bildungsdatenbank gesammelt werden. Die Versicherungsbranche hat sich zudem bereits seit 1991 selbst verpflichtet, hauptberufliche Versicherungsvertreter und Angestellte zur Sachkundeprüfung zu verpflichten.

Versicherungsunternehmen müssen weiterhin das sog. **AVAD-Verfahren** anwenden (vgl. BaFin-Rundschreiben 11/2018 VA Rz. 48). Die Auskunftsstelle über Versicherungs-/ Bausparkassenaußendienst und Versicherungsmakler in Deutschland e. V. (AVAD) ist ein privatrechtliches Register der Versicherungswirtschaft mit Sitz in Hamburg. In diesem sammeln die angeschlossenen Versicherungsunternehmen:

- Tätigkeitsmeldungen: Der Versicherer meldet jede natürliche oder juristische Person (bzw. deren Geschäftsführer/ Vorstände), die als Angestellter im Außendienst oder als Versicherungsvertreter tätig geworden ist, oder der als Versicherungsmakler eine Courtagezusage erteilt wurde.
- AVAD-Auskunft: Nach Ausscheiden der gemeldeten Person erteilt der Versicherer eine Auskunft, die Informationen über die Dauer und Art der Tätigkeit, die Art der Beendigung sowie über eventuelle Vorkommnisse enthält, die für die Beurteilung der Zuverlässigkeit und der geordneten Vermögensverhältnisse des Ausgeschiedenen von Bedeutung sein können.

Ein Versicherer hat über jeden Bewerber eine Abfrage bei der AVAD zu halten, ob dort bereits Auskünfte gespeichert sind. Dazu muss der Bewerber zuvor ein Informationsblatt erhalten und seine Zustimmung abgeben. Vorteil des AVAD-

Verfahrens ist, dass Vorkommnisse wie beispielsweise Versicherungsbetrug, Urkundenfälschung (z. B. gefälschte Kundenunterschriften, mit denen meist Provision erschlichen werden soll) oder auch erhebliche Lastsalden, also unverdiente, zurückzufordernde Provisionszahlungen bekannt werden, lange bevor sich diese in rechtskräftigen Verurteilungen im Führungszeugnis oder in Einträgen im Schuldnerregister niederschlagen. Dadurch werden Versicherer gewarnt, mit Vermittlern oder Angestellten zusammenzuarbeiten, die zwar die gewerberechtlichen Voraussetzungen formal noch erfüllen können, aber absehbar nicht mehr geeignet sein werden. Das jahrzehntealte AVAD-Verfahren wurde deshalb auch beibehalten, nachdem 2007 das gewerberechtliche Verfahren der Überprüfung von Vermittlern eingeführt wurde. Hinzu kommt, dass das gewerberechtliche Verfahren nicht zuverlässig und rechtzeitig Informationen liefern kann, wenn nachträglich die Voraussetzungen für eine Tätigkeit im Versicherungsvertrieb wegfallen. Denn es gibt keinen automatischen Informationsabgleich zwischen den verschiedenen Registerbehörden und den Erlaubnisbehörden bzw. den haftungsübernehmenden Versicherern. Eine einschlägige, rechtskräftige Verurteilung wird deshalb dem Versicherer unter Umständen nicht oder nicht rechtzeitig bekannt.

3.4.2 Beratung und Information des Versicherungskunden

Die Rechte der Kunden gegenüber den Versicherungsunternehmen sind in den vergangenen Jahren mehrfach gestärkt worden, insb. im Zuge der Umsetzung der EU-Versicherungsvermittlerrichtlinie (IMD) 2007, der Reform des Versicherungsvertragsgesetzes 2008 und der Umsetzung der EU-Versicherungsvertriebsrichtlinie (IDD) 2018. Damit ist die Verantwortung für die Auswahl bedarfsgerechter Versicherungsprodukte deutlich zum Versicherer und dessen Vermittlern hin verschoben worden.

Zentral sind dabei die Vorschriften zur Beratung (§§ 6 f. VVG) und zur Information (§§ 7 ff. VVG) des Kunden sowie die ergänzenden Vorschriften in der VVG-Informationspflichtenverordnung (VVG-InfoV) (Teichler, 2018, S. 33 ff.). Die Beratungs- und Informationspflichten teilen sich in vorvertragliche Pflichten und Pflichten während der Vertragslaufzeit. Ein besonderes Gewicht haben die vorvertraglichen Pflichten, damit der Kunde systematisch zur »richtigen« Entscheidung geführt wird (▶ Dar. 71).

Dazu dient zunächst eine anlassabhängige **Fragepflicht** nach Wünschen und Bedürfnissen (§ 6 Abs. 1 S. 1 VVG). Der Versicherer soll sich darüber informieren, was der Kunde aus seiner subjektiven und laienhaften Perspektive heraus wünscht, und was er objektiv aus versicherungsfachlicher Sicht benötigt. Der Gesetzgeber hat bewusst keine Ausforschungspflicht festgehalten, sondern die Pflicht auf den für den Versicherer erkennbaren Anlass begrenzt. Der Anlass wird durch drei Kriterien bestimmbar:

Vorvertragliche Beratung

- Anlassabhängige Fragepflicht nach Wünschen und Bedürfnissen
- Aufwandsabhängige Beratungspflicht
- Begründungspflicht des erteilten Rates
- Dokumentationspflicht
- Eignungs- und Angemessenheitsprüfung bei Versicherungsanlageprodukten inkl. Nachhaltigkeitspräferenzen

Vorvertragliche Information

- Übermittlung der Vertragsbestimmungen einschließlich der Allgemeinen Versicherungsbedingungen und weiterer Informationen gemäß VVG-InfoV
- Besondere Informationspflicht bei Querverkäufen
- Besondere Informationspflicht bei Versicherungsanlageprodukten inkl. Nachhaltigkeitsfaktoren

Beratung während der Vertragslaufzeit

- Anlassabhängige Beratungspflicht
- Je nach Vereinbarung regelmäßige Wiederholung Geeignetheitsprüfung bei Versicherungsanlageprodukten inkl. Nachhaltigkeitspräferenzen

Information während der Vertragslaufzeit

- Informationspflicht bei Änderung wesentlicher Erstinformationen während der Vertragslaufzeit
- Besondere Informationspflicht bei Lebens- und substitutiven Krankenversicherungen
- Berichtspflicht bei Versicherungsanlageprodukten

Dar. 71: Beratungs- und Informationspflichten des Versicherers

- Schwierigkeit, die angebotene Versicherung zu beurteilen: Es gibt zum einen objektiv einfachere und kompliziertere Versicherungsprodukte, die Fragepflicht wird umso dringlicher, je komplexer es ist. Zum anderen sind auch die Kunden unterschiedlich erfahren und in der Lage, Versicherungen zu beurteilen. Insofern muss der Versicherer herausfinden, ob und welche Vorkenntnisse er besitzt. Auch sprachliche Verständigungsschwierigkeiten können die Fragepflicht erhöhen.
- Person des Kunden: In der Person können Gründe für Fragen liegen, beispielsweise können Personenversicherungen nur bedarfsgerecht angeboten werden, wenn nähere Information zur versicherten Person eingeholt werden.
- Situation des Kunden: Auch die Lebensumstände und die Vermögenswerte des Kunden können ein Grund sein, Fragen zu stellen. So lassen sich beispielsweise keine bedarfsgerechten Angebote in den Sachversicherungen unterbreiten, wenn keine näheren Angaben zu den zu versichernden Sachen (Auto, Haus, Wohnung etc.) und Lebensumständen (z. B. haftungsrelevante Eigenschaften und Tätigkeiten) vorliegen. Zur Situation des Kunden gehört auch, ob schon

Versicherungen bestehen und welche finanziellen Möglichkeiten der Kunde aufweist, um sich angebotene Versicherungen auf Dauer leisten zu können.

Weiter hat der Versicherer eine **Beratungspflicht**, die allerdings auf ein »angemessenes Verhältnis zwischen Beratungsaufwand und der vom Versicherungsnehmer zu zahlenden Prämien« begrenzt bleiben kann. Diese Einschränkung soll nach dem Willen des Gesetzgebers allerdings nicht für eine schlechte, unvollständige Beratung missbraucht werden. Der Kunde kann schließlich nicht einschätzen, nach welchen Kriterien der Versicherer seine Prämien kalkuliert, und ob die einkalkulierten Kosten der Beratung ausreichen.

Es folgt eine **Begründungspflicht** für jeden zu einer bestimmten Versicherung erteilten Rat. Der Kunde soll daraufhin beurteilen können, ob und inwieweit eine angebotene Versicherung die zuvor erfragten Wünsche und Bedürfnisse erfüllt.

Damit der Kunde auch im Zeitablauf nach der Beratung die Gründe für den Abschluss einer bestimmten Versicherung nachvollziehen kann, hat der Versicherer eine **Dokumentationspflicht** (§ 6 Abs. 1 S. 2 VVG). Auch diese muss nicht ausufern, sondern kann nach der Komplexität des Versicherungsvertrags differenziert werden. In der Praxis werden daher die Beratungen gängiger Massenprodukte überwiegend durch standardisierte Texte dokumentiert. Allerdings muss eine hinreichende Individualisierung möglich sein, insb. um bestimmte Fragen des Kunden oder Hinweise des Beraters festzuhalten, die für die Entscheidung des Kunden bedeutsam sein können. Mithilfe der Beratungsdokumentation kann der Kunde unter Umständen Beratungsfehler nachweisen und damit seine Position stärken.

Die **Formvorgaben** zur Erfüllung der Pflichten ergeben sich aus § 6a VVG. Beratungsdokumentationen sind i. d. R. auf Papier zu übermitteln, abweichend auch elektronisch auf einem dauerhaften Datenträger oder über eine dauerhaft bestehende Downloadmöglichkeit aus einem geschützten Internetportal (Kunden-Login). Allerdings müssen Versicherer den Kunden stets die Wahl auch für papiergebundene Mitteilungen belassen, was für die Ausbreitung rein digitaler Geschäftsmodelle nicht förderlich ist.

Der Versicherer haftet für Fehler, die er bei der Erfüllung seiner zuvor genannten Pflichten schuldhaft begeht, auf **Schadenersatz** (§ 6 Abs. 5 VVG).

Beispiel 36: Haftung für Beratungsfehler

Ein Versicherer berät einen Kunden, der sich eine Absicherung gegen Haftpflichtschäden wünscht. Der Mitarbeiter des Versicherers vergisst ausdrücklich zu fragen, ob der Kunde Tierhalter ist, und berät ihn nur zur Privathaftpflichtversicherung, die der Kunde daraufhin in der Annahme abschließt, umfassend gegen Haftpflichtschäden abgesichert zu sein. Wenig später verursacht aber sein Hund einen Schaden, den der Versicherer ablehnt zu regulieren, weil keine Hundehalter-Haftpflichtversicherung besteht. Der Kunde kann mithilfe der

Beratungsdokumentation nachweisen, dass ein Anlass bestanden hat, nach einer Tierhaltung zu fragen, dies aber versäumt wurde. Der Versicherer ersetzt den Schaden abzüglich der ersparten Prämie für die Tierhalterhaftpflichtversicherung.

Das Gesetz sieht auch ein **Verzichtsrecht** des Kunden auf Beratung und Dokumentation vor (§ 6 Abs. 3 VVG). Dieses soll allerdings eine Ausnahme sein und nicht missbraucht werden, um sich als Versicherer von teuren Beratungs- und Dokumentationspflichten regelmäßig zu befreien. Deshalb muss der Verzicht vom Kunden »durch eine gesonderte schriftliche Erklärung« vorgenommen werden. In dieser Erklärung ist der Kunde besonders darauf hinzuweisen, dass sich dieser »Verzicht nachteilig auf die Möglichkeit auswirken kann, gegen den Versicherer einen Schadensersatzanspruch« geltend zu machen. Abweichend kann die Verzichtserklärung im Fernabsatz in Textform erfolgen, beispielweise per E-Mail. Das Verzichtsrecht ist kein geeignetes Mittel, die zuvor geschilderte Schadenersatzhaftung zu umgehen, im Gegenteil. Liegt keine Beratungsdokumentation vor, bestand aber ein vom Kunden nachgewiesener Anlass zur Beratung, gerät der Versicherer in einen Beweisnachteil.

Ohnehin hat der deutsche Gesetzgeber die IDD im Punkt Beratungs- und Informationspflichten unvollständig umgesetzt. Die IDD trennt die Beratung im engeren Sinn von dem sonstigen Prozess ab, für den verbindliche »Standards für den Vertrieb ohne Beratung« gelten (Art. 20 IDD). Letztere sind weitgehend identisch mit den Frage-, Begründungs- und Dokumentationspflichten im deutschen Recht. Diese Standards sind in allen Vertriebswegen, also gerade auch im Fernabsatz, zu erfüllen. Ein Verzichtsrecht hierauf sieht die Richtlinie nicht vor. Beratung im engeren Sinn wird definiert als persönliche Empfehlung an den Kunden, warum eine angebotene Versicherung am besten geeignet ist, seine Wünsche und Bedürfnisse zu erfüllen. Diese kann je nach Vertriebsweg und Situation unterbleiben – der Versicherer bzw. der Vermittler muss den Kunden aber informieren, ob er eine Beratung anbietet (Beenken/Sandkühler, 2018, S. 100 ff.).

Der Versicherer schuldet dem Kunden keine Beratung und Dokumentation, wenn der Versicherungsvertrag durch einen **Versicherungsmakler** zustande kommt (§ 6 Abs. 6 VVG). Damit soll vermieden werden, dass es zu einer Interessenkollision kommt, wenn der Versicherer den Maklerkunden nach seinen eigenen Vorstellungen und Produktangeboten erneut berät. Ansonsten haben alle Versicherungsvermittler generell eigene Beratungs- und Informationspflichten (§§ 60 ff. VVG), die weitgehend identisch mit den hier dargestellten Versichererpflichten sind. Bedient sich ein Versicherer bei der Beratung und dem Abschluss eines **Versicherungsvertreters**, kann er grundsätzlich davon ausgehen, dass der Versicherungsvertreter bereits Beratung und Dokumentation geleistet hat, muss sich aber hiervon in angemessener Weise überzeugen. In der Praxis verbreitet ist eine Vorlagepflicht der Beratungsdokumentation zusammen mit dem Antrag. Diese ist schon deshalb sinnvoll, weil der Versicherer für Fehler seines Versicherungsvertreters haftet und zwar unabhängig von der Tatsache, dass es auch eine eigenständige Haftung des Versicherungsvertreters gibt (§ 63 VVG). Ein geschädigter Kunde kann sich im Fall der Vermittlung durch einen Versicherungsvertreter gewissermaßen aussuchen, gegen wen er vorgehen will, gegen den Vertreter oder gegen den Versicherer. Geht er gegen den Vertreter vor, kann der wiederum die Haftung intern an den Versicherer weiterreichen.

Bei **Versicherungsanlageprodukten** gibt es besondere Befragungs- und Beratungspflichten (§ 7c VVG). Diese sind etwas systemfremd hinter die Informationspflichten einsortiert worden (Teichler, 2018, S. 71 ff.). Versicherungsanlageprodukte sind Lebens-/ Rentenversicherungen, die nicht staatlich gefördert werden (also nicht z. B. Riester-, Rürup-Renten oder geförderte betriebliche Altersvorsorge). Im Wesentlichen hat der Versicherer folgende beiden Prüfungen durchzuführen:

- Geeignetheitsprüfung (§ 7c Abs. 1 VVG): Der Versicherer muss Kenntnisse und Erfahrungen im Anlagebereich, die finanziellen Verhältnisse und die Verlusttragfähigkeit des Kunden, die Anlageziele und Risikotoleranz erheben. Der Versicherer darf nur Versicherungsanlageprodukte empfehlen, die für den Kunden geeignet sind.
- Angemessenheitsprüfung (§ 7c Abs. 2 VVG): Selbst wenn der Versicherer nicht (alle) o. g. Angaben zur Geeignetheitsprüfung erhält, muss er die Angemessenheit der angebotenen Versicherungsanlageprodukte beurteilen. Dazu muss er mindestens die Informationen zu Kenntnissen und Erfahrungen des Kunden im Anlagebereich erheben und untersuchen, ob das angebotene Produkt hierzu passt. Er darf nur angemessene Produkte empfehlen oder muss vor unangemessenen Produkten besonders warnen. Die Warnpflicht gilt auch, wenn der Versicherer die nötigen Informationen vom Kunden nicht erhalten kann.

Rechtzeitig bevor ein Versicherungsvertrag beantragt wird (Abgabe der Vertragserklärung des Kunden), muss der Versicherer ihm in Textform die **Vertragsbestimmungen** einschließlich der Allgemeinen Versicherungsbedingungen und weiterer Informationen übermitteln, die in der VVG-InfoV geregelt sind (§ 7 Abs. 1 VVG). Dazu gehört u. a. das sog. **Produktinformationsblatt**, in dem der Kunde die wichtigsten Regelungen des Vertrags in einheitlicher, übersichtlicher Weise erfährt. Dazu gibt es ein verbindliches Muster, das die Europäische Versicherungsaufsichtsbehörde (EIOPA) entwickelt hat. Für Versicherungsanlageprodukte gibt es abweichende, europäische Vorschriften zu Basisinformationsblättern für verpackte Anlageprodukte für Kleinanleger und Versicherungsanlageprodukte (PRIIP).

Die Anforderung der Rechtzeitigkeit bei der Übermittlung hat gravierende prozessuale Folgen für den Versicherer, insb., wenn er nicht selbst die Produkte vertreibt, sondern Versicherungsvermittler einschaltet. Denn der Versicherer muss sicherstellen, dass auch der Vermittler rechtzeitig die richtigen und vollständigen Vertragsinformationen übermittelt. Fehler können schwerwiegende Folgen für den Fortbestand des Versicherungsvertrags haben – der Versicherungsvertrag bleibt dann auch über die in § 8 VVG genannten Fristen hinaus widerrufbar. Deshalb haben sich zwei Abschlussmodelle etabliert:

- Antragsmodell: Hier übermittelt der Versicherer selbst oder der Vermittler die Vertragsinformationen rechtzeitig vor Antragstellung dem Kunden. Dazu wird häufig die Angebotssoftware verwendet, die die notwendigen Vertragsinformationen mit erzeugt und je nach technischen Empfangsmöglichkeiten in der Beratungssituation gedruckt oder elektronisch an den Kunden übermittelt. Beachtet werden muss, dass die »Rechtzeitigkeit« jedenfalls bei komplexeren Versicherungen einen sog. Zwei-Phasen-Verkauf erfordern kann, in dem in einer ersten Phase nur der Bedarf ermittelt und das Angebot mitsamt Vertragsinformationen erzeugt und an den Kunden übermittelt wird, in einer zweiten Phase mit einem hinreichenden zeitlichen Abstand der Kunde aufgefordert wird, seine Abschlussentscheidung zu treffen.
- Invitatiomodell: Hier wird kein rechtsverbindlicher Antrag vom Kunden an den Versicherer gestellt, sondern eine Aufforderung zur Abgabe eines Angebots (invitatio ad offerendum). Der Versicherer prüft diese auch als Probeantrag bezeichnete Aufforderung und sendet dem Kunden bei Annahme ein Vertragsangebot mitsamt den Vertragsinformationen zu. Anschließend muss der Kunde dieses Angebot seinerseits ausdrücklich annehmen, damit der Versicherungsvertrag zustande kommt.

Das VVG kennt besondere Informationspflichten bei sog. **Querverkäufen** (§ 7a VVG). Gemeint sind damit Paketverkäufe, bei denen Versicherungen und versicherungsfremde Produkte oder Dienstleistung gebündelt werden. Hierbei werden drei Fälle unterschieden:

- Versicherung als Hauptbestandteil (§ 7a Abs. 1, 2 VVG): Hier muss der Versicherer den Kunden nur dann gesondert informieren, wenn er die Versicherung auch ohne das Nebenprodukt/ -dienstleistung (Beispiel: Assistanceleistung eines Hilfsdienstes, angebündelt an eine Unfall-, Pflege- oder Krankenversicherung) erwerben kann. Der Kunde soll dann erfahren, welche Bestandteile das Paket erhält und was die Bestandteile jeweils kosten.
- Versicherung als Anhängsel (§ 7a Abs. 3 VVG): Ist die Versicherung nur eine Ergänzung zu einem anderen Hauptprodukt oder -leistung (z. B. Handyversicherung zum Handy), muss der Versicherer die Möglichkeit bieten, das Hauptprodukt/-leistung auch ohne diese Versicherung zu kaufen. Ausgenommen davon sind bestimmte Anlagen, Kredite und Zahlungsdienstleistungen.
- Restschuldversicherung als Anhängsel (§§ 7a Abs. 4, 7d VVG): Sogenannte Restschuld- oder Restkreditversicherungen sichern den Todesfall, manchmal auch noch weitere Ereignisse wie Arbeitslosigkeit oder Invalidität, eines Kreditnehmers ab, sodass zum einen das Kreditinstitut seine Rückzahlungsforderungen absichert und zum anderen der Kreditnehmer seine Hinterbliebenen vor den Kreditbelastungen schützt. Diese Versicherungen stehen im Fokus der Versicherungsaufsicht, nachdem diese 2017 herausgefunden hatte, dass die Produkte von Banken häufig gegen außergewöhnlich hohe Provisionszahlungen von 50 Prozent und mehr der Prämie vertrieben werden. Kritik gibt es auch an fehlen-

der Beratung und Aufklärung des Kunden. Deshalb wurden 2018 neue Regeln eingeführt, wonach der Kunde einer Restschuldversicherung eine Woche nach Antragstellung vom Versicherer erneut in Textform über sein Widerrufsrecht informiert werden muss und das Produktinformationsblatt übermittelt bekommt. Versäumt der Versicherer diese Pflichten, kann der Kunde den Vertrag über die gesetzlichen Fristen hinaus widerrufen. Restschuldversicherung werden zudem oft als Gruppenversicherungen ausgestaltet, bei denen die Bank als Versicherungsnehmer und der Kreditnehmer als versicherte Person fungieren. Damit nicht auf diesem Weg die Kundenrechte ausgehebelt werden können, erhält die versicherte Person einer Restschuldversicherung dieselben Rechte eines Kunden auf Beratung, Information und Widerruf des Vertrags.

Bei **Versicherungsanlageprodukten** gibt es ebenfalls besondere Informationspflichten (§ 7b VVG). Über die allgemeinen Vorgaben zur Vertragsinformation hinaus sind »sämtliche Kosten und Gebühren« zu benennen, auf Verlangen auch detailliert aufgeschlüsselt. Weiter ist der Kunde u. a. zu informieren, ob die Eignungsprüfung regelmäßig wiederholt wird sowie über geeignete Leitlinien und Warnhinweise zu den Risiken, die mit Versicherungsanlageprodukten und deren Anlagestrategien verbunden sein können.

Während der Vertragslaufzeit gibt es ebenfalls eine allgemeine, anlassabhängige **Beratungspflicht** (§ 6 Abs. 4 VVG). Der Anlass zu Nachfrage und Beratung muss für den Versicherer erkennbar sein.

Beispiel 37: Beispiel für Beratungsanlass während der Vertragslaufzeit

Ein Hausratversicherungskunde ruft den Versicherer an und teilt ihm eine neue Postadresse mit. Die Mitarbeiterin im Kundenservicecenter, die diesen Anruf entgegennimmt, muss erkennen, dass dies ein Anlass zur Nachfrage ist, ob der Kunde umgezogen ist und ob die Hausratversicherung auf die neue Adresse als Versicherungsort übertragen werden soll. Außerdem sollte nachgefragt werden, ob anlässlich des Umzugs Wertveränderungen aufgetreten sind, die eine Neuberechnung der Versicherungssumme erforderlich machen und ob es am neuen Wohnort besondere Gefahrerhöhungen gibt (z. B. Umzug in ein gemischt genutztes Gebäude, in dem sich auch ein feuergefährlicher Betrieb befindet).

Während der Vertragslaufzeit können weitere **Informationspflichten** bestehen. Sofern sich wesentliche Informationen aus der bei Vertragsbeginn erteilten Vertragsinformation wie z. B. die ladungsfähige Anschrift des Versicherers ändert, muss dies den Kunden mitgeteilt werden (§ 6 Abs. 1 VVG-InfoV).

Kunden einer Lebensversicherung mit Überschussbeteiligung haben den Anspruch auf eine jährliche Standmitteilung (§§ 155 VVG, 6 Abs. 1 Nr. 3 VVG-InfoV).

Kunden einer substitutiven Krankenversicherung (Krankenvollversicherung) haben bei jeder Prämienanpassung einen Anspruch auf einen besonderen Hinweis auf ihr Recht auf einen Tarifwechsel nach § 204 VVG. Versicherte ab Alter 60 haben zusätzlich Anspruch auf Musterangebote für den Wechsel in solche anderen Tarife desselben Versicherers sowie einen Hinweis auf die Möglichkeit zum Wechsel in den Standardtarif oder den Basistarif. Auf Nachfrage muss der Versicherer auch den sog. Übertragungswert mitteilen, der bei jüngeren Krankenvollversicherungen (ab 1.1.2009 abgeschlossen) mitzugeben ist, wenn der Kunde den Versicherer wechselt (§ 6 Abs. 2 VVG-InfoV). Dies wird auch als (Teil-)Portabilität der Alterungsrückstellung bezeichnet.

Bei Versicherungsanlageprodukten hat der Versicherer nach § 7c Abs. 5 VVG eine regelmäßige Berichtspflicht über die erbrachten Dienstleistungen während der Vertragslaufzeit zu erfüllen.

3.4.3 Schaden-/ Leistungsfall

Der Versicherungsfall wird in der Schadenversicherung als Schadenfall, in der Personenversicherung als Leistungsfall bezeichnet. Er ist durch den Eintritt eines vertraglich vereinbarten Ereignisses gekennzeichnet, das eine bestimmte Leistung des Versicherers auslöst. Dabei handelt es sich zumeist um eine Geldleistung, nur in seltenen Fällen wird ein Naturalersatz vereinbart (z. B. in der Glasversicherung beauftragt der Versicherer einen Glaser, die zerstörte/beschädigte Scheibe zu ersetzen).

Betriebswirtschaftlich umfasst der Schaden-/ Leistungsfall mehrere Leistungskomponenten:

- Schadenverhütung
- Schadenaufnahme
- Schadenassistenz
- Schadenregulierung.

Im Rahmen der **Schadenverhütung** berät und unterstützt der Versicherer den Kunden in verschiedener Hinsicht dabei, die Eintrittswahrscheinlichkeit und/ oder die Schadenhöhe zu reduzieren (Farny, 2011, S. 377). Häufig sind angemessene Schadenverhütungsmaßnahmen sogar Voraussetzung, um überhaupt einen Versicherungsschutz gewähren zu können.

Beispiel 38: Schadenverhütung

Erst nach Installation einer Rauchmelde- und einer Spinkleranlage ist der Versicherer bereit, einen Industriebetrieb gegen Feuer zu versichern.

Schadenverhütung kann als Dienstleistung angesehen werden, die der Versicherer dann kostenfrei durch eigenes Fachpersonal erbringen wird, wenn die erwarteten

Einsparungen bei den Schadenkosten die Kosten der Dienstleistung übersteigen. Allerdings sollte der Versicherer auch berücksichtigen, dass die Kundenbindung gesteigert werden kann, wenn der Kunde eine als wertvoll empfundene Schadenverhütungsberatung erhält. Dabei muss die Schadenverhütungsberatung nicht immer selbst erbracht werden, auch eine Kooperation mit Experten und Fachfirmen oder auch für den Kunden hilfreiche Verweise auf öffentliche Angebote wie z. B. die kriminalpolizeiliche Einbruchsicherheitsberatung sind nutzenstiftend für die Kunden.

Die **Schadenaufnahme** dient der raschen und sachgerechten Beschaffung von Informationen über einen aufgetretenen Schaden-/ Leistungsfall. Dabei spielt die **Schadenminderung** eine besondere Rolle: Je rascher und besser der Versicherer über einen Schaden-/ Leistungsfall informiert ist, desto leichter kann er dafür sorgen, dass der Schaden nach Möglichkeit doch noch abgewendet oder gemindert wird. Dazu besteht zwar eine gesetzliche Pflicht des Kunden selbst (§ 82 VVG), aber der Kunde als Laie – erschwerend, wenn er sich wegen des Schadens in einer emotionalen Ausnahmesituation befindet – wird nicht immer in der Lage sein, selbst zügig und sachgerecht notwendige Entscheidungen zu treffen.

Beispiel 39: Schadenaufnahme

Ein Gebäudeversicherungskunde stellt einen Nässeschaden an der Wand fest und ruft seinen Gebäudeversicherer an, um den Schaden zu melden. Der wiederum beauftragt umgehend eine Fachfirma, die Ursache des Nässeschadens zu untersuchen und zu beseitigen, um zu verhindern, dass es zu einer großflächigen Überschwemmung des Gebäudes und schwerwiegenden Schäden an der Gebäudesubstanz kommt.

Die **Schadenmeldung** sollte daher für den Kunden einfach und schnell zu erledigen sein, selbst wenn er nicht in der Lage ist, umgehend auf seine Versicherungsunterlagen zurückzugreifen. Dafür bieten sich je nach Vertriebsweg verschiedene Wege und Kommunikationstechniken an. Ist ein Versicherungsvermittler tätig geworden, sollte der Kunde dort seinen Schaden melden können. Der Versicherungsvermittler muss sodann über einfache Wege verfügen, den Schaden zügig an den Versicherer weiter zu melden. Im Vertriebsweg Ausschließlichkeit ist im Markt zudem weit verbreitet, den Vertretern nach entsprechender Schulung **Schadenregulierungsvollmachten** zu erteilen, damit sie Schäden unmittelbar selbst nach Bekanntwerden prüfen und nötige Maßnahmen einleiten können. Das bietet sich vor allem bei kleineren Frequenzschäden an, deren Bearbeitungsaufwand überproportional ansteigt, wenn er über mehrere Stationen bis hin zu einer endgültigen Bearbeitung geleitet werden muss, bei denen aber gleichzeitig rasch eine Routine in der sachgerechten Bearbeitung entsteht. Noch weiter geht die **Dunkelverarbeitung** von Schäden, bei der keine regelmäßige Prüfung und Bearbeitung durch Personen vorgesehen ist, sondern eine automatische Schadenbearbeitung nach vorher programmierten Algorithmen. Zunehmend kommen Anwendungen auf Basis von Künstlicher Intelligenz auf den Markt, die beispielsweise anhand von eingereichten Bildern einfachere Schäden fallabschließend erkennen, bewerten und regulieren können.

Eine Effizienzsteigerung in der Bearbeitung entsteht, wenn digitale Kommunikationswege der Schadenmeldung gefördert werden. Dazu stehen beispielsweise klassisch Schadenmeldeformulare auf den Webseiten der Versicherer und der Vermittler zur Verfügung, ebenso Schadenmelde-Apps für das Handy. Auch E-Mails und selbst klassische Post können automatisiert erfasst und ausgelesen werden, sodass häufig eine digitale Verarbeitung möglich wird.

Die geschilderte Effizienzsteigerung in der Schadenbearbeitung ist aber nicht immer effektiv (Braasch/Danisch, 2010, S. 295 ff.). Der Schaden-/ Leistungsfall wird auch als »Moment of truth«, als Moment der Wahrheit, bezeichnet, in dem sich für den Kunden herausstellt, ob eine jahre- oder jahrzehntelang bezahlte Versicherung hält, was sie verspricht. Insbesondere wenn der Eintritt des Schaden-/ Leistungsfalls eine starke emotionale Betroffenheit auslöst (z. B. bei einem Unfall), erwarten viele Kunden mehr als nur einen hoch effizienten Dunkelverarbeitungsprozess. In der Schadensituation selbst ist häufig eine emotionale Ansprache erwünscht, in der der Versicherer oder sein Vermittler Empathie beweist und den Kunden hilft, das Erlebte leichter zu verarbeiten.

Beispiel 40: Schadenmeldung

Eine Kfz-Versicherungskundin erleidet einen schweren Autounfall. Mit der Situation ist sie vollkommen überfordert. Sie ruft vom Unfallort ihren Versicherungsvertreter an, der sie zuerst beruhigt und durch geschickte Fragen herausfindet, ob bereits alle nötigen Hilfsdienste (Polizei, Feuerwehr, Abschleppdienst) informiert wurden oder von ihm an den Unfallort geschickt werden müssen. Er erklärt ihr, wie sie die Unfallstelle richtig absichert und welche weiteren Schritte zu tun sind. Er übernimmt in der Folge die Begleitung der Kundin bei der Schadenmeldung.

Das vorstehende Beispiel zeigt, dass die Kundin am Unfallort nur mit einer Handy-App und einem vollautomatischen Schadenmelde- und -regulierungsprozess allein wenig hätte anfangen können. Diese hätten keine Empathie gezeigt und ihr nicht geholfen, aus der emotionalen Ausnahmesituation herauszufinden. Deshalb sollten Versicherer darauf achten, sowohl hinreichend viel und geschultes Personal selbst vorzuhalten als auch Versicherungsvermittler zu befähigen, im Bedarfsfall Schadenmeldungen persönlich entgegenzunehmen und dabei empathisch auf den Kunden einzugehen. Ein gelungener Umgang mit Schadenmeldungen wird die Kundenbindung erheblich steigern.

Unter **Schadenassistenz** sind Dienstleistungen zu verstehen, die der Versicherer häufig gar nicht selbst, sondern über Partner in sog. Schadennetzwerken erbringen lässt. Diese bieten dem Kunden einen Mehrwert gegenüber der reinen vertraglichen Regulierung mittels einer Geldleistung.

Beispiel 41: Schadenassistenz

Das Fahrzeug eines Kunden wird bei einem Unfall durch ein anderes Fahrzeug beschädigt. Der gegnerische Kfz-Haftpflichtversicherer bietet dem Kunden an, die Reparatur durch sein Schadennetzwerk durchführen zu lassen. Zum Schadennetzwerk gehören ein Kfz-Sachverständiger, der den Schaden begutachtet und die Wertminderung ermittelt, eine Partnerwerkstatt, die das Fahrzeug sachgerecht repariert, sowie ein Autoverleiher, der dem Geschädigten ein Ersatzfahrzeug bereitstellt. Der Versicherer koordiniert diese Leistungen so, dass der Geschädigte keine eigenen Termine verabreden muss, sondern sein beschädigtes Fahrzeug zu einer vereinbarten Zeit abgeholt und gleichzeitig das Ersatzfahrzeug bereitgestellt wird, bis die Werkstatt das reparierte Fahrzeug wieder zurückbringt.

Das vorstehende Beispiel zeigt, dass es in mehrfacher Hinsicht betriebswirtschaftlich sinnvoll sein kann, Schadenassistenz zu leisten. Der Versicherer kann bei Frequenzschäden – wie in diesem Fall Kfz-Schäden – mit den Dienstleistern vergünstigte Tarife vereinbaren, auf die die Dienstleister eingehen werden, wenn sie dafür vom Versicherer eine regelmäßige Auslastung zugesagt erhalten (z. B. eine Kfz-Werkstatt regelmäßig von demselben Versicherer Unfallfahrzeuge zur Reparatur zugewiesen erhält) (Breuer/Zimmermann, 2019, S. 615 ff.). Das senkt im Ergebnis die Schadenkosten. Weitere Schadenkosten können vermieden werden, im obigen Beispiel die Kosten eines Rechtsanwalts, der die Anspruchstellung für den geschädigten Autofahrer übernimmt. Und die Zufriedenheit des Kunden kann durch ein gelungenes Schadenassistenzangebot gesteigert werden. Im obigen Beispiel wird deutlich, dass sogar Dritte, die noch keine Kunden, aber Anspruchsteller sind, mit guten Erfahrungen bei der Schadenabwicklung überzeugt werden können, ihre eigenen Versicherungen zu diesem Versicherer hin zu wechseln.

Der Kern der Schadenleistung ist allerdings die **Schadenregulierung**. Darunter ist die Prüfung des gemeldeten Schadens zu verstehen, ob und in welchem Ausmaß dieser versichert ist und ob die Prämien zum betroffenen Versicherungsvertrag rechtzeitig gezahlt wurden. Häufig werden Belege angefordert, um den Eintritt und das Ausmaß des Schadens zu beweisen. Bei besonders großen Schäden, aber auch bei anhand der Aktenlage zweifelhaften Schäden kann eine **Schadenbesichtigung** die nötigen Informationen beschaffen. Insbesondere bei Großschäden, bei Personenschäden oder bei anderen, lang abzuwickelnden Schäden (»Long tail-Schäden«, Beispiel Haftpflichtversicherung) sind frühzeitig **Schadenreserven** anzulegen und ggf. die Rückversicherer zu informieren. Betriebswirtschaftlich gesehen entstehen neben den eigentlichen Schadenkosten nicht unerhebliche Schadenregulierungskosten, mit denen vor allem fachlich qualifiziertes

Personal, aber auch Gutachten und andere Maßnahmen zur Schadenfeststellung und -beurteilung finanziert werden. Hier gilt es für den Versicherer abzuwägen zwischen den individuell zurechenbaren Schadenregulierungskosten einerseits und der Schadenhöhe andererseits.

Allerdings kann es selbst bei sehr kleinen Schäden sinnvoll sein, Aufwand bei der Schadenregulierung zu betreiben, um **Versicherungsbetrug** zu verhindern. Schätzungen des Gesamtverbands der Deutschen Versicherungswirtschaft zufolge könnten die Versicherer jährlich zehn Prozent des Schadenaufwands durch Versicherungsbetrug erleiden. Als zumindest »dubios« eingeschätzt werden 7 % der Kfz-, 9 % der Sach- und 16 % der Haftpflichtschäden (Insurance Europe, 2019, S. 7). In der Folge könnten auch die Prämien für alle Kunden niedriger ausfallen. Von Versicherungsbetrug wird gesprochen, wenn

- Kunden falsche oder unvollständige Angaben bei der Schadenmeldung machen,
- Schäden übertrieben oder die Schadenumstände irreführend dargestellt werden,
- in sonstiger Weise irreführende oder unwahre Aussagen getätigt werden, um damit einen persönlichen Vorteil aus dem Versicherungsvertrag zu erlangen (Insurance Europe, 2019, S. 4).

Psychologische Forschungen zeigen, dass Versicherungsbetrug häufig nicht als kriminell empfunden wird (Köneke/Müller-Peters/Fetchenhauer, 2015, S. 135 ff.). Viele Menschen rechtfertigen falsche oder überzogene Forderungen an den Versicherer damit, dass sie nach vielen Jahren der Prämienzahlung vermeintlich einen Anspruch haben, auch einmal etwas zurückgezahlt zu erhalten.

3.4.4 Digitalisierung der Kundenbeziehung

Der Begriff Digitalisierung steht grundlegend für die Übertragung von Informationen in elektronisch verarbeitbare Daten (dargestellt in Abfolgen von Nullen und Einsen) und deren Nutzung. In diesem Sinn ist die Versicherungswirtschaft seit nahezu einem Jahrhundert dabei, sich zu digitalisieren. Erstmals 1925 wurde die Hollerith-Lochkartenmaschine bei einem Versicherer eingesetzt, um Beitragsrechnungen und Provisionsabrechnungen zu automatisieren (Koch, 2012, S. 256).

Eine Weiterentwicklung stellte die Einführung von Großrechneranlagen mit Datensichtgeräten etwa seit den 1960er Jahren und von Personalcomputern mit dezentraler Verarbeitungskapazität seit den 1990er Jahren dar. Zunehmend wurden Arbeitsabläufe automatisiert, allerdings stets nur solche, die innerhalb des Betriebs eines Versicherungsunternehmens selbst stattfinden. Besonders eindrucksvoll erkennt man das an den seit den 1980er Jahren aufgekommenen Verfahren, per Briefpost eingehende Mitteilungen, Anträge und Schadenmeldungen zu scannen und anschließend digital der Bearbeitung zuzuführen. War dies anfangs nur mittels Bilddarstellung in den Datensichtgeräten möglich, kamen später Verfahren zur automatisierten Texterkennung zur Anwendung.

Bereits vor dem Siegeszug des Internets kam der Gedanke auf, dass es effizienter ist, die in dezentralen Vertriebseinheiten anfallenden Informationen dort schon digital zu erfassen und an den Versicherer per Datenfernübertragung senden zu lassen. Ein Treiber dieser Entwicklung war die Deregulierung des Versicherungsmarktes 1994 mit Aufgabe der materiellen Versicherungsaufsicht. In der Folge entwickelten Versicherer zunehmend differenzierte Tarife, angefangen in der Kfz-Versicherung, die sich kaum noch durch Ablesen aus gedruckten Tarifbüchern berechnen ließen. Somit begannen Versicherer ab Mitte der 1990er Jahre, ihre Ausschließlichkeitsvertreter mit Personalcomputern und für den mobilen Einsatz den ersten Laptops auszustatten, auf denen Angebotsprogramme die Berechnung von Angeboten erleichterten. Hinzu kamen Agenturverwaltungssysteme, um dem Vertreter zeitnah aktuelle Informationen zum Versicherungsbestand bereitzustellen, anstatt dass er manuelle Akten anlegen und pflegen muss. Die kommerzielle Nutzung des Internets, das Aufkommen der E-Mail als effizienter Alternative zur Briefpost sowie das Aufkommen von Breitbandverbindungen für schnelles Internet ab Mitte/ Ende der 1990er Jahre beschleunigte diese Entwicklung. In der Ausschließlichkeit ist es heute Standard, elektronische Anträge und Schadenmeldungen zu erzeugen und an den Versicherer zu versenden, der diese wiederum teilweise ohne Eingriff von Mitarbeitern automatisiert verarbeiten kann (»Dunkelverarbeitung«). Für diese Entwicklung wurde auch der Begriff der »Industrialisierung« geprägt und als Zielbild eine »Versicherungsfabrik« beschworen. Angesichts des Charakters von Versicherungen als Dienstleistungen waren dies denkbar ungeeignete Bezeichnungen, die für eine Entfernung der Versicherer von ihren Kunden steht.

Sehr viel weiter zurück als die Ausschließlichkeit liegt der Makler-/ Mehrfachvertretervertrieb in Sachen elektronischer Anbindung an Versicherungsunternehmen. Die Herausforderung liegt in der Anbindung 1:n statt 1:1 wie in der Ausschließlichkeit – Makler sind an viele verschiedene Versicherer anzubinden, die jeder eigene Software und eigene Schnittstellen vorhalten. Als Clearingstelle boten sich zum einen die Hersteller von Maklerverwaltungsprogrammen, zum anderen aber auch kommerzielle Plattformbetreiber an, die internetgestützt den Datenverkehr zwischen den Vermittlern und den Versicherern ermöglichen. Als ein Hemmnis stellte sich das Fehlen einheitlicher Standards heraus, was zur Gründung der Brancheninitiative Prozessoptimierung (Bipro) führte (Reich, 2014, S. 60 ff.).

Der Begriff Digitalisierung muss in der Versicherungswirtschaft um einen wesentlichen Aspekt erweitert werden (Beenken, 2018, S. 161 ff.). Er umfasst nicht nur die auf Internet- oder Mobildiensten gestützte Erzeugung, Austausch und Verarbeitung von Daten über Versicherungen zwischen Versicherungsunternehmen und Versicherungsvermittlerbetrieben. Vielmehr wird der Kunde in diese Welt einbezogen und erhält eine neue Rolle nicht nur als passiver Abnehmer von Dienstleistungen, die andere (Versicherer, Vermittler) bereitstellen, sondern als aktiver Gestalter. Dies kommt auch in der Wortschöpfung **Prosument** zum Ausdruck, einer Kombination aus Produzent und Konsument. Digitalisierbar sind folgende Leistungen:

- Bedarfsweckung und Beratung: Der Kunde kann sich auf Webseiten, in Internetforen und Sozialen Netzwerken selbst über Versicherungen und deren Notwendigkeit informieren. Selbstberatungstools helfen, den Bedarf zu konkretisieren und passende Angebote zu finden. Automatische Frage-/ Antwortsysteme (Chatbots), mit künstlicher Intelligenz ausgestattete Beratungsroboter (Robo-Advice) oder die virtuelle Verbindung mit »echten« Mitarbeitern (Chat, Video- und Telefonberatung) können die Entscheidungsfindung des Kunden fördern.
- Antragstellung: Diese kann über internetgestützte Formulare erfolgen, automatisiert angestoßen aus den Angebotsprogrammen oder über Apps.
- Bestandseinsicht: Sogenannte digitale Versicherungsordner per App oder per personalisiertem Login auf eine geschützte Webseite (Kunden-Extranet) erleichtern dem Kunden die Aufbewahrung und Suche nach Vertragsdokumenten.
- Mitteilungen und Schadenmeldungen: Auch dies kann über Apps oder Webseiten-Formulare oder aus dem digitalen Versicherungsordner heraus erfolgen. Ähnlich wie beim Antrag hilft eine starke Standardisierung dieser Formulare dem Versicherer, das Kundenanliegen rasch kategorisieren und automatisiert bearbeiten zu können. Versicherer setzen aber auch zunehmend Systeme ein, die auch schwächer strukturierte Informationen und Daten aus Kundenmitteilungen per E-Mail, per Messenger-Nachricht, per Briefpost oder per Telefon (voll- oder teilautomatisierte Telefon-Dialogsysteme) auslesen und kategorisieren können.

Es gibt im Zusammenhang mit der Digitalisierung mehrere Herausforderungen für Versicherungsunternehmen:

- Customer Journeys,
- Insurtecs und
- Ökosysteme.

Die digitalen Kommunikations- und Interaktionsmöglichkeiten bringen eine Vielzahl von unterschiedlichen »Kundenreisen« mit sich (**Customer Journey**), über die der Kunde zum Versicherer kommen kann (Oster, 2019, S. 171 ff.). Dabei geht es zum einen um bestimmte Prozessbestandteile wie im nachstehenden Beispiel »Information«, »Angebot«, »Antrag«, »Betreuung« und »Schaden«. Jeder dieser Prozessbestandteile bringt einen Bedarf nach einmaliger oder anlassbezogener häufigerer Interaktion mit sich. Dafür stehen Interaktionspartner wie im untenstehenden Beispiel »Vergleichsportal«, »Agentur«, »Makler« und »Maklerpool«, aber auch der Versicherer selbst zur Verfügung. Schließlich geht es noch um unterschiedliche Kommunikationsinstrumente wie im untenstehenden Beispiel »digital«, »persönlich« (persönlicher Termin beim Kunden oder im Büro), »Telefon« und »Call Center«.

Dem Kunden kann und sollte der Versicherer nicht vorschreiben, welche Wege er benutzen darf oder nicht. Viel wichtiger ist, dass möglichst viele dieser Wege bis zum Versicherer führen, das heißt zum Vertragsabschluss und zur erfolgreichen Zusammenarbeit während der Vertragslaufzeit. Allerdings muss der Versicherer das Zusammenspiel der verschiedenen Interaktionspartner und Kommunikationsinstrumente koordinieren, in der Branche wird auch von »orchestrieren« gesprochen. Dazu müssen die Informationen möglichst vollständig und zeitnah weitergereicht werden, selbst dann, wenn es zum Medienbruch kommt (z. B. von online zu offline). Auch müssen die Interessen der Interaktionspartner gewahrt bleiben. Wenn ein Kunde beispielsweise seine Versicherung in einem anderen Vertriebsweg abgeschlossen hat und dort eine Abschlussprovision gezahlt worden ist, wird ein neuer Interaktionspartner nicht kostenfrei z. B. die Betreuung übernehmen wollen.

Das nachstehende Beispiel zeigt eine Kundenreise, die bei einer Information über eine Versicherung in einem Vergleichsportal ihren Anfang nimmt. Der Kunde kann den weiteren Prozess bis zum Abschluss beim Vergleichsportal vollziehen oder aber auch vorher abspringen und im Beispiel einen Makler aufsuchen, um eine persönliche Beratung in Anspruch zu nehmen. So entstehen immer wieder Verzweigungen, bei denen der Kunde situativ entscheiden können möchte, wem er sich anvertraut (▶ Dar. 72).

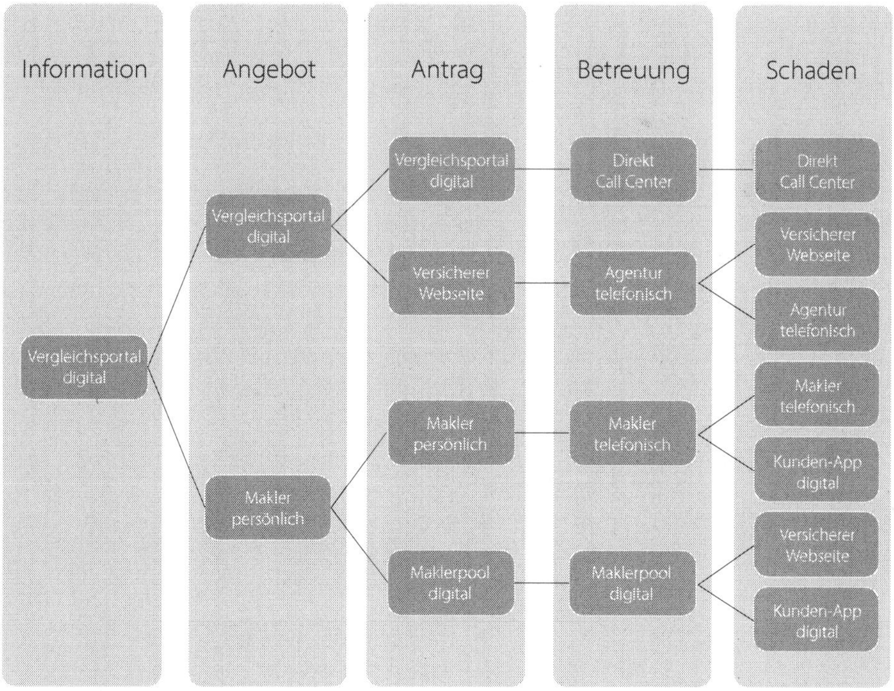

Dar. 72: Beispiele zur Customer Journey

Seit Mitte der 2000er Jahre sind sog. **Insurtecs** am Markt. Darunter werden üblicherweise Unternehmen verstanden, die entweder selbst Versicherer oder Versicherungsvermittler (Insurance) sind, ihr Geschäftsmodell im Unterschied zu traditionellen Unternehmen ganz oder überwiegend digital auf Internet- und Mobiltechnologien aufbauen (Technology). Vielfach werden auch nur junge Unternehmen kurz nach der Gründung (»Start-up«) oder in den ersten rund zehn Jahren der Geschäftstätigkeit als Insurtec bezeichnet. Den Geschäftsmodellen wird weiter nachgesagt, auf eine rasche Skalierung ausgerichtet zu sein, da die Grenzkosten der Internetnutzung nahezu null sind – eine für Kunden interessante App beispielsweise kann von 10.000 oder ebenso gut von 100.000 Kunden nahezu ohne Zusatzkosten genutzt werden. Müssten diese Kunden durch persönliche Besuche oder durch Telefonanrufe von Angestellten betreut werden, wären die Kosten um den Faktor zehn höher, es gäbe keine nennenswerten Skaleneffekte.

Die Geschäftsstrategie der Insurtecs ist üblicherweise auf eine Disruption ausgerichtet, das heißt, es sollen etablierte Prozesse und Verfahren aufgebrochen und die involvierten Partner partiell oder ganz aus dem Geschäft mit den Kunden herausgedrängt werden. Die bisherige Erfahrung zeigt allerdings, dass es zu keinen echten Disruptionen kommt, weil die regulatorischen Anforderungen an die Geschäftsmodelle, aber auch das Beharrungsvermögen der Kunden hoch sind und die Wechselbarrieren unterschätzt werden. Erfolgreich sind Insurtecs vor allem mit Erweiterungen der Wertkette um für den Kunden nutzenstiftende Dienste wie beispielsweise eine Kunden-App, die traditionelle Versicherer oft nicht (überzeugend) anbieten können.

Ein Grund für den teilweise enttäuschenden Erfolg ist, dass das Involvement der Kunden bei Versicherungen nicht hoch genug ist, um einen raschen Wechsel auf neue Technologien und Angebote erreichen zu können. Ein neuer Privathaftpflichttarif involviert und mobilisiert die Kunden wesentlich weniger als eine neue Handygeneration. Daraus wird teilweise der Schluss gezogen, dass Versicherungen gar nicht so sehr als eigenständige Dienstleistung, sondern als Ergänzung zu anderen Produkten und Dienstleistungen mit höherem Involvement der Kunden vermarktet werden sollten. Die dabei entstehenden Netzwerke werden als **Ökosysteme** bezeichnet. So könnte das hohe Involvement beim Thema Autokauf auf Autoversicherungen oder beim Thema Smart Home (Vernetzung von technischen Geräten und Systemen im Haushalt) auf Cyber- und Elektronikversicherungen überspringen. Versicherer müssen allerdings damit rechnen, dass sie als Netzwerkpartner in einem Ökosystem in eine untergeordnete Rolle und damit in Abhängigkeiten geraten können. Deshalb versuchen einige Versicherer, eigene Ökosysteme zu gründen.

3.5 Balanced Scorecard der Sidekick VVaG – Kundenperspektive

Die Sidekick VVaG hat sich zur Steigerung ihres RoE vorgenommen, das Prämienvolumen zu vergrößern. Sich Umsatz zu beschaffen ist für einen Versicherer grundsätzlich nicht schwer. So könnte der Vorstand beschließen, Preisbrecherangebote für den Vertrieb über Vergleichsportale zu entwickeln, die bei entsprechenden Recherchen stets ganz oben gelistet und mit hoher Wahrscheinlichkeit abgeschlossen werden. Eine weitere Maßnahme zum schnellen Umsatz könnte sein, großen Maklerpools Extravergütungen anzubieten, um Kompositbestände zur Sidekick umzudecken. Alle diese Maßnahmen haben einen entscheidenden Haken: Das Geschäft wird aller Voraussicht nach zwar mehr Umsatz, aber weniger Gewinn einbringen. Das Vergleichsportalgeschäft fördert die Antiselektion und steigert neben den ohnehin sehr hohen Provisionen die Schadenkosten. Das Maklerpool-Geschäft wird mindestens ebenfalls besonders hoch mit Abschluss- und Vertriebskosten belastet sein, bei Umdeckungen könnte auch die Qualität des umzudeckenden Geschäftes problematisch sein. Es käme daher in der Finanzen-Perspektive zu einem Zielkonflikt zwischen den Zielen Prämienvolumen, Betriebskosten und der Schadenquote in Kraftfahrt.

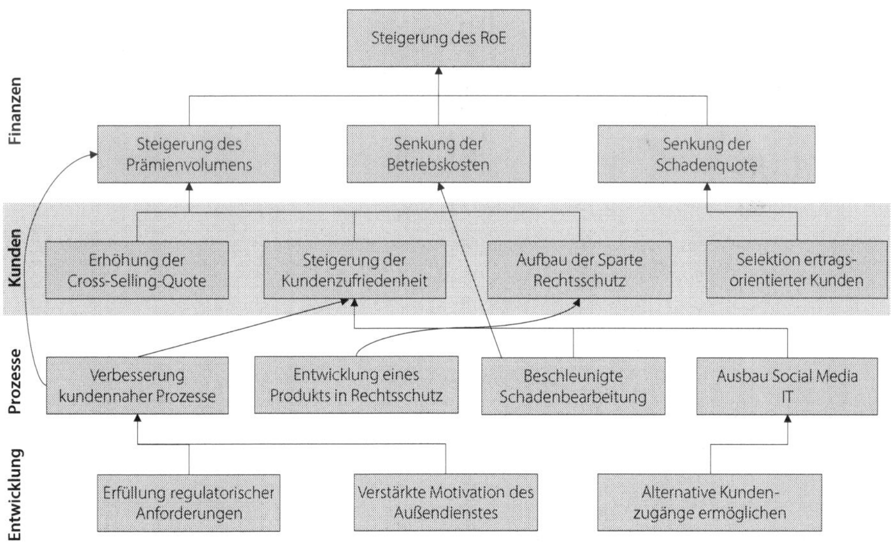

Dar. 73: Strategy Map der Sidekick VVaG – Kundenperspektive

Der Vorstand der Sidekick VVaG setzt deshalb auf andere Maßnahmen für ein organisches Wachstum. In der Kundenperspektive hat er folgende strategische Ziele gesetzt:

- Erhöhung der Cross-Selling-Quote: Als Allrounder hat Sidekick ein umfassendes Produktangebot, aber wie so viele andere Versicherer etwas einseitige Schwerpunkte beim Produktabsatz. Die Ursachen liegen u. a. in der Auswahl der Vertriebsmitarbeiter begründet, die vor allem die vorhandenen, bereits einseitig zusammengesetzten Bestände betreuen sollten. Vertriebsanreize wurden in der Vergangenheit stark auf den Absatz einzelner Produkte hin ausgerichtet, beispielsweise gab es Absatzwettbewerbe für neue Tarife und Bonifikationen für jeden neu geworbenen Kunden. Die Folge: Der Bestand enthält zahlreiche Ein- und Zweivertragskunden, deren Hauptversicherungsgeschäft bei anderen Versicherern besteht. Die Vergütungs- und Anreizstruktur wird überarbeitet und anstelle einzelner Kunden und Verträge besondere Anreize für eine Steigerung der Cross-Selling-Quote im jeweiligen Verantwortungsbereich geschaffen. Unterstützt wird dies durch ein automatisiertes Vertriebssteuerungssystem, das den Vertriebsmitarbeitern regelmäßig Tipps zur Anbündelung bisher fehlender Verträge abhängig von einem erkennbaren Anlass gibt. Kontingente für Bündelrabatte incentivieren die Vertriebsmitarbeiter zusätzlich.
- Steigerung der Kundenzufriedenheit: Als notwendige, wenn auch nicht hinreichende Bedingung für Kundenbindung und zur Vermeidung von Stornierungen wird die Kundenzufriedenheit erkannt. Sidekick beauftragt ein spezialisiertes Marktforschungsinstitut, in regelmäßigen Abständen eine repräsentative Auswahl von Kunden nach ihrer Zufriedenheit mit der Sidekick zu fragen. Ziel ist, dauerhaft mindestens 90 Prozent zufriedene Kunden zu haben.
- Ausbau der Sparte Rechtsschutz: Marktforschungen haben ergeben, dass Sidekick bisher für einige Zielgruppen wettbewerbsfähige Rechtsschutzversicherungsprodukte fehlen. Ein vollständiges Angebot verbessert jedoch die Chance auf eine Erhöhung der Cross-Selling-Quote und zugleich des Prämienvolumens der Sidekick. Zudem wurde festgestellt, dass die vernachlässigten Zielgruppen vermehrt zur Stornierung von Kompositversicherungsprodukten neigen. Dahinter vermutet die Vertriebsleitung als Ursache die fehlenden Rechtsschutzprodukte als Angriffsfläche für Wettbewerber, die auf eine Umdeckung bestehender Kompositversicherungen hinarbeiten.

Diese drei Maßnahmen unterstützen unmittelbar das Ziel der Steigerung des Prämienumsatzes. Allerdings wird auch für die Senkung der Schadenquote in Kraftfahrt ein Ansatzpunkt in der Kundenperspektive gesehen. Denn bei der Analyse des Schadengeschehens hat die Sidekick VVaG festgestellt, dass es Auffälligkeiten bei bestimmten Kundentypen gibt. Besonders negativ fallen die Einvertragskunden auf, die oft über Vergleichsportale oder große Maklergruppen gezielt bei der Sidekick eingedeckt wurden. Die Schadenquoten sind hier teilweise deutlich höher als im Gesamtbestand, außerdem fehlt der Ausgleich über anderes, weniger schadenbelastetes Geschäft dieser Kunden. Daher hat der Vorstand die Marketingabteilung beauftragt, eine problemorientierte Clusterung von unterschiedlich ertragreichen Kunden zu entwickeln. Diese dient als Grundlage für künftige Selektionen als Grundlage für eine stärker ertragsorientierte Zeichnungspolitik der Sparten sowie eine gezielte Verfolgung von Auffälligkeiten bis hin zu entsprechenden Bestandsbereinigungen.

4 Prozessperspektive

4.1 Arbeitsteilung und Versicherungsdienstleistung

4.1.1 Gestaltungskriterien für arbeitsteilige Prozesse

Aus dem Verständnis von Versicherungen als Dienstleistung geht unmittelbar die Anforderung hervor, dass ein Versicherungsunternehmen die zur Erstellung dieser Dienstleistung erforderliche Leistungsfähigkeit vorhalten muss (▶ Kap. 3.1.1). Angesichts der Komplexität von Versicherungen ist es praktisch unmöglich, dass ihre komplette Erstellung an einem Arbeitsplatz oder in einer Organisationseinheit stattfinden kann. Auch wenn das Versicherungsunternehmen gegenüber dem Kunden als ein Ganzes auftritt, so findet die eigentliche Erbringung der Dienstleistung unter der Mitwirkung zahlreicher verschiedener Stellen des Unternehmens statt. Jede dieser beteiligten Stellen bringt ihre spezifischen Kenntnisse, Fähigkeiten und Ressourcen ein, um Teilaufgaben der Gesamtleistung zu erfüllen, so dass in Summe die Dienstleistung Versicherung entsteht. Dieses Vorgehen, nämlich die Zerlegung der Gesamtaufgabe des Unternehmens in Teilaufgaben, bezeichnet man als **Arbeitsteilung**. Ziel der Arbeitsteilung ist ein Gewinn an Effizienz, also letztlich die Optimierung von Kosten und Service.

Gestaltungsmöglichkeiten bestehen darin, in welcher Art bzw. nach welchen Kriterien die Aufteilung der Gesamtaufgabe in Teilaufgaben vorgenommen wird. Zunächst lässt sich danach unterscheiden, ob lediglich die Gesamtmenge an Arbeit in Form von gleichartigen Tätigkeiten auf mehrere Aufgabenträger aufgeteilt wird (Mengenteilung) oder ob die Gesamtaufgabe nach inhaltlichen Kriterien zerlegt wird, so dass verschiedene Aufgabenträger unterschiedliche Teilaufgaben erhalten. Im letzteren Fall spricht man von **Spezialisierung** (vgl. Dillerup/Stoi, 2016, S. 465). Diese kann nach verschiedenen inhaltlichen Kriterien erfolgen. Insbesondere lassen sich folgende zwei Arten der Spezialisierung charakterisieren:

- Funktionale Spezialisierung: Das Kriterium für die Aufteilung der Gesamtaufgabe ist die Tätigkeit im Arbeitsprozess. Ein Aufgabenträger führt dann eine bestimmte, gleichartige Verrichtung an (verschiedenen) Objekten aus. Diese Form wird häufig auch als Verrichtungsspezialisierung bezeichnet. Sie ermöglicht hohe Spezialisierungsvorteile durch Routine und Lerneffekte, kann allerdings bei den Aufgabenträgern auch zu einseitigen Belastungen und Monotonie führen.

- Objektorientierte Spezialisierung: Die Gesamtaufgabe wird anhand der bearbeiteten Objekte zerlegt. Das bedeutet, ein Aufgabenträger übt unterschiedliche Verrichtungen an bestimmten Objekten aus. Unter Objekten können Produkte oder Dienstleistungen, aber auch Märkte, Regionen oder Kundengruppen verstanden werden. Vorteile werden insb. durch geringeren Koordinationsaufwand und kürzere Transportwege erreicht.

Als weitere Kriterien für die Spezialisierung sind die Hierarchie und die Phase des Arbeitsprozesses zu nennen. Bei der hierarchischen Spezialisierung wird danach unterschieden, ob es sich um eine ausführende oder um eine dispositive Tätigkeit handelt. Bei der phasenorientierten Spezialisierung teilt man die Gesamtausgabe in Tätigkeiten zur Planung, zur Ausführung und zur Kontrolle (vgl. Dillerup/Stoi, 2016, S. 466).

4.1.2 Aufbauorganisation von Versicherungsunternehmen

Basierend auf der Arbeitsteilung umfasst die Organisation in einem Versicherungsunternehmen weitere Parameter (vgl. Farny, 2011, S. 489), insb.

- die Bildung von Stellen und Organisationseinheiten, sowie ihre Ausstattung mit personellen und sachlichen Ressourcen,
- die Zuordnung der Teilaufgaben auf diese Organisationseinheiten, sowie die Regelung der Beziehungen zwischen den Beteiligten.

Die Gestaltung dieser Parameter bezeichnet man als **Aufbauorganisation**. Wesentliches Ziel der Aufbauorganisation ist somit, eine Struktur für die zielführende und effiziente Erfüllung der arbeitsteiligen Aufgaben zur Erstellung der Versicherungsdienstleistung zu schaffen. Bei der Bildung von Stellen und Organisationseinheiten (z. B. Bereiche, Abteilungen, Gruppen), also der Organisationsstruktur, besteht somit zwangsläufig ein enger Zusammenhang zur Gestaltung der arbeitsteiligen Prozesse.

Die unterschiedlichen Arten der Arbeitsteilung führen dabei zu unterschiedlichen Organisationsformen. Weiteres Gestaltungsmerkmal neben Form und Grad der Spezialisierung ist der Grad der **Zentralisierung**, also der Zusammenfassung gleichartiger oder ähnlicher Aufgaben in sachlicher oder räumlicher Hinsicht, d. h. an einem Ort bzw. in einer Organisationseinheit (vgl. Nguyen/Romeike, 2013, S. 432). Zudem wird die Aufbauorganisation durch die Ausgestaltung der **Koordination** zwischen den entstandenen Organisationseinheiten geprägt, die dafür sorgt, dass in abgestimmter Art und Weise auf das gemeinsame unternehmerische Ziel hingearbeitet wird. Das wichtigste Koordinationsinstrument ist die Hierarchie, also die Ausgestaltung von Entscheidungs- und Weisungsbefugnissen (vgl. Dillerup/Stoi, 2016, S. 469 f.).

Auf einer funktionalen Spezialisierung basiert eine funktionale Organisation. Hierbei ist die zweite Führungsebene nach den Sachfunktionen des Unternehmens gegliedert (vgl. Schreyögg/Geiger, 2016, S. 42). Auf den weiteren Gliederungsebenen kann dann erneut nach einzelnen Funktionen unterschieden werden. In Versicherungsunternehmen lassen sich auf der zweiten Führungsebene beispielsweise die Funktionen Absatz, Leistungserstellung, Finanzierung und Verwaltung in Form entsprechender organisatorischer Einheiten abbilden (vgl. Farny, 2011, S. 494). Diese Organisationsform ist häufig mit einem hohen Grad an Zentralisierung insb. von komplexen und aufwändigen Aufgaben verbunden.

Eine objektorientierte Spezialisierung bildet die Grundlage für eine objektbezogene bzw. divisionale Organisation, wobei die konkrete Ausgestaltung davon abhängt, nach welchen Objekten unterschieden wird. Zusammengefasst werden dabei verschiedenartige Tätigkeiten, die bei der Bearbeitung des jeweiligen Objektes anfallen. Für Versicherungsunternehmen können diese Objekte üblicherweise Produkte, Sparten, Kunden oder Regionen sein (vgl. Nguyen/Romeike, 2011, S. 431 f.). Bei einem geringen Grad der Zentralisierung, also einer ausgeprägten Dezentralisierung, entstehen aus dieser Organisation Teileinheiten mit hoher Autonomie und Entscheidungsverantwortung. Sind diese Teileinheiten auch rechnungstechnisch abgegrenzt und tragen die Verantwortung für ihr Ergebnis, spricht man von Profit-Centern (vgl. Nguyen/Romeike, 2013, S. 433).

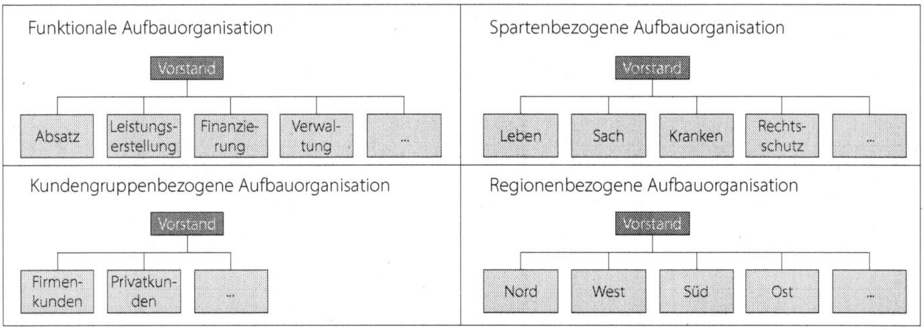

Dar. 74: Formen der Aufbauorganisation (in Anlehnung an Nguyen/Romeike, 2013, S. 431 f.)

In der Praxis von Versicherungsunternehmen kommen die dargestellten Organisationsformen meistens nicht in ihrer reinen Form, sondern in Mischformen von funktionalen und objektbezogenen Formen vor. Auf Gliederungsebenen unterhalb der zweiten Führungsebene sind Unterscheidungen nach anderen Kriterien möglich. So kommt es häufig vor, dass eine zunächst nach Hauptprozessen strukturierte funktionale Organisation auf der folgenden Führungsebene regional oder produktbezogen gegliedert ist. Eine rein objektbezogene Organisation ist praktisch nicht aufzubauen, ohne wichtige Sachfunktionen, wie z. B. den Absatz, für jede Sparte, Kundengruppe oder Region einzurichten (vgl. Farny, 2011, S. 497 ff.).

Wie ein Versicherungsunternehmen seine Aufbauorganisation gestaltet, ist eine strategische Entscheidung. Als grundsätzliche Ausrichtungen lassen sich insb. eine Orientierung an den eigenen Kernkompetenzen oder an Kundenanforderungen unterscheiden. Unter **Kernkompetenzen** versteht man Ressourcen und Fähigkeiten eines Unternehmens, die von hoher strategischer Bedeutung und im Vergleich mit dem Wettbewerb stark ausgeprägt sind. Sie sind besonders erfolgskritisch und können Wettbewerbsvorteile begründen. Unternehmen der Versicherungsbranche haben einige Kompetenzen, die auf versicherungsspezifischem Fachwissen beruhen und sich von denen der Unternehmen anderer Branchen abheben. Dazu zählen beispielsweise die Produktentwicklung, Bestandsverwaltung sowie das Risiko- und Schadenmanagement (vgl. Gondring, 2015, S. 510 f.). Besonders die Fähigkeiten im Risikogeschäft, also die Bewertung von Risiken, die Organisation ihres Transfers sowie des Risikoausgleichs im Kollektiv und in der Zeit stellen charakteristische Kompetenzen dar. Dazu zählen ebenso die Fähigkeiten im Zusammenhang mit dem Spar- und Entspargeschäft und der damit verbundenen Kapitalanlage. Diese Kompetenzen werden zu Kernkompetenzen der Versicherungsunternehmen, wenn sie auch im brancheninternen Vergleich besonders gut beherrscht werden bzw. besonders wirtschaftlich durchgeführt werden können. Oftmals erfüllen sie diese Eigenschaft auch nur in Bezug auf bestimmte Teile des Geschäfts, z. B. auf bestimmte Kundengruppen, Produkte oder Sparten (vgl. Farny, 2011, S. 524).

Orientiert sich ein Versicherungsunternehmen bei der Gestaltung seiner Aufbauorganisation an den eigenen Kernkompetenzen, so führt dies tendenziell zu einer funktionalen Organisation mit einer Zentralisierung der erfolgskritischen und besonders gut beherrschten Aufgaben. Eine kundenorientierte Aufbauorganisation zeichnet sich dagegen durch eher flache Hierarchien mit kurzen Entscheidungswegen und schnellen Reaktionszeiten aus, wobei auch dezentrale Entscheidungskompetenzen helfen, schnell und flexibel auf Kundenanforderungen zu reagieren und kundenorientierte Einzelfallentscheidungen treffen zu können (vgl. Ax/Brunauer, 2021, S. 437 f.). Dies gilt insb. für den Vertrieb, der beispielsweise durch eine regionale Dezentralität auch räumlich Kundennähe erreichen und dabei auch kundenrelevante Aufgaben wie die Regulierung kleiner oder mittlerer Schäden übernehmen kann (vgl. Farny, 2011, S. 501). Tendenziell können diese Anforderungen eher in objektorientierten Organisationsformen, z. B. gegliedert nach Kundengruppen oder Regionen, umgesetzt werden. Allerdings lassen sich unternehmenseinheitliche Strategien der Kundenorientierung mit entsprechender Außenwirkung in diesen Formen nur schwer umsetzen (vgl. Ax/Brunauer, 2021, S. 439). Eine mögliche Lösung stellt eine sog. Matrixorganisation dar. Es handelt sich dabei um eine zweidimensionale Organisationsstruktur, in der gleichzeitig nach zwei Kriterien differenziert wird. So lassen sich Funktions- und Objektorientierung verbinden, indem gleichzeitig und gleichberechtigt nach Funktionen und Objekten, beispielsweise Sachfunktionen und Regionen, gegliedert wird (▶ Dar. 75). Im Hinblick auf Hierarchien entsteht ein Zweiliniensystem, d. h. die Organisationseinheiten besitzen zwei übergeordnete, weisungsbefugte Stellen. An den Schnittstellen überschneiden sich die Zuständigkeiten, so dass zur Entscheidungsfindung eine Abstimmung erforderlich ist und mögliche Konflikte produktiv gelöst werden müssen (vgl. Dillerup/Stoi, 2016, S. 478 f.).

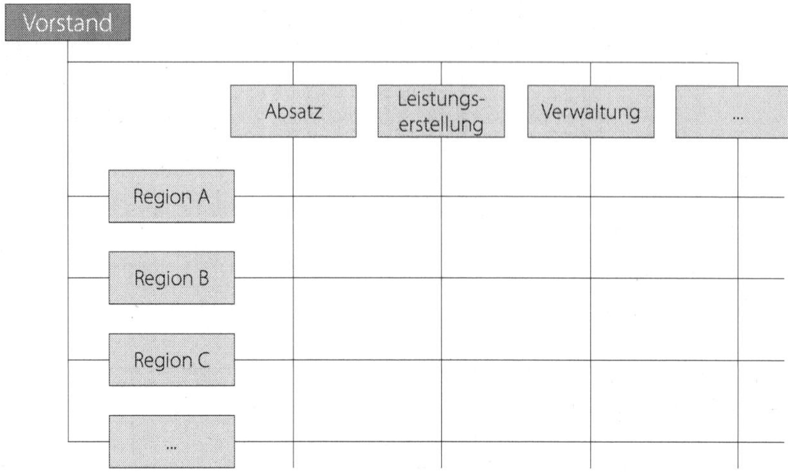

Dar. 75: Matrixorganisation

Die Berücksichtigung der funktionalen und objektorientierten Perspektiven verbunden mit dezentralen Entscheidungskompetenzen soll dabei zu sachgerechten Lösungen führen, auf diese Weise kann z. B. sichergestellt werden, dass Aspekte der Kundenorientierung immer einfließen. Nachteile einer solchen komplexen Organisation sind insb. der hohe Koordinations- und Führungsaufwand und die Gefahr, dass aus der nicht eindeutigen hierarchischen Struktur Konflikte resultieren, die Entscheidungen verzögern. Der Einsatz einer Matrixorganisation kann auch in Teilbereichen des Unternehmens, z. B. im Kundenservice, sinnvoll sein (vgl. Ax/Brunauer, 2021, S. 440 f.).

Eine Sonderform der Aufbauorganisation stellt die sog. »Versicherungsfabrik« dar. Dabei werden Funktionen und Geschäftsprozesse maximal standardisiert und mit größtmöglicher Effizienz ausgeführt. Dies funktioniert am besten, wenn auch die hergestellten Versicherungsprodukte standardisiert werden. Gleichzeitig verzichtet das Unternehmen auf schwer standardisierbare Funktionen wie einen eigenen Vertrieb. Im Ergebnis werden »Baukasten«-Produkte hergestellt und als White-Label-Produkte an andere Versicherungsunternehmen verkauft, die diese unter eigener Marke vertreiben (vgl. Farny, 2011, S. 496 f.).

Über die genannten klassischen Gestaltungsparameter der Aufbauorganisation hinaus wirft die Zunahme der Bedeutung agilen Arbeitens heute eine weitere Problemstellung auf. So ist bei der Gestaltung der Organisation auch die Frage »Standardisierung versus Flexibilität« zu klären (vgl. Ax/Brunauer, 2021, S. 73). Agile Teams verlassen standardisierte Wege und Prozesse innerhalb der Organisation und benötigen für eine erfolgreiche Arbeit situativ ein hohes Maß an Autonomie und Entscheidungsfreiheit.

Eingeschränkt wird der Gestaltungsspielraum bei der Gestaltung der Aufbauorganisation durch rechtliche Vorgaben. In der Versicherungswirtschaft ist insb.

das Gebot der Spartentrennung (§ 8 Abs. 4 VAG) zu beachten. Daraus folgt, dass die Lebens- und Krankenversicherung getrennt von anderen Sparten in rechtlich eigenständigen Unternehmen betrieben werden müssen.

4.1.3 Ablauforganisation von Versicherungsunternehmen

Die Ablauforganisation definiert die zeitliche, räumliche und sachliche Ausgestaltung der Arbeitsprozesse, legt also fest, welcher Aufgabenträger in welcher Reihenfolge, an welchem Ort und mit welchen Mitteln seine Aufgabe innerhalb des Arbeitsprozesses erfüllt (vgl. Nguyen, Romeike, 2013, S. 435). Sie basiert auf der zuvor festgelegten Aufbauorganisation, in der bereits die nach der Arbeitsteilung entstandenen Teilaufgaben den Aufgabenträgern zugeordnet und ein organisatorischer Rahmen vorgegeben wurden. Die Ablaufanalyse analysiert nun die zur Leistungserbringung erforderlichen Geschäftsprozesse, insb. die Hauptprozesse Antrag/ Vertrag und Schaden/ Leistung, und gestaltet diese zweckmäßig innerhalb dieses Rahmens.

Grundsätzlich können Arbeitsprozesse in materielle und informationelle Prozesse unterteilt werden (vgl. Thommen et al., 2020, S. 493). In Versicherungsunternehmen spielen materielle Prozesse, also der Transport materieller Güter, nur eine untergeordnete Rolle. Im Gegensatz dazu ist die Erstellung der Dienstleistung Versicherung stark von informationellen Prozessen, also dem Informationsaustausch und der Kommunikation, geprägt. Daher steht die Organisation der Informationsflüsse und der Informationsverarbeitung im Zentrum der Gestaltung der Ablauforganisation (vgl. Farny, 2011, S. 504). Dies betrifft zum einen die Informationsweitergabe innerhalb des Unternehmens. Zum anderen ist auch der Informationsfluss von und zu externen Beteiligten, insb. Kunden und Vermittlern, zu gestalten. So muss beispielsweise ein vom Vermittler eingegangener Antrag an die bearbeitende Organisationseinheit weitergeleitet, dort unter Berücksichtigung von Kompetenzen und Kapazitäten einem Mitarbeiter zugeordnet und innerhalb einer bestimmten Frist bearbeitet werden. Anschließend sind Informationen an den Vermittler und den Kunden, z. B. der Versand der Police, sowie innerbetrieblich die Informationsweitergabe in das Bestandsführungssystem erforderlich.

Teil der Gestaltung sind ebenfalls Festlegungen zur Automatisierung von Prozessen. Im genannten Beispiel der Antragsbearbeitung verändert sich beispielsweise durch eine Dunkelverarbeitung (▶ Kap. 5.2.5) die sachliche und personelle Ausgestaltung, wobei jedoch die Informationsflüsse weitgehend unverändert bleiben.

4.2 Regulatorische Anforderungen an Prozessgestaltungen

Die Gestaltung der Prozesse in einem Versicherungsunternehmen unterliegt regulatorischen Anforderungen. Einige gelten für Versicherungen genauso wie für andere Unternehmen, weitere resultieren aus spezifischen Regulierungen für Versicherungsunternehmen, um deren Bedeutung für die Stabilität der Finanzmärkte und dem besonderen Schutzbedürfnis der Versicherungsnehmer Rechnung zu tragen. Ziel dieses Kapitels ist es nicht, einen umfassenden Überblick über regulatorische Anforderrungen zu geben, sondern wesentliche Inhalte einer Auswahl aktueller Entwicklungen in aller Kürze darzustellen.

4.2.1 Regulatorische Anforderungen an die Governance des Versicherers

Umfangreiche regulatorische Anforderungen an die Governance von Versicherungsunternehmen wurden bereits durch Solvency II gestellt (▶ Kap. 1.3.5.3). Zu nennen sind hier insb. die vier Schlüsselfunktionen. Mit dem Finanzmarktintegritätsstärkungsgesetz (FISG) kommen seit Inkrafttreten im Jahr 2021 weitere Anforderungen hinzu. Ziel des FISG ist es, das Vertrauen in den deutschen Finanzmarkt zu stärken, indem insb. verschärfte Anforderungen in den Bereichen der Bilanzkontrolle und der Abschlussprüfung gestellt und die Befugnisse der BaFin ausgeweitet werden. Diese neuen Anforderungen gelten insb. für »Unternehmen von öffentlichem Interesse«, zu denen nach dem neu eingeführten § 316a HGB auch Versicherungsunternehmen zählen.

So ist der Aufsichtsrat verpflichtet, einen Prüfungsausschuss zu bilden, der insb. den Rechnungslegungsprozess, die Wirksamkeit des internen Kontrollsystems, das Risikomanagement- und das interne Revisionssystem sowie die Qualität der Abschlussprüfung überwacht (vgl. § 107 Abs. 4 AktG). Dieser Prüfungsausschuss hat ein direktes Auskunftsrecht bei den Leitern der entsprechenden Zentralabteilungen

Bei der Besetzung des Aufsichtsrats muss nach dem geänderten § 100 Abs. 5 AktG ein Mitglied Sachverstand auf dem Gebiet der Rechnungslegung vorweisen können, ein anderes Mitglied auf dem Gebiet der Abschlussprüfung. Es reicht nicht aus, wenn beide Gebiete durch eine Person repräsentiert werden. Diese Anforderung gilt auch für den Prüfungsausschuss.

Darüber hinaus werden börsennotierte Gesellschaften durch das FISG auch dazu verpflichtet, ein internes Kontrollsystem und ein Risikomanagementsystem einzurichten (§ 91 Abs. 3 AktG). Für Versicherungsunternehmen bedeutet dies allerdings keine Neuerung, da derartige Pflichten bereits im VAG enthalten sind.

4.2.2 Regulatorische Anforderungen an die IT-Sicherheit des Versicherers

Erstmals hatte die BaFin im Juli 2018 mit dem Rundschreiben 10/2018 ihre Anforderungen an die IT von Versicherungsunternehmen festgelegt. Mit den **Versicherungsaufsichtlichen Anforderungen an die IT (VAIT)** wurden bestehende Regelungen des VAG und der Mindestanforderungen an die Geschäftsorganisation von

Versicherungen (MaGo) ausgelegt. Der Fokus liegt auf dem Management der IT-Ressourcen, dem Informationsrisikomanagement und der Informationssicherheit (vgl. BaFin-Rundschreiben 11/2018, S. 3). Dabei wird insb. auch die Auslagerung von IT-Leistungen an Dienstleister berücksichtigt.

Mit der Aktualisierung der VAIT zum 03.03.2022 wurden bestehende Kapitel inhaltlich ergänzt und zwei neue Kapitel mit Anforderungen zur operativen Informationssicherheit und zum IT-Notfallmanagement hinzugefügt. Bei der Umsetzung der VAIT gilt das Proportionalitätsprinzip (▶ Kap. 1.3.5.1).

Auch seitens der EU wurde mit dem **Digital Operational Resilience Act (DORA)** ein Regelwerk auf den Weg gebracht, das sich mit den Risiken der Digitalisierung für die europäischen Finanzmärkte beschäftigt und zum Ziel hat, die Widerstandsfähigkeit gegenüber Cyber-Risiken zu stärken. Dabei gibt es inhaltliche Überschneidungen mit Regelungen der bereits geltenden VAIT (vgl. BaFin, 2022). Mit dem Inkrafttreten im Januar 2022 begann eine zweijährige Umsetzungsfrist, so dass die Unternehmen die Anforderungen Anfang 2025 erfüllen müssen.

4.3 Hauptprozesse der Versicherungsdienstleistung

Innerhalb der Wertschöpfungskette des Versicherungsunternehmens (▶ Dar. 76) bilden die Hauptprozesse Antrag/ Vertrag und Schaden/ Leistung den Schwerpunkt der (innerbetrieblichen) Leistungserstellung. Ihre Position lässt sich der Abbildung 67 entnehmen. Wesentliche Inhalte dieser Hauptprozesse werden im Folgenden beschrieben.

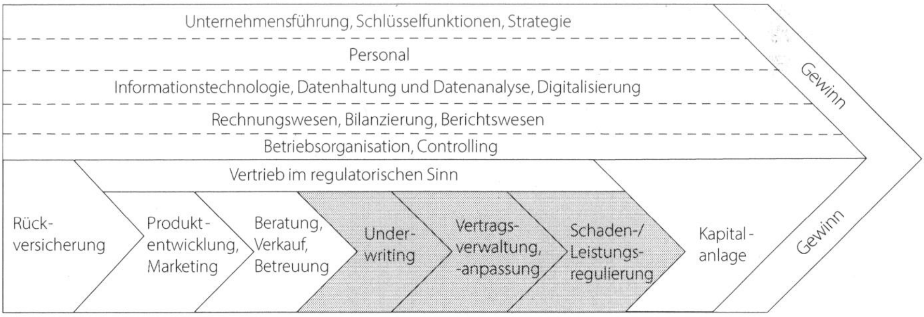

Dar. 76: Hauptprozesse in der Wertschöpfungskette

4.3.1 Organisation des Prozesses Antrag und Vertrag

Die Einzelaufgaben innerhalb dieses Hauptprozesses lassen sich in die Erstbearbeitung, die Folgebearbeitung und die Schlussbearbeitung unterteilen. Die **Erstbearbeitung** (auch Antragsbearbeitung) umfasst im Wesentlichen die Aufgaben der Antragserfassung, der Risikoprüfung, der Tarifierung, des Underwritings, der Policierung und der Übergabe der Daten in die Bestandsführung. Ebenso zählt das Auslösen der Provisionierung des Vermittlers dazu (vgl. Farny, 2011, S. 674 f.).

Nach dem Erfassen eines vom Vermittler eingegangenen Antrags und einer ersten formalen Vollständigkeitsprüfung folgt die Risikoprüfung, in der die Merkmale des zu versichernden Risikos ermittelt werden. Dabei stützt sich die Beurteilung zunächst auf Angaben, die im Antrag gemacht wurden. In der Lebensversicherung (insb. Risikolebens- und Berufsunfähigkeitsversicherung) sind beispielsweise Angaben zum Gesundheitszustand (»Gesundheitsfragen«) i. d. R. Teil des Antrags. Auch bei einigen Sachversicherungsprodukten sind Risikofragebögen auszufüllen. Sobald diese Angaben nicht ausreichen, um das Risiko einzuschätzen, können weitere Informationen eingeholt werden, z. B. durch ergänzende Nachweise oder eine ärztliche Gesundheitsprüfung. Unter Berücksichtigung der ermittelten Risikomerkmale wird dann die Tarifierung vorgenommen, bei der auch entschieden wird, ob das Risiko zu normalen Bedingungen angenommen werden kann, oder ob Risikozuschläge erforderlich sind. Gleichzeitig erfolgt im Rahmen des Underwritings die Entscheidung, ob das Risiko unter Beachtung der Annahmerichtlinien des Versicherers überhaupt gezeichnet werden kann. Die Annahme des Antrags löst dann die Policierung aus, d. h. der Versicherungsschein wird erstellt und dem Versicherungsnehmer zugestellt.

Im Rahmen der **Folgebearbeitung** (auch Bestandsverwaltung) werden Aufgaben im Zusammenhang mit bestehenden Verträgen ausgeführt. Das sind im Wesentlichen die Änderung allgemeiner Merkmale des Vertrages wie Adress- oder Kontodaten, Änderungen des Versicherungsschutzes, die Durchführung von Prämienanpassungen, die Erstellung von Dokumenten zum Vertrag wie Beitragsrechnungen, Nachträge und Standmitteilungen, sowie wiederum die Weitergabe der entsprechenden Daten in die Bestandsführungssysteme (vgl. Farny, 2011, 676).

Einige dieser Aufgaben fallen regelmäßig an, z. B. die Erstellung der jährlichen Beitragsrechnung oder die Durchführung einer vereinbarten Beitragsdynamik. Diese Aufgaben haben das Potenzial einer weitgehenden Automatisierung und benötigen nur selten manuelle Eingriffe durch Mitarbeiter. Gleiches gilt für Aufgaben, die auf Veranlassung des Unternehmens zum gleichen Zeitpunkt für einen Teilbestand ausgeführt werden müssen (Bestandsaktionen), Anders ist es dagegen bei unregelmäßig auftretenden Aufgaben, die beispielsweise durch eine Optionsausübung des Versicherungsnehmers (z. B. die Ausübung einer Nachversicherungsgarantie) angestoßen werden. Je nach Komplexität der Aufgabe ist der Grad der manuellen Bearbeitung hoch, teilweise sind individuelle Entscheidungen erforderlich. Einige Vorgänge, wie z. B. eine Leistungserhöhung mit Risikoprüfung, lösen auch Prozesse aus der Erstbearbeitung aus.

Aufgaben der **Schlussbearbeitung** treten im Zusammenhang mit Ereignissen auf, die den Vertrag beenden, also beispielsweise die Kündigung durch den Versicherungsnehmer oder das Versicherungsunternehmen, der Ablauf des Vertrags oder der Wegfall des versicherten Risikos (▶ Kap. 1.2.2). In diesen Fällen werden Schlussdokumente ausgestellt, ggf. die weitere Bearbeitung im Rahmen des Prozesses Schaden/ Leistung veranlasst (▶ Kap. 4.3.2) und die Informationsweitergabe an Dritte angestoßen.

Ein wichtiger Aspekt bei allen Aufgaben des Prozesses Antrag/Vertrags ist die Kommunikation, sowohl unternehmensintern als auch gegenüber Vertrieb und Kunde. Ebenfalls dazu zählt die Beratung des Kunden in diesen Angelegenheiten. Besonders kundenorientiert können Folgebearbeitungen in Service-Centern durchgeführt werden, in denen Mitarbeiter mit umfassender Kenntnis vieler verschiedener Produkte und der zugehörigen Bestandsvorgänge eine Rundum-Sachbearbeitung durchführen können. Anliegen der Kunden werden dann nicht nur aufgenommen und weitergeleitet, sondern zeitnah oder sogar unmittelbar abschließend bearbeitet (vgl. Ax/Brunauer, 2021, S. 434). Eine solche Prozessorganisation muss in der Aufbau- und Ablauforganisation entsprechend abgebildet werden (▶ Kap. 4.1.2 und 4.1.3).

4.3.2 Organisation des Prozesses Schaden und Leistung

Aufgaben im Prozess der Schadenbearbeitung werden ausgeführt, wenn ein Versicherungsnehmer oder ein Dritter einen Schaden meldet. Dazu zählen auch Abläufe aus Lebensversicherungen, bei denen eine Ablaufleistung fällig wird (vgl. Farny, 2011, S. 677). Je nach Versicherungszweig treten mehr oder weniger Schadenmeldungen auf, diese sind teilweise auch saisonal, beispielsweise wetterbedingt, abhängig. In der Sachversicherung ist das Aufkommen von Schadenmeldungen häufiger und weitgehend zufällig, in der Lebensversicherung hingegen seltener und insb. bei Rentenversicherungen besser voraussagbar.

Nach der Entgegennahme der Schadenmeldung werden die Merkmale des Versicherungsfalls und Schadens ermittelt, bevor geprüft wird, ob für den gemeldeten Schaden Versicherungsschutz besteht. Anschließend wird die Höhe der Leistungen festgesetzt und ihre Auszahlung veranlasst. Die Daten des Schadenfalls müssen zuletzt in die entsprechenden Bestands- und Informationssysteme eingegeben werden (vgl. Nguyen/Romeike, 2013, S. 463). Die Schadenbearbeitung und -regulierung hat eine hohe Bedeutung für die Kundenbeziehung, weil der Kunde hier das abstrakte Vertrauensgut Versicherung konkret erlebt. In der Durchführung der Schadenregulierung gibt es Gestaltungsmöglichkeiten für das Versicherungsunternehmen, beispielsweise in Form von Regulierungsvollmachten für den Außendienst oder ein aktives Schadenmanagement, die zur Kundennähe und -bindung beitragen (▶ Kap. 3.4.3).

4.3.3 IT-Prozesse im Versicherungsunternehmen

IT-Prozesse stellen eine wichtige Unterstützungsfunktion in der Wertschöpfungskette eines Versicherungsunternehmens dar.

Sämtliche wertschöpfende Prozesse sind ohne Unterstützung durch entsprechende IT-Prozesse praktisch nicht darstellbar, teilweise werden sie sogar vollautomatisch ausgeführt (Dunkelverarbeitung) (vgl. Aschenbrenner, 2010, S. 15 f.). Da

Wertschöpfung in Versicherungsunternehmen nur zu einem sehr kleinen Teil an materiellen Gegenständen, dafür fast ausschließlich an Informationen vollzogen wird (vgl. Farny, 2011, S. 186), ist Informationsverarbeitung zentraler Teil der Herstellung der Dienstleistung Versicherung. Daher müssen sämtliche Prozesse in IT-Systemen abgebildet sein. Zu implementieren sind insb. Angebots- und Antragsprozesse, Bestandsprozesse und Prozesse der Schadenbearbeitung (▶ Dar. 77).

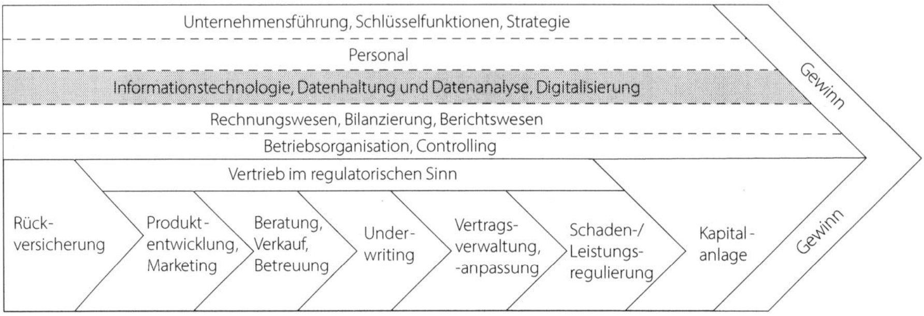

Dar. 77: IT-Prozesse in der Wertschöpfungskette

Benötigt werden dabei (vgl. Aschenbrenner, 2010, S. 16)

- Anwendungssysteme zur Erfassung und Bearbeitung der Informationen, die von Anwendern über verschiedene Zugangswege genutzt werden,
- eine dafür geeignete und leistungsfähige IT-Infrastruktur,
- eine effiziente IT-Organisation.

Anwendungssysteme, insb. Beratungs- und Angebots- sowie Bestandsführungssysteme, bilden die fachliche Dimension der Informationsverarbeitung ab. Versicherungsunternehmen nutzen entweder selbst erstellte Systeme oder nutzen Systeme externer Dienstleister, die durch Customizing an eigene individuelle Bedürfnisse angepasst werden. Ein großer Vorteil der Nutzung von Dienstleisterlösungen ist, dass zeitkritische Anpassungserfordernisse, wie sie beispielsweise durch regulatorische Vorgaben zunehmend häufiger vorkommen, effizient durch die Übernahme eines Updates bewältigt werden können. Auch weitere Teile der IT-Infrastruktur können durch Dienstleister betrieben werden (vgl. Aschenbrenner, 2010, S. 22).

Aufgaben der IT-Organisation sind insb.

- die Planung und Steuerung der IT,
- die Beschaffung und der Betrieb der Infrastruktur,
- die (Weiter-)Entwicklung und Wartung der Anwendungssysteme in Zusammenarbeit mit den Fachabteilungen,
- Test und Rollout.

Eine große Bedeutung hat dabei auch die Gestaltung der Schnittstellen. Der Daten- und Informationsfluss zu Systemen externer (z. B. Vertriebspartner, Verbände, Rückversicherer) und interner Partner (z. B. Rechnungslegung, Controlling, Vertriebs-Innendienst, Risikomanagement, Statistik) muss technisch einwandfrei funktionieren und bei Änderungen flexibel anzupassen sein. Auch die Schnittstellen zu menschlichen Anwendern müssen möglichst anwenderfreundlich gestaltet sein. So kann die Bearbeitung von Bestandsvorgängen im Innen- und Außendienst nur effizient erfolgen, wenn das Bestandsführungssystem unkompliziert bedienbar ist. Im Vertrieb sind Anwenderoberflächen der Systeme zur Angebots- und Antragserstellung erfolgskritisch. Kundenschnittstellen kommt durch die zunehmende Digitalisierung der Kundenbeziehung ohnehin eine immense Bedeutung zu (▶ Kap. 3.4.4).

Aufgrund der wichtigen Funktion der IT-Prozesse für die Wertschöpfung des Versicherungsunternehmens muss basierend auf der Unternehmensstrategie auch eine IT-Strategie entwickelt werden, die die Erreichung der Unternehmensziele unterstützt. Entsprechend wird die IT, teilweise in Form eines eigenen Ressorts, auch auf Vorstandsebene repräsentiert.

4.4 Produkt- und Preisgestaltung von Versicherungen

4.4.1 Grundlegende Gestaltungskriterien von Personenversicherungen

Unter Personenversicherungen versteht man Versicherungen, bei denen das versicherte Risiko unmittelbar das Leben, die Gesundheit und die Funktionsfähigkeit des Körpers einer Person betrifft (▶ Kap. 4.3.2). Insbesondere zählen die

- Lebensversicherung (inklusive Rentenversicherung),
- Berufsunfähigkeitsversicherung,
- Pflegeversicherung,
- Unfallversicherung,
- Krankenversicherung

zu den Personenversicherungen, wobei weitere Formen auftreten, die vergleichbare Risiken absichern (wie z. B. die Erwerbsunfähigkeits- oder Dread-Disease-Versicherung).

Da es sich bei Versicherungen um eine Dienstleistung und damit um immaterielle Produkte handelt, haben Versicherungsunternehmen bei der Produktgestaltung vor allem inhaltliche Aspekte zu betrachten. Zentral ist hierbei die Festlegung von Leistungen und Garantien. Bei vielen Personenversicherungen werden Verträge sehr häufig über einen langen Zeitraum geschlossen (▶ Beispiel 42), ohne dass es für das Versicherungsunternehmen die Möglichkeit gibt, innerhalb der Vertragslaufzeit Anpassungen am Vertrag, beispielsweise bei Prämien, garantierten Leistungen oder dem Versicherungsnehmer zugesicherten Optionen vorzunehmen. Ausnahmen bilden die Unfallversicherung, in der üblicherweise Verträge mit einer Laufzeit von ein bis drei Jahren abgeschlossen werden, sowie die Krankenversicherung, in der unter bestimmten Voraussetzungen und in begrenztem Umfang Änderungen der Prämienhöhe und sogar der Allgemeinen Versicherungsbedingungen möglich sind.

Vor diesem Hintergrund bewegen sich Versicherungsunternehmen bei der Produktgestaltung in einem Spannungsfeld zwischen ausreichender Vorsicht bei der Zusage von Leistungen und Garantien und gleichzeitig der Notwendigkeit, ein für das angestrebte Kundensegment auch im Marktvergleich attraktives Produkt anzubieten.

Beispiel 42: Juniorrente

Eine Mutter schließt kurz nach der Geburt eine Rentenversicherung für ihr Neugeborenes als versicherte Person (VP) ab. Bis zum 67. Lebensjahr des Kindes wird ein monatlicher Beitrag an das Versicherungsunternehmen gezahlt, anschließend zahlt dieses eine lebenslange Rente an das »Kind« aus. Bei Vertragsabschluss geht das Versicherungsunternehmen also eine Verpflichtung bis zum Tod der VP ein, durchaus über 100 Jahre. Für diesen langen Zeitraum legt sich das Versicherungsunternehmen auf Garantien, wie z. B. die Höhe der garantierten Verzinsung der eingezahlten Sparbeiträge oder der garantierten Rentenhöhe, aber auch auf Änderungsmöglichkeiten (Optionen) für den Kunden (z. B. die Möglichkeit einer Beitragserhöhung), fest. Das Versicherungsunternehmen trägt das Risiko des Eintritts von aus seiner Sicht ungünstigen Entwicklungen, wie z. B. einem dauerhaften Absinken des Zinsniveaus. Dieses Risiko kann durch entsprechende Produktgestaltung vermindert werden. So können beispielsweise für die Rentenbezugsphase verminderte Garantien ausgesprochen oder Möglichkeiten für Zuzahlungen und Beitragserhöhungen eingeschränkt werden. Während diese Gestaltungsmöglichkeiten aus der Risikosicht des Versicherungsunternehmens positiv wirken, mindern sie die Produktattraktivität aus Kundensicht.

4.4.1.1 Leistung, Garantien und Optionen

Eine bedeutende Gestaltungsmöglichkeit des Produktes besteht in der Definition der **Leistung.** Hier ist zunächst die Höhe der Leistung zu betrachten. Teilweise wird diese absolut bzw. in direkter Abhängigkeit von einer vereinbarten Versicherungssumme festgesetzt (beispielsweise in der Risikolebensversicherung oder bei der Festlegung der Gliedertaxe in der Unfallversicherung). In der kapitalbildenden Lebens- und Rentenversicherung ergibt sich die Höhe der garantierten Leistung bei einem klassischen Kalkulationsansatz aus den zu Grunde gelegten Rechnungsgrundlagen, insb. der garantierten Verzinsung des Kapitals. Während in der Vergangenheit eine garantierte Verzinsung in Höhe des Höchstrechnungszinses üblich war, ist dieser Parameter mittlerweile zu einem bedeutenden Differenzierungsmerkmal von Lebensversicherungsprodukten geworden. Teilweise wird hier mit Zinssätzen unterhalb des Höchstrechnungszinses gearbeitet, zunehmend wird anstelle eines Zinssatzes gegenüber dem Kunden auch eine prozentuale Höhe der Summe der eingezahlten Beiträge garantiert, die am Ende der vereinbarten Ansparphase entweder als Kapitalleistung ausgezahlt oder verrentet wird. Als für den Kunden entscheidendes Merkmal ist die Höhe der Leistung hochgradig wettbewerbsrelevant.

Auch die Art der Leistung unterliegt einem gewissen Gestaltungsspielraum. Auch wenn sich bei einer Rentenversicherung die Art der Leistung (Rente) bereits aus der Natur des Produktes ergibt und es bei einer Berufsunfähigkeitsversicherung marktüblich und nahezu selbstverständlich ist, dass eine Rente gezahlt wird, besteht dennoch die Möglichkeit, zusätzliche Varianten der Auszahlung zu schaffen. So ist beispielsweise statt der lebenslangen Rente auch eine Zeitrente denkbar. Bei der Berufsunfähigkeitsversicherung haben sich zusätzliche Kapitalzahlungen (z. B. Anfangshilfen bei Eintritt der Berufsunfähigkeit) etabliert. Im Hinblick auf derartige Leistungen stehen die Versicherer im Wettbewerb zueinander.

Darüber hinaus ist der **Versicherungsfall** zu definieren, also das Schadensereignis, das die Leistungspflicht des Versicherers auslöst. Im Unterschied zu vielen Produkten der Schadenversicherung ist es in der Personenversicherung häufig nicht ohne weiteres möglich, dieses Schadensereignis konkret zu erfassen. Ein Beispiel ist die Berufsunfähigkeitsversicherung, in der der Versicherungsfall nur abstrakt beschrieben werden kann. Sowohl die gesetzliche (§ 172 Abs. 2 VVG) als auch eine (großzügigere) branchenübliche Definition der Berufsunfähigkeit erfordern eine Anwendung auf den konkreten Fall, die unweigerlich mit mehr oder weniger großem Interpretationsspielraum verbunden ist. Hier lässt sich die Attraktivität des Produktes steigern, indem zusätzliche (eindeutige) Leistungsauslöser, wie z. B. eine festgestellte Pflegebedürftigkeit oder eine Dienstunfähigkeit definiert werden.

Optionen sind Wahlrechte des Versicherungsnehmers, die bei Vertragsabschluss seitens des Versicherungsunternehmens verbindlich eingeräumt werden. Sie erhöhen für den Kunden die Attraktivität des Produktes, indem sie die Möglichkeit eröffnen, den Versicherungsschutz an einen veränderten Bedarf anzupassen. Dies ist beispielsweise in der Berufsunfähigkeitsversicherung durch die Einräumung eines Rechts auf eine Erhöhung der versicherten Rente ohne erneute Gesundheitsprüfung möglich. Während der Kunde vor der Ausübung der Option entscheiden kann, ob ihm der zusätzliche Schutz die zusätzlich zu zahlende Prämie Wert ist, kann das Versicherungsunternehmen die Änderung seiner Risikosituation nicht ablehnen. Aus diesem Grund kann das Versicherungsunternehmen sein Risiko aus dieser Option verringern, indem es die Möglichkeit zur Erhöhung an bestimmte Voraussetzungen, wie z. B. eine zeitliche Nähe zu einem bedarfsverändernden Ereignis (z. B. Geburt eines Kindes) knüpft.

4.4.1.2 Überschussbeteiligung

Um die in Personenversicherungen gegenüber den Versicherungsnehmern garantierten Leistungen dauerhaft sicherzustellen, müssen Versicherungsunternehmen vorsichtig kalkulieren. Aus diesem Grund werden bei der Prämienkalkulation Sicherheiten eingerechnet, indem Risiken und Kosten bewusst und systematisch zu hoch angesetzt werden. Dieses Vorgehen führt fast zwangsläufig zur Entstehung von Überschüssen, da das tatsächliche Ergebnis im Regelfall besser ausfällt als kalkuliert. Zudem besteht die Möglichkeit, dass das Versicherungsunternehmen im Rahmen der Kapitalanlage ein Ergebnis erzielt, das über das zur Finanzierung der garantierten Verzinsung benötigte Ergebnis hinausgeht. Somit gibt es die folgenden Überschussquellen:

- Kapitalergebnis: Überschüsse entstehen, wenn die tatsächlichen Kapitalerträge oberhalb der kalkulierten Verzinsung liegen.
- Risikoergebnis: Überschüsse entstehen, wenn weniger Versicherungsfälle eintreten als in der vorsichtigen Kalkulation angenommen.
- Übriges Ergebnis: Überschüsse entstehen im Wesentlichen, wenn die tatsächlichen Kosten unterhalb der einkalkulierten Kosten liegen (Kostenergebnis). In das übrige Ergebnis fließen auch das Stornoergebnis und das Ergebnis aus der Rückversicherung ein.

Die Grundlage für die Ermittlung der Überschüsse ist der Jahresabschluss nach HGB.

Für Lebens- und Berufsunfähigkeitsversicherungen existiert ein gesetzlicher Anspruch auf eine Überschussbeteiligung. Nach dem VVG steht grundsätzlich jedem Vertrag eine Überschussbeteiligung zu, sofern diese nicht ausdrücklich im Vertrag ausgeschlossen wird (§ 153 Abs. 1 VVG). Für Kranken- und Pflegeversicherungen enthält u. a. das VAG grundlegende Anforderungen an die Überschussbeteiligung (§§ 150 f. VAG), sofern diese nach Art der Lebensversicherung betrieben werden (das begründet insb. die Kalkulation der Prämien mit einem Rechnungszins und die Bildung einer Altersrückstellung).

Die Höhe der den Verträgen tatsächlich gutgeschriebenen Überschüsse ist kein Gegenstand der Produktgestaltung, sondern wird jährlich im Rahmen der Überschussdeklaration für die einzelnen Tarife und Verträge festgelegt. Hierbei werden die entstandenen Überschüsse nach einem verursachungsgerechten Verfahren (§ 153 Abs. 2 VVG) verteilt. In der Lebensversicherung und ebenso in der Berufsunfähigkeitsversicherung müssen die Versicherungsnehmer an den entstandenen Überschüssen in Höhe der in der Mindestzuführungsverordnung (MindZV) festgelegten Anteile beteiligt werden. Nach aktueller Fassung (§§ 6 ff. MindZV, Stand 07.2020) müssen mindestens 90 % des Zins- und Risikoüberschusses und 50 % des sonstigen Überschusses an die Versicherungsnehmer zurückgegeben werden. Indem diese Überschüsse überwiegend nicht direkt gutgeschrieben, sondern zunächst der Rückstellung für Beitragsrückerstattung (RfB) zugeführt und in den

Folgejahren den Verträgen zugeteilt werden, erfolgt eine Glättung der Überschussbeteiligung über die Zeit.

Es existieren zahlreiche Gestaltungsformen, in welcher Weise die Zuteilung der entstandenen Überschüsse zu den einzelnen überschussberechtigten Verträgen geschehen soll (Überschussbeteiligungssysteme). Welche Formen innerhalb eines Tarifs zur Verfügung stehen, ist ein wesentliches Gestaltungskriterium von Verträgen der Lebens- und Krankenversicherung. Teilweise gibt es für die Versicherungsnehmer hier Auswahlmöglichkeiten zwischen mehreren Systemen. Welches der im Tarif angebotenen Systeme zur Anwendung kommt, wird i. d. R. bei Vertragsabschluss festgelegt.

In der Krankenversicherung erfolgt die Überschussbeteiligungssysteme häufig in Form einer Beitragsrückerstattung. Dabei werden eine festgelegte Anzahl von Monatsbeiträgen als Barauszahlung an die Versicherungsnehmer zurückerstattet, die im vergangenen Versicherungsjahr keine Leistung in Anspruch genommen haben. Alternativ kann die Beitragsrückerstattung auch zur Beitragsminderung oder zur Minderung von notwendigen Beitragserhöhungen eingesetzt werden.

Eine besonders große Bedeutung hat die Überschussbeteiligung in der Lebensversicherung, insb. in kapitalbildenden Produkten, in denen ein Spar- und Entsparprozess stattfindet. Hier ist es ein wesentliches und hochgradig wettbewerbsrelevantes Produktmerkmal, dass Erträge über die garantierte Verzinsung hinaus möglich sind. Eine besondere Rolle spielt dieser Aspekt in Produkten, in denen keine oder nur eine geringe Verzinsung der Sparbeiträge garantiert wird. Die zusätzlichen Erträge bewirken eine Erhöhung der Leistung. Grundsätzlich setzt sich die Überschussbeteiligung hier aus laufenden Überschüssen, Schlussüberschüssen und einer Beteiligung an den Bewertungsreserven (§153 Abs. 3 VVG) zusammen. Während die laufenden Überschüsse jährlich zugeteilt werden, erfolgen die Zuteilung von Schlussüberschüssen und die Bewertungsreservenbeteiligung erst bei Beendigung des Vertrags bzw. beim Übergang in die Rentenbezugsphase. Dies hat zur Folge, dass die erwartete Höhe dieser beiden Komponenten während der Vertragslaufzeit sinken kann, was den Versicherungsnehmern in den im Rahmen der jährlichen Standmitteilungen auszuweisenden Modellrechnungen zur Ablaufleistung aufgezeigt wird. Im aktuellen Umfeld sind die tatsächlich erwirtschafteten Verzinsungen nach wie vor häufig niedriger als bei Vertragsabschluss prognostiziert, so dass dies auch in vielen Fällen zu beobachten ist.

In biometrischen Produkten wie z. B. bei der Risikolebens- oder Berufsunfähigkeitsversicherung werden Überschüsse meist zur jährlichen Reduzierung der zu zahlenden Prämie verwendet. Im Folgenden werden die gängigen Überschussverwendungssysteme der einzelnen Produktarten beschrieben.

Die folgenden Überschussbeteiligungssysteme für laufende Überschüsse sind in kapitalbildenden Lebensversicherungen und Rentenversicherungen üblich:

- **Bonus:** Zugeteilte Überschüsse werden zur dauerhaften Erhöhung der versicherten Leistung verwendet. Aus den Überschüssen wird ein Einmalbeitrag finanziert, der eine zu diesem Einmalbeitrag äquivalente Leistungserhöhung be-

wirkt. Bei Rentenversicherungen in der Rentenbezugsphase führt jede Zuteilung zu einer dauerhaft erhöhten Rente (häufig als dynamische Überschussrente bezeichnet). Alternativ können erwartete Zuteilungen vorab in eine theoretisch gleichbleibende Überschussrente umgerechnet werden (häufig als variable oder konstante Überschussrente bezeichnet). In diesem Fall führen künftig geringere Überschusszuteilungen allerdings zu einer Absenkung, höhere zu einem Ansteigen dieser Überschussrente. Eine Mischform aus dynamischer und variabler Überschussrente wird als teildynamische Überschussrente bezeichnet.
- **Verzinsliche Ansammlung:** Zugeteilte Überschüsse werden einem Ansammlungskonto gutgeschrieben. Dieses wird mit dem Ansammlungszins, der ebenfalls jährlich zu deklarieren ist, verzinst. Zum Ende der Ansparphase werden die angesammelten Überschüsse ausgezahlt oder zur einmaligen dauerhaften Erhöhung der Rente verwendet.

In Risikolebensversicherungen und Berufsunfähigkeitsversicherungen sind die folgenden Überschussbeteiligungssysteme üblich:

- **Beitragsverrechnung:** Bei unveränderten Leistungen werden die Überschüsse dazu verwendet, die zu zahlenden Prämie zu reduzieren. Da eine jährliche Deklaration der Überschüsse stattfindet, kann es bei dieser Form der Überschussverwendung zu steigenden Prämien kommen. Dies ist insb. dann der Fall, wenn sich das Risikoergebnis nachhaltig verschlechtert, d. h., wenn die Zahl der eingetretenen Versicherungsfälle zunimmt.
- **Bonusrente:** Die Überschüsse werden dazu verwendet, eine im eingetretenen Versicherungsfall für die gesamte Leistungsdauer erhöhte Berufsunfähigkeitsrente zu zahlen. Bei dieser Form der Überschussverwendung kann die Höhe der zu erwartenden Bonusrente in Abhängigkeit von der Überschussdeklaration jährlich schwanken, eine einmal gezahlte Bonusrente bleibt allerdings unverändert.
- **Todesfallbonus:** Diese Form der Überschussverwendung ist vergleichbar mit der Bonusrente, kommt allerdings dann zum Einsatz, wenn als Versicherungsleistung eine Kapitalauszahlung vereinbart ist. Sie ist damit insb. für die Risikolebensversicherung relevant. Im Todesfall wird zusätzlich zur vertraglich garantierten Leistung eine zusätzliche Summe ausgezahlt, die von der im Todesjahr deklarierten Höhe der Überschussbeteiligung abhängt.

4.4.2 Grundlegende Gestaltungskriterien von Schadenversicherungen

Die Dienstleistungsfreiheit im europäischen Finanz- und Versicherungsmarkt hat zu einer weitgehenden Deregulierung des deutschen Versicherungsmarktes einhergehend mit einem verschärften Wettbewerb auch für die Schaden- und Unfallversicherer geführt. In der Folge sind die Anforderungen an die versicherungstechnischen Kernprozesse deutlich gestiegen. Im Privatkundengeschäft und hier insb. in den Massensparten wie der Kraftfahrtversicherung mit einer zuvor weitgehend uniformen Produkt- und Tarifstruktur stellt das grundlegend neue Anforderungen an die Ausgestaltungen der zugrundeliegenden Prozesse zur Steuerung der Produkt- und Tariflandschaft für ein Versicherungsunternehmen.

Die Produkt- und Tarifgestaltung ist zu einem entscheidenden Wettbewerbsinstrument der Versicherer in einen deregulierten Markt geworden. Dabei spielt häufig der Preis für ein Versicherungsprodukt im Wettbewerb eine zentrale Rolle, andere Komponenten, wie Deckungsumfänge und Service haben dagegen regelmäßig eine nachrangige Bedeutung. Als Folge der neuen Möglichkeiten in der Tarif- und Produktgestaltung liefern sich Versicherer immer wieder regelrechte Rabattschlachten, um durch Neugeschäft geplantes Prämienwachstum zu erzeugen. Dabei verlieren sie aber regelmäßig die Profitabilität ihrer Produkte aus dem Blick und müssen anschließend Konsolidierungsmaßnahmen zur Wiederherstellung bzw. Verbesserung der Profitabilität ihrer Versicherungsbestände einleiten.

Ein Beispiel hierfür ist Versicherungsmarkt für Kraftfahrtzeuge. Direkt nach der Deregulierung in den Jahren von 1995 bis 1999 hat es einen starken Preiswettbewerb gegeben. Der deutsche Markt hat in den 5 Jahren über 10 % Prämie verloren bei einem gleichzeitigen Anstieg der Schadenquote auf über 100 %. Dies hat natürlich zwangsläufig bei den meisten Versicherern zu massiven Verlusten in dieser Sparte geführt. Nach einer Erholung bis in das Jahr 2004 ist es dann zu einem erneuten Preisverfall bis 2009 von wiederum ca. 10 % des Marktvolumens gekommen.

Von 2010 an haben alle Kfz-Versicherer einen systematischen Konsolidierungskurs gefahren. Dabei wurden zunehmend neben Prämienanpassungen auch Produktkomponenten wie z. B. eine Werkstattsteuerung im Schadenfall genutzt, bei der der Kunde im Schadenfall bei Vertragswerkstätten des Versicherers die Versicherungsleistungen erhält.

Insgesamt rückt die Prämien- und Produktgestaltung damit als ein zentraler Erfolgsfaktor in den Fokus eines jeden Schaden-/ Unfallversicherers. Wettbewerbsüberlegungen spielen dabei eine wichtige Rolle und führen regelmäßig zu Modifikationen von Produkten und zu Anpassungen der Prämienstrukturen. Bei der Prämienkalkulation sollte zunächst eine bedarfsgerechte und risikoadäquate Prämienstruktur ermittelt werden. Die so berechnete, differenzierte Prämienstruktur kann anschließend unter Wettbewerbsaspekten durch den Versicherer angepasst werden. Dabei sind grundsätzlich zwei Situationen denkbar:

- Unterschreitung der risikoadäquaten Bedarfsprämie: Dieser Fall kann auftreten, wenn der Versicherer in gewissen Markt-/ Kundensegmenten Anteile in einem verschärften Wettbewerbsumfeld halten oder ausbauen will. Ebenfalls denkbar ist ein solcher Ansatz im Rahmen eines Markteintritts. Dies bedeutet regelmäßig einen Verzicht auf Erträge und ggf. sogar die Tragung von Verlusten.
- Überschreitung der risikoadäquaten Bedarfsprämie: In Segmenten mit einer hohen Nachfrage und einem geringen Wettbewerbsdruck können über den

Markt höhere Prämien realisiert werden. Dies ist äquivalent zu höheren Gewinnansätzen in der Prämienkalkulation.

Die wesentlichen Erfolgsfaktoren in der Produkt- und Prämienpolitik sind einerseits die Transparenz der Profitabilität und der Risikosituation der eigenen Bestände und deren Produkte und andererseits eine genaue Kenntnis des Markt- und des Wettbewerbsumfelds. Konkret muss der Versicherer bei der Produkt- und Preisgestaltung die entsprechenden Produkte seiner direkten Wettbewerber aber auch die Marktmechanismen und die Kundenbedürfnisse immer im Auge behalten. Daher sind umfangreiche Produkt- und Tarifanalysen von relevanten Wettbewerbern im Markt ein unverzichtbares Instrument. Aber auch Versicherungsbedarfe und Preissensitivitäten nach Produkt- und Kundengruppen stellen in diesem Zusammenhang eine wichtige Information dar. Durch systematische Nutzung dieser Gestaltungsspielräume kann ein Versicherer über eine proaktive Produkt- und Prämienpolitik die wesentlichen operativen ertrags- und finanzwirtschaftlichen Ziele aber auch strategische Unternehmensziele, z. B. eine gewisse Marktpositionierung, gezielt steuern.

4.4.3 Produktgestaltungsstrategien und Produktzyklus

Dem Konzept des Produktlebenszyklus liegt die Annahme zu Grunde, dass Produkte während ihrer Lebensdauer bestimmte Phasen durchlaufen, die durch unterschiedliche Höhen und Entwicklungen des Absatzes charakterisiert werden.

Das klassische Lebenszyklusmodell unterscheidet dabei fünf Phasen:

- Die **Einführungsphase** startet mit der Markteinführung des Produkts und zeichnet sich durch einen anfänglich niedrigen Absatz aus, der langsam wächst.
- Die **Wachstumsphase** beginnt, wenn sich das Produkt am Markt durchgesetzt hat. Der Absatz steigt in dieser Phase stark an.
- Das am Markt etablierte Produkt erreicht anschließend die **Reifephase**. Der Absatz nimmt absolut weiter zu, allerdings lässt das Absatzwachstum nach.
- In der **Sättigungsphase** erreicht der Absatz sein Maximum, beginnt danach aber erstmals zu sinken, wenn eine zunehmende Marktsättigung eintritt.
- In der letzten Phase, der **Degenerationsphase**, geht das Produkt dem Ende seiner Lebensdauer entgegen. Der Absatzrückgang beschleunigt sich, z. B. durch eine vollständige Marktsättigung oder mittlerweile existierende, bessere Produktalternativen.

Das klassische Konzept des Lebenszyklus ist vornehmlich an den Eigenschaften von Konsumgütern orientiert. Übertragen auf Versicherungsprodukte spiegelt es einen absatzorientierten Blick auf das Neugeschäft wider. Der Lebenszyklus stellt somit die Phase des aktiven Verkaufs eines Versicherungsproduktes dar. Ebenso wichtig ist in der Versicherungswirtschaft aber der Blick auf den Bestand. Nimmt man diese Perspektive ein, so kommt eine Eigenschaft der Dienstleistung Versicherung zum Tragen, die einen wesentlichen Unterschied zum Lebenszyklus von Konsumgütern bedingt. Auch nachdem der Absatz eines Versicherungsproduktes eingestellt wurde, es also die letzte Phase des klassischen Lebenszyklus durchlaufen hat, generiert es durch bestehende Verträge weiterhin Beitragseinnahmen, bis der letzte Vertrag ausläuft oder beendet wird (vgl. Zecha, 2010, S. 7). In dieser sog. Passivphase werden außer dem aktiven Vertrieb sämtliche Aktivitäten seitens des Versicherungsunternehmens weitergeführt. Die Dauer der Passivphase unterscheidet sich spartenspezifisch. In der Lebensversicherung ist sie aufgrund der typischen langen Vertragslaufzeiten besonders stark ausgeprägt.

Nimmt man zusätzlich die dem klassischen Lebenszyklus vorgeschaltete Phase der Entwicklung eines Produktes hinzu, lässt sich der Lebenszyklus eines Versicherungsproduktes in die **Entwicklungsphase**, die **Phase des aktiven Verkaufs** und die **Passivphase** unterteilen, wobei die Phase des aktiven Verkaufs den absatzorientierten klassischen Lebenszyklus umfasst (vgl. Zecha, 2010, S. 6).

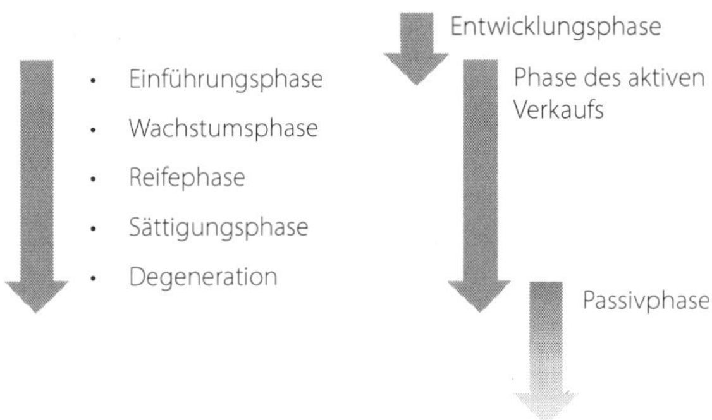

Dar. 78: Phasen des Produktlebenszyklus

Häufig wird innerhalb des Produktlebenszyklusmodells zusätzlich zum Absatz auch eine Erfolgsgröße wie der Gewinn oder der Deckungsbeitrag, betrachtet. Ein positiver Deckungsbeitrag bzw. Gewinn stellt sich demnach erst im Laufe der Wachstumsphase ein, steigt dann bis in die Reifephase hinein an, um schließlich zum Ende der Degenerationsphase gegen null zu sinken. Für Versicherungsprodukte lässt sich dieser Verlauf nicht übertragen. Während in der Einführungsphase aufgrund hoher Marketinginvestitionen auch hier regelmäßig nicht von einem positiven Produktdeckungsbeitrag auszugehen ist, unterscheidet sich die weitere Entwicklung der Erfolgsgröße aufgrund des beschriebenen Effekts der Beitragseinnahmen in der Passivphase.

Ausgehend vom Produktlebenszyklus ergeben sich für ein Versicherungsunternehmen drei grundlegende Produktgestaltungsstrategien: Innovation, Modifikation und Elimination. Produktinnovationen und Produktmodifikationen werden häufig auch unter dem Begriff der Produktneuheiten zusammengefasst.

Unter einer **Innovation** versteht man ein Versicherungsprodukt, das im Hinblick auf die Befriedigung des Kundenbedürfnisses bislang auf dem relevanten Markt noch nicht angeboten wurde, also eine Marktneuheit ist (Köhne, 2008, S.5). Dies schließt auch die Ausgestaltung von Prozessen der Dienstleistung mit ein.

Aus Kundensicht können Innovation nach dem Kriterium des Neuheitsgrades der Nutzenstiftung weiter kategorisiert werden (vgl. Herrmann/Huber, 2013, S.111 f.). Ein originäres Produkt mit völlig neuer Nutzenstiftung, z. B. einer neuen versicherten Gefahr, stellt eine **echte Innovation** dar. Knüpft ein Produkt an bestehende Produkte an, weist aber eine signifikant veränderte Nutzenstiftung auf, spricht man von einer **Quasi-Innovation**. Davon abzugrenzen sind Me-too-Produkte, die bereits bestehenden Innovationen nachempfunden sind und mit allenfalls leichten Abwandlungen einen vergleichbaren Nutzen stiften.

Produktinnovationen können nach erfolgreicher Entwicklungsphase als neues Produkt den gesamten Produktlebenszyklus durchlaufen, wobei ein Scheitern in der Einführungsphase nicht auszuschließen ist. In diesem Fall werden die folgenden Phasen nicht erreicht und das Produkt i. d. R. eliminiert.

Unter einer **Modifikation** versteht man »alle Veränderungen an bestehenden Versicherungsprodukten, die nur Anpassungen, Ergänzungen und Flexibilisierungen des Kernprodukts darstellen« (Köhne, 2008, S. 5). Ausgangspunkte für Modifikationen können die Orientierung an veränderten Kundenwünschen oder -bedürfnissen, aber auch an veränderten Marktstandards, die sich beispielsweise in Produktratings äußern, sein. Ein weiterer wesentlicher Treiber sind politische bzw. regulatorische Änderungen.

Modifikationen bestehender Produkte können den Übergang eines Produkts in eine spätere Phase des Lebenszyklus verzögern oder sogar verhindern. Insbesondere kann die Reife- oder Sättigungsphase verlängert werden, indem der Absatz des modifizierten Produktes infolge einer gesteigerten Nachfrage noch einmal anzieht. Werden Modifikationen zur Anpassung an neue rechtliche oder regulatorische Anforderungen vorgenommen, kann einem ansonsten unausweichlichen Relevanzverlust des Produktes entgegengewirkt werden. Dies ist beispielsweise in Beihilfeergänzungstarifen in der Krankenversicherung der Fall, wenn die Leistungen der Beihilfe sich verändern. Ebenso lässt sich durch eine Modifikation eine zwangsläufige vorzeitige Elimination des Produktes vermeiden, wenn es aufgrund der geänderten Vorgaben ansonsten gar nicht mehr angeboten werden dürfte.

Zwischen 2006 und 2017 hat sich die Anzahl der Produktneuerungen im Versicherungs-Gesamtmarkt gegenüber dem Zeitraum zwischen 1996 und 2005 nahezu verdoppelt. Zurückzuführen ist dieser Anstieg neben technologischen Fortschritten auch auf die in diesem Zeitraum begonnene tiefgreifende Veränderung der Kapitalmarktsituation und zahlreiche politisch-regulatorische Aktivitäten, wobei hier insb. die Einführung von Solvency II zu nennen ist. Zum ganz überwiegenden Teil, nämlich 95 Prozent, handelte es sich bei diesen Produktneuerungen um Modifikationen (vgl. Köhne/Melashenko, 2019, S. 301).

Die **Elimination** bezeichnet die Entfernung eines Versicherungsproduktes aus dem aktiven Verkauf, so dass dieses Produkt für Neuabschlüsse nicht mehr zur

Verfügung steht. Sie erfolgt im Verlauf der Degenerationsphase zu dem Zeitpunkt, in dem die Weiterführung des Produktes nicht mehr wirtschaftlich möglich ist. Davon abweichend kann aus den bereits beschriebenen regulatorischen Gründen auch eine vorzeitige Elimination erforderlich sein. Das Produkt geht dann in die Passivphase über, was bedeutet, dass auch nach der Elimination vertragliche Verpflichtungen des Versicherungsunternehmens gegenüber dem Kunden, insb. dem Versicherungsnehmer, erfüllt werden müssen. Diese schließen, je nach Produktgestaltung, auch Vertragsanpassungen ein, die zu Neugeschäft im Bestand führen. In der Lebensversicherung sind hier beispielsweise Optionen zu Beitragserhöhungen, Zuzahlungen oder Nachversicherungsgarantien zu nennen.

4.4.4 Produktentwicklungs- und Einführungsprozess

Der Produktentwicklungs- und Einführungsprozess kann grundsätzlich in vier Phasen gegliedert werden, wobei auch nach erfolgter Einführung im Rahmen einer permanenten Produktpflege Anpassungs- und Weiterentwicklungsbedarfe identifiziert und, vielfach in Form eines neuen Produktentwicklungsprozesses, umgesetzt werden (▶ Dar. 79).

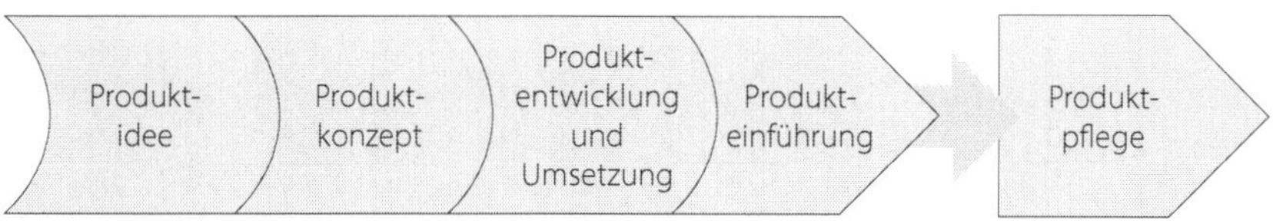

Dar. 79: Produktentwicklungsprozess

4.4.4.1 Beteiligte am Produktentwicklungsprozess

Zahlreiche Entscheidungen im Rahmen der Produktentwicklung berühren andere Vorhaben und Projekte im Unternehmen. Es gibt Interdependenzen in strategischen Fragen und insb. in der Allokation knapper Kapazitäten, beispielsweise in der IT. Die Entscheidungsfindung muss daher einen Interessenausgleich berücksichtigen, teilweise sind konträre Interessen abzuwägen.

Gleichzeitig erfordern die Aufgaben innerhalb des Produktentwicklungsprozesses spezielles Wissen und spezifische Fähigkeiten. So sind beispielsweise aktuarielle, technische, rechtliche oder vertriebliche Fragestellungen sehr komplex und mit der entsprechenden Expertise zu bearbeiten. Diese Ressourcen sind in der benötigten Qualität meist in spezialisierten Organisationseinheiten zu finden, die somit am Produktentwicklungsprozess beteiligt sind (▶ Dar. 80).

Es ist aus diesen Gründen nicht möglich und auch nicht sinnvoll, dass Produktentwicklung »aus einer Hand« in einer einzigen Organisationseinheit erfolgt. Unabhängig davon, ob Produktentwicklungsaktivitäten als Projekt oder in der Linie

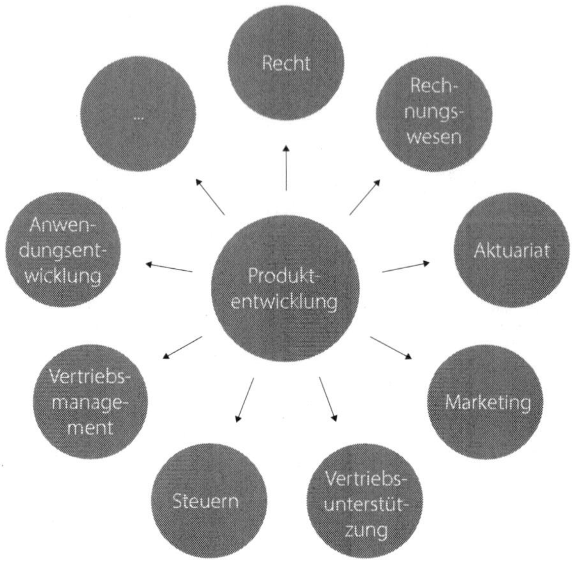

Dar. 80: Schnittstellen der Produktentwicklung

umgesetzt werden, erfolgt die Organisation häufig mit unterschiedlichen Verantwortlichkeiten für die einzelnen Aktivitäten innerhalb des Prozesses und einer übergeordneten Hierarchie (z. B. Ausschuss, Kommission, Vorstand), die interessenübergreifend koordiniert und Entscheidungen vorbereitet (vgl. Zecha, 2010, S. 11). Spartenspezifische Fachbereiche (z. B. »Produktentwicklung Leben«, »Produktentwicklung Kranken«) treten dabei als fachliche und organisatorische Kernakteure auf.

4.4.4.2 Produktidee

Der Prozess der Produktentwicklung beginnt mit der Produktidee. Ideen für neue Produkte oder auch für Weiterentwicklungen bestehender Produkte können aus zahlreichen Quellen stammen. Besonders zu nennen sind:

- Anforderungen/ Anregungen aus dem Außendienst bzw. von Vertriebspartnern,
- Konkurrenzbeobachtung,
- Produktratings,
- Ideen von (Innendienst-)Mitarbeitern/ betriebliches Vorschlagswesen,
- Ideenbörse,
- Kundengespräche,
- Ergebnisse von Marktforschung,
- Kreativität von Produktentwicklern,

- Veröffentlichungen (Verbände, Hochschulen, Fachzeitschriften, ...),
- Resultat aus gesetzlichen/ regulatorischen Anforderungen.

Die Quellen sind nicht überschneidungsfrei, beispielsweise kann eine Anregung aus dem Vertrieb auf Erfahrungen mit einem Konkurrenzprodukt beruhen, das im Wettbewerb zu vorhandenen eigenen Produkten steht. Auch Ideen von Kunden werden häufig in der Kommunikation mit Bestandsabteilungen geäußert, oder lassen sich durch Mitarbeiter aus einer Häufung von Kundenbeschwerden ableiten. Die Kreativität von Produktentwicklern wird häufig gezielt eingesetzt, wenn es darum geht, als Reaktion auf regulatorische Vorgaben eine passende und gleichzeitig attraktive Lösung zu finden. Produktideen sollten im Unternehmen in einem strukturierten Prozess bearbeitet werden (▸ Dar. 81).

- Entwicklung von Produktideen
  - Gezielte Entwicklung
  - Einreichen spontaner Ideen
- Erfassung von Produktideen
  - Produktideen-Datenbank
  - Kommentieren und vervollständigen
- Grobbewertung und Vorauswahl
  - Systematische Ergänzung durch vorhandene Informationen
  - Bewertung anhand von K.o.-Kriterien
- Bewertung und Entscheidung
  - Systematische Bewertung in Fachbereichen / Produktkommission
  - Festlegung weiteres Vorgehen (Entwicklung starten, Ablehnung)

Dar. 81: Bearbeitung von Produktideen (in Anlehnung an Zecha, 2010, S. 15)

Produktideen entstehen also teilweise als geplante Entwicklung, häufig aber auch spontan (vgl. Zecha, 2010, S. 41). Gerade spontane Ideen ergeben sich dabei selten zum genau passenden Zeitpunkt, in dem sowohl die strategische Absicht einer Entwicklung besteht als auch entsprechende Kapazitäten verfügbar sind. Es ist daher ratsam, eingereichte Produktideen in geeigneter Form in einer Produktideen-Datenbank zu sammeln, um sie möglicherweise zu einem späteren Zeitpunkt aufzugreifen. Hierbei sollte darauf geachtet werden, dass die hinterlegten Ideen in ausreichender Qualität dokumentiert sind und alle relevanten Informationen enthalten, um sie in einem Folgeschritt bewerten zu können. Gegebenenfalls ist hier eine Vervollständigung durch Rückfragen beim Urheber der Idee erforderlich. Insbesondere ist dies bei Ideenportalen der Fall, in die Mitarbeiter oder Kunden eigene Ideen direkt eingeben können. Eine Abfrage von Kriterien durch entsprechende Eingabemasken bereits bei der Erfassung der Idee ist hilfreich, kann aber auch eine abschreckende Wirkung haben.

Die gesammelten Ideen sind im nächsten Schritt einer ersten Bewertung und einer damit verbundenen Grobauswahl zu unterziehen. Anhand von K.o.-Kriterien können in diesem Schritt Ideen bereits ausgeschlossen werden, beispielsweise, wenn sie aus rechtlichen Gründen nicht umsetzbar sind. In diesem Schritt können die Einträge der Datenbank auch konsolidiert werden, indem gleiche oder ähnlich Ideen zusammengeführt oder Ideen durch bereits vorhandene Informationen ergänzt werden.

Im letzten Schritt erfolgt dann eine systematische Bewertung der verbliebenen Ideen in Fachbereichen oder durch eine Produktkommission, so dass der weitere Umgang mit der Produktidee festgelegt werden kann. Die Bewertung sollte anhand einheitlicher und nachvollziehbarer Kriterien erfolgen, z. B. (vgl. Herrmann/ Huber, 2013, S.164):

- juristische Kriterien (rechtliche/ regulatorische Beschränkungen),
- versicherungstechnische Kriterien (Versicherbarkeit, Kalkulierbarkeit),
- marktbezogene Kriterien (Marktpotenzial, -volumen, -wachstum),
- wirtschaftliche Kriterien (Umsatz, Deckungsbeitrag, Investitionsbedarf),
- zeitliche Kriterien (Entwicklungsdauer, Lebenszyklus),
- technische Kriterien (Integration, Kapazität),
- kunden- und wettbewerbsbezogene Kriterien (Produktnutzen, Wettbewerbsvergleich),
- unternehmensbezogene Kriterien (Strategie, Synergien, Cross-Selling, Image).

Das Ergebnis der Bewertung kann die Ablehnung oder ein Zurückstellen der Idee sein, aber auch der Entschluss zu einer Umsetzung, bei der die Idee zu einem Produktkonzept weiterentwickelt werden muss.

4.4.4.3 Produktkonzept

Basierend auf der zur Umsetzung ausgewählten Produktidee wird in der nächsten, inhaltlich und zeitlich sehr umfangreichen Phase des Produktentwicklungsprozesses ein Produktkonzept entwickelt. Hierbei sind insb. Entscheidungen zur Ausgestaltung des Produktkerns, also der im Produkt enthaltenen Leistungen, der Bedingungen und der mit dem Produkt im Unternehmen verbundenen Prozesse, zu treffen. Dabei ist zu beachten, dass zwischen der Gestaltung des Produktkerns, dem (wirtschaftlichen) Erfolg des Produkts und dem Produktmarketing erhebliche Wechselwirkungen bestehen (vgl. Zecha, 2010, S. 53 f.). Diese Elemente müssen daher simultan entwickelt werden, so dass Schleifen und schrittweise Verfeinerungen während der Produktentwicklung zwingend erforderlich sind.

Die Leistungsmerkmale des Produkts (im Wesentlichen Deckungsumfang, Garantien, Optionen, Prozesse) haben selbstverständlich unmittelbare Auswirkungen auf seine Attraktivität und damit seine Absatzchancen. Genauso wirken sie sich aber auch direkt auf die Kosten und damit auf den Preis aus. Sie entscheiden über die leistungs- und kostenmäßige Positionierung des Produktes gegenüber Wettbewerbsprodukten. Die Ausgestaltung der Leistungsmerkmale orientiert sich häufig an Wettbewerbsvergleichen oder angestrebten Ratingergebnissen, wobei entsprechende Analyse- und Vergleichstools elementar wichtige Hilfsmittel für die Produktentwicklung darstellen. Bei Entscheidungen zu den Leistungsmerkmalen ist der Kundenbedarf eine unverzichtbare Grundlage, genauso müssen aber auch andere, oftmals limitierende Aspekte wie gesetzliche und regulatorische Vorgaben sowie aktuarielle Grenzen und Anforderungen berücksichtigt werden.

Auf der Grundlage der (vorläufig) festgelegten Leistungsmerkmale erfolgt eine Grobkalkulation des Produktes. Die Grobkalkulation ist von der erst zu einem späteren Zeitpunkt vorzunehmenden Prämienkalkulation abzugrenzen. Ziele sind, einen Überblick über Kostenanteile der Leistungen (Risikokosten, Kostenzuschläge/Kostensätze) zu erhalten und Limitationen und Spielräume für das spätere Pricing zu ermitteln. Bei gegebenem Preisziel kann auf dieser Basis die Frage beantwortet werden, ob dieses mit den angestrebten Leistungsmerkmalen erreichbar ist.

Im Zusammenhang mit dem Kundenbedarf ist in dieser Phase auch eine genaue Abgrenzung der Zielgruppe vorzunehmen. Dieser Schritt ist zum einen wichtig, um den Kundennutzen der Leistungsmerkmale bewerten zu können. Zum anderen basieren hierauf auch wichtige Entscheidungen zum Pricing, zur Kommunikation und zu Vertriebsansätzen. Auch für eine Abschätzung des Produkterfolgs, insb. der möglichen Nachfrage, muss die Zielgruppe definiert sein. Über diese Überlegungen hinaus gibt es im Rahmen des Produktfreigabeverfahrens auch die regulatorische Anforderung, eine Zielgruppendefinition vorzunehmen (▶ Kap. 3.1.2.1).

Das Produktkonzept umfasst auch interne Prozesse, die mit dem Produkt verbunden sind. Änderungen an bestehenden Prozessen oder auch die Notwendigkeit neuer Prozesse müssen frühzeitig erkannt, konzeptioniert und die Beteiligten in die Überlegungen einbezogen werden. Hierbei handelt es sich insb. um Prozesse der Angebots- und Antragserstellung, der Risiko- und Leistungsprüfung, der Schaden- und Leistungsbearbeitung und sämtlicher weiterer Bestandsführungsprozesse. Auch prozessuale Schnittstellen zu Vertriebsprozessen sind hier zu beachten. Häufig resultieren auch Anpassungen in Formularen und Dokumenten. Eine effiziente Gestaltung der Prozesse ist für den Erfolg neuer Produkte von großer Bedeutung.

Auch das Risikomanagement ist in dieser Phase einzubeziehen, um die möglichen Auswirkungen des neuen Produktes auf die Risiko- und Solvenzsituation des Unternehmens zu beurteilen (▶ Kap. 1.3.5.2). Gegebenenfalls können festgestellte ungünstige Auswirkungen durch Änderungen der Produktgestaltung vermieden werden. Für neue Produkte oder wesentliche Änderungen ist zudem ein formaler Neue-Produkte-Prozess mit systematischen Risikoanalysen und der Dokumentation der Auswirkungen auf die Risikosituation zu durchlaufen (MaRisk AT 8.1).

Produkte müssen nicht nur leistungsmäßig, sondern auch preislich marktkonform sein. Wesentlicher Teil des Produktmarketings und sehr entscheidend bei der Positionierung des Produktes im Markt ist daher das Pricing. Da alle Leistungsmerkmale preisrelevant sind, wurde der mögliche Rahmen bereits im Zuge der Grobkalkulation gesteckt. Gängige Methoden für das **Pricing von Versicherungsprodukten** sind die folgenden (vgl. Zecha, 2010, S. 64):

- Marktpreis (»Welchen Preis ist der Kunde bereit zu zahlen?«): Diese Methode bietet sich an, wenn keine Konkurrenzprodukte existieren, so dass der Markt abgeschöpft werden kann.
- Konkurrenzpreis (»Preis von Wettbewerber(n) unterbieten«): Wenn das Ziel besteht, Marktanteile zu Lasten von bestehenden Konkurrenzprodukten zu gewinnen, eignet sich diese Methode. Voraussetzung ist, dass die Kosten des Produktes diesen Spielraum eröffnen.
- Cost-plus-Pricing (»Kosten plus Gewinnmarge«): Bei diesem Verfahren wird eine Gewinnmarge auf die Summe der Kosten des Produktes aufgeschlagen. Ein so ermittelter Preis orientiert sich zunächst nicht an der Wettbewerbssituation. Dieses Verfahren eignet sich also dann, wenn aufgrund geringer Kosten ein marktkonformer Preis zustande kommt oder wenn der innovationsgrad des Produktes so hoch ist, dass Kunden bereit sind, ihn zu zahlen.

Das Pricing führt nicht direkt zu einer Festlegung der Prämie, diese wird zusammen mit der Tarifstruktur erst im Tarifierungsprozess festgelegt. Auf der Basis des Pricings kann allerdings bereits eine fundierte Absatz- und Ertragsschätzung vorgenommen werden, die ggf. als Grundlage für ein Profit-Testing dienen kann.

Das Ergebnis dieser Prozessphase ist eine Ausformulierung des Produktkonzeptes in Form eines Produktsteckbriefs, auf dem nach Zustimmung durch eine entsprechende Hierarchiestufe, i. d. R. durch den Vorstand, im nächsten Schritt die weitere Produktentwicklung bis hin zur Umsetzung aufbaut.

4.4.4.4 Produktentwicklung und Umsetzung

Nach der Fertigstellung des Konzeptes liegen die Produktanforderungen in abgestimmter Form vor. Auf dieser Basis erfolgt nun die Umsetzung des Produktkonzeptes. Die im Konzept oftmals noch groben Anforderungen an Leistungsmerkmale und Prozesse müssen nun detailliert ausgearbeitet werden. Die finale Festlegung ist Voraussetzung für die Erstellung der Versicherungsbedingungen (▶ Kap. 4.4.1). Teilweise sind genaue Formulierungen ratingrelevant, haben also direkte Auswirkungen auf die angestrebte Marktpositionierung des Produktes. Hierbei besteht eine große Herausforderung darin, die präzise und vollständige Beschreibung sämtlicher Inhalte, die kundenorientierte Darstellung in Form einer angemessenen Transparenz und Verständlichkeit sowie die rechtlichen Anforderungen übereinzubringen. Als Hilfsmittel stehen Musterbedingungen von Verbänden wie dem GDV oder dem VöV zur Verfügung. Durch die hohe rechtliche Relevanz der Bedingungen muss in jedem Fall eine Prüfung und Freigabe durch die Rechtsabteilung erfolgen.

Mit der endgültigen Festlegung bzw. Bestätigung der geplanten Rechnungsgrundlagen (biometrische Tafeln bzw. Schadenwahrscheinlichkeiten, Rechnungszins, Kosten) für die Prämienkalkulation und die Kalkulation der Rückstellungen kann der Tarifierungsprozess (▶ Kap. 4.4.5.4) durchgeführt werden, in dem unter

Orientierung am angestrebten Pricing des Produktes die Prämienstruktur und -höhe ermittelt wird.

Ebenso werden die Anforderungen des Produktsteckbriefs nun im Hinblick auf die Umsetzung in den IT-Systemen des Versicherungsunternehmens präzisiert und in einem Fachkonzept ausgearbeitet. Der Fokus liegt auf allen technischen Prozessen, die für das neue oder modifizierte Produkt neu geschaffen oder angepasst werden müssen. Dies betrifft sowohl Bestandsführungssysteme als auch Angebots- und Antragssysteme, die für den Vertrieb des Produktes genutzt werden. Bei der Erstellung des Fachkonzeptes ist eine enge Abstimmung mit der IT-Koordination/ Business Development nötig, da die »reine« Produktsicht hier mit technischen Sichtweisen und Aspekten der konkreten Umsetzung verknüpft wird. Häufig ergeben sich im Detail noch Rückschlüsse auf die Anforderungen (Produktmerkmale, Prozesse), um Umsetzungen zu ermöglichen oder Aufwände zu minimieren, indem bestehende Prozesse durch (kleine) Anpassungen der Anforderungen weitergenutzt werden können. Im Zuge der Fachkonzepterstellung muss auch die (Zeit-)Planung der Umsetzung erfolgen, die mit den entsprechenden Releaseprozessen und -planungen des Unternehmens in Einklang gebracht werden muss (vgl. Zecha, 2010, S. 98). Auch während der Umsetzung sind Feedback-Schleifen ratsam, um Missverständnisse zu vermeiden und unvorhergesehene Schwierigkeiten durch eine leicht von den Anforderungen abweichende Lösung in gemeinsamer Abstimmung zu bewältigen.

Konkrete Vorgaben sind auch für sämtliche Dokumente zum Produkt, insb. für Angebot, Antrag und Vertrag, aber ebenso für weitere Bestandsdokumente wie die jährliche Standmitteilung nach § 155 VVG zu erstellen. Aus der Produktentwicklung werden inhaltliche Vorgaben benötigt, welche produktspezifischen qualitativen und quantitativen Angaben gemacht werden, welche Werte ausgewiesen und wie sie berechnet werden sollen. Aussagen zu Leistungen, ausgewiesene Werte und sprachliche Formulierungen sind in vielen Fällen rechtlich relevant und müssen durch die Rechtsabteilung geprüft werden. Für das Layout der Dokumente sind i. d. R. unternehmensweite Vorgaben zu beachten. Einen Sonderfall stellen zertifizierte Produkte (Riester-, Basisrente) dar. Hier sind genaue inhaltliche, textliche und formale Vorgaben des Gesetzgebers umzusetzen (▸ Kap. 4.4.6.2).

Im abschließenden Test der Umsetzung wird geprüft, ob das implementierte Produkt technisch einwandfrei funktioniert und ob die Umsetzung so erfolgt ist wie im Fachkonzept vorgegeben. Der reine technische Funktionstest ist Aufgabe der IT, allerdings sind auch umfangreiche fachliche Tests nötig. So ist der Ausweis der mathematischen Werte zu prüfen, sowohl im Hinblick auf die korrekte Berechnung als auch auf das logisch richtige, vorgabegemäße Erscheinen in den Dokumenten und Systemen. Sicherzustellen ist auch das korrekte, gewünschte Verhalten der Systeme.

4.4.4.5 Produkteinführung

Zentraler Baustein der abschließenden Prozessphase der Produkteinführung ist eine systematische und zielführende Kommunikation. Diese bezieht sich insb. auf die Zielgruppen Kunden, Vertrieb und Innendienst. Die Kommunikationsinhalte ergeben sich aus den Produktmerkmalen und dem Bedarf der jeweiligen Zielgruppe. So müssen nicht nur Kunden, sondern zuerst auch der Vertrieb von der Attraktivität des Produktes überzeugt werden (vgl. Zecha, 2010, S. 124). Teil der Kommunikationsstrategie sind Vertriebs- und Verkaufsförderungsunterlagen. Es werden Unterlagen für Kunden und Vermittler, ggf. differenziert nach Vertriebswegen, benötigt. Die »Ansprache« und das Informationsziel unterscheiden sich je nach Zielgruppe, so sind beispielsweise für Kunden werbliche Aussagen in allgemeinverständlicher Sprache erforderlich, während an Vermittler gerichtete Unterlagen mehr Produktdetails in Fachsprache enthalten können. Eine enge Zusammenarbeit zwischen Marketing als Kommunikationsexperten und fachlichen Akteuren der Produktentwicklung für Aussagen zu Produkteigenschaften ist dabei erforderlich (vgl. Stange/Graumann, 2021, S. 71). Im Rahmen des Produktfreigabeverfahrens müssen allen Vertreibern (z. B. Mitarbeitern, Vermittlern oder kooperierenden anderen Versicherern) alle notwendigen Informationen zum Produkt zur Verfügung gestellt werden (▶ Kap. 3.1.2.1).

Innen- und Außendienst sind zusätzlich für das neue bzw. veränderte Produkt zu schulen. Im Innendienst sind insb. Schulungen zu neuen Prozessen und Veränderungen gegenüber bisherigen Vorgehensweisen nötig. Ebenfalls müssen Mitarbeiter, die Kundenkontakt im Zusammenhang mit dem neuen Produkt haben werden, beispielsweise in Service-Centern, ein fundiertes Produktverständnis aufbauen und auf mögliche Fragen und Anliegen vornereitet werden. Idealerweise kann durch die Schulungen auch eine Identifikation mit dem neuen Produkt hergestellt werden. Im Außendienst sind neben produktfachlichen Inhalten zum Verständnis des Produktes auch vertriebliche Schulungen zu Verkaufsstrategien erforderlich. Diese werden i. d. R. durch Spezialisten durchgeführt, fachlicher Input ist hier aber durch das Produktmanagement zu geben. Die Kenntnis fachlicher Unterschiede zu bestehenden eigenen Produkten und relevanten Wettbewerbsprodukten ist für Kundengespräche unverzichtbar und sollte durch die Schulungen vermittelt werden. Auch für den Außendienst sind zudem Informationen zu veränderten Abläufen, Prozessen und Anwendungen, insb. in Vertriebssystemen, wichtig.

Mit dem Einführungstermin steht das Produkt für den Vertrieb zur Verfügung, Verträge können abgeschlossen, policiert und im Bestand des Versicherungsunternehmens verwaltet werden. Ebenso zur Produkteinführung gehört allerdings im Anschluss daran das Controlling in der Anlaufphase, bei dem neben der Überwachung des Produkterfolgs (Verkaufszahlen, Beitragseinnahmen) auch Erkenntnisse zur Produktqualität gewonnen werden sollten. Rückmeldungen aus dem Vertrieb oder von Kunden können Hinweise auf Gestaltungsaspekte liefern, die korrigiert oder verbessert werden sollten. Gleiches gilt für Erkenntnisse zu Abschluss- und Bestandsprozessen, die sich aus ersten praktischen Erfahrungen des

Innendiensts ergeben. Mit dem Verlassen der Anlaufphase wird das Produkt schließlich in das reguläre Produktcontrolling (▶ Kap. 1.4.2) überführt.

4.4.4.6 Anforderungen an den Produktentwicklungs- und Einführungsprozess

Die Produktentwicklung leistet einen wesentlichen Beitrag zur Wettbewerbsfähigkeit des Unternehmens. Sie spielt sowohl bei dynamischem Agieren als auch beim Reagieren auf Marktentwicklungen, beispielsweise Produktneuerungen von Mitbewerbern oder regulatorische Änderungen, eine wichtige Rolle. Ein wesentliches Handlungsfeld ist dabei die Sicherstellung schneller Reaktions- und Entwicklungszeiten, die in einem dynamischen Marktumfeld elementar sind. Eine kurze Phase »Time-to-Market« kann sowohl bei Neuentwicklungen als auch bei Produktänderungen ein entscheidender Wettbewerbsfaktor sein.

Grundsätzlich ist zu entscheiden, ob Produktentwicklungsvorhaben als Projekt oder »projekthaft«, d. h. mit einzelnen an Projekte angelehnten Vorgehensweisen, in der Linie durchgeführt werden sollen. Eine Durchführung in der Linie eignet sich insb. bei einzelnen Modifikationen, die wenig Abstimmungsbedarf erfordern oder aus einer wiederholten Anpassung bestehen. Bei größeren Vorhaben, insb. bei neuen Produkten, ist eine Durchführung als Projekt grundsätzlich sinnvoll, um effiziente Abstimmungs- und Entscheidungsprozesse sicherzustellen.

Klassische Produktentwicklungsprozesse sehen ein relativ striktes Durchlaufen der einzelnen Phasen vor. Dies kann nicht nur zu Verspätungen der Produkteinführung führen, es birgt insb. die Gefahr, dass entstandene Produkte durch nicht optimale Abstimmung verschiedenen Interessen aller Beteiligten die Marktanforderungen nicht optimal treffen. Benötigt werden daher eine ausreichende Flexibilität im Ablauf und die Möglichkeit, immer wieder in inkrementellen und iterativen Schritten Anpassungen an Idee und Konzept vorzunehmen, was idealerweise sogar in der Umsetzungsphase noch möglich sein sollte. Ein Ansatz hierzu sind agile Vorgehensweisen in der Produktentwicklung, z. B. SCRUM (▶ Kap. 5.2.5), die auch bei der Entwicklung von Versicherungsprodukten bereits vielfach eingesetzt werden. Zu beachten sind hier allerdings einige vor allem rechtlich und regulatorisch begründete Besonderheiten der Versicherungswirtschaft, durch die teilweise verhältnismäßig lange Vorlaufzeiten entstehen (z. B. Zertifizierungsverfahren von Riester- oder Basisrenten), so dass ab einem recht frühen Zeitpunkt keine Änderungen am Produkt mehr möglich sind.

4.4.5 Grundzüge der Prämienkalkulation und Marktprämiengestaltung

Die Prämie – häufig spricht man auch vom Beitrag – stellt den Preis für das Wirtschaftsgut Versicherung dar. Sie muss alle Aufwendungen des Versicherers für die Leistungen bei Eintritt des Versicherungsfalls und natürlich auch die Aufwendungen für den Betrieb und den Absatz decken. Gleichzeitig unterliegt die Prämie als Preis eines Dienstleistungsproduktes dem Wettbewerb im Markt. Anders als bei einem Industrieprodukt kann die Prämie aber nicht über eine z. B. klassische Stückkostenkalkulation ermittelt werden. Dies ist nicht möglich, weil die aus dem Versicherungsfall resultierenden Schadenkosten als wesentliche Komponente der Prämie nicht determiniert sind. Sie können nur unter Anwendung statistischer, aktuarieller Grundsätze kalkuliert werden. Im Rahmen der Prämienkalkulation muss daher immer eine ökonomische Bewertung des im Versicherungsprodukt zu transferierenden Risikos vorgenommen werden.

4.4.5.1 Die Bestandteile einer Prämie

Im Rahmen der Prämienkalkulation wird die Prämie für ein Versicherungsprodukt in eine Reihe von Einzelkomponenten zerlegt und mit zum Teil separaten Kalkulationsansätzen ermittelt. Der im Folgenden dargestellte Ansatz (vgl. Radtke, 2008, S. 15 ff.) unterstellt zunächst eine reine Bruttosicht, d. h., Rückversicherungskosten werden in diesem Kalkulationsansatz nicht berücksichtigt.

- **Risikoprämie**: Die Risikoprämie wird mittels aktuarieller Methoden ermittelt und macht in den Schaden-/ Unfallversicherungsprodukten regelmäßig zwischen 50 und 80 % der der Gesamtkosten aus. In der Lebensversicherung ist der Anteil unterschiedlich und kann bei Produkten mit Spar- und Entsparkomponenten deutlich niedriger liegen. Die Risikoprämie deckt die reinen Schadenkosten ab, die wiederum in die Komponenten Schadenzahlung, Schadenrückstellung und direkte Schadenregulierungskosten zerlegt werden können. Die Risikoprämie ist damit der Deckungsbeitrag für den erwarteten (mittleren) zukünftigen Schadenbedarf für die Deckung der im Produkt übertragenen Risiken bezogen auf ein Ausgleichssegment. Dieser Erwartungswert muss auch zukünftige Schadenkostenentwicklungen, die sich beispielsweise aus Inflation ergeben, berücksichtigen.
- **Sparprämie**: Ist in dem Versicherungsprodukt ein Spar-/ Entsparprozess wie z. B. in der Renten- oder Lebensversicherung enthalten, so muss eine Sparprämie als einmalige oder laufende Einzahlung des Versicherungsnehmers bei der Kalkulation berücksichtigt werden. Methodisch wird diese Komponente wie ein reines Spar-/Entspargeschäft nach finanzwirtschaftlichen und finanzmathematischen Grundsätzen kalkuliert. Im Rahmen der internationalen Rechnungslegung wird eine Trennung der Risiko- und Spargeschäfte mit einer separaten Erfolgsrechnung angestrebt.
- **Sicherheitszuschlag**: Eine weitere versicherungstechnische Komponente ist der Sicherheitszuschlag. Er soll das versicherungstechnische Risiko des Versicherers aus der Übernahme der Risiken anteilig kompensieren (▸ Kap. 1.3.1.2). Durch den Sicherheitszuschlag wird das Verlustrisiko für ein Versicherungsportfolio auf ein niedrigeres Sicherheitsniveau überführt. Der Sicherheitszu-

schlag wird für das einzelne zu kalkulierende Risiko auf dem Kollektiv ermittelt und fällt durch den Ausgleich im Kollektiv damit deutlich niedriger aus, als wenn er auf dem Einzelrisiko selbst ohne Ausgleichseffekte ermittelt würde.

- **Betriebskosten:** Die Betriebskosten stellen eine weitere Komponente dar, die in die Prämienkalkulation integriert werden muss. Sie werden aus der betrieblichen Kostenrechnung ermittelt und i. d. R. noch einmal in Fixkosten und variable Kosten zerlegt. Variable Kosten entstehen direkt mit der Erstellung und Abwicklung eines einzelnen Vertrages als Stückkosten. Sie können damit unmittelbar einem Einzelvertrag zugeordnet werden. Eine wesentliche variable Kostenkomponente sind Vertriebsprovisionen. Die Fixkosten setzen sich im Wesentlichen aus den allgemeinen Betriebskosten zusammen, also Gehältern, Bürokosten und weiteren Kosten für den Geschäftsbetrieb. Die Fixkosten fließen entweder proportional zur Risikoprämie oder als Stückkosten (pro Police) in die Kalkulation ein.
- **Gewinnzuschlag:** Als weitere Komponente ist der Gewinnzuschlag als eigenständiger Bestandteil in der Kalkulation zu berücksichtigen. Der Gewinnzuschlag dient im weitesten Sinne zur Bedienung des Eigenkapitals bei Aktiengesellschaften bzw. des Deckungsstocks bei Versicherungsvereinen. Die Höhe des Gewinnzuschlages selbst kann über verschiedene Modellansätze bzw. Methoden abgeleitet werden. In modernen risikotheoretisch basierten Ansätzen wird der Gewinnzuschlag dabei als Kapitalkostenanteil des Risikokapitals ermittelt, welches das Unternehmen dem entsprechenden Portfolio zuordnet. Der Gewinnzuschlag soll also anteilig die Risikokapitalkosten des Versicherungsunternehmens decken.
- **Steuern:** Als letzte Komponente ist die Versicherungssteuer in der Kalkulation anzusetzen. Sie ist als Bundessteuer im Versicherungssteuergesetz (VersStG) geregelt.

4.4.5.2 Prämienmodelle

Prämienmodelle liefern die Grundlage für Kalkulationsverfahren, die auf versicherungsmathematischen Grundsätzen basieren und werden in der Prämientheorie behandelt. Es werden im Folgenden die beiden wesentlichen Modellansätze vorgestellt, das Barwertmodell und das Zinsträgermodell (vgl. Radtke, 2008, S. 19 ff.).

Barwertmodell

Ein zentrales Basisprinzip der Prämienkalkulation ist das sog. Äquivalenzprinzip. Für das Barwertmodell bedeutet dies, dass der erwartete Barwert aller zukünftigen Leistungen gleich dem erwarteten Barwert der Prämienzahlungen ist, d. h.

E (Barwert zukünftiger Leistungen) = E (Barwert der Prämien)

Basierend auf dem Äquivalenzprinzip kann im Barwertmodell Versicherung als Tausch zweier Zahlungsströme zwischen Versicherer und Versicherungsnehmen verstanden werden. Die Kalkulation der Prämie stellt dann eine Art Plankostenrechnung des Versicherers für dieses Tauschgeschäft dar.

Die Barwertbildung, d. h. die Diskontierung sowohl der Cashflows auf der Leistungs- wie auch auf der Prämienseite, ist insb. bei Produkten mit Spar- und Entsparanteilen entscheidend, also z. B. in der Lebens- und Rentenversicherung, aber auch in der Krankenversicherung und der Unfallversicherung mit Prämienrückgewähr. Bei den entsprechenden Produkten, insb. bei Lebens- und Rentenversicherungen, spielen auch regelmäßig finanzwirtschaftliche Bewertungen eine größere Rolle als rein risikotheoretische Aspekte. Im Barwertmodell können diese Aspekte, z. B. die Frage der Mindestrendite in einer Kapitallebensversicherung, angemessen behandelt werden.

Zinsträgermodell

In der Schaden- und Unfallversicherung ist die Prognose der Zahlungszeitpunkte für die Schäden häufig sehr volatil und die Schätzung mit hohen Unsicherheiten behaftet. Daher wird regelmäßig auf eine zeitliche Modellierung und Diskontierung der Cashflows verzichtet. Ein weiterer wesentlicher Unterschied zur Personenversicherung besteht darin, dass in der Schaden- und Unfallversicherung die Prämien als positive Cashflows im Wesentlichen immer zu Beginn der Versicherungsperiode fließen und dann ausschließlich negative Cashflows durch die Abwicklung von Schadenleistungen entstehen. Hierzu stellt der Versicherer die Schadenrückstellungen, deren Höhe und zeitliche Abwicklung ein wesentliches versicherungstechnisches Risiko darstellen.

Die resultierenden Zinseffekte werden aber auch in diesem Ansatz im Rahmen des sog. Zinsträgermodells berücksichtigt. Dabei wird auf eine individuelle Betrachtung der Cashflows aus den einzelnen Verträgen verzichtet. Es werden pauschal die Zinserträge auf Portfolio-/ Produktebene ermittelt und bei der Ergebnisrechnung berücksichtigt. In der Prämienkalkulation können dann entsprechende Abschläge für Zinserträge in Ansatz gebracht werden.

Das Zinsträgermodell bildet gleichzeitig auch das Grundmodell für die Erfolgsrechnung eines Versicherers im Rahmen der Rechnungslegung mit einem differenzierten Ausweis des versicherungstechnischen Ergebnisses und des sog. nichtversicherungstechnischen Ergebnisses, im Wesentlichen das Kapitalanlageergebnis.

4.4.5.3 Prämiendifferenzierung und Selektion im Marktumfeld

Die Differenzierung von Prämien geschieht im Rahmen der Kalkulation zunächst aus rein risikotheoretischen Gründen, d. h. es wird eine bedarfs- und risikoadäquate Prämie für ein einzelnes Risiko, z. B. eine Kfz-Haftpflicht-Police ausgewiesen. Basis für die Kalkulation ist stets das Äquivalenzprinzip. Dabei kann das Äquivalenzprinzip aber auf jedes versicherte Risiko einzeln (als individuelles Äquivalenzprinzip) angewendet werden, oder auf ein geeignetes Kollektiv gleichartiger, homogener oder sogar ungleicher, heterogener Risiken. Das Äquivalenzprinzip wird in der Praxis auch auf verschiedenen Ebenen bei der Kalkulation angewendet. An dieser Stelle treten regelmäßig zusätzliche Überlegungen insb. zum Wettbewerb auf. Dabei stellt sich z. B. die Frage, auf welcher Ebene das Prinzip angewendet wird, um gewisse Zielgruppen in einem eventuell verschärften Wettbewerbsumfeld zu erreichen bzw. umgekehrt in nicht preissensitiven Segmenten Quersubventionierungen über größere Ausgleichssegmente zuzulassen. Bei unzureichender Differenzierung besteht dann allerdings immer die Gefahr der Antiselektion mit der Folge einer reduzierten Profitabilität ggf. von Verlusten. Anderseits können zu stark ausdifferenzierte Prämienstrukturen die Wettbewerbsfähigkeit gefährden und so zu massiven Absatzproblemen führen. Anhand einer einfachen Konstellation in einem »Zwei-Parteien-Markt« soll das folgende Beispiel den Effekt der Positiv- bzw. Negativselektion noch einmal verdeutlichen (vgl. Radtke, 2008, S. 24 f.).

Beispiel 43: Positiv- und Negativselektion

In einem Markt für Kfz-Versicherungen sind nur zwei Versicherer, A und B, tätig. Es gelten folgende Annahmen:

- Beide Versicherer verwenden zunächst einen Einheitstarif für die Autoversicherung, d. h. eine Einheitsprämie von 500 € für alle Pkw.
- Eine Risikodifferenzierung ist nur für ein Merkmal möglich. Schwarze Pkw haben mit 550 € einen signifikant höheren Schadenbedarf als weiße Fahrzeuge mit 450 €. Versicherer A und Versicherer B haben jeweils zu 50% weiße und schwarze Pkw versichert.
- Versicherer A führt einen »Farbentarif« ein. Versicherer B reagiert nicht und bietet weiterhin den Einheitstarif an.
- Es herrscht völlige Markttransparenz, d. h. die Versicherungsnehmer wechseln zu dem Versicherer mit der günstigsten individuellen Prämie. Beide Versicherer akzeptieren jedes Risiko.
- Sicherheitszuschläge, Kosten, Gewinn und Steuern werden nicht berücksichtigt. Zu Beginn seien die Tarife auskömmlich, d. h., die erwarteten Schadenkosten werden durch die Nettorisikoprämien gedeckt.

Die Marktgegebenheiten und die Prämiengestaltung der beiden Versicherer führen zu folgendem Ergebnis: Der neue Farbentarif von Versicherer A führt dazu, dass schwarze Pkw nun bei Versicherer A eine risikogerechte Prämie von 550 € zahlen müssten, aber bei Versicherer B unverändert für 500 € eine Deckung bekommen. Aufgrund der völligen Markttransparenz wechseln daher

alle schwarzen PKW zu Versicherer B. Umgekehrt wechseln alle weißen Pkw von Versicherer B zu Versicherer A, da die risikogerechte Prämie von 450 € unter der Einheitsprämie von 500 € liegt.
Nimmt man nun noch an, dass beide Versicherer zu Beginn jeweils 100 Pkw in ihrem Bestand versichert hatten, bleiben die Bestände stückzahlmäßig unverändert. Versicherer A hat im Ergebnis allerdings nur noch weiße Pkw mit einer risikogerechten Prämie von 450 € in seinem Portfolio, während Versicherer B nur noch schwarze Pkw zu einer Prämie von 500 € versichert und damit kein auskömmliches Portfolio mehr besitzt.

4.4.5.4 Der Tarifierungsprozess und seine Komponenten

Ein Tarif erfüllt zwei Funktionen: Er definiert die einzelnen Tarifsegmente über die Festlegung der Tarifmerkmale. Zudem definiert er den Preis für das Versicherungsprodukt in Abhängigkeit von der konkreten Ausgestaltung dieser Tarifmerkmale. Durch den Tarif wird also sowohl die Höhe der Prämie als auch der Umfang der Prämiendifferenzierung festgelegt.

Der Tarifierungsprozess umfasst dementsprechend alle notwendigen Arbeitsschritte zur Festlegung der Preisstruktur und des Preises für ein Versicherungsprodukt (vgl. Radtke, 2008, S. 27). Um die Preiskalkulation als wesentliche Komponente so gestalten zu können, dass das Versicherungsprodukt einen Beitrag zum Unternehmenserfolg leisten kann, ist eine gute Vernetzung innerhalb des Unternehmens notwendig, insb. in Richtung des Controllings und der Unternehmensplanung sowie Vertrieb und Marketing. Dies trägt der Tatsache Rechnung, dass der Tarif einerseits auskömmlich kalkuliert, andererseits aber auch im Hinblick auf die Absatzmöglichkeiten wettbewerbsfähig sein muss.

Ausgehend von den mit Hilfe von aktuariellen Verfahren aus Statistiken abgeleiteten Schadenkosten wird im Rahmen der Kalkulation zunächst eine möglichst verursachungsgerechte Zuordnung der dem Produkt zugrundeliegenden Kostenarten vorgenommen und die einzelnen Prämienbestandteile (▶ Kap. 4.4.5.1) quantifiziert. Die resultierenden Preiskomponenten liefern allerdings einen aus aktuarieller bzw. risikotheoretischer Sicht optimalen Tarif. Im nächsten Schritt müssen Wettbewerbsaspekte einbezogen finden, so dass der Tarif unter Berücksichtigung strategischer und vertrieblicher Aspekte und einer Bewertung seiner Profitabilität zu einem marktgängigen Tarif weiterentwickelt wird (vgl. Radtke, 2008, S. 29 f.). Zusammengefasst kann der Tarifierungsprozess durch folgende Schritte beschrieben werden (▶ Dar. 82).

Zu unterscheiden ist im Tarifierungsprozess, ob es sich um eine Nachkalkulation oder eine Neukalkulation eines Produktes handelt. Eine Nachkalkulation findet statt, wenn eine Prämienanpassung aufgrund einer Beitragsanpassungsklausel erforderlich wird oder im Rahmen des Controllings festgestellt wurde, dass der Tarif nicht mehr auskömmlich oder profitabel ist. Falls eine systematische Unzu-

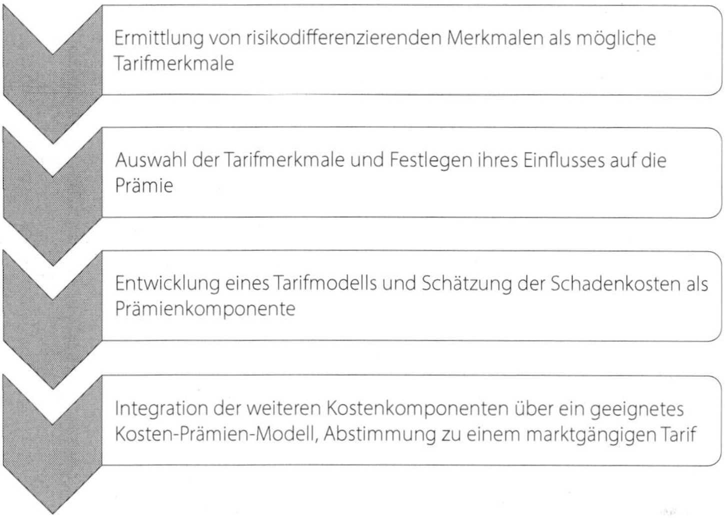

Dar. 82: Schritte des Tarifierungsprozesses

länglichkeit des Tarifs die Ursache für eine unzureichende Profitabilität ist, kann auch eine Neukalkulation erforderlich sein. Dies ist beispielsweise dann denkbar, wenn es eine Tarifkonstruktion gibt, die Antiselektion begünstigt (► Kap. 1.2.1). Eine Neukalkulation ist immer notwendig, wenn es sich um ein völlig neues Produkt oder eine grundsätzliche Änderung eines bestehenden Produkts handelt. Der Aufwand ist bei einer Neukalkulation höher als bei einer Nachkalkulation. Während bei der Nachkalkulation nur das Prämienniveau neu berechnet wird, muss bei der Neukalkulation zusätzlich auch die Festlegung der Tarifmerkmale vorgenommen werden.

4.4.6 Regulatorische Anforderungen an die Produktgestaltung

4.4.6.1 Anzeige- und Vorlagepflichten

Als Resultat aus den Anforderungen des europäischen Binnenmarktes sind Versicherungsunternehmen bei der Ausgestaltung ihrer Produkte heute weitgehend frei. Bis zur Deregulierung der Versicherungsmärkte im Jahr 1994 mussten Versicherungsbedingungen vorab einem Genehmigungsverfahren durch die Aufsichtsbehörde unterzogen werden, was zu weitgehend einheitlichen Versicherungsbedingungen geführt hat. Zudem waren auch die Rechnungsgrundlagen für die Prämienkalkulation in der Lebens-, Kranken und Kfz-Haftpflichtversicherung vorab zu genehmigen. Zusammen mit der Vorgabe, für die Kalkulation feste Schemata anzuwenden, blieb in der Folge auch ein echter Prämienwettbewerb in diesen Sparten aus.

In der Lebensversicherung sind heute nach §143 VAG bei der Neuentwicklung oder Modifizierung eines Versicherungsproduktes lediglich die Grundlagen zur Berechnung der Prämien und Deckungsrückstellungen der Aufsichtsbehörde anzuzeigen. Eine Vorlagepflicht gilt auch für die AVB der substitutiven Krankenversicherung und die der Pflichtversicherungen (z. B. Kfz-Haftpflicht oder Berufshaftpflichtversicherungen für bestimmte Berufe). Dies geschieht vor allem vor dem Hintergrund, eine ex-post-Missstandsaufsicht im Bedarfsfall zu ermöglichen, eine Genehmigung vor Produkteinführung ist damit nicht verbunden.

4.4.6.2 Zertifizierte Altersvorsorgeprodukte

Eine Pflicht zur Genehmigung vor der Markteinführung existiert in der Lebensversicherung heute noch bei zertifizierten Altersvorsorgeprodukten nach dem Gesetz über die Zertifizierung von Altersvorsorge- und Basisrentenverträgen (Altersvorsorgeverträge-Zertifizierungsgesetz, AltZertG) und dem Einkommensteuergesetz (EStG). Es handelt sich hierbei um staatlich geförderte Produkte wie die Riester- oder Basisrente (umgangssprachlich auch als »Rürup-Rente« bezeichnet). Für diese Produkte gibt es sehr konkrete Gestaltungsvorschriften, die im Wesentlichen im AltZertG geregelt und Voraussetzung für den Sonderausgabenabzug bei der Einkommensteuer und den Erhalt der staatlichen Zulage bei der Riesterrente sind. In einem Zertifizierungsverfahren muss das Versicherungsunternehmen anhand der Versicherungsbedingungen nachweisen, dass alle zertifizierungsrelevanten Kriterien eingehalten werden. Erst wenn dies im Rahmen des Zertifizierungsverfahrens durch das Bundeszentralamt für Steuern (BZSt) als Zertifizierungsstelle überprüft und bestätigt wurde, erfolgt die Zertifizierung, die Voraussetzung für den Vertrieb des Produktes ist. Anzumerken ist, dass dieser zeitaufwändige Ablauf in der Planung des Produktentwicklungs- und Einführungsprozesses berücksichtigt werden muss und insb. seine Auswirkungen auf Bestrebungen eines kurzen Time-to-Market zu bedenken sind. Insbesondere existieren auch konkrete Vorgaben für die Kostenstruktur, so ist in § 2a AltzertG geregelt, welche Kostenarten und Bezugsgrößen bei der Prämienkalkulation zum Einsatz kommen dürfen. Besondere Vorgaben gelten auch für Produktinformationsblätter und jährliche Standmitteilungen.

4.4.6.3 Höchstrechnungszins

Ein sehr zentrales regulatorisches Instrument und immer wieder Gegenstand der öffentlichen Berichterstattung ist der Höchstrechnungszins in der Lebens- und Krankenversicherung. Versicherer müssen für die den Kunden gegenüber zugesagten Garantieleistungen entsprechende Rückstellungen bilden. Diese Rückstellungen dürfen mit einem Rechnungszins (Reservierungszins) diskontiert werden. Dieser darf den vom Bundesministerium für Finanzen in § 2 der Deckungsrückstellungsverordnung (DeckRV) festgelegten Höchstrechnungszins nicht überschreiten. Dadurch wird verhindert, dass Versicherungsunternehmen bei der Reservierung mit unrealistisch hohen Verzinsungen kalkulieren, so dass die Rückstellungen im Ergebnis nicht ausreichen, um die Garantien zu bedecken.

Zu unterscheiden ist der Höchstrechnungszins vom sog. Garantiezins. Dieser ist der Zins, den Versicherer bei der Kalkulation der garantierten Prämien und Leistungen zugrunde legen. Er sichert somit eine Mindestverzinsung der Sparbeiträge zu. In der Praxis entspricht der Garantiezins häufig dem Höchstrechnungszins, das muss aber nicht zwingend so sein. Beispielsweise kommt bei Produkten der »neuen Klassik« ein Garantiezins unterhalb des Höchstrechnungszinses zur Anwendung.

4.5 Balanced Scorecard der Sidekick VVaG – Prozessperspektive

Ziel der Sidekick VVaG ist eine Steigerung ihres RoE. Dies soll u. a. durch eine Steigerung des Beitragsvolumens und eine Senkung der Betriebskosten erreicht werden. Diese beiden Ziele sollen durch strategische Ziele auf der Prozessebene unterstützt werden (▶ Dar. 83).

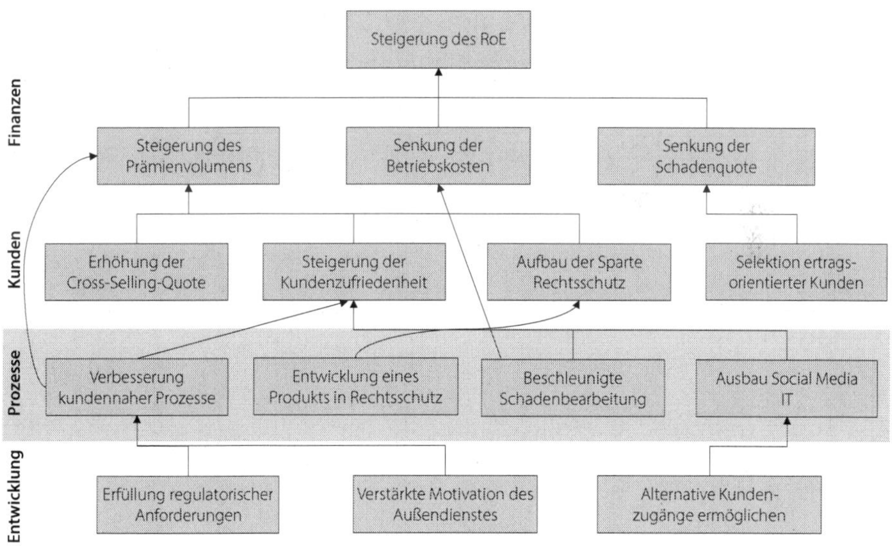

Dar. 83: Strategy Map der Sidekick VVaG – Prozessperspektive

- Entwicklung eines Produkts in der Sparte Rechtsschutz: Die Sidekick VVaG sieht besonders in der Sparte Rechtsschutz noch großes Potenzial, die Beitragseinnahmen zu steigern. In dieser Sparte hat man in den vergangenen Jahren wenig Produktpflege betrieben. Unter anderem durch Rückmeldungen aus dem Vertrieb ist bekannt, dass der aktuelle Tarif für Privatkunden keine marktgerechten Leistungen mehr bietet. Der Außendienst hat aufgrund der niedrigen Abschlusswahrscheinlichkeit mittlerweile aufgehört, das Produkt aktiv anzubieten. Die schlägt sich seit einiger Zeit auch in Absatzzahlen nieder, die auf niedrigem Niveau stagnieren. Daher soll nun ein neues Produkt entwickelt werden, das durch attraktive Leistungen und eine marktgerechte Preisgestaltung überzeugt. In die Produktentwicklung soll der Vertrieb sehr eng eingebunden werden, um eine hohe Akzeptanz für das neue Produkt und in der Folge hohe Stückzahlen zu erreichen.

- Verbesserung kundennaher Prozesse: Insbesondere im Vertrieb sollen kundennahe Prozesse, speziell Information und Beratung, der Abschlussprozess und die Betreuung der Kunden, verbessert werden. Positive Effekte auf die Kundenbindung können dann durch die Verteilung der Kosten die Betriebskostenquote senken. Gleichzeitig erhofft man sich durch die verbesserten Vertriebsprozesse auch ein unmittelbares Prämienwachstum im Zusammenhang mit dem neuen Rechtsschutz-Produkt.
- Beschleunigte Schadenbearbeitung: Auch eine gesteigerte Kundenzufriedenheit soll zur Steigerung des Prämienvolumens beitragen. Auf der Prozessebene möchte man die Erhöhung der Kundenzufriedenheit unterstützen, indem der Erwartung der Kunden, dass Schäden nach der Meldung zeitnah bearbeitet und reguliert werden, verstärkt Rechnung getragen wird. Da die Schadenbearbeitung bei der Sidekick VVaG noch fast vollständig manuell erfolgt, sind die aktuellen Durchlaufzeiten im Wettbewerbsvergleich nicht zufriedenstellend. Künftig soll verstärkt auf automatisierte Prozesse, wie eine KI-gestützte Auswertung der Schadenberichte, gesetzt werden. Damit lässt sich nicht nur eine Verbesserung der Kundenzufriedenheit, sondern mittelfristig auch eine Kostensenkung durch die Reduktion manueller Tätigkeiten erreichen.
- Ausbau Social-Media-IT: Die Kundenzufriedenheit soll ebenfalls dadurch gesteigert werden, dass die Erreichbarkeit über Social-Media-Kanäle verbessert wird. Die Sidekick VVaG ist davon überzeugt, dass sowohl der Kontakt zu Bestandskunden als auch zu Neukunden künftig noch stärker über Social-Media stattfinden wird. Fehlende Kompetenzen bei den beteiligten Mitarbeitern und Führungskräften sowie technische Ausfälle sorgen derzeit dafür, dass die Pflege der Social-Media-Kanäle der Sidekick nur rudimentär erfolgt und sogar auf Kontaktbemühungen von Kunden nicht immer zuverlässig reagiert wird. Im ersten Schritt soll daher dafür gesorgt werden, dass zumindest technische Ausfälle nicht mehr vorkommen.

5 Lern-/ Entwicklungsperspektive

5.1 Die Ressource Personal im Versicherungsunternehmen

5.1.1 Kundenintegration in Versicherungsdienstleistungen

Die Besonderheit der Dienstleistung, dass der externe Faktor Kunde in die Leistungserbringung integriert wird, macht eine im Vergleich zum produzierenden Gewerbe ungewöhnliche Verteilung der Mitarbeiter auf Vertriebs- und auf andere Tätigkeiten notwendig. Klassisch unterscheiden Versicherungsunternehmen ihre Mitarbeiter in Innendienst- und in Außendienstmitarbeiter. Der Manteltarifvertrag für das Versicherungsgewerbe sieht entsprechend zwei Teile vor, Teil II für den Innendienst und Teil III für den Werbeaußendienst genannten Verkaufsaußendienst. Selbst dann ist das Verhältnis ungewöhnlich, wenn man bedenkt, dass die große Mehrheit der Versicherungen über selbstständige Versicherungsvermittler und deren Mitarbeiter vertrieben wird. Insgesamt sind fast eine halbe Million Personen in der Versicherungswirtschaft tätig (GDV 2022, DIHK Service 2023), davon rund 170.000 im Innendienst bzw. in Ausbildung, aber über 310.000 im angestellten oder im selbstständigen Außendienst (▶ Dar. 84).

Innendienst bedeutet aber nicht etwa, nichts mit dem Versicherungsvertrieb zu tun zu haben. Versicherungsvertrieb wird wie folgt definiert:

> »Zur Vertriebstätigkeit gehören
> 1. Beratung,
> 2. Vorbereitung von Versicherungsverträgen einschließlich Vertragsvorschlägen,
> 3. Abschluss von Versicherungsverträgen,
> 4. Mitwirken bei Verwaltung und Erfüllung von Versicherungsverträgen, insb. im Schadensfall.« (§ 1a Abs. 1 S. 2 VVG)

Manche Innendienstmitarbeiter sind in der (stationären) Beratung, Angebotsstellung und dem Abschluss tätig (z. B. Kundenservicecenter). Aber zahlreiche weitere Innendienstmitarbeiter sind zwar nicht dem Versicherungsverkauf, aber dem Versicherungsvertrieb zuzurechnen, weil sie bei der Verwaltung und Erfüllung von Versicherungsverträgen, insb. im Schadensfall mitwirken (z. B. Mitarbeiter in Antrags-, Betriebs- Schaden-/ Leistungsabteilungen) (DIHK/BaFin, 2020).

Für die Versicherungsbranche ist dies eine kulturelle Herausforderung, weil die »Gräben« zwischen Innen- und (angestelltem wie selbstständigem) Außendienst traditionell tief sind. Es gibt zudem eine gewisse Unwucht bei den Qualifikationen.

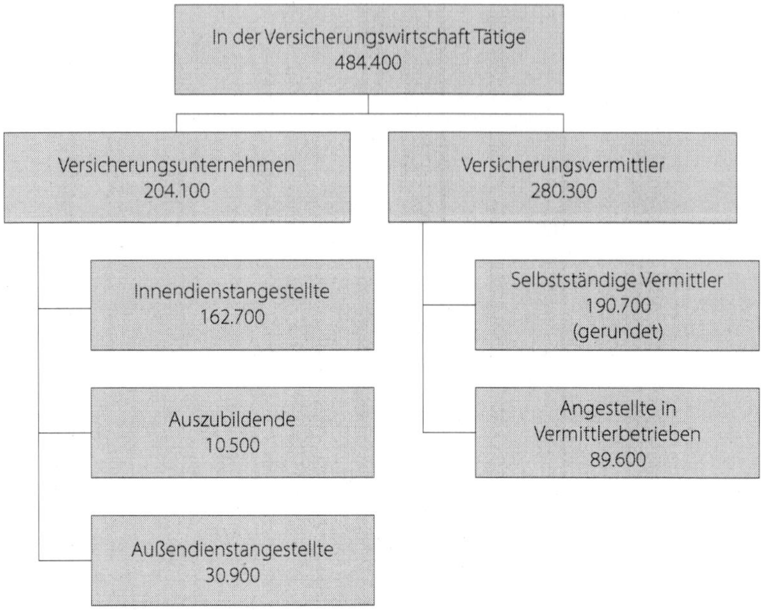

Dar. 84: In der Versicherungswirtschaft Tätige

So reicht nach den gewerberechtlichen Vorgaben im selbstständigen Außendienst die Sachkundeprüfung auf Basis einer 230 Unterrichtseinheiten umfassenden, kompakten theoretischen Unterweisung aus. Ungefähr jeder zweite Vermittler verfügt auch nur über diese Mindestqualifikation (Beenken/Radtke, 2019, S. 20 ff.). Im Innendienst hingegen gilt die zwei- bis dreijährige Berufsausbildung (Kaufmann/-frau für Versicherungen und Finanzen) als Mindesteinstiegsvoraussetzung, vielfach aber auch schon das duale Studium, weit verbreitet sind außerdem Fortbildungsprüfungen (Fachwirt/-in für Versicherungen und Finanzen).

Allerdings wurde die Berufsausbildung zuletzt 2006 erheblich verändert und auf eine Befähigung zur Kundenberatung hin ausgerichtet (Verordnung über die Berufsausbildung zum Kaufmann/-frau für Versicherungen und Finanzen). Aktuell wird diese erneut überarbeitet, um die Kompetenzen in Bezug auf die Dienstleistung am Kunden weiter zu stärken. Die allgemeine Weiterbildungspflicht für alle im Versicherungsvertrieb Tätigen unterscheidet nicht nach Innen- und Außendienst und kann zu einer weiteren Angleichung der Qualifikationsniveaus beitragen.

5.1.2 Regulatorische Anforderungen an Organmitglieder und Schlüsselfunktionen

Das Versicherungsaufsichtsgesetz stellt eine Reihe Anforderungen an die sog. Governance, also die Leitungsstruktur, eines Versicherungsunternehmens. Dazu gehört zunächst, dass Versicherungsunternehmen nur in den Rechtsformen Aktiengesellschaft (einschließlich Europäische Gesellschaft), Versicherungsverein auf Gegenseitigkeit und Körperschaft oder Anstalt des öffentlichen Rechts erlaubnisfähig sind (§ 8 Abs. 1 VAG). Damit sind folgende Organe notwendig:

- Vorstand, der die Geschäfte des Versicherungsunternehmens leitet (bei Niederlassungen ausländischer Gesellschaften der Hauptbevollmächtigte),
- Aufsichtsrat, der die Vorstände beruft und deren Tätigkeit überwacht.

Vorstand und Aufsichtsrat sind nicht nur den Eigentümern (der Hauptversammlung bzw. Mitgliedervertreterversammlung) Rechenschaft schuldig.

Des Weiteren hat ein Versicherungsunternehmen mindestens folgende vier Schlüsselfunktionen einzurichten und personell zu besetzen:

- Unabhängiges Risikocontrollingfunktion (§ 26 VAG),
- Compliancefunktion (§ 29 VAG),
- Risikomanagementfunktion (§ 26 VAG),
- Funktion der internen Revision (§ 30 VAG),
- Versicherungsmathematische Funktion (§ 31 VAG).

Es können nach Bedarf weitere Schlüsselfunktionen eingerichtet werden. Das kann notwendig sein, wenn Ausgliederungen von Funktionen oder Versicherungstätigkeiten aus dem Versicherungsunternehmen auf dritte Unternehmen erfolgen (z. B. externe Call Center oder Schadenregulierungsunternehmen). Ein Versicherungsunternehmen bleibt auch bei Funktionsausgliederung für die Erfüllung aller Vorschriften verantwortlich und muss Maßnahmen ergreifen, dies sicherzustellen (§ 32 VAG). Wenn z. B. bei kleineren Versicherungsunternehmen nicht alle Schlüsselfunktionen aus eigenem Personal besetzt werden können, ist auch eine Auslagerung auf externe geeignete Personen möglich, im Unternehmen selbst muss aber eine verantwortliche Person als Ansprechpartner definiert sein.

Seit 2018 ist zudem eine Bildungsfunktion einzurichten (§ 48 Abs. 2a VAG), mit der sichergestellt wird, dass nur mit Vermittlern und Angestellten im Vertrieb zusammengearbeitet wird, die hierfür geeignet und qualifiziert sind.

Organmitglieder und Schlüsselfunktionsträger können nur berufen werden, wenn sie hierfür persönlich und fachlich geeignet erscheinen (§ 24 VAG). Dazu bedarf es einer Zustimmung der BaFin. Insbesondere sollen die Personen

- zuverlässig,
- fachlich geeignet sein, d. h. Qualifikationen, Kenntnisse und Berufserfahrung für die Aufgaben mitbringen.

Die Inhaber der Leitungsfunktionen (Vorstände)

- müssen ausreichende Leitungserfahrung mitbringen, das sind i. d. R. mindestens drei Jahre leitende Tätigkeit in einem vergleichbaren Versicherungsunter-

nehmen. Gewisse Zugeständnisse macht die BaFin allerdings bei Vorständen für IT-Sicherheit,
- dürfen maximal ein weiteres Mandat als Vorstand bei anderen Versicherungsunternehmen (und ähnlichen Unternehmen) ausüben, bei Versicherungsgruppen können Ausnahmen gemacht werden (z. B. Mandate beim Lebens-, Kranken-, Schadenversicherer und der Holding eines Konzerns).

Auch Aufsichtsräte unterliegen neben den genannten persönlichen und fachlichen Anforderungen weiteren Beschränkungen. So sollen nicht mehr als zwei ehemalige Vorstandsmitglieder gleichzeitig im Aufsichtsrat sein, um dessen Unabhängigkeit in der Beurteilung der Arbeit des aktuellen Vorstands nicht zu beeinträchtigen. Außerdem ist die Zahl der Mandate bei BaFin-beaufsichtigten Unternehmen (neben Versicherungsunternehmen sind das auch Banken u. a.) auf maximal fünf Aufsichtsräte begrenzt, eine Ausnahme ist wiederum bei Unternehmensgruppen mit Mehrfachgremien möglich.

Die Vergütungssysteme der Geschäftsleiter, Aufsichtsräte und der Mitarbeiter von Versicherungsunternehmen müssen so gestaltet sein, dass sie auf eine nachhaltige Unternehmensentwicklung hin ausgerichtet sind (§ 25 VAG). Besonders kritisch sind in diesem Zusammenhang variable, erfolgsabhängige Vergütungen. Man möchte vermeiden, dass Anreize zu kurzfristigen Erfolgen eingesetzt werden, die dem Unternehmen langfristig schaden (z. B. überproportionale Umsatzsteigerung zulasten des Ertrags). Für die Vergütung sind interne Leitlinien zu schaffen und anzuwenden.

5.1.3 Regulatorische Anforderungen an Personen mit Tätigkeit im Versicherungsvertrieb

Versicherungsunternehmen müssen verschiedene Anforderungen an den Versicherungsvertrieb beachten, die in § 48 VAG geregelt sind.

Mit gewerbsmäßig tätigen Versicherungsvermittlern dürfen sie nur zusammenarbeiten, wenn

- sie eine Gewerbeerlaubnis nach § 34d Abs. 1 GewO oder eine Befreiung von der Erlaubnispflicht nach § 34d Abs. 6 GewO als produktakzessorischer Vermittler (für einen anderen Vermittler) besitzen. Der Versicherer muss sich hiervon durch Einsichtnahme in das Versicherungsvermittlerregister (www.vermittlerregister.info) überzeugen.
- sie erlaubnisfrei nach § 34d Abs. 7 S. 1 Nr. 1 GewO oder eine Befreiung von der Erlaubnispflicht nach § 34d Abs. 6 GewO als produktakzessorischer Vertreter dieses Versicherers erhalten. In diesen Fällen muss der Versicherer sich davon überzeugen, dass diese Vermittler zuverlässig sind und in geordneten Vermögensverhältnissen leben sowie eine angemessene Qualifizierung für die Vermittlung der jeweiligen Versicherungen sicherstellen. Entscheidend ist dabei

der geschlossene Vertretervertrag, welche Versicherungssparten und -produkte Gegenstand der Vermittlung sein sollen.

Beispiel 44: Vertreterverträge und Qualifizierungsbedarf

Ein Versicherungsunternehmen schließt mit einen Vertretervertrag mit einer Person ab und verpflichtet sie, als sogenannter Generalagent (Ausschließlichkeitsvertreter) in allen Versicherungssparten ständig neue Versicherungen zu vermitteln und bestehende Versicherungen zu betreuen. Diese Person muss umfassend mindestens auf dem Niveau einer Sachkundeprüfung qualifiziert sein, auch wenn sie diese Sachkundeprüfung selbst nicht abgelegt hat, bevor sie die Tätigkeit als Generalagent aufnimmt.
Dasselbe Versicherungsunternehmen schließt außerdem einen Vertretervertrag mit einer Person ab, die hauptberuflich in einer anderen Branche arbeitet und dabei viel Kontakt zu Tierhaltern hat. Er bezeichnet sie als nebenberuflichen Versicherungsvertreter (Ausschließlichkeitsvertreter) und verpflichtet sie, ständig neue Privat- und Tierhalterhaftpflichtversicherungen zu vermitteln und dies anschließend zu betreuen. Andere Versicherungen sind ausdrücklich nicht Gegenstand des Vertretervertrags. In diesem Fall reicht es aus, diese Person angemessen für die Beratung und Vermittlung von Privat- und Tierhalterhaftpflichtversicherungen zu qualifizieren, ehe sie als Vertreter tätig wird.

Unmittelbar oder maßgeblich am Versicherungsvertrieb beteiligte Angestellte darf ein Versicherungsunternehmen erst in dieser Funktion tätig werden lassen, wenn es sich davon überzeugt hat, dass diese zuverlässig sind, in geordneten Vermögensverhältnissen leben und für die Vermittlung der jeweiligen Versicherung angemessen qualifiziert sind.

Des Weiteren müssen sich alle Versicherungsvermittler und Angestellte im Versicherungsvertrieb regelmäßig fortbilden. Der Umfang muss mindestens 15 Zeitstunden pro Kalenderjahr betragen, in dem diese im Versicherungsvertrieb tätig sind. Bei produktakzessorischen Vermittlern reichen auch weniger als 15 Stunden, der Umfang soll dem eingeschränkten Produktspektrum Rechnung tragen und ist in das pflichtgemäße Ermessen des Versicherers gestellt, muss aber jedenfalls mehr als 0 Stunden sein (DIHK/BaFin, 2020).

Die Fort- bzw. Weiterbildung – es werden unterschiedlich Begriffe für denselben Sachverhalt benutzt – wird im Einzelnen im § 7 VersVermV geregelt. Durch sie soll die berufliche Handlungsfähigkeit erhalten, angepasst oder erweitert werden.

Beispiel 45: Berufliche Handlungsfähigkeit als Ziel der Weiterbildung

Eine Mitarbeiterin im Kundenservice eines Versicherers berät Kunden über alle Kompositversicherungen des Privatkundenbedarfs. Da sie im Lauf der Zeit be-

deutsame Details aus den Versicherungsbedingungen vergessen hat, dient die Weiterbildung zur Erhaltung der beruflichen Handlungsfähigkeit.
Im Lauf der Zeit führt der Versicherer neue Bedingungswerke und Tarifgestaltungen ein und schult die Mitarbeiterin, wodurch die berufliche Handlungsfähigkeit angepasst wird.
Die Mitarbeiterin hat ein persönliches Entwicklungsziel, künftig die Kunden auch zu Lebens- und Krankenversicherungen beraten zu können. Entsprechende Schulungen erweitern ihre berufliche Handlungsfähigkeit.

Inhaltlich sollen sowohl Fachkompetenz als auch personale Kompetenz gewährleisten. Unter Fachkompetenz sind Kenntnisse, Fähigkeiten und Fertigkeiten zu verstehen, um im Rahmen ihrer Aufgaben fachlich angemessen und korrekt beraten, Fragen klären und Entscheidungen treffen zu können. Die personale Kompetenz umfasst Kenntnisse, Fähigkeiten und Fertigkeiten, sich selbst zu organisieren und Arbeitsprozesse zu gestalten. Die Auslegung dieser Begrifflichkeiten ist teilweise strittig. Nach Ansicht der Erlaubnisbehörden (DIHK/BaFin, 2020) sind Produktschulungen nur anerkennenswert, wenn diese nicht überwiegend einen werblichen Charakter haben. Weiterbildungsmaßnahmen zu allgemeinen betriebswirtschaftlichen und zu Persönlichkeitsthemen werden nur anerkannt, wenn in ihnen ein konkreter Bezug zur Tätigkeit im Versicherungsvertrieb besteht.

Die Weiterbildung kann in verschiedenen Formen durchgeführt werden, allerdings muss bei Selbststudium eine Lernerfolgskontrolle durch den Bildungsanbieter durchgeführt und nachgewiesen werden. Reines Lesen von Fachzeitschriften und Büchern beispielsweise wird nicht anerkannt. Die Anbieter der Weiterbildung – das können die Versicherer selbst ebenso wie externe Bildungsanbieter sein – sind verpflichtet, eine bestimmte Qualität der Bildungsmaßnahme sicherzustellen, dazu gehört insb. eine Planung der Maßnahme, eine systematische Organisation und Dokumentation sowie die Auswahl hinreichend qualifizierter Seminarleiter.

Versicherungsunternehmen sind gehalten, durch geschäftsorganisatorische Maßnahmen die Erfüllung der zuvor dargestellten Pflichten bei der Zusammenarbeit mit Vermittlern und Angestellten im Vertrieb sicherzustellen. Dazu bedarf es insb. einer Überwachung und Dokumentation auf Basis von internen Leitlinien und Verfahren sowie einer verantwortlichen Funktion. Viele Versicherer siedeln diese Funktion in der Organisations-/ Vertriebs- oder in der Personal-/ Personalentwicklungs-/ Schulungsabteilung an. Aufgrund der großen Zahl von betroffenen Vermittlern und Personen sind verschiedene, IT-gestützte Verfahren üblich:

- Organisationsdatenbank, in der die Versicherungsvermittler verzeichnet und deren virtuelle »Personalakten« aufbewahrt sind,
- Personaldatenbank mit vergleichbaren Angaben über Angestellte,
- Bildungsdatenbank mit Daten zur Aus- und zur regelmäßigen Weiterbildung der im Vertrieb Tätigen, die die Bildungsverantwortlichen bei der Planung, Steuerung und Überwachung der Bildungsaktivitäten unterstützt,

- Beschwerdedatenbank, in der Hinweise auf Probleme gesammelt werden, die in Zusammenhang mit der vertrieblichen Tätigkeit bekannt geworden sind (BaFin-Rundschreiben 11/2018 VA). Dadurch soll der Versicherer in der Lage sein, frühzeitig Handlungsbedarf betreffend bestimmter Personen oder bestimmter Prozesse zu erkennen.

Versicherungsunternehmen müssen des Weiteren folgende Pflichten beachten:

- Pflege des Versicherungsvermittlerregisters mit Ein- und Austragung von erlaubnisfreien Vertretern nach § 34d Abs. 7 s. 1 Nr. 1 GewO.
- Prüfung der monatlichen Löschlisten der Industrie- und Handelskammern: Dadurch erfahren Versicherer, ob von den IHKn eingetragene Versicherungsvermittler ihre Erlaubnis verloren haben und die Zusammenarbeit mit diesen Vermittlern damit nicht mehr zulässig ist.
- Beschwerden über Versicherungsvermittler müssen beantwortet werden. Wenn es wiederholte Beschwerden gibt, die Zweifel an der Zuverlässigkeit der verursachenden Person wecken, muss der Versicherer die zuständige IHK informieren (§ 51 VAG).

Ein weiterer, wichtiger Themenkomplex sind die Vertriebsvergütungen und die Vermeidung von Interessenkonflikten (§ 48a VAG). Im Versicherungsvertrieb sind erfolgsabhängige Vergütungen und Anreize üblich, um bestimmte, planbare Umsatz- und Absatzerfolge zu erreichen. Typische Vergütungen und Anreize sind

- Provisionen (bei Maklern als Courtagen bezeichnet): Dabei handelt es sich um Anteile an der vermittelten Prämie, die der Kunde zahlt (vgl. §§ 87 ff. HGB). Die Vergütung ist daher vom Abschlusserfolg abhängig und proportional zum Umsatzerfolg. Provisionen sind die gesetzlich vorgesehene Vergütung der Versicherungsvertreter, in analoger Anwendung auch der Versicherungsmakler. Aber auch der Manteltarifvertrag des Versicherungsgewerbes sieht Provisionen als übliche Vergütung für den sog. Werbeaußendienst (Teil III) vor.
- Bonifikationen: Dabei handelt es sich um Festbeträge, deren Ausschüttung vom Erreichen bestimmter Ziele in einem bestimmten Zeitraum (oft: Kalenderjahr) abhängig gemacht wird. Die Ziele können quantitativer (z. B. Stückzahlen) oder qualitativer Natur (z. B. Quote zufriedener Kunden) sein. Die Ziele können regelmäßig angepasst werden (z. B. quantitative Ziele an die Inflation oder an bestimmte Wachstumsquoten).
- Incentives: Dabei handelt es sich um Sach- (z. B. Reisen) oder Geldpreise, die für die Erreichung bestimmter Ziele oder für die erfolgreichsten Teilnehmer eines Wettbewerbs oft in einem begrenzten Zeitraum (z. B. vier Wochen) ausgelobt werden. Neben dem Geldwert spielt auch die Ehre eine besondere Rolle, als Gewinner ausgezeichnet zu werden.
- Auszeichnungen: Bestimmte Ehrentitel und andere Auszeichnungen dienen als Anreiz für besondere vertriebliche Leistungen.

Solche Vergütungen und Anreize sowie Verkaufsziele (z. B. Geschäftspläne für Ausschließlichkeitsvertreter) dürfen den Angereizten nicht davon abhalten, im bestmöglichen Interesse des Kunden zu handeln. Insbesondere soll verhindert werden, dass dem Kunden interessengeleitet ein Produkt empfohlen wird, obwohl ein anderes Produkt besser geeignet wäre, seine Bedürfnisse zu erfüllen (Interessenkonflikt).

Beispiel 46: Interessenkonflikt durch Vergütung

Ein Versicherungsvertreter empfiehlt seinem Kunden, eine Unfallversicherung abzuschließen, obwohl für dessen Bedürfnisse eine Berufsunfähigkeitsversicherung besser geeignet wäre. Ursächlich dafür ist, dass der Versicherer dem Vertreter ein Ziel an verkauften Unfallversicherungen benannt und eine attraktive Sondervergütung auf das Erreichen dieses Ziels ausgelobt hat.

Ein besonderer Fokus liegt in diesem Zusammenhang auf dem Vertrieb von Versicherungsanlageprodukten. Hier muss der Versicherer auf Dauer wirksame, organisatorische Maßnahmen treffen, damit schädliche Interessenkonflikte verhindert werden. Werden Provisionen für die Vermittlung von Versicherungsanlageprodukten gezahlt, dürfen diese die Qualität der Dienstleistung nicht beeinträchtigen.

Welche Vergütungen und Anreize besonders problematisch sein können, wird von der Europäischen Union in einer Delegierten Verordnung (2017/2359) geregelt, die für Rechtsanwender – wie hier Versicherer und Vermittler – in jedem Mitgliedsstaat unmittelbar verbindlich ist. Diese Delegierte Verordnung betrifft zwar nur Versicherungsanlageprodukte, aber die Regeln können auf andere Versicherungsprodukte übertragen werden. Das macht schon allein deshalb Sinn, weil sonst neue Interessenkonflikte entstehen könnten.

Beispiel 47: Interessenkonflikte bei Versicherungsanlage- und anderen Produkten

Ein Versicherungsvertreter berät den Kunden zu seiner Altersvorsorge und empfiehlt den Abschluss einer Rentenversicherung bei der von ihm vertretenen Versicherungsgesellschaft. Zur Auswahl stehen grundsätzlich sowohl staatlich geförderte Rentenversicherungen (Riester, Rürup, betriebliche Altersvorsorge) als auch ungeförderte Rentenversicherungen. Nur ungeförderte Rentenversicherungen gelten allerdings als Versicherungsanlageprodukte. Da der Versicherer jedoch dem Vertreter für Nicht-Versicherungsanlageprodukte höhere Provisionen als für Versicherungsanlageprodukte zahlt, empfiehlt der den Abschluss des geförderten Produkts, obwohl eine ungeförderte Rentenversicherung besser den Bedürfnissen dieses Kunden entsprechen würde.

Folgende Anreizgestaltungen können laut Art. 8 Delegierte Verordnung 2017/2359 das Risiko erhöhen, einen Interessenkonflikt zu erzeugen:

- Förderung bestimmter Produkte, obwohl ein anderes Produkt für den Kunden besser geeignet sein kann. Gegensteuern kann der Versicherer dies durch produktunabhängig einheitliche Kriterien für die Vergütungs- und Anreizgestaltung. Dabei sollten alle Produkte, die in einer bestimmten Kundenbedarfssituation konkurrierend in Frage kommen können, in die Betrachtung einbezogen werden (z. B. Bedarfsfeld Einkommenssicherung = Berufs-/ Erwerbsunfähigkeits-, Unfall-, Krankentagegeldversicherungen).
- Ausschließlich oder überwiegend quantitative Merkmale der Vergütungs- und Anreizgestaltung. Gegensteuern kann der Versicherer durch Einbeziehung qualitativer Kriterien (z. B. Nebenbedingung geringe Stornoquote für eine Sonderzahlung).
- Unverhältnismäßiger Anteil der Vergütung an der Prämie. Gegensteuern kann der Versicherer dadurch, dass er angemessene Obergrenzen beim Provisionsanteil an der Prämie definiert sowie Sondervergütungen und Incentives in keinem unverhältnismäßig hohen Wert im Vergleich zu der dafür zu erbringenden Leistung auslobt.
- Ausschließlich oder überwiegende Zahlung der Vergütung. Bei Vertragsabschluss (Abschlussprovision). Gegensteuern kann der Versicherer durch eine Umverteilung eines angemessenen Anteils der Gesamtvergütung auf die Laufzeit des Vertrags, damit ein Anreiz entsteht, diesen auch langfristig zu erhalten.
- Fehlende Stornohaftung. Die Stornohaftung ist ein Gegengewicht zur Abschlussprovision, denn sie definiert, wie lange ein Versicherungsvertrag mindestens bestanden haben muss, damit die Abschlussprovision als vollständig verdient gilt – bei vorzeitigem Ende ist dann die Abschlussprovision anteilig zurückzuzahlen. In Deutschland gibt es schon seit 2012 eine gesetzliche Stornohaftung für Lebens- und für substitutive (Voll-) Krankenversicherungen von fünf Jahren (§ 49 VAG).
- Volumenabhängige Zusatzvergütungen, die vom Erreichen bestimmter Schwellenwerte abhängig sind. Gegensteuern kann der Versicherer, indem er entweder ganz auf solche Vergütungen verzichtet oder sie produktneutral ausgestaltet und über einen mehr als nur kurzfristigen Zeitraum als Bemessungsgrundlage erstreckt. Besonders beachten sollte der Versicherer die kritische Wirkung von harten Schwellenwerten, die zu einer Alles-oder-nichts-Entscheidung bei der Vergütung führen und damit einen überproportionalen Anreiz, gegen Ende des Bemessungszeitraums bei drohender Verfehlung des Schwellenwertes übermäßigen, einseitigen Verkaufsdruck zu entwickeln.

In der substitutiven Krankenversicherung gilt seit 2012 ein gesetzlicher **Provisionsdeckel** von neun Monatsbeträgen Abschlussprovision und 9,9 Monatsbeiträgen Gesamtprovision (§ 50 VAG). Für die Lebensversicherung und der Restschuldversicherung hat das Bundesfinanzministerium 2019 ebenfalls Provisionsdeckel vorgeschlagen, ob diese aber umgesetzt werden, ist derzeit nicht absehbar.

Versicherungsunternehmen und -vermittlern ist es untersagt, Kunden Sondervergütungen zu gewähren oder zu versprechen (§ 48b VAG). Dies ist auch als **Provisionsabgabeverbot** bekannt. Damit soll verhindert werden, dass die Kundenentscheidung durch Rückzahlungen beeinflusst wird und der Kunde nicht das bestgeeignete Produkt erwirbt. Ausgenommen vom Verbot der Sondervergütungen sind zum einen geringwertige Anreize bis 15 Euro pro Vertrag und Kalenderjahr, zum anderen Sondervergütungen, die zur dauerhaften Absenkung der Prämie bzw. Leistungserhöhung eingesetzt werden. Ein Beispiel sind Gruppen- und Kollektivversicherungsverträge, bei denen der Versicherer Kostenvorteile durch die Bündelung einer größeren Zahl versicherter Personen zurückgibt. Außerdem sind die sog. firmenverbundenen Versicherungsvermittler vom Verbot der Sondervergütungen. Bei ihnen handelt es sich um Vermittler, die im Eigentum eines Kunden stehen und dessen Versicherungen beschaffen und vermitteln. Das findet man z. B. bei großen Industrie- und Handelsunternehmen, die ihre Versicherungsaktivitäten in selbstständige Tochtergesellschaften auslagern. Wenn diese die üblicherweise von einem Vermittler zu erwartenden Leistungen mit eigenem Personal erbringen, dann gilt die Provisionszahlung an diese Art Vermittler nicht als verbotene Provisionsabgabe an den Kunden.

Ein besonderes, regulatorisches Thema schließlich ist die Vermittlung von Versicherungen durch Versicherungsberater und Versicherungsmakler, die gegen ein vom Kunden zu zahlendes Honorar tätig werden, im Markt auch als **Honorarberatung** bezeichnet. Der Gesetzgeber verfolgt seit längerem die Absicht, die Honorarberatung zu fördern, um den Kunden damit eine interessenkonfliktfreie Beratung zu ermöglichen. Folgende Konstellationen sind heute möglich:

- Honorarberatung im engeren Sinn: Darunter ist die rechtliche Beratung über Versicherungen zu verstehen, das heißt es wird kein Vermittlungs-, sondern ein Beratungserfolg geschuldet. Anbieten können diese:
  - Rechtsanwälte. Diese können außerdem die gerichtliche und außergerichtliche Vertretung ihrer Mandanten übernehmen.
  - Versicherungsberater (§ 34d Abs. 2 GewO). Diese können außerdem die außergerichtliche Vertretung ihrer Mandanten übernehmen.
  - Versicherungsmakler (§ 34d Abs. 1 GewO). Diese dürfen die Honorarberatung nur Firmenkunden sowie Angestellten anbieten, mit deren Arbeitgeber ein Rahmenvertrag besteht (Belegschaftsgeschäft), nicht aber im sonstigen Verbrauchergeschäft. Damit wollte man eine Übervorteilung von unerfahrenen Privatkunden vermeiden, wenn Makler Beratungshonorare für Leistungen einfordern, für die sie parallel vom Versicherer Courtagen erhalten. Eine Vertretung der Mandanten ist dem Makler nicht erlaubt.
- Honorarvermittlung: Darunter ist die Beschaffung von Versicherungen gegen eine vom Kunden zu zahlende, erfolgsabhängige Vergütung zu verstehen. Diese ist in folgenden Konstellationen zulässig:

- Versicherungsmakler und Versicherungsberater, wenn der Versicherer ihnen einen sog. Nettotarif zur Verfügung stellt, in den also keine Vergütungen einkalkuliert sind (Icha, 2014, S. 215 ff.).
- Versicherungsberater können auch Bruttotarife vermitteln, dann muss der Versicherer die darin enthaltenen Vergütungen ermitteln und mindestens 80 Prozent davon über fünf Jahre verteilt an den Kunden durchleiten, faktisch mit dessen Prämien verrechnen (§ 48c VAG).

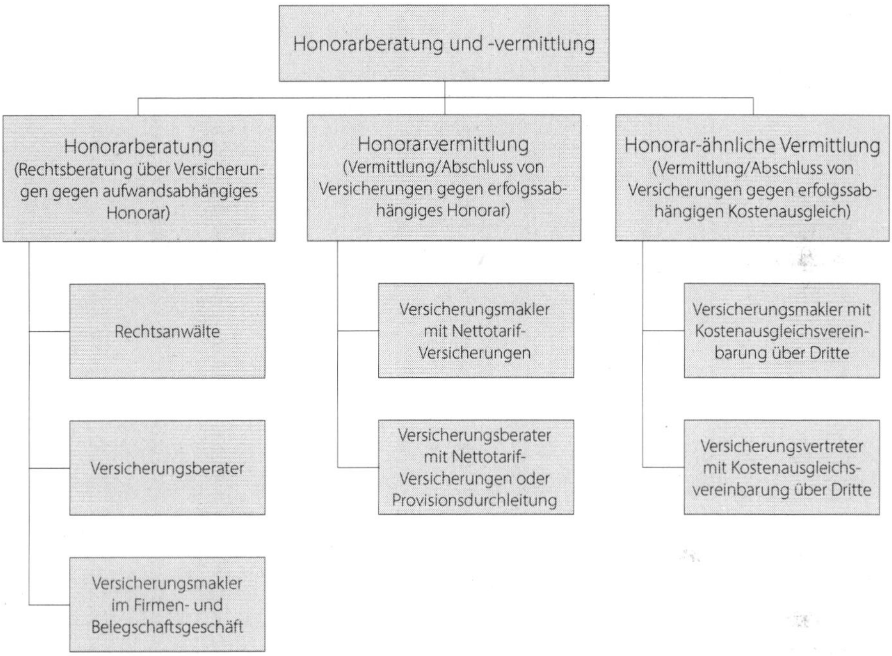

Dar. 85: Honorarberatung und -vermittlung

- Honorarähnliche Vermittlungen zeichnen sich dadurch aus, dass sie eine Mischung aus Provisions- und Honorarvermittlung sind. Dabei vermitteln Versicherungsmakler oder -vertreter Nettotarife und schließen eine separate Vereinbarung mit dem Kunden über den Ausgleich der durch die Vermittlung entstehenden Kosten ab. Diese Vereinbarung ist vom Kunden gegenüber einem Dritten zu erfüllen, das kann der Versicherer selbst sein oder eine sog. Factoringgesellschaft. Diese erwirbt die Forderungen aus der Kostenausgleichsvereinbarung und zahlt dem Vermittler die vertraglich vereinbarte Provision/ Courtage aus. Dem Vorteil des Kunden, dass er anders als beim Bruttotarif transparent und differenziert über die Kosten des Nettotarifs und der Vermittlung informiert wird, steht allerdings der Nachteil gegenüber, dass sie separate Kostenausgleichsvereinbarung oft als unkündbar ausgestaltet wird und damit der Schicksalsteilungsgrundsatz der Provision aufgehoben wird (die Provision wird nur fällig, soweit die Prämie gezahlt wird, aus der sie zu berechnen ist, vgl. § 92 Abs. 4 HGB).

5.2 Führung und Zusammenarbeit im Versicherungsunternehmen

Die Versicherungswirtschaft befindet sich aus verschiedenen Gründen in einem schwierigen Umfeld, das durch Stichworte wie demografische Alterung der Bevölkerung, Fachkräftemangel, Niedrigzinsen, Digitalisierung und aktuell die Corona-Pandemie gekennzeichnet ist. Die Versicherungswirtschaft hat über Jahrzehnte vor allem mit dem bürokratischen Modell der Administration Erfolg gehabt und muss sich an die rasch verändernde Umwelt anpassen, wozu die Öffnung für moderne Arbeitsmethoden wie das Agile Arbeiten und Führungstechniken wie das Lean Management gehören (Zimmermann, 2014, S. 61). Nachfolgend werden traditionelle Ansätze des Personalmanagements und der Personalführung nur im kurzen Überblick gezeigt – hier empfehlen wir auch den Rückgriff auf etablierte Personal-Lehrbücher – und tiefer auf die Herausforderung der Digitalisierung eingegangen.

5.2.1 Personalmanagement im Versicherungsunternehmen

Unter Personalmanagement kann man alle Strategien, operativen Aktivitäten und Gestaltung von Personalmanagementsystemen verstehen, die der Beschaffung, Aus- und Weiterbildung, Führung und Entlohnung des Personals dienen mit dem Ziel, die Wettbewerbsfähigkeit des Unternehmens zu stärken (vgl. Stock-Homburg, 2013, S. 16).

Zum Personalmanagement gehören:

- Gestaltung der Personalmanagementsysteme
  - Mitarbeiterflusssysteme: Personalplanung, Personalbeschaffung, Personalverwaltung, Personalentwicklung, Freisetzung.
  - Belohnungssysteme: Beurteilung und Vergütung.
- Mitarbeiterführung
  - Führung einzelner Mitarbeiter
  - Führung von klassischen und von agilen Teams
  - Befähigung zum Mitunternehmertum im Sinne einer eigenverantwortlichen Tätigkeit zur Erreichung der Unternehmensziele (Wunderer, 2011, S. 51)
  - Führung von unten – ziel- und ergebnisorientierte Beeinflussung von Vorgesetzten in hierarchischen Führungsbeziehungen (Wunderer, 2011, S. 254)
  - Umsetzung gesellschaftlicher Ziele wie Gleichberechtigung (der Geschlechter), Inklusion (Integration behinderter Mitarbeiter), Diversity (Förderung vorurteilsfreier, gemischter Teams), Work-Life-Balance (Vereinbarkeit von

Beruf und Privatleben) oder Homeoffice (Wahlfreiheit des Arbeitsortes Privatwohnung).

- Gestaltung von Arbeitsbedingungen in mitbestimmten Unternehmen
  - Innerbetriebliche Mitbestimmung (Betriebsrat, Jugend- und Auszubildendenvertretung)
  - Außerbetriebliche Mitbestimmung (Gewerkschaften).

Die Aufgabe der **Personalplanung** ist es, frühzeitig den Brutto- und den Nettopersonalbedarf als Grundlage für die Personalbeschaffung zu ermitteln. Unter Bruttopersonalbedarf ist der Bedarf an Arbeitskräften, der sich zu einem bestimmten Zeitpunkt aus den zu erledigenden Aufgaben ableiten lässt:

$$PB = \frac{\sum_{i=1}^{n} m_i \times t_i}{T} \times VZ$$

PB = Personalbedarf
m_i = Anzahl der zu bearbeitenden Geschäftsvorfälle der Kategorie i während des Planungszeitraums
t_i = durchschnittliche Bearbeitungszeit für einen Geschäftsvorfall der Kategorie i
T = vertragliche Arbeitszeit im Planungszeitraum
VZ = Verteilzeitfaktor zur Korrektur um Zeitaufwendungen wie Fehlerkorrekturen, Erholungszeiten, Ausfallzeiten

Der Bruttopersonalbedarf wird üblicherweise in einer bestimmten Zahl an Planstellen und an Personal ausgedrückt in Beschäftigungsumfang dargestellt. Beschäftigungsumfang und Personal nach Köpfen differieren durch Teilzeitvereinbarungen deutlich voneinander.

Bei Versicherungsunternehmen ist die Ermittlung des Bruttopersonalbedarfs relativ einfach bei stark repetitiven, sich also regelmäßig wiederholenden Tätigkeiten in der Verwaltung. Hier können die Frequenz und die durchschnittliche Länge einzelner Tätigkeiten gemessen und in einen Einsatzbedarf (Arbeitsmenge x Zeitbedarf) hochgerechnet werden; solche Tätigkeiten finden sich beispielsweise für:

- standardisierte Kundenberatung (z. B. im Kundenservice- oder Call Center),
- Antragsbearbeitung in Massensparten,
- Vertrags- und Schadenbearbeitung in Massensparten,
- Buchhaltung.

Beispiel 48: Bruttopersonalbedarf

In der Privatkunden-Antragsabteilung eines Schadenversicherers fallen folgende Tätigkeiten pro Woche an:

m_1 = 3.300 Neuanträge bearbeiten
m_2 = 7.500 Änderungsanträge bearbeiten
t_1 = 11 Minuten (Min.)
t_2 = 7 Minuten
T = 38,5 Stunden (h) pro Woche und Mitarbeiter
VZ = 1,45

$$PB = \frac{(3.300 \times 11) + (7.500 \times 7)}{38,5 \times 60} \times 1,45 = 56$$

Deutlich schwieriger ist die Ermittlung etwa in folgenden Bereichen:

- gering standardisierte Kundenberatung (z. B. Verkaufs-, Schadenregulierungsaußendienst),
- Vertriebssteuerung,
- Antrags-, Vertrags- und Schadenbearbeitung in aufwändigen Sparten (z. B. Industrieversicherungen),
- Stabsbereiche.

Dort müssen Personalbedarfsschätzungen vorgenommen werden. Auch können Vergleiche mit anderen Bereichen im selben oder mit vergleichbaren Bereichen in anderen Unternehmen (Benchmarking) helfen.

Zum Einsatzbedarf kommt ein Reservebedarf für u. a. urlaubs-, krankheits- oder weiterbildungsbedingte Ausfälle hinzu. In der obigen Formel wurde dies mit dem Verteilzeitfaktor berücksichtigt.

Der Nettopersonalbedarf ergibt sich, wenn man in einem bestimmten Zeitraum vom Bruttopersonalbedarf die bekannten oder erwarteten Personalabgänge abzieht (z. B. Ruhestandseintritte, Kündigungen) und die bekannten Personalzugänge addiert (z. B. zu übernehmende Auszubildende). Das Delta entspricht der Zahl an Neueinstellungen, die notwendig werden.

Bruttopersonalbedarf (BPB) in $_{ti}$
– Personalbestand t_0
+ Personalabgänge $t_0 \rightarrow t_i$
feststehende Personalabgänge (Ruhestand, Kündigungen)
statistisch zu erwartende Personalabgänge
– bereits feststehende Personalzugänge $t_0 \rightarrow t_i$
= Nettopersonalbedarf (NPB)

Beispiel 49: Nettopersonalbedarf

In der im vorhergehenden Beispiel genannten Privatkunden-Antragsabteilung eines Schadenversicherers soll der Nettopersonalbedarf für die nächsten 5 Jah-

re ermittelt werden, um frühzeitig entsprechende Personalbeschaffungen vornehmen zu können. »Planstellen« bezeichnen dabei jeweils ein Vollzeit-Äquivalent an Beschäftigungsumfang, die tatsächlich Anzahl an Mitarbeitern kann wegen Teilzeitvereinbarungen höher ausfallen:
BPB_{t5} = 56 Mitarbeiter
– Personalbestand t_0 = 54 Planstellen
+ Personalabgänge $t_1 \rightarrow t_5$ = 3 (Ruhestandseintritt)
– Personalzugänge $t_1 \rightarrow t_5$ = 1 (Übernahme Auszubildender in t_2)
= NPB 4 Mitarbeiter.

Bei Versicherungsunternehmen spielt der angestellte wie der selbstständige Vertrieb (Versicherungsvermittler) eine besondere Rolle. Hier müssen Versicherer eine besonders hohe Fluktuation voraussehen, die auf die Erfolgsabhängigkeit dieser Tätigkeit zurückzuführen ist.

Die **Personalbeschaffung** kann sowohl am internen als auch am externen Arbeitsmarkt erfolgen. Intern bedeutet die Versetzung von Mitarbeitern auf eine freie Stelle, in der Hierarchie kann dies aber auch die Beförderung eines Mitarbeiters von einer unteren Hierarchiestufe auf eine freie Stelle einer höheren Hierarchiestufe sein (z. B. Beförderung einer Sachbearbeiterin zur Gruppenleiterin in derselben Abteilung). Die innerbetriebliche Mitbestimmung ist dabei einzubeziehen: Der Betriebsrat ist nach § 92 BetrVG über die Personalplanung zu unterrichten. Er kann nach § 93 BetrVG verlangen, dass freie Stellen innerhalb des Betriebs ausgeschrieben werden.

Am externen Arbeitsmarkt kann man die Beschaffung über

- Berufsausbildung, duales Studium,
- Einstellung von Berufserfahrenen,
- Einstellung von Fach- und Führungskräften

unterscheiden. Die Beschaffung über Berufsausbildung und duales Studium setzt Personalwerbung an Schulen und in sozialen Medien voraus, die von Schülern wahrgenommen werden. Auch schulische Berufspraktika stellen eine gute Möglichkeit dar, die Ausbildungsmöglichkeiten bekannt zu machen. Berufserfahrene können sowohl über die allgemeine Werbung als auch gezielt über die Ansprache von Mitarbeitern anderer Unternehmen erfolgen. Bei der Einstellung von Fach- und Führungskräften wird oft gezielt über Personalberatungen recherchiert, welche berufs- und führungserfahrenen Personen in Frage kommen. Die Personalbeschaffung wird durch eine breite und positive Bekanntheit der Arbeitgebermarke am Arbeitsmarkt wirksam unterstützt (**Employer Branding**).

Bei allen personellen Einzelmaßnahmen hat der Betriebsrat gemäß § 99 BetrVG ein Mitbestimmungsrecht. Neben Einstellungen gehören auch Eingruppierung, Umgruppierung, Versetzung und Entlassung zu den personellen Einzelmaßnahmen. Der Betriebsrat muss vor Durchführung der personellen Maßnahme informiert werden unter Vorlage der nötigen Unterlagen, bei Einstellungen sind das z. B. die Bewerbungsunterlagen. Der Betriebsrat hat in bestimmten Situationen das Recht, einer personellen Einzelmaßnahme zu widersprechen. Der Arbeitgeber kann diese dann nur durchführen, wenn das Arbeitsgericht die Zustimmung des Betriebsrates ersetzen sollte.

Die **Personalentwicklung** dient dazu, die vorhandenen Mitarbeiter zu fördern, damit sie sowohl ihre bisherigen Aufgaben erledigen als auch neue Aufgaben übernehmen können (z. B. künftig als Gruppenleiterin statt als Sachbearbeiterin Führungsaufgaben wahrnehmen zu können). Übergreifend über alle Mitarbeiter dient die **Organisationsentwicklung** dazu, die gesamte Unternehmensorganisation und ihre Mitarbeiter zu fördern, damit diese sich besser auf bisherige und auf künftige Ziele und Aufgaben einstellen können. Bei radikalen Veränderungen, die durch Unternehmensübernahmen und -zusammenschlüsse oder durch größeren Veränderungsbedarf (z. B. Digitalisierung eines traditionell organisierten Versicherers) notwendig werden, dient das **Change Management** dazu, das Unternehmen und seine Mitarbeiter rasch auf die neue Situation einzustellen und den Erfolg der Veränderung zu sichern.

Zu den **Belohnungssystemen** gehört u. a. die **Personalbeurteilung** (Stock-Homburg, 2013, S. 360 ff.). Ziel ist es, die Leistung von Mitarbeitern und Führungskräften strukturiert qualitativ und quantitativ zu bewerten, damit sich die Beurteilten angemessen selbst einschätzen sowie sich weiterentwickeln können. Der Arbeitgeber will damit personelle Entscheidungen (z. B. Übernahme aus der Probezeit oder aus der Berufsausbildung, Versetzungen und Beförderungen) absichern und Potenzial für die Personalentwicklung erkennen (z. B. fachlicher Entwicklungsbedarf). Die Personalbeurteilung ist auch ein Instrument der Motivation, weil sie – richtig eingesetzt – wertschätzend ist. Deshalb ist zu empfehlen, die Beurteilung keineswegs nur anlassbezogen, sondern auch regelmäßig einzusetzen. In jedem Fall zu erstellen ist sie

- als Grundlage für ein sog. qualifiziertes Zeugnis (also einschließlich einer Leistungsbewertung) bei Ausscheiden des Mitarbeiters,
- auf Verlangen des Arbeitnehmers, wenn es zu Veränderungen in der Weisungsbeziehung kommt (z. B. Wechsel des Vorgesetzten, Versetzung in andere Abteilungen), damit die bisher erbrachten Leistungen (in der Personalakte) dokumentiert werden und in eventuelle, spätere Zeugnisse einfließen können.

In Versicherungsunternehmen spielen vorwiegend qualitative Merkmale eine Rolle bei der Leistungsbewertung, z. B. die Qualität der Kundenberatung und -betreuung, der Kommunikation, der Kooperation mit Kollegen und Vertriebspartnern und der fachlichen Erledigung der Arbeiten. Aber auch quantitative Merkmale spielen eine Rolle wie beispielsweise:

- Erledigung von repetitiven Tätigkeiten innerhalb vorgegebener Zeitfenster (z. B. Anzahl Telefonate in der verfügbaren Zeit eines Kundencallcenters),

- Erreichen von Umsatz- und Absatzzielen im Vertrieb,
- Erreichen von Kennziffern wie Stornoquote, Mahnquote, Kundenrückgewinnungsquote etc. im Vertrieb und vertriebsunterstützenden Bereichen.

Ein weiterer Bereich der Belohnungssysteme ist die **Personalvergütung**. Grundlage der Vergütung bei Versicherungsunternehmen sind der Mantel- und der Gehaltstarifvertrag des Versicherungsgewerbes. Der Manteltarifvertrag (MTV) differenziert nach Innendienstangestellten und bestimmten Außendienstangestellten einerseits (Teil II.) und Angestellten des Werbeaußendienstes (Teil III.) andererseits. Für Beschäftigte nach Teil II. MTV ist die Gehaltsfindung in hohem Maß standardisiert. Entscheidend ist die Eingruppierung in Gehaltsgruppen. Der MTV kennt insgesamt acht Gehaltsgruppen, beginnend bei Gehaltsgruppe I für »Tätigkeiten, die eine kurze Einweisung erfordern« bis hin zu Gehaltsgruppe VIII für »Tätigkeiten, die in den Anforderungen an das fachliche Können und in der Fach- oder Führungsverantwortung über diejenigen der Gehaltsgruppe VII hinausgehen«. Den Gehaltsgruppen liegen implizit folgende Annahmen zugrunde:

- Formale Qualifizierung des Beschäftigten, die von keiner über diejenige der Berufsausbildung bis zu sehr weit darüberhinausgehender theoretischer Ausbildung (z. B. Studium) reicht,
- informale, durch Berufspraxis erlangte Qualifizierung des Beschäftigten,
- fachlicher Anspruch der ausgeübten Tätigkeiten, der von gering bis überaus hoch reicht,
- Verantwortung, die mit der Stelle verbunden ist, von keiner bis hin zu einer weitgehenden Fach- oder Führungsverantwortung.

Die Eingruppierung kann sich im Verlauf der Berufstätigkeit immer wieder ändern, insb., wenn neue Aufgaben übernommen werden. Eine weitere Rolle bei der Gehaltsfindung findet die Dauer der Berufserfahrung in Jahren. Der Gehaltstarifvertrag sieht eine Tabelle der Bezüge vor, in der sich in der einen Achse die Eingruppierung und der anderen Achse die Berufsjahre abbilden.

Darüber hinaus können folgende Gehaltsvereinbarungen getroffen werden:

- Tätigkeitszulage (§ 6 MTV): Damit wird entlohnt, wenn ein Mitarbeiter zusätzlich zu seinen eigentlichen Tätigkeiten vorübergehend oder dauerhaft auch Aufgaben einer höheren Gehaltsgruppe mit übernimmt.
- Verantwortungszulage (§ 7 MTV): Damit wird die Übernahme von Personalverantwortung – Ausbildung oder Führung von mehreren Mitarbeitern – entlohnt.
- Sozialzulage (§ 8 MTV): Diese wird Beschäftigten gezahlt, die mit unterhaltsberechtigten Kindern in einem Haushalt leben und das Sorgerecht für sie tragen.
- Lohnfortzahlung im Krankheitsfall (§ 10 MTV): Wer wegen Krankheit oder Unfall seiner Arbeit nicht nachkommen kann, erhält bis zu sechs Wochen seinen Lohn weitergezahlt.

- Übertarifliche Bezüge: Wenn ein Mitarbeiter nicht für das vom Gehaltstarifvertrag vorgesehene Gehalt zu gewinnen ist, kann auch eine Zulage vereinbart werden, mit der die Bezüge über den Tarif hinausgehen.
- Außertarifliche Bezüge: Insbesondere bei (höheren) Führungskräften werden Gehaltsvereinbarungen unabhängig vom Gehaltstarifvertrag getroffen.

Der MTV sieht Sonderzahlungen in Höhe von 50 Prozent des Bruttomonatsgehalts im zweiten Kalendervierteljahr (»Urlaubsgeld«) sowie von 80 Prozent des Bruttomonatsgehalts im letzten Kalendervierteljahr (»Weihnachtsgeld«) vor. Auf freiwilliger Basis oder auf Basis von Vereinbarungen mit dem Betriebsrat (sog. **Betriebsvereinbarungen**) zahlen manche Versicherungsunternehmen höhere oder zusätzliche Sonderzahlungen, z. B. als Belohnung für besonders gute Geschäftsergebnisse des Versicherers.

Der sog. **Werbeaußendienst** nach Teil III. MTV erhält Provisionen als Vergütung. Diese Art der Vergütung passt am besten zur typischen Aufgabe des Werbeaußendienstes, Versicherungen zu verkaufen und dem Versicherer damit Prämienumsätze zu beschaffen. Zudem wird ein Mindesteinkommen im Gehaltstarifvertrag festgesetzt, auf das die verdienten Provisionen anzurechnen sind, allerdings nicht in vollständiger Höhe. Ein kleinerer Betrag (seit 1.11.2019: 510 Euro) bleibt unverrechenbar, ist also ein echtes Fixum.

Auch der Werbeaußendienst hat Anspruch auf eine Sozialzulage sowie auf Sonderzahlungen sowie Lohnfortzahlung im Krankheitsfall. Typisch für die Verkaufstätigkeit ist die mobile Arbeit an wechselnden Einsatzorten, insb. also Fahrten zu den Kunden. Deshalb gibt es einen weiteren Regelungsbereich, die Kosten in Zusammenhang mit der Reisetätigkeit. Dies gilt keineswegs nur für Beschäftigte nach Teil II. MTV, sondern für alle Beschäftigten:

- Fahrkosten: Der Arbeitgeber hat die entstanden Aufwendungen für Fahrten zu ersetzen. Dafür gibt es drei typische Wege:
  - Erstattung der (durch Belege) nachgewiesenen Kosten für die Benutzung eines privaten Fahrzeugs oder öffentlicher Verkehrsmittel.
  - Pauschale Übernahme der Kosten durch eine Fahrkostenpauschale. Diese ist allerdings im Gegensatz zur Erstattung nachgewiesener Einzelkosten sozialversicherungspflichtiges Entgelt.
  - Bereitstellung eines Dienstwagens. Geregelt werden muss dabei, ob der Arbeitnehmer das Fahrzeug auch privat nutzen darf, und in welchem Umfang und welche Nachweise zu führen sind (z. B. Fahrtenbuch). Privatnutzungen stellen einen geldwerten Vorteil dar und sind deshalb entweder dem Arbeitgeber zu erstatten oder – praxisüblicher – als fiktiver, zusätzlicher Lohn zu behandeln und zu versteuern.
- Spesen: In Zusammenhang mit der Reisetätigkeit entstehen weitere Kosten beispielsweise für Parken, Übernachtungen und Mehraufwendungen für die Verpflegung. Auch hier gibt es zwei Wege der Erstattung durch den Arbeitgeber:

- Erstattung der (durch Belege) nachgewiesenen, tatsächlich entstandenen Kosten.
- Pauschale Übernahme der Kosten durch eine Spesenpauschale. Diese stellt sozialversicherungspflichtiges Entgelt dar.

Unter **Führung** ist eine gezielte Beeinflussung von Mitarbeitern zu verstehen, damit diese gemeinsame Aufgaben und betriebliche Ziele in einer strukturierten Arbeitssituation umsetzen. Wunderer (2011, S. 5 ff.) unterscheidet die strukturell-systemische oder indirekte Führung einerseits und die personal-interaktive oder direkte Führung andererseits. Strukturell-systemische Führung besteht aus:

- Unternehmenskultur: Damit bezeichnet man die im Unternehmen gelebten Werte, die sich in eingeübten Verhaltensmustern, symbolischen Handlungen und Ritualen, Erzählungen oder auch Bürogestaltungen u. a. manifestieren.

Beispiel 50: Unternehmenskultur

Viele Versicherungsunternehmen wurden vor 100 Jahren und mehr gegründet und feiern die runden Geburtstage mit ihren Mitarbeitern, Vertriebspartnern und Vertretern der Öffentlichkeit. In Pressemitteilungen, internen Rundschreiben und Führungsbesprechungen wird die langjährige Tradition des Unternehmens hervorgehoben. Damit wird implizit eine besondere Verlässlichkeit und Nachhaltigkeit des Geschäftsmodells betont, allerdings auch eine geringe Dynamik in der Entwicklung des Unternehmens legitimiert.

- Unternehmensstrategie: Darin geht es um die langfristig zu erreichenden Ziele und die dafür grundsätzlich zu wählenden Mittel und Verfahren. Damit sind auch Führungsentscheidungen elementar verbunden – sie legitimieren sich durch die Strategie.

Beispiel 51: Unternehmensstrategie

Ein Versicherungsunternehmen definiert sich als »Kostenführer« und will in seiner Versicherungssparte erreichen, standardisierte Versicherungen zu den geringsten Schaden- und Betriebskosten im Marktvergleich anzubieten, um in der Folge günstige Prämien und einen bedeutenden Marktanteil erreichen zu können. Im Führungsalltag werden daraufhin immer wieder die Kosten und die Effizienz von Prozessen thematisiert und die Mitarbeiter dazu angehalten, sich in ihren jeweiligen Aufgabenbereichen hierüber Gedanken zu machen. Innovative Produkte mit ausgefallenen Leistungen oder besonders kulante Schadenregulierungen passen hingegen nicht zu dieser Strategie.

- Unternehmensorganisation: Es geht dabei um die Gestaltung des Unternehmens selbst und der Führungsbeziehungen darin. Üblicherweise unterscheidet man die Aufbauorganisation (dargestellt durch ein Organigramm) und die Ablauforganisation (Prozesse).
- Qualitative Personalstruktur: Es geht um die grundsätzliche Vorgehensweise bei der Personalrekrutierung, -entwicklung und dem Personaleinsatz. Dadurch entstehen bestimmte Ressourcen im Unternehmen.

Beispiel 52: Qualitative Personalstruktur

Ein Versicherungsunternehmen rekrutiert vorwiegend Mitarbeiter, die über die Berufsausbildung ins Unternehmen kommen und unterstützt nur sehr selektiv Weiterbildungen, weil es davon ausgeht, dass es auch in Zukunft nur mäßig qualifizierte Arbeitskräfte für einfachere, standardisierte Tätigkeiten benötigt, die auch nur geringe Gehälter und Entwicklungsmöglichkeiten beanspruchen. Ein anderes Versicherungsunternehmen setzt dagegen beim Nachwuchs auf das duale Studium und rekrutiert gezielt Hochschulabsolventen und hoch qualifizierte Berufserfahrene, weil es davon ausgeht, dass einfach strukturierte Tätigkeiten rasch durch die Digitalisierung abgelöst und durch hoch qualifizierte Fach- und Führungsaufgaben ersetzt werden müssen.

Die personal-interaktive Führung äußert sich in einer direkten Kommunikation zwischen den Führungskräften und ihren Mitarbeitern und dem Verhalten. Ziele dieser Kommunikation sind:

- Wahrnehmung und Bewertung der Leistung der Mitarbeiter: Führungskräfte haben dazu die Mitarbeiter zu beobachten, Rückmeldungen einzuholen, ggf. externe Informationen heranzuziehen (z. B. Verkaufsstatistiken bei Vertriebsmitarbeitern, Zufriedenheitsbefragungen von Kunden mit Schadenerfahrung) und sich Gedanken über die Ursachen für das beobachtete Verhalten zu machen.
- Kommunikation: Von Führungskräften wird erwartet, dass sie ihre Mitarbeiter sachgerecht und rechtzeitig informieren sowie sie zurate ziehen.
- Motivation: Führungskräfte sollen den Mitarbeitern den Sinn ihrer Tätigkeit aufzeigen (»Purpose«) und sie anregen, sich mit der Arbeit und mit dem Unternehmen zu identifizieren.
- Entscheidung: Führungskräfte erhalten eine hierarchische Weisungsmacht sowie eine Verantwortung für ihren Bereich. Die Weisungsmacht üben sie aus und werden ihrer Verantwortung gerecht, indem sie notwendige Entscheidungen sachgerecht und rechtzeitig treffen, entweder selbst oder indem sie diese auf zuständige Mitarbeiter delegieren. Auch eine Abstimmung zwischen den Mitarbeitern und mit anderen, betroffenen Bereichen gehört zum Entscheidungsverhalten dazu – das Gegenteil kennt man auch unter dem Begriff »einsame Entscheidung«.

- Entwicklung: Führungskräfte tragen die Verantwortung für die Entwicklung, Bewertung und Belohnung der Mitarbeiter im Einzelnen ebenso wie im Team.

5.2.2 Personalrekrutierung im Versicherungsunternehmen

Die Versicherungsbranche leidet traditionell unter einem kritischen Image, das einerseits durch ein mangelndes Verständnis für die Besonderheiten und auch Grenzen der Dienstleistung Versicherung bei Kunden und in der Öffentlichkeit geprägt ist. Andererseits hat auch die Versicherungsbranche selbst durch Fehler und Skandale beigetragen, Vertrauen zu beschädigen und Vorbehalte gegenüber Versicherungen zu befördern.

Umso wichtiger ist es, eine starke Arbeitgebermarke aufzubauen (Employer Branding) und Gelegenheiten zu schaffen, Versicherungsunternehmen als begehrenswerte Arbeitgeber kennenlernen zu können. Dafür gibt es verschiedene Möglichkeiten, hier einige Beispiele:

- Rekrutierungsseiten im Internet und in sozialen Medien: Diese sollten informativ und anregend sein. Vorzugsweise jüngere Mitarbeiter, mit denen sich junge Bewerber besser identifizieren, können in Videos Einblicke in ihre Tätigkeit geben (Testimonials).
- Personalbewertungen: Verschiedene Anbieter und Seiten bieten die Möglichkeit, dass Mitarbeiter ihre Arbeitgeber bewerten können, was wertvolle Anhaltspunkte für Bewerber bietet.
- Schulische Berufspraktika: In allen Schulformen gibt es Pflichtpraktika zur Berufsorientierung, in denen Versicherungsunternehmen Schülern aufzeigen können, wie vielfältig, interessant und herausfordernd die Tätigkeit in der Branche sein kann.
- Jobbörsen und Messen: Hier können sich Versicherer Nachwuchskräften vorstellen und persönliche Eindrücke verschaffen.
- Mitarbeiter werben Mitarbeiter: Eigene Mitarbeiter sowie Vermittler verfügen über Kontakte, aus denen interessante Nachwuchskräfte gewonnen werden können.

5.2.3 Aus- und Weiterbildung im Versicherungsunternehmen

Ein verbreiteter Zugangsweg ist die Berufsausbildung als Kaufmann/ Kauffrau für Versicherungen und Finanzen. Diese Ausbildung ist auf drei Jahre angelegt, kann aber auf Antrag verkürzt werden. Sie findet in Kooperation zwischen den Ausbildungsorten Versicherungsunternehmen sowie Berufsschule statt. Die Inhalte sind in einer eigenen Rechtsverordnung geregelt.

Vielfach wird die Berufsausbildung erweitert zum dualen Studium. Das ausbildungsintegrierte Studium ergänzt eine Hochschule als dritten Lernort, sodass die Teilnehmer zwei Abschlüsse erwerben können: den IHK-geprüften Abschluss als Kaufmann/ Kauffrau für Versicherungen und Finanzen sowie einen akademischen Bachelorabschluss. Das berufs- oder praktikumsintegrierte Studium verbindet nur die beiden Lernorte Versicherungsunternehmen und Hochschule und führt im Ergebnis zum akademischen Bachelorabschluss.

Allerdings gelten Versicherungsunternehmen auch als »Haus der 100 Berufe«, weil neben dem genannten Zugang über die kaufmännische Ausbildung auch viele andere Qualifikationen benötigt werden. Hier einige Beispiele:

- (Versicherungs-)Betriebswirtschaftlicher Studienabschluss, vor allem für Fachaufgaben in Stabsabteilungen (z. B. Unternehmensplanung, Controlling, Rechnungswesen, Produktmanagement, Vertriebssteuerung), im Versicherungsvertrieb und allgemein in Führungsaufgaben.
- Informationstechnische Ausbildung oder Studium, vor allem für Fachaufgaben in Stabsabteilungen (z. B. Datenanalyse – »Data Scientist«), in zahlreichen Aufgabenstellungen in der IT-Entwicklung, IT-Betrieb und IT-Sicherheit sowie entsprechenden Führungsaufgaben.
- Juristischer Studienabschluss, vor allem für Tätigkeiten in juristisch geprägten Fachaufgaben in Stabsabteilungen (z. B. Recht, Steuern, Compliance), im juristisch geprägten Teilen des Versicherungsvertriebs (z. B. Spezialisten für Haftpflichtversicherungen), in Schaden-/ Leistungsabteilungen und entsprechenden Führungsaufgaben.
- (Versicherungs-)Mathematischer Studienabschluss, vor allem für Tätigkeiten in mathematisch Fachaufgaben in Stabsabteilungen (z. B. Mathematik, Aktuariat), in mathematisch geprägten Teilen des Versicherungsvertriebs (z. B. Finanz- und Vorsorgeplaner) und entsprechenden Führungsaufgaben.
- Ingenieurwissenschaftlicher Studienabschluss, vor allem in Fachaufgaben in Stabsabteilungen (z. B. Risikomanagement), in ingenieurwissenschaftlich geprägten Teilen des Versicherungsvertriebs (z. B. Spezialisten für Technische, Transport-, Elektronik-, Montage- und Industrieversicherungen) und entsprechenden Führungsaufgaben.
- Medizinischer Studienabschluss oder Ausbildungsabschluss in medizinischen Berufen, vor allem in Fachaufgaben in Stabsabteilungen (z. B. Medizin, Betriebsarzt), in medizinisch geprägten Antragsbereichen (z. B. Risikoprüfung in Lebens- und Krankenversicherungen) und Leistungsbereichen (z. B. Prüfung und Bearbeitung von Personenschäden in der Lebens-, Kranken-, Unfall- und Haftpflichtversicherung) und entsprechenden Führungsaufgaben.

Die Vielfalt der Risiken bringt es mit sich, dass zumindest vereinzelt auch zahlreiche andere Studien- oder Berufsabschlüsse eine Verwendung finden, hier nur wenige Beispiele:

- Bank- und Sparkassenkaufleute im Kapitalanlagemanagement und im Vorsorgevertrieb,

- Kapitäne in der Seetransportversicherung,
- Biologen, Agrarwissenschaftler, Garten- und Landschaftsbauer in der Versicherung solcher Betriebe,
- Physiker, Chemiker in der Schadenverhütung,
- Meteorologen, Geografen und Geologen in der Rückversicherung.

5.2.4 Führungsstile im Versicherungsunternehmen

Führungsstile lassen sich grundlegend danach differenzieren, wie stark der Mitarbeiter an der Entscheidungsfindung beteiligt wird. Nach dem »Führungsstilkontinuum« nach Tannenbaum/Schmidt (Wunderer, 2011, S. 209) beispielsweise erfolgt die Willensbildung beim autoritären und beim patriarchalischen Führungsstil ausschließlich beim Vorgesetzten, wobei der Patriach seine Mitarbeiter von ihrer Entscheidung zu überzeugen versucht und ihr Wohlergehen dabei durchaus in die Entscheidungsfindung einbezieht. Beim informierenden Führungsstil befragt der Vorgesetzte die Mitarbeiter, um deren Akzeptanz der von ihm zu treffenden Entscheidungen sicherzustellen. Beim beratenden Führungsstil werden die Mitarbeiter in die Entscheidungsfindung einbezogen, die letzte Entscheidungsgewalt liegt jedoch beim Vorgesetzten. Beim kooperativen Führungsstil fällt die Gruppe gemeinsam die Entscheidung, die Führungskraft gibt vor allem die Impulse und koordiniert den Ablauf. Bei der delegativen Führung hingegen gibt der Vorgesetzte die Entscheidungen an seine Mitarbeiter in einem definierten Rahmen (z. B. bestimmte Schadenregulierungsvollmachten) ab und verlangt im Nachhinein Rechenschaft über den angemessenen Umgang mit der Entscheidungsgewalt. Beim teilautonomen Führungsstil findet keine Führung im eigentlichen Sinn mehr statt, die Führungskraft koordiniert nur noch eine Gruppe und vertritt sie nach außen.

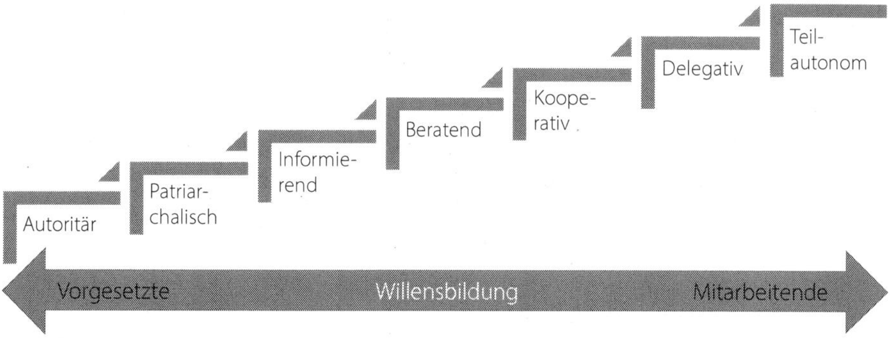

Dar. 86: Führungsstilkontinuum

Das gezeigte Modell ist eindimensional auf die Willensbildung hin ausgerichtet. Es gibt eine Reihe weiterer Modelle, die zusätzliche Kriterien einbeziehen, z. B. wie eng die soziale Beziehung in der Führung ist (»prosoziale Dimension der Führung«). Hier soll besonders das Modell der situativen Führung hervorgehoben werden, bei dem der Reifegrad des Mitarbeiters eine besondere Rolle für die Frage spielt, welcher Führungsstil anzuwenden ist. Damit wird der Tatsache Rechnung getragen, dass Mitarbeiter unterschiedlich sind – manche können besser, manche weniger gut mit eigenständigen Entscheidungen umgehen.

Versicherungsunternehmen sind vielfach nach dem sog. Hierarchie- und Bürokratiemodell verfasst (vgl. Wunderer, 2011, S. 68 ff.), das sich jedenfalls in der Vergangenheit als besonders effizient herausgestellt hat. Dazu wurden typischerweise tief gegliederte Hierarchien (z. B. Vorstandsressort – Bereich – Abteilung – Gruppe – Team) entwickelt, um eine große Zahl von Mitarbeitern möglichst arbeitsteilig Aufgaben erledigen zu lassen. Dabei entwickelt sich ein hoher Spezialisierungsgrad (z. B. Mitarbeiter beherrschen fachlich nur die Haftpflicht- und keine andere Versicherung), eine hohe Expertengläubigkeit (»der Fachmann hat Recht«) und eine ausgeprägte Führungshörigkeit (»das entscheiden die da oben«). Auf diese Weise lassen sich hochgradig standardisierte, sich oft wiederholende und vor allem zeitlich stabile Aufgaben effizient erledigen. Die Kehrseite ist, dass eine solche Organisation unflexibel ist, sich schlecht auf verändernde Marktbedingungen einstellen kann und Mitarbeiter fördert, die wenig Bereitschaft zeigen Verantwortung zu übernehmen.

In den letzten Jahren haben die Vorstände zunehmend erkannt, dass die genannten Nachteile überwunden werden müssen und versuchen mit unterschiedlichen Ansätzen, das überkommene Modell aufzubrechen. Als Ziele werden teilweise das Steuerungskonzept des internen Marktes, teilweise des internen sozialen Netzwerks genannt. Der interne Markt ist von einer hohen Wettbewerbsintensität geprägt. Mitarbeiter verfolgen das Ziel Kundenbedürfnisse zu befriedigen, wobei keineswegs nur Versicherungskunden gemeint sind, sondern auch interne Kunden (z. B. die Schulungsabteilung versteht und behandelt die Sparten- und Vertriebsabteilungen, deren Mitarbeiter geschult werden sollen, als Kunden). Eine solche Führungsausrichtung bringt eine flexible und risikobereite Organisation hervor, die sich allerdings auch durch Durchsetzungsstärke und einseitige Fokussierung auf tatsächliche oder vermeintliche Erfolge auszeichnet. Der interne Markt erschwert oft das Teamdenken. Typisch ist dies für den Vertrieb, der von dominanten, meist männlichen Persönlichkeiten geprägt ist, deren Bedeutung sich vor allem aus der Stellung in den mindestens jährlich neu entstehenden Rankings der Produktionserfolge ableitet.

Beispiel 53: Interner Markt

Ein Versicherungsunternehmen belohnt jedes Jahr in der Jahresauftakttagung die 100 besten Verkäufer mit einer Belobigung durch den Vorstand. Die Gewinner werden in der Hauszeitung gewürdigt und zu einer Wettbewerbsreise eingeladen.

Das interne soziale Netzwerk zeichnet sich durch eine hohe Beziehungsorientierung aus. Das Team gilt als wichtiger als der Einzelne. Man ist einander verpflichtet und hat solidarisch die Gesamtziele zu verfolgen. Dieses Steuerungskonzept vermeidet zwar die Nachteile des internen Wettbewerbs und kann bei geschickter Leitung eine sehr flexible und innovative Unternehmung entstehen lassen. Die Gefahr ist allerdings, dass Gruppenzwänge aufgebaut und Mitarbeiter, die auf Fehlentwicklungen aufmerksam machen, ausgegrenzt werden.

Kein Steuerungskonzept ist daher in Reinkultur wünschenswert. Eine sinnvolle Mischung und eine situative Anpassung an die Bedürfnisse der verschiedenen Bereiche sind erfolgversprechender.

Ein seit einigen Jahrzehnten in der Industrie stark diskutiertes Führungskonzept ist **Lean Management**. Diese Diskussion hat in der Versicherungswirtschaft bisher noch wenig verfangen. Die Idee ist, ein Unternehmen durch einen Abbau von Hierarchien »schlanker« und flexibler werden zu lassen. Vor allem die Reduzierung der Berichts- und Entscheidungshierarchien führt zu einer Beschleunigung von Entscheidungen und zu mehr Akzeptanz bei denjenigen, die von den Entscheidungen betroffen sind.

5.2.5 Moderne Führungsprinzipien im Zeitalter von Digitalisierung und Agilität

Durch die Digitalisierung der Versicherungsunternehmen werden zunehmend einfachere Aufgaben maschinell gelöst, die bislang noch einen Personaleinsatz erforderlich machten. In der sog. Dunkelverarbeitung werden Anträge, Vertragsänderungen und Schäden vollautomatisch bearbeitet und entschieden. Mitarbeiter können sich dadurch zunehmend auf eine Kontrolle dieser Prozesse und auf Sonderfälle konzentrieren, bei denen fallweise Entscheidungen zu treffen sind. An anderer Stelle steigt der Personalbedarf, beispielsweise in den Stabsabteilungen durch die Regulierung, die mit neuen Aufgabenstellungen (z. B. Compliance oder Risikomanagement) und erheblichen Berichtspflichten und Abstimmungsverfahren in sog. Steuerungskreisen (z. B. Vorstand und Schlüsselfunktions- sowie fallweise weitere Verantwortungsträger des Unternehmens) einhergeht. Der typische Versicherungsmitarbeiter braucht ein zunehmendes fundiertes, auch theoretisches Wissen und die Fähigkeit, dieses adäquat einzusetzen. Dazu passen keine Führungsprinzipien mehr, die in der Zeit der »Versicherungsfabrik« mit ihren hochstandardisierten Arbeitsprozessen und einer großen Zahl von »Versicherungsfabrikarbeitern« noch optimal waren.

Ein Steuerungs- und Führungskonzept ist das von Wunderer (2011) geprägte **Mitunternehmertum**, von anderen Autoren auch als Arbeitskraftunternehmer bezeichnet. Das Konzept will erreichen, dass eine möglichst große Zahl von Mitarbeitern unabhängig von ihrer Stellung in der Hierarchie befähigt wird, die Unternehmensstrategie zu verstehen und durch problemlösendes, sozialkompetentes und umsetzendes Denken und Handeln mit einer hohen Eigeninitiative zu unterstützen. Dadurch wird zwar der Mitarbeiter nicht selbst Unternehmer, aber kommt dem Ideal des Unternehmers als eigenverantwortlich, risiko- und chancenorientiert handelnder Person doch durchaus nahe.

Wenn Mitarbeiter zunehmend von einfacheren, standardisierten und repetitiven Aufgaben entlastet werden, bleibt mehr Raum für **Innovationen**. Diese entstehen vor allem dann, wenn sich Mitarbeiter bemühen, den Kunden mit seinen Bedürfnissen zu verstehen. Hierfür bedarf es eines intensiven Dialogs mit Kunden (Oletzky/Staud/Boltz, 2014, S. 247 ff.). Diese Erkenntnis widerspricht auch der Idee der Automatisierung bzw. der Versicherungsfabrik, die sich durch eine deutliche Entfernung vom Kunden zwecks größtmöglicher Rationalisierung der Arbeitsprozesse auszeichnet. Auch der seit Jahren anhaltende Schwund an Versicherungsvermittlern, der von Verbraucherschützern und anderen Interessen verbänden aus unterschiedlichen Gründen begrüßt wird, bedeutet letztlich eine Reduzierung der Kundeninteraktion.

Innovationen entstehen leichter im Zuge einer Arbeitsweise, die mit dem Begriff **Agiles Arbeiten** in die Managementliteratur Eingang findet. Agilität zeichnet sich durch folgende Merkmale aus:

- Es werden zwar Ziele definiert, aber auf eine detaillierte Meilensteinplanung zu deren Erreichung verzichtet. Das resultiert aus der Erfahrung, dass zu komplexe und langandauernde Pläne selten vollständig und zeitgerecht realisiert werden.
- Entwicklungsprozesse (z. B. von neuen Produkten, Verfahren, Software) vollziehen sich nach kreativitäts- und zielerreichungsförderlichen Verfahren wie z. B. **Design Thinking** oder **Scrum**. Wesentlich dabei sind folgende Elemente:
  - Verständnis der Kundenbedürfnisse,
  - Ableitung von zu lösenden Problemen,
  - Kreativphase (z. B. Brainstorning),
  - Entwicklung und Test eines Prototyps mit geringem Aufwand und raschem Erfolg,
  - Iteration (Wiederholung) des Entwicklungsprozesses abhängig von den Testerfahrungen bis zu einem fertigen Prozessergebnis.
- Die Mitarbeiter arbeiten in hierarchiefreien oder -armen Bereichen.
- Die Mitarbeitet arbeiten zumindest zeitweise oder dauerhaft in kreativitätsfördernden Arbeitsumgebungen, bei denen auf klassische, fest zugewiesene Arbeitsplätze und Arbeitsplatzeinrichtungen verzichtet wird, stattdessen situativ unterschiedliche Bürobereiche für differenzierte Zwecke (ungestörtes Einzelarbeiten, Partnerarbeit, Teambesprechungen, offene Begegnungsflächen und Kommunikationsbereiche) gewählt werden können.

Allerdings muss man bei aller Begeisterung für neue Wege beachten, dass es auch Bereiche in einem Versicherungsunternehmen gibt, die sich weniger für agiles Arbeiten eignen als andere. So wäre eine kreative Produktentwicklung im Marketing sehr wünschenswert, eine kreative Buchhaltung dagegen nicht. Deshalb sind auch hier situativ angepasste Führungskonzepte notwendig.

Eine wichtige Herausforderung für die Versicherungswirtschaft besteht in der Verwirklichung der **Gleichberechtigung** zwischen den Geschlechtern. Wie in anderen Branchen auch, ist der Anteil der Frauen unter den Führungskräften überaus gering. Laut dem Arbeitgeberverband der Versicherungsunternehmen in Deutschland (AGV) sind 47,6 Prozent der Beschäftigten bei Versicherungsunternehmen weiblich. Im Innendienst allerdings liegt der Frauenanteil mit 53,0 Prozent erheblich über, im Außendienst mit 23,0 Prozent ganz erheblich unter diesem Anteil.

Das bedeutet, dass im Außendienst Frauen unterrepräsentiert sind. Noch stärker ist dies im selbstständigen Außendienst der Fall, der Frauenanteil liegt dort weit unter zehn Prozent. Das wirft Fragen auf, warum der Außendienst für Frauen wenig attraktiv ist – oder ob sich Frauen dort schlechter durchsetzen können. Insbesondere auch deshalb, weil ein häufig genanntes Argument für geringe Frauenanteile die fehlende Vereinbarkeit von Familie und Beruf und fehlende Flexibilität in der Arbeitsgestaltung ist. Gerade der Außendienst, zumal der selbstständigem, bietet theoretisch in dieser Hinsicht optimale Arbeitsbedingungen. Tatsächlich dürfte es aber andere, wirksame Hemmnisse geben, allen voran der sehr hohe Erfolgsdruck durch eine rein variable Vergütung und die Unsicherheit der Tätigkeit.

Ein weiteres gesamtgesellschaftliches Anliegen ist die **Inklusion** von Menschen mit Beeinträchtigungen. Versicherungsunternehmen sind gefordert, geeignete Arbeitsplätze für Menschen mit Behinderungen zur Verfügung zu stellen. Die Schwerbehindertenvertretung überwacht die besonderen Belange dieser Beschäftigtengruppe.

Versicherungsunternehmen haben häufig Nachholbedarf in Sachen **Diversity**. Darunter wird die Integration sehr vielfältiger Menschen in einem Unternehmen verstanden, beispielsweise Menschen unterschiedlicher Herkunft, Hautfarbe, Religion und sexueller Orientierung. Da Versicherungen als Rechtsprodukte sowohl sehr gute und sichere Sprachkenntnisse als auch mathematisches Verständnis erfordern, kann man eine gewisse Gleichförmigkeit in der Rekrutierung beobachten, die gerade nicht für eine gelebte Diversitätspolitik spricht. Mindestens in den internationalen Versicherungsgesellschaften wäre eine solche Gleichförmigkeit mehr als hinderlich für eine erfolgreiche Entwicklung. Doch auch national agierende Versicherer sollten sich um eine stärkere Vielfalt in der Belegschaft bemühen, weil diese Vorurteile und »blinde Flecken« verhindern hilft. Versicherer stehen mit ihrer Dienstleistung in einer bunten und vielfältigen Gesellschaft und sollten diese verstehen können.

Eine weitere Herausforderung ist das oft mit **Work-Life-Balance** bezeichnete Ziel, die Vereinbarkeit von Familie und Beruf zu verbessern. Insbesondere als Mittel gegen den Fachkräftemangel wird eine Verbesserung der Arbeitsbedingungen gesehen, die u. a. durch folgende Merkmale gekennzeichnet ist.

- Entscheidungsspielräume hinsichtlich der Länge der Arbeitszeit, beispielsweise eine Wahl von Teilzeit, ggf. auch die flexible Anpassung der Arbeitszeiten über längere Zeiträume,

- Entscheidungsspielräume hinsichtlich der Lage der Arbeitszeit, beispielsweise die Gleitzeit ohne oder mit geringen sog. Kernzeiten, in denen eine Anwesenheit gefordert ist,
- Entscheidungsspielräume hinsichtlich des Ortes der Erbringung der Arbeitsleistung.
- Betreuungsangebote für Kinder der Beschäftigten.

Das Thema Entscheidungsspielräume hinsichtlich des Ortes der Erbringung der Arbeitsleistung ist gerade durch die Corona-Pandemie unter dem Stichwort **Homeoffice** besonders präsent geworden. Viele Versicherungsunternehmen mussten im Lockdown ab Mitte März 2020 teilweise überstürzt Mitarbeiter auf einen heimischen Arbeitsplatz verweisen, um die Ausbreitung des Virus zu bekämpfen, Ansteckungsrisiken und dadurch bedingte Teil-Betriebsausfälle zu vermeiden und die verbleibenden Büroflächen neu aufteilen zu können, um die verbleibende Restbelegschaft mit entsprechenden Abstandsregeln unterbringen zu können. Die ersten Erfahrungen hiermit waren sehr positiv (Beenken/Michalczyk/Radtke, 2020b, S. 19 ff.). Das Bundesarbeitsministerium plant zudem einen Rechtsanspruch auf Homeoffice einzuführen.

5.3 Balanced Scorecard der Sidekick VVaG – Lern- und Entwicklungsperspektive

Die Sidekick VVaG hat sich eine Steigerung ihres RoE vorgenommen, die u. a. über eine Senkung der Betriebskosten und eine Senkung der Schadenquote in der für Sidekick wichtigen Kfz-Sparte erreicht werden soll. Dazu bedarf es strategischer Ziele in der Kunden- und in der Prozess-Perspektive, die in der Lern- und Entwicklungsperspektive wirkungsvoll unterstützt werden sollen.

Dazu zählen die drei Maßnahmen Erfüllung der regulatorischen Maßnahmen, verstärkte Motivation des Außendienstes sowie alternative Kundenzugänge ermöglichen (▶ Dar. 87).

- Erfüllung der regulatorischen Maßnahmen: Die Betriebskostenquote soll gesenkt werden, was allerdings in einem Zielkonflikt mit der aus regulatorischen Gründen notwendigen Verbesserung der kundennahen Prozesse steht. Im Mittelpunkt der Umsetzung der Europäischen Versicherungsvertriebsrichtlinie (IDD) steht das bestmögliche Kundeninteresse, das in den kundennahen Prozessen wie Beratung und Information, Abschluss, Betreuung und Schaden- /Leistungsfallregulierung gewährleistet werden soll. Das setzt umfassende Kenntnisse und Fertigkeiten aller an diesen Prozessen beteiligten Innendienst- und Außendienstmitarbeitern voraus, die durch Schulungs- und Trainingsmaßnahmen vor Einsatz in der jeweiligen Aufgabenstellung sowie durch eine laufende Weiterbildung im Umfang von mindestens 15 Stunden pro Kalenderjahr sichergestellt werden. Ziel dieser Maßnahmen ist eine Qualitätssteigerung der kundennahen Prozesse, was wiederum eine Steigerung Abschlusswahrscheinlichkeit, eine Senkung der Kaufreue und Steigerung der Kundenbindung bewirkt. Je länger die Kundenbindung, desto besser verteilen sich jedoch die überproportional bei Vertragsbeginn anfallenden Abschluss- und Vertriebskosten auf die Laufzeit – die Betriebskostenquote sinkt. Damit die Erfüllung der Bildung- und Trainingsmaßnahmen nicht etwa den aufgezeigten positiven Effekt auf die Betriebskosten konterkariert, werden gezielt Anbieter gesucht, die kostengünstige Online-Bildungsmaßnahmen on the job oder near the job anbieten.

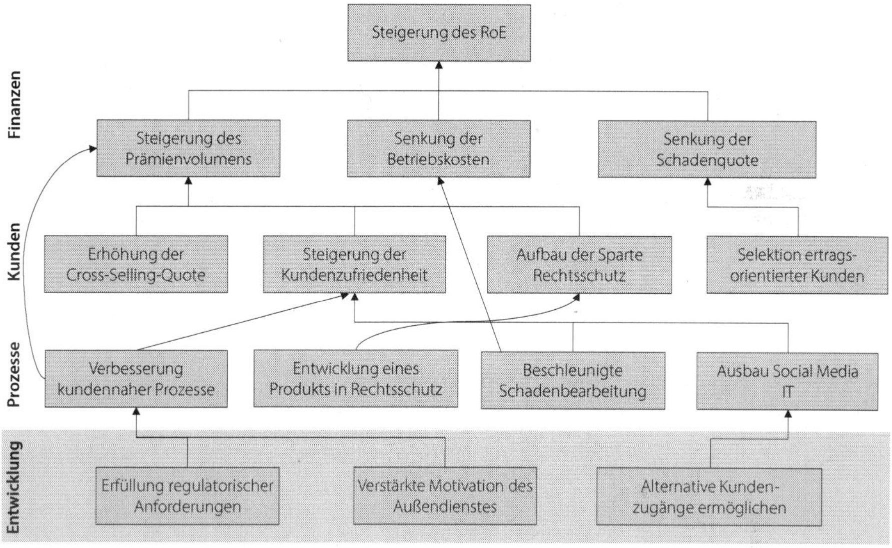

Dar. 87: Strategy Map der Sidekick VVaG – Lern- und Entwicklungsperspektive

- Verstärkte Motivation des Außendienstes: Ein weiterer Effekt auf die Qualität kundennaher Prozesse wird durch eine verbesserte Motivation des Außendienstes erwartet. Ein Kernproblem stellt jedoch die hohe Fluktuation des Außendienstes dar. Die vielen, neu geworbenen »Außendienstler« sind bestrebt, sich möglichst schnell durch Neuabschlüsse ins Verdienen zu bringen, für eine qualitätsorientierte Beratung und Betreuung der Kunden bleibt zu wenig Zeit. Deshalb wird ein umfassendes Projekt aufgesetzt, dessen Ziel eine verbesserte Qualität der Personalstruktur im Außendienst ist. Insbesondere soll die Außendiensttätigkeit nicht mehr primär als Gelddruckmaschine für Menschen beworben werden, die den schnellen Reichtum suchen, zumal diese Erwartungshaltung oft nicht erfüllbar und eine rasche Enttäuschung vorprogrammiert ist. Stattdessen soll die intrinsische Motivation bei der Personalauswahl, der Führung, den Rahmenbedingungen der Tätigkeit sowie den Anreiz- und Vergütungsstrukturen verstärkt angesprochen und gefördert werden. Sidekick will dem Außendienst vermitteln, für welche Werte das Unternehmen steht, und dass eine grenzenlose Selbstausbeutung zugunsten kurzfristiger Verdienstmaximierung kein unterstützenswertes Verhalten ist.

- Alternative Kundenzugänge ermöglichen: Sidekick geht davon aus, dass der Zugang zu Neukunden und das Kontakthalten zu Bestandskunden heutzutage sehr stark über Social-Media gesteuert wird. Das setzt jedoch spezifische Kompetenzen bei bestimmten, kundennah arbeitenden Vorständen und Innendienstmitarbeitenden sowie generell bei den Außendienstmitarbeitern voraus. Deshalb sollen im Rahmen eines Social-Media-Projekts die genannten Personengruppen befähigt werden, sich sicher, zielorientiert und ausreichend risikobewusst in einschlägigen Social-Media-Kanälen wie beispielsweise Instagram, Xing und LinkedIn zu bewegen. Erreicht werden soll damit eine hohe Anzahl von Followern und damit eine messbare Relevanz der Sidekick in den sozialen Medien. Die Betroffenen erhalten Kickoff-Schulungen, Tools und ein Reporting als Rückmeldung zum Erfolg ihrer Social-Media-Aktivitäten.

Literaturverzeichnis

Allianz SE (2022): Allianz Anleihen, www.allianz.com/de/investor_relations/anleihen/allianz-anleihen.html#a28rsr (abgerufen am 24.5.2022)

Aschenbrenner, Michael (2010): Informationssysteme – Überblick, in: Aschenbrenner, Michael/Dicke, Ralph/Karnarski, Bertel/Schweiggert, Franz: Informationsverarbeitung in Versicherungsunternehmen, Berlin, Heidelberg: Springer, 2010

Ax, Hilmar/Brunauer, Thomas (2021): Rechnungswesen, in: Junglas, Achim/Schradin, Heinrich R./Wiegard, Marc (Hrsg.): Steuerung von Versicherungsunternehmen – Grundlagen, Prozesse, Praxisbeispiele, 3. Aufl., Stuttgart: Schäffer-Poeschel, S. 425-474

BaFin (2016): Eigenmittel und Eigenmittelanforderungen, https://www.bafin.de/dok/7851480 (abgerufen am 22.08.2022), 2016

BaFin (2021): Statistik der BaFin – Erstversicherungsunternehmen, https://www.bafin.de/dok/7867196 (abgerufen am 22.08.2022)

BaFin (2021a): Kapitalanlagen, https://www.bafin.de/dok/7851328 (abgerufen am 22.08.2022)

BaFin (2022): Grenzüberschreitende Probleme? Grenzüberschreitende Lösungen – durch DORA, https://www.bafin.de/dok/18602902 (abgerufen am 30.03.2023)

Beck, Hanno (2014): Behavioral Economics, Wiesbaden: Springer Gabler, 2014

Beenken, Matthias (2018): Digitalisierung der Versicherungsbranche – ein Muss oder ein Hype?, in: Beenken, Matthias/Knörrer, Dieter/Moormann, Jürgen/Schmidt, Dietmar: Digital Insurance, Frankfurt/Main: Frankfurt School Verlag, 2019, S. 159-178.

Beenken, Matthias (2022): Versicherungsvertrieb, 3. Aufl., Karlsruhe: VVW, 2022

Beenken, Matthias/Michalczyk, Jessica/Radtke, Michael (2020): Risikomanagement und Risikoberatung von kleinen und mittelständischen Unternehmen (KMU), Studie, Dortmund/Bonn, 2020

Beenken, Matthias/Sandkühler, Hans-Ludger (2018): Das neue Versicherungsvertriebsrecht, München: C.H. Beck, 2018

Beenken, Matthias; Radtke, Michael (2021): Betriebswirtschaftliche Strukturen des Versicherungsvertriebs, Ahrensburg: VersicherungsJournal Verlag, 2021

Benkel, Gert Andreas (2002): Der Versicherungsverein auf Gegenseitigkeit, 2. Aufl., München: Beck, 2002

Bergler, Christian/Wiegard, Marc (2021): Rechnungswesen, in: Junglas, Achim/Schradin, Heinrich R./Wiegard, Marc (Hrsg.): Steuerung von Versicherungsunternehmen – Grundlagen, Prozesse, Praxisbeispiele, 3. Aufl., Stuttgart: Schäffer-Poeschel, S. 43-73

Braasch, Tim/Danisch, Michael (2010): Innovatives Schadenmanagement in Versicherungen, in: Reich, Michael/Zerres, Christopher, Handbuch Versicherungsmarketing, 2. Aufl., Wiesbaden: Springer, 2019, S. 295-306

Brenner, Markus/Zeyher, Alexander (2021): Kostenrechnung, in: Junglas, Achim/Schradin, Heinrich R./Wiegard, Marc (Hrsg.): Steuerung von Versicherungsunternehmen – Grundlagen, Prozesse, Praxisbeispiele, 3. Aufl., Stuttgart: Schäffer-Poeschel, S. 77-102

Breuer, Wolfgang/Zimmermann, Katharina (2019): Werkstattmanagement – Schadensteuerung im Spannungsfeld zwischen Kunde und Versicherung, in: Reich, Michael/Zerres, Christopher, Handbuch Versicherungsmarketing, 2. Aufl., Wiesbaden: Springer, 2019

Britzelmaier, Bernd (2020): Controlling: Grundlagen, Praxis, Handlungsfelder, 3. aktualisierte Auflage, München: Pearson, 2020

Coenenberg, Adolf G./Haller, Axel/Mattner, Gerhard/Schultze, Wolfgang (2021): Einführung in das Rechnungswesen: Grundlagen der Buchführung und Bilanzierung, 8. Aufl., Stuttgart: Schäffer-Poeschel, 2021

Deutsche Bundesbank (2020): Monatsbericht August 2020, 72. Jahrgang, 2020

DIHK Service GmbH (2020): Statistiken Vermittlerverzeichnisse, https://www.dihk.de/de/themen-und-positionen/recht-in-der-wirtschaft/gewerberecht/statistiken-vermittlerverzeichnisse-3344, abgerufen am 22.10.2020

DIHK/BaFin (2020): Fragen und Antworten zur Weiterbildungsverpflichtung nach § 34d Absatz 9 Satz 2 Gewerbeordnung (GewO) bzw. § 48 Absatz 2 Versicherungsaufsichtsgesetz (VAG), Berlin/Bonn: Deutscher Industrie- und Handelskammertag/Bundesanstalt für Finanzdienstleistungsaufsicht, 15.10.2020

Dillerup; Ralf/Stoi, Roman (2016): Unternehmensführung, 5. Aufl., München: Vahlen, 2016

Eisele, Wolfgang/Knobloch, Alois Paul (2018): Technik des betrieblichen Rechnungswesens, 9. Aufl., München: Vahlen, 2018

Emrich, Christin (2010): Multichannel-Management, in: Zerres/Reich, Handbuch Versicherungsmarketing. Wiesbaden: Springer, 2010, S. 161-182.

Farny, Dieter (2011): Versicherungsbetriebslehre, 5. Aufl., Karlsruhe: VVW, 2011

Fischer, Thomas M./Möller, Klaus/Schultze, Wolfgang (2015): Controlling: Grundlagen, Instrumente und Entwicklungsperspektiven, 2. Aufl., Stuttgart: Schäffer-Poeschel, 2015

FNG (2022): Nachhaltige Geldanlagen und verantwortliche Investments in Deutschland, https://fng-marktbericht.org/deutschland (abgerufen am 02.02.2023), 2022

Freiling, Jörg/Reckenfelderbäumer, Martin (2010): Markt und Unternehmung, 3. Aufl., Wiesbaden: Gabler, 2010

Friedl, Gunther/Hofmann, Christian/Pedell, Burkhard (2022): Kostenrechnung: eine entscheidungsorientierte Einführung, 4. Aufl., München: Vahlen, 2022

Funke, Benedikt/Rohlfs, Torsten (2022): Risikomanagement im Versicherungsunternehmen, 3. Aufl., Karlsruhe: VVW, 2022

Führer, Christian/Grimmer, Arnd (2009): Versicherungsbetriebslehre, Ludwigshafen: Kiehl, 2009

GDV (2018): Anbieterlandschaft am Versicherungsmarkt: Ein Ausblick, Volkswirtschaftliche Themen und Analysen Nr. 8, 2018

GDV (2022): Statistiken zur deutschen Versicherungswirtschaft, Gesamtverband der Deutschen Versicherungswirtschaft, Berlin, 2022

GDV (2022): Branchendaten: Kapitalanlagen, www.gdv.de/de/zahlen-und-fakten/versicherungsbereiche/kapitalanlagen-24114 (abgerufen am 25.5.2022), 2022

GDV (2022a): Versicherungswirtschaft – Zahlen und Fakten, www.gdv.de/de/zahlen-und-fakten (abgerufen am 30.08.2022)

GDV (2022b): Berücksichtigung von Nachhaltigkeit in der Kapitalanlage, www.gdv.de/gdv/themen/nachhaltigkeit (abgerufen am 02.02.2023), 2022

Gondring, Hanspeter (2015): Versicherungswirtschaft: München: Vahlen, 2015

Görg, Werner (2015): Die Zukunftsfähigkeit großer Allsparten-VVaG, www.portfolio-institutionell.de/die-zukunftsfaehigkeit-grosser-allsparten-vvag/, (abgerufen am 24.5.2022)

Görgen, Frank (2007): Versicherungsmarketing, 2. Aufl., Stuttgart: Kohlhammer, 2007

Gründl, Helmut/Kraft, Mirko (Hrsg.) (2019): Solvency II – Eine Einführung, 3. Aufl., Karlsruhe: VVW, 2019

Handelszeitung (2022): Versicherer gehen mehr Anlagerisiken ein, www.handelszeitung.ch/insurance/alternative-anlagen-versicherer-gehen-mehr-anlagerisiken-ein (abgerufen am 25.5.2022)

Heep-Altiner, Maria/Drahs, Raphael/Möller, Jan/Weber, Michaela (2015): Finanzierung im (Schaden-)Versicherungsunternehmen, Karlsruhe: VVW, 2015

Heinke, Volker G. (2021): Nachhaltigkeitsratings in der Optimierung der Strategischen Asset Allokation, in: Zeitschrift für die gesamte Versicherungswissenschaft, Jg. 110, S. 317-342

Helten, Elmar/Hartung, Thomas (2001): Restrukturierung von Wertschöpfungsketten im Allfinanzbereich, in: Ackermann, W. (Hrsg.), Financial Services – Modelle und Strategien der Wertschöpfung. St. Gallen: Verlag Institut für Versicherungswirtschaft der Universität St. Gallen, 2001

Herrmann, Andreas/Huber, Frank (2013): Produktmanagement, 3. Aufl., Wiesbaden: Springer Gabler, 2013

Heukamp, Wessel (2016): Das neue Versicherungsaufsichtsrecht nach Solvency II, München: Beck, 2016

Horváth, Peter (2012): Controlling, 12. Aufl., München: Vahlen, 2012

Icha, Alina (2014): Die Nettopolice, Karlsruhe: VVW, 2014

Junglas, Achim/Wiegard, Marc (2021): Kostenrechnung, in: Junglas, Achim/Schradin, Heinrich R./Wiegard, Marc (Hrsg.): Steuerung von Versicherungsunternehmen – Grundlagen, Prozesse, Praxisbeispiele, 3. Aufl., Stuttgart: Schäffer-Poeschel, S. 45-74

Kahneman, Daniel/Tversky, Amos (2009): Choices, Values, and Frames, 10. Aufl., New York: Cambridge University Press, 2009

Kaplan, Robert S./Norton, David P. (1997): Balanced Scorecard, Stuttgart: Schäffer-Poeschel, 1997

Keller, André/Hertting, Mark René (2021): Steuerung der Kapitalanlageprozesse, in: Junglas, Achim/Schradin, Heinrich R./Wiegard, Marc (Hrsg.): Steuerung von Versicherungsunternehmen – Grundlagen, Prozesse, Praxisbeispiele, 3. Aufl., Stuttgart: Schäffer-Poeschel, S. 515-538

Kirchner, Eckhard (2020): Werkzeuge und Methoden der Produktentwicklung, Berlin: Springer, 2020

Koch, Peter (2012): Geschichte der Versicherungswirtschaft, Karlsruhe: VVW, 2012

Köhne, Thomas (2008): Produktinnovationen in der deutschen Versicherungswirtschaft, Karlsruhe: VVW, 2008

Köhne, Thomas/Melashenko, Inna (2019): Produktinnovationen und Produktmodifikationen in der Versicherungswirtschaft zwischen 2006 und 2017, in: Zeitschrift für die gesamte Versicherungswissenschaft, Jg. 108, S. 275-305

Köneke, Vanessa/Müller-Peters, Horst/Fetchenhauer, Detlef (2015): Versicherungsbetrug verstehen und verhindern, Wiesbaden: SpringerGabler, 2015

Kraft, Mirko (2008): Kostentransparenz in Versicherungsunternehmen durch Deckungsbeitragsrechnungen, Karlsruhe: VVW, 2008

Kriele, Marcus/Wolf, Jochen (2016): Wertorientiertes Risikomanagement von Versicherungsunternehmen, 2. Aufl., Heidelberg: Springer, 2016

Kroeber-Riel, Werner/Gröppel-Klein, Andrea (2019): Konsumentenverhalten, 11. Aufl., München: Vahlen, 2019

Kruse, Oliver/Schaumlöffel, Kay-Uwe (2020): Kapitalanlagemanagement für Solvency II-Versicherungsunternehmen, Stuttgart: Schäffer-Poeschel, 2020

Liebwein, Peter (2018): Klassische und moderne Formen der Rückversicherung, Karlsruhe: VVW, 2018

Mayer, Reinhold/Ahr, Helmut (2000): »Translating strategy into action« Strategieimplementierung mit der Balanced Scorecard in Versicherungsunternehmen, in: Zeitschrift für die gesamte Versicherungswissenschaft, Jg. 89, S. 673-688

Meffert, Heribert/Burmann, Christoph/Kirchgeorg, Manfred/Eisenbeiß, Maik (2019): Marketing, 13. Aufl., Wiesbaden: SpringerGabler, 2019

Melzer, Marko (2021): Steuerung von Kapitalanlagerisiken, in: Junglas, Achim, Schradin/ Heinrich R./Wiegard, Marc (Hrsg.): Steuerung von Versicherungsunternehmen – Grundlagen, Prozesse, Praxisbeispiele, 3. Aufl., Stuttgart: Schäffer-Poeschel, S. 691-716

Möbius, Christian/Pallenberg, Catherine (2016): Risikomanagement in Versicherungsunternehmen, Heidelberg: Springer, 2016

Mondello, Enzo (2017): Finance, Heidelberg: Springer, 2017

Müller-Stewens/Günter; Lechner, Christoph (2005): Strategisches Management, 3. Aufl., Stuttgart: Schäffer-Poeschel, 2005

Nguyen, Tristan, Romeike, Frank (2013): Versicherungswirtschaftslehre, Wiesbaden: Gabler, 2013

Oster, Oliver (2019): Customer Experience – die Königsdisziplin, in: Reich, Michael/Zerres, Christopher: Handbuch Versicherungsmarketing, 2. Aufl., Wiesbaden: Springer, 2019, S. 171-192

Pape, Ulrich (2018): Grundlagen der Finanzierung und Investition, 4. Aufl., Berlin: De Gruyter, 2018

Perridon, Louis/Steiner, Manfred/Rathgeber, Andreas (2022): Finanzwirtschaft der Unternehmung, 18. Aufl., München: Vahlen, 2022

Plinke, Wulff/Rese, Mario/Utzig, B. Peter (2015): Industrielle Kostenrechnung – Eine Einführung, 8. Auflage, Heidelberg: Springer, 2015

Porter, Michael E. (1980): Competitive Strategy, New York: Simon & Schuster, 1980

Porter, Michael E. (1985): Competitive Advantage, New York: Simon & Schuster, 1985

Radtke, Michael (2008): Grundlagen der Kalkulation von Versicherungsprodukten in der Schaden- und Unfallversicherung, Karlsruhe: VVW, 2008

Reich, Michael (2014): Prozessmanagement als Industrialisierungsansatz in Versicherungen, Stuttgart: Kohlhammer, 2014

Rockel, Werner/Helten, Elmar/Ott, Peter/Sauer, Roman (2012): Versicherungsbilanzen, 3., überarbeitete Auflage, Stuttgart: Schäffer-Poeschel, 2012

Rohlfs, Torsten/Savic, Boban/Will, Dieter (2019): Rechnungslegung und Controlling der Versicherungsunternehmen, Karlsruhe: VVW, 2019

Romeike, Frank/Müller-Reichart, Matthias (2020): Risikomanagement im Versicherungsunternehmen, 3. Aufl., Weinheim: Wiley, 2020

Schreyögg, Georg/Geiger, Daniel (2016): Organisation, 6. Aufl., Wiesbaden: Springer, 2016

Schulenburg, Johann-Matthias Graf von der (2004): Versicherungsökonomik, Karlsruhe: VVW, 2004

Schulenburg, Johann-Matthias Graf von der/Lohse, Ute (2014): Versicherungsökonomik, Karlsruhe: VVW, 2014

Schweitzer, Marcell/Küpper, Hans-Ulrich/Friedl, Gunther/Hofmann, Christian/Pedell, Burkhard (2015): Systeme der Kosten- und Erlösrechnung, 11. Aufl., München: Vahlen, 2015

Schwepcke, Andreas/Vetter, Alexandra (2017): Praxishandbuch: Rückversicherung, Karlsruhe: VVW, 2017

Stange, Arndt/Graumann, Kim Vanessa (2021): Produktentwicklung und Vertrieb von Versicherungsprodukten, in: Lange, Daniel (Hrsg.): Versicherungsmanagement, Stuttgart: Kohlhammer, 2021, S. 63-95

Statista (2022): Entwicklung der Rendite zehnjähriger Staatsanleihen Deutschlands, https://de.statista.com/statistik/daten/studie/238018/umfrage/rendite-zehnjaehriger-staatsanleihen-in-deutschland-nach-monaten (abgerufen am 24.5.2022)

Stock-Homburg, Ruth (2013): Personalmanagement, 3. Aufl., Wiesbaden: SpringerGabler, 2013

Sutor, Tim (2019): Theoretische Grundlagen des Versicherungsmarketing, in: Reich, Michael/ Zerres, Christopher: Handbuch Versicherungsmarketing, 2. Aufl., Wiesbaden: Springer, 2019, S. 15-34

Teichler, Maximilian (2018): Die Versicherungs-Vertriebsrichtlinie (IDD) erfolgreich umsetzen. Freiburg: Haufe, 2018

Thommen et al. (2020): Allgemeine Betriebswirtschaftslehre, 9. Aufl., Wiesbaden: Springer Gabler, 2020

Trumpfheller, Jürgen (2005): Kundenbindung in der Versicherungswirtschaft. Karlsruhe: VVW, 2005

Utecht, Torsten (2009): Entwicklungstrends im Controlling von Versicherungsunternehmen, in: Zeitschrift für die gesamte Versicherungswissenschaft, Jg. 98, S. 91-118

Vahs, Dietmar/Schäfer-Kunz, Jan (2021): Einführung in die Betriebswirtschaftslehre, 8. überarbeitete Auflage, Stuttgart: Schäffer-Poeschel, 2021

Wiegard, Marc (2021): Einführung in die Steuerung von Versicherungsunternehmen, in: Junglas, Achim/Schradin, Heinrich R./Wiegard, Marc (Hrsg.): Steuerung von Versicherungsunternehmen – Grundlagen, Prozesse, Praxisbeispiele, 3. Aufl., Stuttgart: Schäffer-Poeschel, 2021, S. 27-44

Vanini, Ute /Rieg, Robert (2021): Risikomanagement, 2. Aufl., Stuttgart: Schäffer-Poeschel, 2021

Wunderer, Rolf (2011): Führung und Zusammenarbeit, 9. Aufl., Köln: Luchterhand, 2011

Zecha, Michael (2010): Produktmanagement in Versicherungsunternehmen, 2. Aufl., Karlsruhe: VVW, 2010

Zimmermann, Gabriele (2014): Change Management in Versicherungsunternehmen, Wiesbaden: Springer Gabler, 2014

Zwiesler, Hans-Joachim (2005): Asset-Liability-Management – die Versicherung auf dem Weg von der Planungsrechnung zum Risikomanagement, in: Spremann, Klaus (Hrsg.): Versicherungen im Umbruch, Heidelberg: Springer, 2005, S. 117-132